森林公安行政执法

赵文清 著

东南大学出版社
·南京·

内容提要

本书以森林公安机关的林业行政执法活动为研究对象,较为全面、系统地阐释了林业行政案件查处的基本理论、基本知识和基本技能。内容包括:森林公安行政执法的主体;森林公安行政执法的对象;森林公安行政执法的依据;森林公安行政执法的程序;森林公安行政执法的证据;林业行政违法行为的责任;森林公安行政执法的内容;林业行政违法与行政犯罪的区别。本书适合作为森林警察类院校学生的教材,可作为森林公安在职民警教育训练的教材,还可作为林业执法人员和检察官、法官等司法人员的参考书籍。

图书在版编目(CIP)数据

森林公安行政执法 / 赵文清著. —南京:东南大学出版社,2012.7(2020.9重印)
 ISBN 978-7-5641-3587-4

Ⅰ.①森… Ⅱ.①赵… Ⅲ.①森林法—行政执法—研究—中国 Ⅳ.①D922.634 ②D922.114

中国版本图书馆CIP数据核字(2012)第123315号

森林公安行政执法

出版发行	东南大学出版社
出 版 人	江建中
社　　址	南京市四牌楼2号
邮　　编	210096
经　　销	全国新华书店
印　　刷	江苏凤凰数码印务有限公司
开　　本	787 mm×1092 mm　1/16
印　　张	19
字　　数	451千字
版　　次	2012年7月第1版
印　　次	2020年9月第4次印刷
书　　号	ISBN 978-7-5641-3587-4
定　　价	50.00元

(本社图书若有印装质量问题,请直接与营销部联系。电话:025-83791830)

前　言

　　这本命名为"森林公安行政执法"的书,是本人近十年来从事森林公安执法研究和教学所取得的一项成果。

　　作为一项研究和教学成果,本书内容有四个来源:一是校内印刷的讲义。即《林业行政案件查处》(2005年10月第一版、2008年10月第二版)、《林业法律法规和森林公安执法》(2009年10月第一版)第一至五章、《森林公安行政和刑事执法》(2010年9月第一版、2011年9月第二版)第一至九章。二是已经发表的论文。即发表于《森林公安》杂志上的9篇文章。三是已经出版的教材。即《森林公安执法理论与实践》(中国林业出版社2011年4月第一版)一书的下篇:行政执法部分。四是校内立项资助的研究课题。即《森林警察行政执法案例研究》(2006年教学改革研究项目)、《森林警察治安管理处罚权研究》(2007年科学研究项目)。

　　作为一项面向基层的研究成果,本书具有三个特点:(1)注重理论。本书以我国行政法学的基本理论为指导,以国外行政法学研究成果为借鉴,较为全面、深入地阐释了森林公安行政执法的基本理论、基本知识和基本技能,初步建构了森林公安行政执法的理论框架。(2)关注实践。本书以森林公安行政执法活动为研究对象,以林业行政处罚为切入点,对森林公安行政执法实践中的诸多方面,如执法主体、对象、依据、程序、证据、内容和责任等,都作出了较为系统的论述。(3)贴近基层。本书揭示了森林公安基层执法中的常见问题,着力研究了林业行政处罚的证据和程序,并对执法所涉及的诸多热点和难点问题,给出了富有解释力和启发性的解答。

　　森林公安从事的执法活动,是一项相当繁杂的工作。仅就法律适用而言,其涉及的法律领域和法律种类就异常复杂:不仅涉及《刑法》、《刑事诉讼法》等公法,而且涉及《民法通则》、《物权法》等私法;不仅涉及《行政诉讼法》等程序法,而且涉及《森林防火条例》等实体法;不仅涉及公安程序法,如《公安机关办理行政案件程序规定》,而且涉及林业程序法,如《林业行政处罚程序规定》;不仅涉及《森林法》、《野生动物保护法》等林业实体法,而且涉及《治安管理处罚法》、《消防法》等公安实体法;不仅涉及《行政处罚法》等一般法,而且涉及《林业行政处罚听证规则》等单行法;不仅涉及法律、行政法规等中央法,而且涉及地方性法规、地方政府规章等地方法;不仅涉及《立法法》所称之"法",而且涉及"法"外之"法"(如行政规范性文件);不仅涉及法律的文本,而且涉及法律的解释;不仅涉及立法解释,而且涉及司法解释和行政解释;不仅涉及法定解释,而且涉及学理解释;等等。

　　显然,有关森林公安执法的学术研究并非某种一蹴而就的事业,许多问题尚有待进一步的研究和探讨。作为一个初步的研究成果,书中的疏漏或不足,错误或不当,甚至自相矛盾之处,难以避免,谨请学术界同行、森林公安民警和广大读者不吝赐教。

赵文清

二〇一二年五月十五日

于南京森林警察学院

目 录

第一章 森林公安行政执法的主体 … 1
第一节 森林公安机关的法律性质 … 1
第二节 森林公安机关的法定职权 … 7
第三节 森林公安行政职权的内容 … 13

第二章 森林公安行政执法的对象 … 24
第一节 森林公安行政执法的界定 … 24
第二节 森林公安行政执法的对象 … 30
第三节 森林公安行政执法的管辖 … 36

第三章 森林公安行政执法的依据 … 39
第一节 林业行政处罚依据的渊源 … 39
第二节 森林法 … 46
第三节 野生动物保护法 … 51
第四节 森林防火条例 … 56

第四章 森林公安行政执法的程序 … 63
第一节 林业行政案件的调查 … 63
第二节 林业行政处罚的决定 … 80
第三节 林业行政处罚的执行 … 93
第四节 涉案财物的行政处理 … 98

第五章 森林公安行政执法的证据 … 104
第一节 林业行政处罚证据的概念 … 104
第二节 林业行政处罚证据的分类 … 111
第三节 林业行政处罚的证明制度 … 125
第四节 林业行政处罚证明的主体与客体 … 131
第五节 林业行政处罚证据的审查 … 138

第六章 林业行政违法行为的责任 … 145
第一节 林业行政处罚的概念 … 145
第二节 林业行政处罚的基本原则 … 150
第三节 林业行政处罚的裁量 … 159
第四节 林业行政处罚的合法要件 … 164

第五节　林业行政处罚的错误和违法 …………………………………………… 166
第七章　森林公安行政执法的内容(一) …………………………………………… 170
   第一节　法律法规授权案件的查处 …………………………………………… 170
   第二节　行政机关委托案件的查处 …………………………………………… 199
第八章　森林公安行政执法的内容(二) …………………………………………… 213
   第一节　违反野生动物保护法案件的查处 …………………………………… 213
   第二节　违反森林防火条例案件的查处 ……………………………………… 237
第九章　森林公安行政执法的内容(三) …………………………………………… 255
   第一节　违反自然保护区条例案件的查处 …………………………………… 255
   第二节　违反野生植物保护条例案件的查处 ………………………………… 261
   第三节　违反野生药材资源保护管理条例案件的查处 ……………………… 270
   第四节　违反种子法案件的查处 ……………………………………………… 275
   第五节　违反防沙治沙法案件的查处 ………………………………………… 285
第十章　林业行政违法与行政犯罪的区别 ………………………………………… 290
参考文献 ……………………………………………………………………………… 297

第一章 森林公安行政执法的主体

作为国家林业部门和公安机关的重要组成部分,森林公安机关是具有武装性质的兼有刑事执法和行政执法职能的专门保护森林及野生动植物资源、保护生态安全、维护林区社会治安秩序的重要力量。[①] 森林公安机关的法定职权包括森林公安刑事职权和森林公安行政职权两部分,而森林公安行政职权则由公安行政职权和林业行政职权所组成。

第一节 森林公安机关的法律性质[②]

一、森林公安机关是国家机关而非其他组织

(一)森林公安机关是国家机关

森林公安机关,是依照国家有关法律的规定而设置的行使警察职权和林业行政职权的国家机关。作为国家机关,森林公安机关是由国家设置并代表国家,行使行政职权的机关。这一点使其与政党、社会组织、团体相区别。政党,特别是执政党,即使能对国家政治、经济的发展起重要甚至决定性作用,但也不是国家机关。社会组织、团体虽经法律、法规授权也可行使一定的国家行政职权,但它不是由国家设置的专门代表国家行使国家行政职权的,因而也不属于国家机关。

(二)森林公安机关不是"法律、法规授权的具有管理公共事务职能的组织"

尽管《中华人民共和国行政处罚法》[③](简称《行政处罚法》)第 17 条规定:"法律、法规授权的具有管理公共事务职能的组织可以在法定授权范围内实施行政处罚"。但无论是行政处罚法,还是其他法律均未明确规定"法律、法规授权的具有管理公共事务职能的组织"的条件和类型,行政法学界及行政实践中通常将下述几类组织归入这一范围:(1)社会团体。如工会、共青团、妇联、律协等。(2)事业与企业单位。如公立学校、原收容遣送站、全国烟草总公司等。(3)群众性自治组织。如居民委员会、村民委员会等。(4)有关的技术检验、鉴定机构,等等。这些"法律、法规授权的具有管理公共事务职能的组织"和森林公安机关之间

---

① 参见《国家林业局、公安部关于加强森林公安队伍建设的意见》(2003 年 12 月 18 日 林安字〔2003〕234 号)。
② 参见赵文清:《森林公安机关法律归属之法理辨析》,《森林公安》2006 年第 5 期,第 38-41 页。
③ 《中华人民共和国行政处罚法》(1996 年 3 月 17 日第八届全国人民代表大会第四次会议通过 根据 2009 年 8 月 27 日第十一届全国人民代表大会常务委员会第十次会议《关于修改部分法律的决定》修正)。

的最大区别在于,它们的常态角色并非行政主体①,其正常功能并非行政管理,而是仅在行使法律、法规所授予的权力时才以行政主体的身份出现并实施行政行为。换言之,森林公安机关是固定的、基本的行政主体,而"法律、法规授权的具有管理公共事务职能的组织"只有在行使行政职权时才具有行政主体的地位。值得指出,不是"法律、法规授权的具有管理公共事务职能的组织",并不意味着森林公安机关就不能接受法律、法规的授权,更不意味着接受了法律、法规授权的森林公安机关,其性质就由行政机关转变成"法律、法规授权的具有管理公共事务职能的组织"。作为行政机关的一种,森林公安机关当然有资格也有条件接受法律、法规的授权。

(三) 森林公安机关不是行政机关委托的"符合本法第19条规定条件的组织"②

《行政处罚法》第18条第1款规定:"行政机关依照法律、法规或者规章的规定,可以在其法定权限内委托符合本法第19条规定条件的组织实施行政处罚。""第19条规定条件的组织",是指"(一) 依法成立的管理公共事务的事业组织;(二) 具有熟悉有关法律、法规、规章和业务的工作人员;(三) 对违法行为需要进行技术检查或者技术鉴定的,应当有条件组织进行相应的技术检查或者技术鉴定"。换言之,行政机关委托的"符合本法第19条规定条件的组织",是指受行政机关委托行使行政处罚权的非国家机关的事业组织。此类组织具有以下特征:第一,它不是行政机关也不是其他国家机关,其基本职能不是行使行政职能,而是从事其他非国家职能性质的活动,其经常性工作不是执行国家公务,而是从事非国家公务的其他工作。第二,它仅能根据委托行使受托的行政处罚权,而不能行使未受托的行政处罚权,更不能行使其他任何类型的行政职权。第三,它行使的行政处罚权是基于行政机关的委托,而非基于法律、法规的授权。第四,受委托组织与委托行政机关之间的关系不同于行政机关内部的委托、代理关系。质言之,此类组织的本质在于:它不是行政主体,它行使一定的行政处罚权必须以委托行政机关的名义进行,且由委托行政机关对它的行为向外承担法律责任。显然,森林公安机关不是"符合本法第19条规定条件的组织"。但必须指出,不是"符合本法第19条规定条件的组织",并不意味着森林公安机关不能接受行政机关的委托,更不意味着接受行政机关的委托后,森林公安机关就变成为"符合本法第19条规定条件的组织"。作为行政机关的一种,森林公安机关当然有资格也有条件接受其他行政机关的委托。

---

① 作为行政法主体的一种,行政主体一般包括行政机关和法律、法规授权的组织。而行政机关又是行政主体的一种,而且是行政主体中最重要的一种。参见姜明安:《行政法与行政诉讼法》,北京大学出版社、高等教育出版社2005年1月第2版,第109-113页。

② 在《行政处罚法》颁布之前,森林公安机关曾经被认为是行政机关委托的组织。在《对广西壮族自治区高级人民法院〈关于覃正龙等四人不服来宾县公安局维都林场派出所林业行政处罚一案管辖问题的请示报告〉的复函》(1991年9月16日)中,最高人民法院认为:"由县级以上林业主管部门(包括自治区林业厅)授权的单位所作的行政处罚决定属于由行政机关委托的组织所作的具体行政行为,根据《中华人民共和国行政诉讼法》第25条第4款的规定,本案被告应是广西壮族自治区林业厅,本案应由该厅所在地法院南宁市新城区人民法院管辖。"

二、森林公安机关是行政机关而非其他国家机关

（一）森林公安机关是国家机关之一种——行政机关

行政性是森林公安机关的本质特征。森林公安机关依法行使国家行政职权，管理国家行政事务，与其他国家机关尤其是立法机关、司法机关，在本质上有重要区别。依据宪法，立法机关行使国家立法权和对其他国家机关的监督权；人民法院、人民检察院分别行使国家审判权、检察权；森林公安机关则行使行政职权。权力机关立法，森林公安机关执法，两者判然有别；森林公安机关执法，司法机关也执法（司法亦属执法范畴），两者似乎"雌雄"难辨。实际上，两者存有重要区别：一是执法方式上的区别。森林公安机关的执法是通过管理行政事务即"行动"来实现，司法机关的执法是通过裁决法律争议即"判断"来实现。二是执法效力上的区别。森林公安机关"执法"，如实施行政处罚，其行为具有效力上的"先定力"、"执行力"。但一旦进入诉讼程序，其行为是否合法、是否显失公正，森林公安机关自身并无最终判断权，只有通过司法机关的司法审查才能予以最后确认。在此，司法机关的"执法"，如行政审判，其行为具有效力上的"终极性"。

（二）森林公安机关是行政机关之一种——公安机关

武装性是森林公安机关的形式特征。作为"武装性质的国家治安行政力量和刑事司法力量"，森林公安机关与其他行政机关在形式上有重要区别。第一，装备武装化。森林公安机关及其人民警察都按照国家制定的统一装备标准配备武器、警械和其他武装设施，具有明显的武装性。第二，管理军事化。森林公安机关自上而下实行军事化管理制度，有集中统一的领导和指挥，严格的组织纪律性和机动快速反应能力，有适应对付复杂治安事件和突发事件的战斗体制，并要求警察个人具有良好的军事素质。第三，行动武装化。森林公安机关经常执行追捕潜逃的犯罪嫌疑人、看管押解罪犯、守卫要害部位（门）、实施警戒、巡逻、堵卡等各种带有军事对抗性的任务，甚至直接与手持武器和爆炸物的实施非法狩猎的犯罪分子短兵相接，因而其行动具有浓郁的武装色彩。第四，协调和指导武装森林警察部队。根据《国务院办公厅关于印发国家林业局职能配置内设机构和人员编制规定的通知》[①]（简称"国办发〔1998〕81号"）规定，国家林业局森林公安局"承担武装森林警察办公室的工作"，对护林、防火等相关工作进行业务指导和协调。

（三）森林公安机关是公安机关之一种——行业公安机关

林业性是森林公安机关的事务特征。区别于地方公安机关，铁路、交通、民航、森林公安机关和海关侦查走私犯罪公安机构，一般被称为"行业公安机关"或"专业公安机关"。区别于其他行业公安机关，森林公安机关的行业性主要体现为林业性，即"立足林业、以林为业"。第一，职责上的林业性。根据法律规定，保护森林及野生动植物资源、保护生态安全、维护林区社会治安秩序，是森林公安机关的法定职责。就此而言，无论是保护的对象，还是管辖的区域，都具有十足的林业性。第二，职权上的林业性。在行政执法领域，根据《中华人民共和

[①] 《国务院办公厅关于印发国家林业局职能配置内设机构和人员编制规定的通知》（国办发〔1998〕81号）。

国森林法》①(简称《森林法》)第 20 条第 1 款的授权,森林公安机关有权管理林业行政事务(即查处林业行政案件),实施林业行政职权(即实施林业行政处罚);在刑事执法领域,根据相关法律规定,森林公安机关享有对其辖区内发生的涉林刑事案件,即刑法规定的森林和陆生野生动植物刑事案件,实施刑事侦查的权力。第三,机构上的林业性。就现有的行政架构而言,森林公安机关一般都设置在林业机关之内,且与林业机关在人事、财政等方面存在较为紧密的联系。

三、森林公安机关在行政机关中的法律归属

在行政机关的系统架构中实施分类考察,有助于进一步澄清森林公安机关的性质并明确其法律归属。

(一)归属于部门行政机关

根据其权限范围,可将行政机关分为一般行政机关和部门行政机关。前者,其权限是全方位、涉及各个行政领域的各种行政事务,通常指国务院和地方各级人民政府;后者,其权限则是局部性、仅涉及特定行政领域或事项,是指国务院各部委(如公安部)、直属机构(如国家林业局)、办公机构以及地方各级人民政府的工作部门。尽管后者是前者组成部分并受其指挥和管理,且前者有权向后者发布命令、指示而后者必须执行,但后者仍然是独立的行政主体,其能以自己名义对外行使职权并由其本身对外承担相应职权行为的法律责任。由此可以认定,森林公安机关不是典型的部门行政机关,但可以归属于部门行政机关。理由有 3 点:第一,与县公安局或林业局相比,县森林公安局的行政级别往往低于县公安局或林业局,此为森林公安机关的非典型性。第二,与县公安局或林业局不同,县森林公安局不是县人民政府的工作部门,而是县公安局和林业局的组成部分。第三,虽然行政级别较低,目前也不属于政府工作部门,但县森林公安局作为行政主体的法律资格,却又与县公安局或林业局完全平等,也能以自己的名义对外行使职权并承担相应的法律责任。

(二)归属于专门执法机关

根据其行使职能的情况及与行政相对人的关系,可将行政机关分为专门执法机关和普通管理机关。前者通常直接与行政相对人"亲密接触",直接适用法律规范对相对人作出具体行政行为(如环保、土地等行政机关),后者则相反(如财政、人事等管理机关)。据此,森林公安机关应当归属于专门执法机关。当然,行政机关整体上都是执法机关,仅在执法性质与手段上存有区别。故此处"专门"仅相对"普通"而言,即意味着不排除非"专门执法机关"的其他行政机关也是执法机关。例如,林业行政机关当属执法机关无疑,但与森林公安机关相比,其"专门性"显然较弱,因而也可将其归入"普通管理机关"。况且,《国务院关于进一步推

---

① 《中华人民共和国森林法》(1984 年 9 月 20 日第六届全国人民代表大会常务委员会第七次会议通过 根据 1998 年 4 月 29 日第九届全国人民代表大会常务委员会第二次会议《关于修改〈中华人民共和国森林法〉的决定》第一次修正 根据 2009 年 8 月 27 日第十一届全国人民代表大会常务委员会第十次会议《关于修改部分法律的决定》第二次修正)第 20 条第 1 款规定:"依照国家有关规定在林区设立的森林公安机关,负责维护辖区社会治安秩序,保护辖区内的森林资源,并可以依照本法规定,在国务院林业主管部门授权的范围内,代行本法第 39 条、第 42 条、第 43 条、第 44 条规定的行政处罚权。"

进相对集中行政处罚权工作的决定》①、《国务院办公厅转发〈中央编办关于清理整顿行政执法队伍实行综合行政执法试点工作意见〉的通知》②颁发以后,随着相对集中行政处罚权和综合行政执法试点工作的深入,上述原本属于"专门执法机关"的如环保、土地、绿化、工商等行政机关也将逐步变成"普通管理机关"。

(三) 归属于职能性行政机关

根据其管理的客体和内容,可将行政机关分为职能性行政机关和专业性行政机关两类。前者管理的客体和内容是综合性的,跨部门、跨行业的,如税务、环保机关等;后者管理的客体和内容是专门性、部门性、行业性的,如林业、农业机关等。就森林公安机关而言,其管理的客体既包括国家对森林及野生动植物资源、生态安全的行政管理活动,也包括国家对社会治安秩序、国家安全的维护与捍卫活动;其管理内容不仅涉及林业行政事务,而且囊括警察行政事务。直言之,管理客体和内容的综合性、跨部门性和跨行业性,决定了森林公安机关应当归属于职能性行政机关。

(四) 归属于外部行政机关而非内部行政机构

根据职权涉及对象划分,可将行政机关分为外部行政机关和内部行政机构。森林公安机关应当是人民政府依法设置的具有独立法律资格的外部行政机关,而非政府所属工作部门自身设置或派出的无独立性质的内部行政机构(也称内设机构、职能机构、业务部门或者内部单位)。原因在于:

1. 设置依据不同

行政机关一般依据组织法或其他法律而依法设立,行政机构一般依据行政机关的内部行政决定而设置。森林公安机关是根据《关于建立森林公安机关的决定》③(简称"东政公工字第2号")、《森林保护条例》④、《中华人民共和国森林法(试行)》⑤(简称《森林法(试行)》)、《中共中央、国务院关于保护森林发展林业若干问题的决定》⑥、《劳动人事部关于林业公安体制问题的通知》⑦(简称"劳人编〔1984〕70号")及《中华人民共和国森林法实施细则》⑧(简称《森林法实施细则》)等法律法规的规定而设置的行政机关。而林政科或治安科等内设机构往往在征得上级行政机关或所属人民政府的同意后,以决议或决定形式予以设置,无须得到权力机关的应允或许可,并以法律或法规形式表现出来。

---

① 《国务院关于进一步推进相对集中行政处罚权工作的决定》(国发〔2002〕17号)。
② 《国务院办公厅转发〈中央编办关于清理整顿行政执法队伍实行综合行政执法试点工作意见〉的通知》(国办发〔2002〕56号)。
③ 《关于建立森林公安机关的决定》(1951年1月12日东北人民政府发布 东政公工字第2号)。
④ 《森林保护条例》(1963年5月20日国务院全体会议第131次会议通过)。
⑤ 《中华人民共和国森林法(试行)》(1979年2月23日第五届全国人民代表大会常务委员会第六次会议原则通过)。
⑥ 《中共中央、国务院关于保护森林发展林业若干问题的决定》(1981年3月8日发布)。
⑦ 《劳动人事部关于林业公安体制问题的通知》(劳人编〔1984〕70号)。
⑧ 《中华人民共和国森林法实施细则》(1986年4月28日国务院批准 1986年5月10日林业部发布)(国函〔1986〕57号)。

2. 设置主体不同

行政机关通常由人民政府设置,行政机构则是行政机关自身设置。森林公安机关的发展史表明,森林公安机关的设置主体是人民政府(如东北人民政府,省、自治区革命委员会,国务院等),而非人民政府的工作部门。例如:① 在"东政公工字第 2 号"文件中,当时的东北人民政府决定"在东北森林工业总局所属各森林工业管理局下设森林工业公安处。其业务受所在各省公安厅的领导"。① ② "国家为了保护森林资源和维护林区社会治安,1953 年 6 月,经政务院批准,在黑龙江、吉林和内蒙古林区的国营林业局设立了林业公安局"。② ③《森林保护条例》第 8 条要求"省、自治区人民委员会,应当根据实际需要,在大面积国有林区建立护林防火机构,配备森林警察,加强治安,保护森林"。④《森林法(试行)》第 9 条要求"省、自治区革命委员会,应当根据实际需要,在重点林区设立公安局、派出所,配备森林警察,加强治安,保护森林"。⑤《中共中央、国务院关于保护森林发展林业若干问题的决定》明确指出"林区要抓紧建立和健全林业公、检、法机构"。⑥《森林法实施细则》第 27 条则要求"地方各级人民政府应……建设好……林业公安队伍"。因此,森林公安机关应当归属于外部行政机关,而非各级人民政府所属的林业主管部门或地方公安机关依据自身职权设置的无独立地位的内部行政机构,如林政科或治安科。

3. 法律地位不同

森林公安机关作为外部行政机关,是公安机关而非地方公安机关的组成部分,更非林业主管部门的内设机构,林政科或治安科则是上述两者的内设机构。这并非仅是学者的一己私见或学理判断,而是公安部和国家林业局(原林业部)的长期共识,并为法律法规所认可。1986 年 1 月 10 日,林业部、公安部联合发出的《全国林业公安工作会议纪要》③(简称"林安字〔1986〕1 号")指出:"林业公安机关是公安机关的组成部分,是公安机关派驻林区保卫森林资源安全、维护林区社会治安的武装性质的治安行政力量,原则上行使同级地方公安机关的职责和权限。"换言之,作为六大警种之一,森林公安机关和地方公安机关是法律上的平行机关,它们与铁路、交通、民航公安机关和海关侦查走私犯罪公安机构一起,共同构成了我国公安机关的整体。值得一提的是,2003 年 12 月 18 日,《国家林业局、公安部关于加强森林公安队伍建设的意见》(简称"林安字〔2003〕234 号")指出:"森林公安是国家林业部门和公安机关的重要组成部分,是具有武装性质的兼有刑事执法和行政执法职能的专门保护森林及野生动植物资源、保护生态安全、维护林区社会治安秩序的重要力量",将森林公安机关同时作为林业部门的组成部分。这一定义的细微改变仅仅表明,对森林公安机关在 1998 年森林法的修正中获得本属于林业部门的林业行政处罚权这一事实,林业部和公安部作出了相当敏锐的反应。但是,准确地说,仅在林业行政处罚权领域,仅在以林业行政执法身份实施林业处罚时,"森林公安机关是国家林业部门……的重要组成部分"的论断才有成立之可能。即便如此,森林公安机关的地位也不等同于林政科这样的林业部门的内设机构,更不意味着

---

① 参见黑龙江省林业公安局编撰:《黑龙江省林业公安志(1949—2000)》,黑新出图内字〔2002〕P001 号,黑龙江大学印刷厂印刷,2002 年 10 月出版,第 3 页。

② 《林业部、公安部关于林业公安体制问题的请示》[林发(政)〔1984〕106 号]。

③ 《全国林业公安工作会议纪要》(林安字〔1986〕1 号)。

森林公安机关性质由此而发生改变。

4. 法律身份、法定职权不同

外部行政机关一般拥有行政主体的资格，享有独立的行政职权，而内设机构通常并不具备这些因素。×县森林公安局与×县林业局林政科或公安局治安科等内设机构存有本质区别。第一，就法律身份而言，林政科或治安科等内设机构在法律上不具有行政主体的地位，不能以自己的名义，而只能以所在部门行政机关的名义（如×县林业局或×县公安局）对外行使职权，其行为也不由其本身而由所在的行政机关对外承担法律责任。森林公安机关却是独立的行政主体，有权以自己的名义对外行使职权并独立承担由此带来的法律责任。第二，就法定职权的性质和范围而言，林政科虽与森林公安局的职权有部分雷同，也享有林业行政处罚权的实施权，但不享有林业行政处罚的归属权，也无权染指警察职权。治安科仅拥有警察职权中的行政实施权而无行政归属权，且与林业行政职权毫无关联。而森林公安机关不仅享有警察职权，而且有权以自己的名义查处《森林法》第20条授权的案件，并作出林业行政处罚决定，同时也有权以林业主管部门的名义查处其他各类林业行政案件，其职权范围远远大于治安、林政等内设机构，职权性质也大不一样。

除上述划分外，还可以作出其他划分。例如：根据职权性质和内容划分，森林公安机关当属行政执行机关而非行政决策、监督或辅助机关；根据其决策和负责体制，森林公安机关显属首长制行政机关而非委员会制行政机关；根据其是否依宪法和行政组织法设置和存在时间长短，森林公安机关应属常设性行政机关，而不属非常设性行政机关；根据职能划分，森林公安机关既有全能型又有职能型；根据林区性质可分为国有和集体林区森林公安机关；根据设置模式可分为政企合一模式、政事合一模式、各级林业行政机关、事业、企业内设模式的森林公安机关5种模式；依据编制则可划分为行政、事业、企业、政法专项编制的森林公安机关4类，等等。

为落实党中央、国务院有关林业和公安工作的重要部署，加强森林公安及林业检法队伍的正规化建设，使其依法履行职责，保护生态建设成果，国务院决定，抓紧解决森林公安和林业检法的政法专项编制和经费问题。2005年7月28日，经国务院同意，国务院办公厅发布了《关于解决森林公安及林业检法编制和经费问题的通知》[1]（简称"国办发〔2005〕42号"），"将森林公安编制统一纳入政法专项编制序列"。因此，以"设置模式"、"编制"为划分标准的分类已失去其理论和实践价值，而仅存有历史追溯意义。

第二节　森林公安机关的法定职权

森林公安机关的法定职权，是森林公安机关依法拥有的实施行政管理和刑事侦查活动的资格及其权能。主要由两部分组成：森林公安刑事职权和森林公安行政职权。

---

[1]《国务院办公厅关于解决森林公安及林业检法编制和经费问题的通知》（2005年7月28日　国办发〔2005〕42号）。

一、森林公安刑事职权

森林公安刑事职权,是指森林公安机关依法享有的对法定范围内的犯罪案件实施刑事侦查的权力。根据《公安部关于严厉打击破坏野生动物资源违法犯罪活动的通知》[①]规定:"森林公安机关是从事森林和野生动物保护的专门公安机关,负责侦查其辖区内的破坏森林和野生动物资源刑事案件;地方公安机关各警种在工作中发现应属森林公安机关管辖的破坏森林和野生动物资源刑事案件或案件线索的,要及时移送公安机关立案侦查。县级以上森林公安局、森林公安分局负责重大集团犯罪和下级森林公安机关侦破有困难的重大刑事案件的侦查,经森林公安机关负责人批准予以立案侦查、依法采取强制措施,可直接向同级人民检察院提请审查批准逮捕、移送审查起诉。森林公安机关未设看守所的,拘留、逮捕的犯罪嫌疑人,由地方看守所负责羁押。各地公安机关要进一步加强对森林公安机关侦破案件工作的领导和指导,在侦查破坏森林和野生动物资源刑事案件工作上形成一个各负其责、分工合作、密切配合的工作体系,充分体现公安机关打击犯罪的整体作战功能。"

根据《国家林业局、公安部关于森林和陆生野生动物刑事案件管辖及立案标准》[②]、《国家林业局森林公安局关于执行〈最高人民法院关于审理破坏林地资源刑事案件具体应用法律若干问题的解释〉的通知》[③],以及《国家林业局森林公安局关于转发公安部法制局〈关于对非法收购出售非国家重点保护野生动物行为如何定性问题的意见的函〉的通知》[④]等法律文件的规定,森林公安机关享有对其辖区内发生的以下刑法规定的森林和陆生野生动植物刑事案件实施刑事侦查的权力:

(1) 盗伐林木案件(第345条第1款);
(2) 滥伐林木案件(第345条第2款);
(3) 非法收购、运输盗伐、滥伐的林木案件(第345条第3款);
(4) 非法采伐、毁坏国家重点保护植物案件(第344条);
(5) 非法收购、运输、加工、出售国家重点保护植物、国家重点保护植物制品案件(第344条);
(6) 非法占用农用地案中,非法占用林地的案件(第342条);
(7) 走私国家禁止进出口的货物、物品案中,走私珍稀植物、珍稀植物制品的案件(第151条第3款);
(8) 放火案件中,故意放火烧毁森林或者其他林木的案件(第114条、第115条第1款);
(9) 失火案件中,过失烧毁森林或者其他林木的案件(第115条第2款);

---

① 《公安部关于严厉打击破坏野生动物资源违法犯罪活动的通知》(2000年7月3日 公通字〔2000〕58号)。
② 《国家林业局、公安部关于森林和陆生野生动物刑事案件管辖及立案标准》(2001年5月9日 林安发〔2001〕156号)。
③ 《国家林业局森林公安局关于执行〈最高人民法院关于审理破坏林地资源刑事案件具体应用法律若干问题的解释〉的通知》(林公治〔2006〕2号)。
④ 《国家林业局森林公安局关于转发公安部法制局〈关于对非法收购出售非国家重点保护野生动物行为如何定性问题的意见的函〉的通知》(林公刑〔2008〕63号)。

(10) 聚众哄抢案件中,哄抢林木的案件(第 268 条);

(11) 破坏生产经营案件中,故意毁坏用于造林、育林、护林和木材生产的机械设备或者以其他方法破坏林业生产经营的案件(第 276 条);

(12) 非法猎捕、杀害珍贵、濒危陆生野生动物案件(第 341 条第 1 款);

(13) 非法收购、运输、出售珍贵、濒危陆生野生动物,珍贵、濒危陆生野生动物制品案件(第 341 条第 1 款);

(14) 非法狩猎案件(第 341 条第 2 款);

(15) 走私珍贵野生动物、珍贵野生动物制品案中,走私珍贵陆生野生动物、珍贵陆生野生动物制品案件(第 151 条第 2 款);

(16) 非法经营案件中,买卖《允许进口证明书》、《允许出口证明书》、《允许再出口证明书》、进出口原产地证明及国家机关批准的其他关于林业和陆生野生动物的经营许可证明文件的案件(第 225 条第 2 项)①;

(17) 伪造、变造、买卖国家机关公文、证件案件中,伪造、变造、买卖林木和陆生野生动物允许进出口证明书、进出口原产地证明、狩猎证、特许猎捕证、驯养繁殖许可证、林木采伐许可证、木材运输证明、森林、林木、林地权属证书、征用或者占用林地审核同意书、育林基金等缴费收据,以及由国家机关批准的其他关于林业和陆生野生动物公文、证件的案件(第 280 条第 1、2 款);

(18) 盗窃案件中,盗窃国家、集体、他人所有并已经伐倒的树木、偷砍他人房前屋后、自留地种植的零星树木、以谋取经济利益为目的非法实施采种、采脂、挖笋、掘根、剥树皮等以及盗窃国家重点保护陆生野生动物或其制品的案件(第 264 条);

(19) 抢劫案件中,抢劫国家重点保护陆生野生动物或其制品的案件(第 263 条);

(20) 抢夺案件中,抢夺国家重点保护陆生野生动物或其制品的案件(第 267 条);

(21) 掩饰、隐瞒犯罪所得、犯罪所得收益案中,涉及被盗伐滥伐的木材、国家重点保护陆生野生动物或其制品的案件(第 312 条);

(22) 故意毁坏财物案中,故意毁坏森林或其他林木的案件(第 275 条)②。

二、森林公安行政职权③

(一) 森林公安行政职权的概念

根据法律规定,森林公安机关具有查处林业行政案件、维护辖区社会治安秩序的行政职

---

① 部分省份根据"林公刑〔2008〕63 号"的规定,将《刑法》第 225 条第 1 项也纳入森林公安机关管辖范围。其规定如下:非法经营案件中,买卖《允许进口证明书》、《允许出口证明书》、《允许再出口证明书》、进出口原产地证明及国家机关批准的其他关于林业和陆生野生动物的经营许可证明文件与非法收购、出售非国家重点保护动物、非国家重点保护动物制品的案件。参见江西省森林公安局:《森林刑事案件示范卷》(2009 年 12 月),第 470 页。

② 在"林安发〔2001〕156 号"文件中,故意毁坏财物案件并不属于森林公安的管辖范围,有些省、区也将其纳入管辖范围。参见《福建省林业厅、福建省公安厅关于印发〈福建省森林和陆生野生动物刑事案件管辖及立案标准〉的通知》(闽林〔2002〕公 4 号)。

③ 本部分内容主要来自作者曾经发表的一篇文章,收入本书时部分观点和文字表述均有所改动。参见赵文清:《森林警察行政职权初探》,载《森林公安》2005 年第 6 期,第 4—6 页。

责。而森林公安行政职责的有效履行,有赖于森林公安行政职权提供切实保障。法理认为,行政职责与行政职权关系密切。就两者的关系而言,行政职权因行政职责而产生,行政职责因行政职权而实现。离开行政职责,行政职权即为无本之木;离开行政职权,行政职责即为空中楼阁。

作为行政权的一种,森林公安行政职权,也可称为森林警察行政职权,是公安行政权和林业行政权的转化形式,是作为行政主体的森林公安机关拥有的、在特定区域实施公安和林业行政管理活动的资格及其权能。森林公安行政职权由公安行政职权和林业行政职权两部分组成,既具有行政职权的一般特征,如法定性、强制性、专属性等,也具有自身独有的特征,如双重性。

1. 法定性

从来源上说,法定性是任何行政职权都必须具备的首要特征。即行政职权的获得必须经由合法途径,而不得法外创设或自我设定。森林公安行政职权的来源主要有两种途径:一是法律法规的直接设定,如森林公安机关享有的公安行政职权,就是源于《中华人民共和国人民警察法》①(简称《人民警察法》)等法律的直接设定;二是法律法规的另行授予,如森林公安机关享有的林业行政职权中的行政处罚权,就是源自《森林法》等法律的另行授予。

2. 强制性

从本质上说,行政职权设定和实施都是一种国家意志的体现,而非某一行政机关的机关意志或者公务员的个人意志的体现。即使行政职权在运行中不可避免地掺杂有实施者的机关或个人意志,但行政职权的"权力容器"中始终充盈的应当是国家意志本身,偶尔漂浮其上的只能是机关或个人意志的碎片。当然,国家意志只有经由法定主体通过法定程序制定或者认可并以法定形式表现出来,即只有转化为各种形式的"法律",才能毋庸置疑地获得国家强制力的保障。由此而言,来源于法律的森林公安行政职权具有强制性。

3. 专属性

从归属上说,和其他类型的行政职权一样,森林公安行政职权的归属具有主体上的专属性。当林业行政处罚权和公安行政职权经由法律被配置于森林公安机关时,该权力必然成为森林公安机关基于其特定职责所合法拥有的专属权力。尽管从根本上说,林业行政处罚权和公安行政职权仍然源于国家林业行政权和公安行政权,但在具体的林业或者治安行政法律关系中,该项行政职权只属于森林公安机关,而不属于其他公安机关或者林业行政机关,更不属于作为行政相对人的公民、法人或者其他组织。

4. 双重性

从内容上说,森林公安行政职权具有双重性。它由公安行政职权和林业行政职权两类行政职权组成。换言之,森林公安行政职权既非单纯的公安行政职权,也非单纯的林业行政职权,而是公安、林业两种行政职权的组合。但是,必须指出,森林公安行政职权所包含的林业行政职权,并非林业行政职权的全部,而只是其中的一项职权——林业行政处罚权。

---

① 《中华人民共和国人民警察法》(1995年2月28日第八届全国人民代表大会常务委员会第十二次会议通过 1995年2月28日中华人民共和国主席令第40号公布 自公布之日起施行)。

（二）森林公安行政职权的分类

1. 以行政职权的来源为标准

以行政职权的来源为标准，可将行政职权划分为固有行政职权与授予行政职权。固有行政职权是指一个组织依据宪法或者行政组织法的规定而获得的职权，带有"先天性"，往往随一个组织的产生而产生、消亡而消亡。授予行政职权是指依据宪法或者行政组织法以外的具体法律、法规的授权而获得的行政职权，带有"后天性"，或者说，指一个组织设立时无行政职权，或者无某类行政职权，事后通过有关机关依法授予所获得的行政职权或者某类新的行政职权。①

依据上述标准，可以发现，森林公安行政职权中的公安行政职权，显然属于固有行政职权；而森林公安行政职权中的林业行政处罚权，则属于授予行政职权，因为该项职权并非森林公安机关的"先天"职权，而是森林公安机关在诞生之后，基于其他法律如《森林法》的授予而"后天"获得的。

这种分类的意义在于，它既有助于执法机关——森林公安机关了解自身职权的双重性，增强依法行使职权的自觉性和责任感，也有助于司法机关和复议机关正确认识森林公安行政职权产生的合法基础，并为其审查、认定林业行政处罚和公安行政处罚的合法性提供法理依据。

2. 以法律对行政职权的实施者是否有垄断性要求为标准

以法律对行政职权的实施者是否有垄断性要求为标准，可以将行政职权划分为普通行政职权和专有行政职权。普通行政职权是指法律对行政职权的实施者并无垄断性要求的行政职权，如行政命令权、行政处理权等，它们通常为所有行政主体所拥有。专有行政职权是指法律对行政职权的实施者有垄断性要求的行政职权，即某类行政职权的实施者由法律明确指定，该类行政职权为法律指定的行政主体所专有，其他任何行政主体均不得染指。普通行政职权与专有行政职权的根本分界点在于：该项行政职权是否具有排他性。若某项行政职权为某一行政主体所拥有，并且其排斥其他行政主体拥有该职权，则该职权即属于专有职权。反之，若某项行政职权虽不为大多数行政主体所拥有，但它不排斥其他主体拥有，则该职权即属于普通职权。②

依据上述标准，笔者认为，在森林公安行政职权中，既包含普通行政职权，也包含专有行政职权。前者如林业行政职权中的行政处罚权，林业主管部门和森林公安机关均可依法实施。后者如公安行政职权，特别是行政拘留等限制人身自由的行政处罚权，只能由公安机关依法实施。《行政处罚法》第16条即有"限制人身自由的行政处罚权只能由公安机关行使"的明确规定。

这种分类的意义在于，它可以为森林公安行政职权的实施，是否构成越权行政或者无权行政，提供某种分析框架和理论视角。

---

① 参见胡建淼：《行政法》，浙江大学出版社2003年4月，第24页。
② 参见胡建淼：《行政法》，浙江大学出版社2003年4月，第24-25页。

3. 以行政职权的归属性为标准

以行政职权的归属性为标准,可以将行政职权分为行政归属权和行政实施权。行政归属权是指某主体承受行政行为效果的权能,谁拥有行政归属权,谁才享有行政主体的资格;行政实施权是指某类主体可以具体实施某种行政行为的权能。拥有行政归属权者当然拥有行政实施权;而拥有行政实施权者,未必拥有行政归属权。[①]

依据上述标准,可以发现,森林公安行政职权中包含了上述两类行政职权。例如,森林公安机关依据《森林法》第 20 条第 1 款所取得的林业行政处罚权,就属于行政归属权。换言之,森林公安机关对法律授予的行政处罚权,既拥有行政归属权,也拥有行政实施权。而森林公安机关依据《国家林业局关于森林公安机关查处林业行政案件有关问题的通知》[②](简称"林安发〔2001〕146 号")所取得的行政处罚权,则属于行政实施权。也就是说,在"林安发〔2001〕146 号"的委托范围内,作为受托方的森林公安机关,只有实施林业行政处罚的权能,而没有承受行政处罚效果的权能。承受行政处罚效果的权能主体,只能是作为委托者的林业主管部门。

这种分类的意义在于,有助于全面认识森林公安行政职权的内在属性,正确把握森林公安机关与林业行政职权和公安行政职权之间的对应关系。从权属上说,行政归属权的拥有者是行政主体,而行政实施权的拥有者则是行为主体。因此,在行政复议、行政诉讼以及国家赔偿中,区分行政主体和行为主体,对确认行政责任的最终承担者究竟是森林公安机关还是林业主管部门,具有特别意义。

4. 以行政职权所支配的事项为标准

以行政职权所支配的事项为标准,行政职权可以分为同类行政职权和异类行政职权。同类行政职权是指管辖同类事项的职权,反映同类事项职权之间的关系。异类行政职权是指管辖不同类事项的职权,反映非同类事项职权之间的关系。[③]

依据上述标准,可以发现,森林公安行政职权包含了同类行政职权与异类行政职权。例如,森林公安机关的林业行政处罚权与林业主管部门的林业行政处罚权之间的关系,森林公安机关的公安行政职权与地方公安机关的公安行政职权之间的关系,即属于同类行政职权。森林公安机关的公安行政职权与林业主管部门的林业行政职权之间的关系,森林公安机关的林业行政处罚权与森林公安机关的公安行政处罚权之间的关系,则属于异类行政职权。

同类职权之间,存在覆盖、等同、递减或者递增关系,而异类行政职权之间不存在这一属性。认识这一规律,对于行政复议机关和司法机关认定越权行为的效力问题极有帮助。

上述几种分类,与森林公安行政职权的实施联系紧密,对公安行政执法和林业行政执法具有重要的指导意义。

[①] 参见胡建淼:《行政法》,浙江大学出版社 2003 年 4 月,第 23 - 24 页。
[②] 《国家林业局关于森林公安机关查处林业行政案件有关问题的通知》(林安发〔2001〕146 号)。
[③] 参见胡建淼:《行政法》,浙江大学出版社 2003 年 4 月,第 25 - 26 页。

第三节 森林公安行政职权的内容

森林公安行政职权的内容,主要由两部分组成:公安行政职权和林业行政职权。

一、公安行政职权的内容[①]

根据相关法律的规定,森林公安机关依法享有的公安行政执法权力,主要包括但不限于以下几种:

(一) 公安行政制规权

公安行政制规权,是指公安机关依据法定权限和程序制定、公布行政法律规范和非法律规范的权力。"行政法律规范"仅指行政法规和行政规章;"非法律规范"即"行政规范性文件",也称"行政规则"或"行政规范",不属于法律且没有法律效力,但具有普遍约束力。国家林业局、公安部享有制定部门规章和行政规则的法定权力,其权力来源于宪法、立法法等法律的规定。而国家林业局森林公安局以及地方各级森林公安机关只有制定行政规则的权力,其权力来源于"国办发〔1998〕81号"及政府组织法等相关法律规范的规定。例如,《森林公安机关接处警工作规范》[②],就是国家林业局森林公安局行使行政制规权的结果。

(二) 公安行政许可权

公安行政许可权,是指公安机关应行政相对人申请而依法赋予其从事某种活动或者实施某种行为的权利或资格的权力。森林公安机关实施该项权力的法律依据,主要来自《中华人民共和国枪支管理法》[③]等公安法律。

(三) 公安行政给付权

公安行政给付权即公安行政物质帮助权,是指依照有关法律规范或者政策之规定,公安机关赋予相对人一定的物质权益或与物质相关的权益的权力。该项权力的法律依据来自《人民警察法》第41条:"人民警察因公致残的,与因公致残的现役军人享受国家同样的抚恤和优待。人民警察因公牺牲或者病故的,其家属与因公牺牲或者病故的现役军人家属享受国家同样的抚恤和优待"。例如,2006年初,吉林、辽宁两省牺牲民警家属获得的特别补助金和特别慰问金[④],就是国家森林公安局行使行政给付权的结果。

[①] 参见赵文清:《试论森林警察行政职权的内容》,载《森林公安》2006年第3期,第39-41页。收入本书时部分观点和文字表述均有所改动。

[②] 《森林公安机关接处警工作规范》(林公治〔2005〕63号)。

[③] 《中华人民共和国枪支管理法》(1996年7月5日中华人民共和国第八届全国人民代表大会常务委员会第二十次会议通过 根据2009年8月27日第十一届全国人民代表大会常务委员会第十次会议《关于修改部分法律的决定》修正)。

[④] 参见张子辉、王凤阁、郑璐璐:《国家林业局森林公安局主要负责同志慰问因公牺牲民警家属和基层森林公安民警》,《森林公安》2006年第1期,第8页。

(四) 公安行政奖励权

公安行政奖励权,是公安机关给予为国家、社会和人民作出突出贡献或模范地遵纪守法的行政相对人物质或精神奖励的权力。该项权力的主要法律依据是《人民警察法》第 31 条:"人民警察个人或者集体在工作中表现突出,有显著成绩和特殊贡献的,给予奖励。奖励分为:嘉奖、三等功、二等功、一等功、授予荣誉称号。对受奖励的人民警察,按照国家有关规定,可以提前晋升警衔,并给予一定的物质奖励"。另外,"国办发〔1998〕81 号"文件中的相关规定,也是该项权力的依据来源。

(五) 公安行政确认权

公安行政确认权,是指公安机关对行政相对人的法律地位、法律关系或有关法律事实进行甄别并给予确定、认定、证明(或否定)且予以宣告的权力。例如,对林区发生的交通事故中当事人责任的认定,就是森林公安机关实施公安行政确认权的结果。该项权力的法律依据是《中华人民共和国道路交通安全法》(简称《道路交通安全法》)[①]第 73 条:"公安机关交通管理部门应当根据交通事故现场勘验、检查、调查情况和有关的检验、鉴定结论,及时制作交通事故认定书,作为处理交通事故的证据。交通事故认定书应当载明交通事故的基本事实、成因和当事人的责任,并送达当事人"。但是,对当事人的生理、精神状况等专业性较强的检验,根据《道路交通安全法》第 72 条第 3 款的要求,应当委托专门机构进行鉴定,不属于行政确认权的范畴。

(六) 公安行政裁决权

公安行政裁决权,是指公安机关依法律授权就当事人之间产生的与行政管理活动相关而与合同无关的民事纠纷或民事争议进行审查并作出裁决的权力。森林公安机关曾经拥有公安行政裁决权,其法律依据是《中华人民共和国治安管理处罚条例》[②]的相关规定。其中,第 8 条规定:"违反治安管理造成的损失或者伤害,由违反治安管理的人赔偿损失或者负担医疗费用;如果违反治安管理的人是无行为能力人或者限制行为能力人,本人无力赔偿或者负担的,由其监护人依法负责赔偿或者负担"。第 38 条规定:"被裁决赔偿损失或者负担医疗费用的,应当在接到裁决书后 5 日内将费用交裁决机关代转;数额较大的,可以分期交纳。拒不交纳的,由裁决机关通知其所在单位从本人工资中扣除,或者扣押财物折抵"。但是,该项权力已经被《中华人民共和国治安管理处罚法》(简称《治安管理处罚法》)[③]所取消。

[①] 《中华人民共和国道路交通安全法》(2003 年 10 月 28 日第十届全国人民代表大会常务委员会第五次会议通过 根据 2007 年 12 月 29 日第十届全国人民代表大会常务委员会第三十一次会议《关于修改〈中华人民共和国道路交通安全法〉的决定》第一次修正 根据 2011 年 4 月 22 日第十一届全国人民代表大会常务委员会第二十次会议《关于修改〈中华人民共和国道路交通安全法〉的决定》第二次修正)。

[②] 《中华人民共和国治安管理处罚条例》(1986 年 9 月 5 日第六届全国人民代表大会常务委员会第十七次会议通过 根据 1994 年 5 月 12 日第八届全国人民代表大会常务委员会第七次会议《关于修改〈中华人民共和国治安管理处罚条例〉的决定》修正 已废止)。

[③] 《中华人民共和国治安管理处罚法》(2005 年 8 月 28 日中华人民共和国第十届全国人民代表大会常务委员会第十七次会议通过 自 2006 年 3 月 1 日起施行)。

(七) 治安调解权

治安调解权,是指公安机关依法享有的对符合法定条件的治安案件当事人之间的纠纷进行调解的权力。该项权力的法律依据是《治安管理处罚法》第9条:"对于因民间纠纷引起的打架斗殴或者损毁他人财物等违反治安管理行为,情节较轻的,公安机关可以调解处理。经公安机关调解,当事人达成协议的,不予处罚。经调解未达成协议或者达成协议后不履行的,公安机关应当依照本法的规定对违反治安管理行为人给予处罚,并告知当事人可以就民事争议依法向人民法院提起民事诉讼"。

(八) 公安行政规划权

公安行政规划权也称公安行政计划权,是指公安机关为了将来一定期限内达成特定之目的,或实现一定之构想,事前就达成该目的或实现该构想有关之方法、步骤或措施等所为之设计与规划的权力。该项权力的依据源自"国办发〔1998〕81号"及其他法律规范的有关规定。例如,每年编制的全国森林公安工作要点,就是国家林业局森林公安局行使行政规划权的产物。

(九) 公安行政命令权

公安行政命令权,是指公安机关有依法作出要求行政相对人为或者不为(即作为或不作为)一定行为的单方的、强制性的意思表示的权力。如"责令其监护人严加管教"、"责令停止活动"等。该项权力的法律依据源自《治安管理处罚法》、《人民警察法》等公安法律。例如,《治安管理处罚法》第12条规定:"已满14周岁不满18周岁的人违反治安管理的,从轻或者减轻处罚;不满14周岁的人违反治安管理的,不予处罚,但是应当责令其监护人严加管教"。第38条规定:"举办文化、体育等大型群众性活动,违反有关规定,有发生安全事故危险的,责令停止活动,立即疏散。对组织者处5日以上10日以下拘留,并处200元以上500元以下罚款;情节较轻的,处5日以下拘留或者500元以下罚款"。

(十) 公安行政处罚权

公安行政处罚权,是指公安机关依法对违反公安行政法律规范但尚未构成犯罪或者构成犯罪而免予刑事处罚的行政相对人给予人身、财产、名誉及其他形式的法律制裁的权力。该项职权的法律依据主要包括:《全国林业公安工作会议纪要》、《公安部关于铁道、交通、民航、林业公安机关执行〈治安管理处罚条例〉几个问题的通知》[1]、《治安管理处罚法》、《公安部关于印发公安机关执行〈中华人民共和国治安管理处罚法〉有关问题的解释的通知》[2]以及《公安部关于森林公安机关执行〈中华人民共和国治安管理处罚法〉有关问题的批复》[3]等。当然,国有林区和集体林区的森林公安机关享有的公安行政处罚权的范围并不相同。

---

[1]《公安部关于铁道、交通、民航、林业公安机关执行〈治安管理处罚条例〉几个问题的通知》(1987年4月21日〔87〕公发20号文件 已废止)。

[2]《公安部关于印发公安机关执行〈中华人民共和国治安管理处罚法〉有关问题的解释的通知》(公通字〔2006〕12号)。

[3]《公安部关于森林公安机关执行〈中华人民共和国治安管理处罚法〉有关问题的批复》(公法〔2008〕18号)。

（十一）公安行政强制权

公安行政强制权,是指为实现公安行政管理目的(此时引发公安行政强制措施),或者当行政相对人不履行公安行政法上之义务时(此时引起公安行政强制执行),公安机关针对相对人的人身、财物或者行为采取单方面强制行为的权力。森林公安机关的行政强制权具体包括:限制公民行动自由的继续盘问权、行政检查权(包括对身体、物品、场所、住宅的强制检查)、行政检验权、查封扣押冻结权、紧急管理权、责令停止活动权、收容教育权、强制戒毒权、强行铲除权、扣留证件权、治安管束权和即时强制权(即强行进入或者处置土地、建筑物、住宅或者征用交通工具的紧急措施权)、强行驱离驱散权、强行拖离权、强制隔离权、消防紧急措施权、行政强制执行权等权力。

公安行政强制权的法律依据主要来自《中华人民共和国行政强制法》[1]、《治安管理处罚法》和《人民警察法》等公安法律。例如,《治安管理处罚法》第82条规定:"需要传唤违反治安管理行为人接受调查的,经公安机关办案部门负责人批准,使用传唤证传唤。对现场发现的违反治安管理行为人,人民警察经出示工作证件,可以口头传唤,但应当在询问笔录中注明。公安机关应当将传唤的原因和依据告知被传唤人。对无正当理由不接受传唤或者逃避传唤的人,可以强制传唤"。第87条规定:"公安机关对与违反治安管理行为有关的场所、物品、人身可以进行检查。检查时,人民警察不得少于2人,并应当出示工作证件和县级以上人民政府公安机关开具的检查证明文件。对确有必要立即进行检查的,人民警察经出示工作证件,可以当场检查,但检查公民住所应当出示县级以上人民政府公安机关开具的检查证明文件。检查妇女的身体,应当由女性工作人员进行"。《人民警察法》第7条规定:"公安机关的人民警察对违反治安管理或者其他公安行政管理法律、法规的个人或者组织,依法可以实施行政强制措施、行政处罚"。

（十二）治安专业措施权

治安专业措施权,是指某些具有治安管理专业特点(如机密性、武装性、专门性等)的特殊措施,唯有公安机关有实施的权力。主要包括:治安秘密力量建立和使用权(也称"治安耳目物建和使用权")、警械使用权、武器配置及使用权、枪支管理权、治安巡逻权等。该项权力的法律依据包括:《人民警察法》、《中华人民共和国人民警察使用警械和武器条例》[2]以及《枪支管理法》等公安法律。例如,《人民警察法》第10条规定:"遇有拒捕、暴乱、越狱、抢夺枪支或者其他暴力行为的紧急情况,公安机关的人民警察依照国家有关规定可以使用武器"。第11条规定:"为制止严重违法犯罪活动的需要,公安机关的人民警察依照国家有关规定可以使用警械"。

（十三）公安行政优益权

公安行政优益权,是公安机关及其人民警察依法享有国家赋予它们职务及物质上的优

---

[1] 《中华人民共和国行政强制法》(2011年6月30日第十一届全国人民代表大会常务委员会第二十一次会议通过)。

[2] 《中华人民共和国人民警察使用警械和武器条例》(1996年1月8日国务院第41次常务会议通过 1996年1月16日中华人民共和国国务院令第191号发布 自发布之日起施行)。

益条件的权力或者资格。具体包括:

1. 公安行政受益权

作为一种物质上的优益权,公安行政受益权是指公安机关依法享有国家为保障其有物质能力行使行政职权而提供的物质上的优益条件的权力。行政受益权的内容,表现为国家依法向公安机关提供行政经费、办公条件、交通工具等各种物质利益。森林公安机关享有该项权力的法律依据,主要有"劳人编〔1984〕70号"、"林安字〔2003〕234号"以及"国办发〔2005〕42号"等。

2. 公安行政优先权

作为一种职务上的优益权,公安行政优先权是指公安机关及其人民警察行使职权时依法享有的职务上的优越条件。具体包括:(1) 获得协助权。它是人民警察执行职务时,有关单位及个人均负有法定协助义务。该项权力的法律依据是《人民警察法》第34条:"人民警察依法执行职务,公民和组织应当给予支持和协助。公民和组织协助人民警察依法执行职务的行为受法律保护。对协助人民警察执行职务有显著成绩的,给予表彰和奖励。公民和组织因协助人民警察执行职务,造成人身伤亡或者财产损失的,应当按照国家有关规定给予抚恤或者补偿"。(2) 优先权。一是优先使用权。它是人民警察执行职务时享有优先使用有关公用设施、设备的权力。该项权力的法律依据是《人民警察法》第13条:"公安机关的人民警察因履行职责的紧急需要,经出示相应证件,可以优先乘坐公共交通工具,遇交通阻碍时,优先通行。公安机关因侦查犯罪的需要,必要时,按照国家有关规定,可以优先使用机关、团体、企业事业组织和个人的交通工具、通信工具、场地和建筑物,用后应当及时归还,并支付适当费用;造成损失的,应当赔偿"。二是优先通行权。它是指森林人民警察执行警察职务时所使用的车辆享有优先通行的权力。该项权力的法律依据是《警车管理规定》①第18条:"警车执行紧急任务使用警用标志灯具、警报器时,享有优先通行权;警车及其护卫的车队,在确保安全的原则下,可以不受行驶路线、行驶方向、行驶速度和交通信号灯、交通标志标线的限制。遇使用警用标志灯具、警报器的警车及其护卫的车队,其他车辆和人员应当立即避让;交通警察在保证交通安全的前提下,应当提供优先通行的便利"。(3) 先期处置权。先期处置权意味着,遇到紧急情况,人民警察可以打破一般的法律程序,先期处置,实施强行带离现场、先行扣留、立即拘留等措施。该项权力的法律依据是《人民警察法》第17条:"县级以上人民政府公安机关,经上级公安机关和同级人民政府批准,对严重危害社会治安秩序的突发事件,可以根据情况实行现场管制。公安机关的人民警察依照前款规定,可以采取必要手段强行驱散,并对拒不服从的人员强行带离现场或者立即予以拘留"。(4) 人身权受特别保护权。这一权利是指执行公务时的人民警察的生命、身体、健康以及人格尊严等权利受到法律的特别保护。《人民警察法》第5条明确规定:"人民警察依法执行职务,受法律保护"。

二、林业行政职权

林业行政职权包括:林业行政许可权、林业行政命令权、林业行政处罚权、林业行政规划

---

① 《警车管理规定》(2006年11月29日公安部令第89号发布施行)。

权、林业行政制规权等。林业主管部门依法享有上述各类林业行政职权,但是,森林公安机关享有的林业行政职权,仅限于《森林法》授予的林业行政处罚权。此外,森林公安机关还享有一些隐含的林业行政职权。详细论述见第二章第一节。

三、相关问题研讨

问题:作为我国公安机关的组成部分,森林公安机关是否享有治安管理处罚权?①

治安管理处罚是依法享有治安管理处罚权的公安机关及其人民警察捍卫治安秩序、维护社会稳定的重要手段。长期以来,森林公安机关是否享有治安管理处罚权,不仅是森林公安机关尤其是集体林区森林公安机关,百般"求解"而始终"未解"的历史性难题,也是坚持"依法治林"、"实施以生态建设为主的林业发展战略"中亟须解决的现实问题,更是当前推行综合行政执法、建立行政执法责任制的根本要求。基于下列各项理由,笔者认为,无论是从法理的角度,还是基于法律规定;无论是考虑历史的沿革,还是基于现实的需要,森林公安机关都应当享有治安管理处罚权。

(一)森林公安机关负有治安管理职责

职责是职权的前提,职权因职责而产生。因而,如果森林公安机关并无维护治安秩序的法定职责,森林公安机关的公安行政职权(治安管理处罚权是其中一种)即是无源之水、无本之木。根据法律的明确规定,森林公安机关恰恰负有维护辖区治安管理秩序的法定职责。

(1) 1951年1月12日,为加强保护国家森林及林业生产设备,严防敌特破坏与火灾发生,东北人民政府颁布了《关于建立森林公安机关的决定》②,在森林工业总局所属的各森林工业管理局正式组建森林公安机关,并明确规定其职责范围:① 组织与教育员工进行护林防火、防奸、防匪等工作。② 调查与检举敌特及反革命破坏分子。③ 研究与指导护林与防火等工作。④ 协助行政上指导与教育森林警卫队。这是1949年以后地方性法规首次明确赋予森林公安机关治安管理职责。这部法规也成为我国正式组建森林公安机关的相关法律文件中的第一部。

(2) 1979年1月15日,在《关于保护森林资源制止乱砍滥伐的通告》中,国务院明确提出要建立林区公安派出所,以清理林区流动人口,加强护林防火工作,维护林区社会治安。《森林法(试行)》第9条第2款更是明确规定:"省、自治区革命委员会,应当根据实际需要,在重点林区设立公安局、派出所,配备森林警察,加强治安,保护森林"。作为1949年以后我国制定的第一部保护森林资源的法律,《森林法(试行)》也是五届人大常委会在1979年颁行的14部法律中的第一部,更是对森林公安机关维护社会治安秩序的法定职责作出明确规定的第一部法律,充分显示了我国政府在"文革"以后加强法制建设、注重依法行政的施政倾向。

(3) 1985年10月28日至11月2日,公安部和林业部在昆明联合召开了由各省、自治

---

① 参见赵文清:《有关森林警察治安管理处罚权的法理思考》,《森林公安》2007年第1期,第38-41页。收入本书时部分内容有所改动。
② 《关于建立森林公安机关的决定》(1951年1月12日东北人民政府发布 东政公工字第2号)。

区、直辖市公安厅(局),林业(农林)厅(局)参加的全国林业公安工作会议。1986年1月10日,公安部、林业部联合发出《全国林业公安工作会议纪要》,明确指出:"林业公安工作是公安工作的一个重要方面,其主要任务是保卫森林资源安全,维护林区社会治安秩序,保障林业生产建设的顺利进行"。"保卫森林资源,是林业公安工作的首要任务","要把保护森林资源作为林区社会治安综合治理的一项重要内容,并积极推行和落实护林、治安、防火承包责任制。同时,要加强基层基础工作建设,切实掌握山情、林情、社情,提高预防、控制、打击犯罪的能力,更有效地保卫森林资源安全,维护林区社会治安秩序"。

(4) 1998年修正的《森林法》第20条规定:"依照国家有关规定在林区设立的森林公安机关,负责维护辖区社会治安秩序……"

(5) 2003年12月18日,《国家林业局公安部关于加强森林公安队伍建设的意见》再次确认:"森林公安是……公安机关的重要组成部分,是具有武装性质的兼有刑事执法和行政执法职能的专门……维护林区社会治安秩序的重要力量。"

(二) 森林公安机关应当享有治安管理处罚权

无职责则无职权,但有职责并非当然有职权。从职权来源看,在现代法治社会中,任何一个组织的行政职权都是依法设定而非自我设定。法律法规的直接设定通常是行政主体获得行政职权的主要途径。由此,行政职权可分为两种类型:一是依据宪法或行政组织法的规定而获得的职权,属于固有行政职权,带有"先天性",往往随一个组织的产生而产生、消亡而消亡;二是依据宪法或行政组织法以外的其他法律的授予而获得的权力,属于授予行政职权,带有"后天性",通常随设定职权的法律规范的变化而变化。据此考察,森林公安机关享有的林业行政处罚权属于授予行政职权(《森林法》的明确授予),其所享有的治安管理处罚权则属于固有职权,是其作为公安机关自诞生之日起即应享有的原始权力,无须也不应由公安行政职权的唯一合法设定者———立法机关单独就森林公安机关的行政职权再次作出设定。因此,森林公安机关面临的真正问题,并非立法者迟迟不就公安行政职权作出单独设定,而是作为整体的公安机关在获得抽象的公安行政职权之后,如何在其组成部分———地方公安机关与铁路、交通、民航、森林及海关公安机关之间,进行合理配置的问题。而治安管理处罚权的配置历史恰恰向我们揭示:在治安管理处罚权的历次分配中,森林公安机关始终占有一席之地。

(1) 1985年6月20日,林业部、公安部发布《关于盗伐滥伐森林案件划归公安机关管辖后有关问题的通知》[1],在明确赋予林业公安机关查处盗伐、滥伐森林案件的刑事司法权的同时,明确赋予林业公安机关查处相应案件的治安管理处罚权:"县级(含县)以上林业公安机关受理盗伐、滥伐森林案件……对于不需要追究刑事责任,但应给予劳动教养或治安处罚的,可分别按照有关规定办理。"1986年1月10日,林业部、公安部在前述《全国林业公安工作会议纪要》中又共同指出:"林业公安机关是公安机关的组成部分,是公安机关派驻林区保卫森林资源安全、维护林区社会治安的武装性质的治安行政力量,原则上行使同级地方公安机关的职责和权限。"

---

[1] 《关于盗伐滥伐森林案件划归公安机关管辖后有关问题的通知》(林安〔1985〕249号)。

（2）1987年1月1日，第二部《治安管理处罚条例》正式实施。同年4月21日，公安部发布《关于铁道、交通、民航、林业公安机关执行〈治安管理处罚条例〉几个问题的通知》[1]，首次正式在地方公安机关和专门公安机关之间就治安管理处罚权作出明确分配。不仅明确了各专门公安机关作为治安管理处罚主体所应具备的级别和权限、处罚的种类及处罚决定的执行，还明确了各自所作处罚的行政及司法救济途径，甚至对处罚的文书、案件统计等事项也作出明确规范："一、对违反治安管理的行为……县一级的林业公安局、公安处，可以行使警告、罚款、拘留处罚的裁决权；县公安局所属林业公安分局可以行使警告、罚款处罚的裁决权……林业公安派出所、公安科可以行使警告、五十元以下罚款处罚的裁决权……林业公安派出所与上一级公安机关不在同一县、市的，对违反治安管理的人处超过五十元的罚款或者拘留处罚的，送请所在地的县、市公安局、公安分局裁决。三、……林业公安机关未设置拘留所的，可以将拘留处罚的人送交所在地的县、市公安局、公安分局执行。四、被裁决受治安管理处罚的人或者被侵害人不服裁决的，按照《条例》规定的期限，向上一级……林业公安机关申诉；隶属的上一级公安机关不在同一地区的，可以向所在地的县、市公安局、公安分局申诉……公安机关对公民给予的治安管理处罚错误的，使受处罚人的合法权益造成损害，应当赔偿损失或在治安行政诉讼中败诉后需要交纳诉讼费的，由原裁决公安机关负担。五、治安管理处罚的罚款，由……林业系统的公安局、公安处集中，按照财政部1986年12月31日发布的《罚没财物和追回赃款赃物管理办法》第十五条规定，上交财政部门。六、……林业公安机关裁决治安管理处罚的案件（即治安案件），由……林业公安机关逐级负责统计（同时抄送当地公安机关），按规定送公安部，地方公安机关不再统计。七、治安管理处罚的法律文书，按照公安部下发的统一式样，由……林业系统的公安局、公安处印制。"

（3）2006年1月23日，公安部发布《公安机关执行〈中华人民共和国治安管理处罚法〉有关问题的解释》[2]，在废止上述"〔87〕公发20号文件"的同时，对森林警察治安管理处罚权作出新的规定："十、关于铁路、交通、民航、森林公安机关和海关侦查走私犯罪公安机构以及新疆生产建设兵团公安局的治安管理处罚权问题。我国《治安管理处罚法》第91条规定：'治安管理处罚由县级以上人民政府公安机关决定；其中警告、500元以下罚款可以由公安派出所决定。'根据有关法律……森林公安机关依法负责其管辖范围内的治安管理工作……为有效维护社会治安，县级以上……森林公安机关对其管辖的治安案件，可以依法作出治安管理处罚决定……森林公安派出所可以作出警告、500元以下罚款的治安管理处罚决定……"

（三）森林公安机关的治安处罚权应当得到全面落实

目前，在大面积国有林区，森林公安机关的治安管理处罚权得到完全落实。如东北、内蒙古国有林区公安机关在1984—2004年的20年间查处治安案件近18万起。但在集体林区，森林公安机关的这一权力并未得到普遍落实，有些地方的森林公安机关即使办理治安案件，也是以地方公安机关的名义并在其制约下办理少量治安案件，有些地方的森林公安机关

---

[1] 《公安部关于铁道、交通、民航、林业公安机关执行〈治安管理处罚条例〉几个问题的通知》（1987年4月21日〔87〕公发20号文件）

[2] 《公安部关于公安机关执行〈中华人民共和国治安管理处罚法〉有关问题的解释》（2006年1月23日 公通字〔2006〕12号）。

常年或连续几年、甚至自建立以来都从未办理过治安案件,这种状况不仅制约了森林公安机关治安职能作用的充分发挥,而且使森林公安机关逐渐成为一支以他人名义查处林业行政案件的辅助性的林业机关,使森林公安机关日趋退化为穿着警服却行使少量林业行政职权的务林人员,最终有可能因功能退化,无法实现国家设置森林公安机关的初始目的,而丧失其存在的独特价值。全面落实森林公安机关的治安管理处罚权,不仅是依法行政的必然要求,是确保森林公安机关切实履行法定职责、充分实现自身价值的有效手段,而且是满足生态建设"相持阶段"强化行政执法的现实需求和应对"重要战略机遇期"林区治安新问题、新挑战的重要途径。

1. 权力和谐的需要

为确保职权运行的"和谐",森林公安机关的治安管理处罚权必须落实。根据"林安发〔2001〕156号"的规定,森林公安机关拥有19类涉及森林及野生动植物资源刑事案件的侦查权。当这些案件或行为在侦查终结时被确认为不构成刑事案件、在审判过程中被判定不构成犯罪或者确定有罪却免除刑罚处罚(即"定罪免刑"),但又应当给予违法行为人以行政处罚时,森林公安机关将面临两种情形:一是对盗伐、滥伐林木,非法收购、运输盗伐滥伐的林木,非法猎捕、杀害珍贵、濒危陆生野生动物等违法行为实施相应的林业行政处罚;二是对盗窃、抢劫、抢夺、窝藏、转移、收购、销售赃物等违法行为实施治安管理处罚。针对前者,森林公安机关可以依法以自己的名义或所属林业主管部门的名义直接实施处罚;针对后者,如果治安管理处罚权与刑事侦查权不能有效衔接,即森林公安机关没有或只能以地方公安机关名义行使治安管理处罚权,则很可能出现因移送案件或向地方公安机关逐级请示而降低行政效率,直至出现因怕麻烦而干脆撒手不管。因此,为使刑事侦查权、林业行政处罚权和治安管理处罚权各自功能得到充分发挥,增进权力与权力之间的和谐,确保"法网恢恢,疏而不漏",森林公安机关的治安管理处罚权应当予以落实。

2. 林区和谐的需要

为确保林区社会治安和政治稳定,森林公安机关的治安管理处罚权必须落实。林业在社会主义新农村建设中占有独特的地位、潜力和优势。林业是一项重要的公益事业和基础产业,承担着生态建设和林产品供给的重要任务。在贯彻可持续发展战略中,要赋予林业以重要地位;在生态建设中,要赋予林业以首要地位;在西部大开发中,要赋予林业以基础地位。多年来,林业为改善农村生态环境、促进农村经济发展、扩大城乡就业和农民增收作出了积极贡献,森林公安机关则为保障林业生产的顺利进行、维护林区社会治安和政治稳定以及林农人身和财产安全作出了积极贡献。但是,我国广大山区、林区、沙区经济发展严重滞后,林业在农村经济发展中的巨大潜力和优势远未发挥,林区和谐远未实现。全国山区面积占国土面积的69.2%,有5.6亿人口生活在山区;沙化土地占国土面积的18.1%,有1.2亿人口生活在沙区;全国有43亿亩林地,为耕地面积的2倍多;山区、林区、沙区有丰富的物种资源、丰富的劳动力资源,林产品又具有巨大的国际国内市场空间。在平原地区,林业在建设农业生态屏障、改善人居环境、培育木材后备资源、发展特色林业产业等方面的作用和潜力巨大。因此,在充分认识林业在社会主义新农村建设中的战略地位,充分挖掘林业的巨大潜力,充分发挥林业的独特优势的同时,也应当充分认识森林公安机关在构建林区社会治安新秩序中的战略地位,充分挖掘森林警察治安管理处罚权的巨大潜力,充分发挥森林公安机关林业行政处罚权的独特优势。唯其如此,才能真正发挥林业在全面推进社会主义新农村建设中的作用。

(四)森林公安机关的治安处罚权能够得到落实

如果将配置治安管理处罚权的上述各类法律规范视为外在条件的话,那么治安管理处罚权能否得到落实,则是指森林公安机关是否具备确保治安处罚权合法行使所需要的各种内在条件,如机构、人员、手段等。

1. 行政执法机构的状况

从纵向来看,森林公安机关机构设置较为完整、系统。截至2004年底,全国已形成国家级、省级(包括自治区、直辖市)、地市级(包括自治州、盟)、县级(包括县级市、自治县、旗)公安机关四级体系,组建公安机构共6 769个,其中县级机构1 590个(森林公安局174个,森林公安分局1 044个,森林公安科、股372个)。从横向看,机构覆盖率相当高,县级机构覆盖了全国行政区域县、市、区、旗的70%。这些客观条件对森林警察的林区治安管理工作的展开和延伸都极为有利,也使得森林警察足以担当在林区实施治安管理处罚的重任。

2. 行政执法人员的素质

就政治、文化素质而言,在森林公安机关中,党员占实有警力总数的55.14%;具备大专以上学历人员占警力总数的54.8%。从办案经历和成果来看,自1984年至2000年,森林公安机关共受理森林及野生动物案件225万起,查处217万起,其中立刑事案件的15.6万起,破刑事案件14.2万起,受理行政案件206.7万起,处理行政案件187.9万起,共打击处理各类违法犯罪人员327.8万人次,收缴木材697万立方米,收缴野生动物925.1万只(头)。东北内蒙古国有林区森林公安机关20年共破获各类刑事案件11万余起,查处治安案件近18万起,打击处理各类违法犯罪人员32万人次。这些数据表明:森林公安机关不仅具备较高的政治、文化素质,而且长期受严格的刑事司法程序的约束,多年练就的良好的执法素养和严谨的工作作风,以及丰富的行政、刑事执法经历、经验与智慧,也使森林公安机关完全能够胜任治安案件的查处工作。

3. 行政执法的物的手段

行政执法的物的手段,是保证行政职权有效运作的各种物质和非物质资源的总称。它包括行政执法的物质手段和非物质手段两类。

行政执法的物质手段,可称为"有形资源",是指客观存在且能够为行政执法主体控制和支配、以一定的实物(诸如资金、警车、枪支、弹药等)表现出来并保证行政执法有效性的资源。所谓有效性,是指法律赋予国家行政机关相应行政权力的目的得以实现,即行政主体行使的行政权力能正常产生其应当具有的公定力、确定力、拘束力和执行力。显而易见,没有抑或缺乏相应的物质手段,执法效力的实现可谓"皮之不存、毛将焉附"。"国办发〔2005〕42号文件""将森林公安编制统一纳入政法专项编制序列……经费列入各级财政预算"规定的全面落实,必将为森林公安机关治安管理处罚权的有效运作提供强有力的物质手段,显著增强森林公安机关的财政实力,并进一步巩固其作为独立行政主体的法律地位。

行政执法的非物质手段,可称为"无形资源",是指行政主体拥有的社会地位、声望、信用度、守法状态以及公务人员的人格魅力、职业操守、文化素养等各种间接影响其行政执法有效性的资源。长期以来,森林公安机关发扬特别能吃苦、特别能战斗的光荣传统,克服极其恶劣的自然条件和较为尴尬的人为条件(包括机构、编制、经费、体制、人员等各种条件),经历了血与火的考验,作出了巨大牺牲和贡献,取得了令人瞩目的成绩,积累了丰厚的"无形资源"。特别是1999年以来,森林公安机关相继组织开展了"可可西里一号行动"、"南方二号行动"、"保卫森林资源三号行动"、"天保行动"、"猎鹰行动"、"破案攻坚战"、"候鸟行动"、"春雷行动"、"绿箭行动"、"候鸟二号行动"等一系列专项打击行动,集中查处了3万多起严重危害生态安全的重特大案件,在国内外引起强烈反响。不仅使森林公安机关深得民心、威名远扬,而且塑造了中国政府重视生态资源保护的良好国际形象。据统计,森林公安系统20年中共有8 392个(次)集体、40 309人次受到表彰奖励,其中被公安部授予一级英雄模范称号的3人、二级英雄模范称号的18人,被国家林业局授予"森林卫士"称号的5人;共有125名民警献出宝贵生命(其中25人被评为烈士),近1 500名民警光荣负伤。这些良好的"无形资源",必将有助于森林公安机关治安管理处罚工作的顺利开展。

4. 森林公安机关的智力支撑系统

所谓"智力支撑系统",是指能够为森林公安机关不断培养输送高素质应用型警务人才,能够不断提升在职民警执法能力和警察职业素养,能够为公安工作和改革提供理论指导和智力、技术支持的警察高等职业教育培训机构。"智力支撑系统"的强弱,直接或间接影响着森林公安机关行政执法与刑事执法水平和质量。自1994年"林校"改"警校"、2000年"中专"改"大专"以来,南京森林公安高等专科学校作为全国唯一一所森林公安高等院校,大力引进高层次人才,积极推进教育教学改革,紧密依托挂靠学校的国家林业局警官培训中心、森林消防指挥培训中心,积极开展多层次、多规格、多形式的专业技术培训、警务技能培训和成人教育,已逐步将学校建设成为森林公安的"三大基地":后备警察培养基地、在职警察培训基地、警察理论与实践研究基地。毋庸置疑,这一仍在不断壮大的支撑系统,必将继续成为森林公安机关正确实施包括治安管理处罚权在内的所有公安行政职权的强大的智力后盾。

第二章　森林公安行政执法的对象

在狭义上,森林公安行政执法仅指森林公安机关对林业行政处罚案件的调查和处理,是一种以林业行政违法行为为执法对象的法律活动。林业行政违法行为的构成,应当包括4个共同要件:违法主体、违法主观方面、违法客观方面和违法客体。根据法律规定,森林公安机关对林业行政案件享有授权管辖权和委托管辖权。

第一节　森林公安行政执法的界定

一、森林公安行政执法的概念

（一）森林公安行政执法的概念

从广义说,森林公安行政执法既包括公安行政执法,也包括林业行政执法;从狭义说,森林公安行政执法仅指林业行政执法。本书采用狭义说,森林公安行政执法仅指森林公安林业行政执法。但究竟什么是行政执法,无论是在学术界还是在实务界,都存在不同的理解。有学者认为,在不同的场合,行政执法的含义也不相同。[①]

1. 为说明现代行政的性质和功能而使用"行政执法"

此种场合使用该术语,旨在强调:(1) 行政是执法,是执行法律,而不是创制法律,因此,行政从属于法律;(2) 行政是执法,是依法办事,而不是也不能唯长官意识是从;(3) 行政是执法,是基于法定职权和法定职责对社会进行管理,依法作出影响行政相对人权利义务的行为,而不能对相对人任意发号施令、对相对人实施没有法律根据的行为。在此场合,在此意义上,"行政执法"即等同于"行政"。

2. 为区别行政的不同内容而使用"行政执法"

在行政法学研究中,许多学者习惯将行政的内容一分为二或者一分为三。一分为二即将行政的内容分为两类:一类为制定规范行为(行政机关制定规范行为在性质上不同于立法机关的立法行为,在实质上仍属于行政而不属于立法);另一类为直接实施法律和行政规范(包括行政法规、规章和其他规范性文件)的行为。前者谓之"行政立法",后者谓之"行政执法"。一分为三即将行政内容分为三类:行政立法保持不动,而将"行政执法"再一分为二,一类为直接处理涉及行政相对人权利义务的各种事务的行为;另一类为裁决行政相对人与行政主体之间或者行政相对人相互之间与行政管理有关的纠纷的行为。在这两类行为中,前

[①] 参见姜明安:《行政执法研究》,北京大学出版社2004年,第8-10页。

者仍谓之"行政执法",后者则谓之"行政司法"。在此场合,在此意义上,行政执法只是行政行为之一类。

3. 作为行政行为的一种特定方式而使用"行政执法"

行政行为有多种,如许可、审批、征收、给付、确认、裁决、检查、奖励、处罚、强制等。在行政实务界,人们一般习惯于将监督检查、实施行政处罚和采取强制措施等行为方式称之为"行政执法"。根据各级政府规范性文件的规定和实践做法,归入"行政执法"的行政行为方式大致包括:检查、巡查、查验、勘验、给予行政处罚、即时强制、查封、扣押及采取其他强制执行措施等。可见,在这种意义上,行政执法只是行政主体采取特定方式实施的部分行政行为,其范围不仅小于第一种场合使用的行政执法,而且小于第二种场合使用的行政执法。

基于森林公安的执法现状,本书仅在行政处罚的意义上使用"行政执法"这一概念。因此,森林公安行政执法即为森林公安林业行政处罚,是对森林公安机关调查、处理林业行政违法行为的法律活动的总称,也就是通常所说的林业行政案件查处。

(二) 林业行政案件查处的概念

林业行政案件查处,即林业行政案件的调查和处理,是指林业行政主体及其林业行政执法人员依照法定程序,查证、认定林业行政违法行为是否存在,决定是否给予及给予何种行政处罚等行政制裁的法律活动。什么是林业行政案件?这是森林公安行政执法活动中必须首先予以明确的问题。一般认为,林业行政案件是对林业行政处罚案件的简称,是指违反林业行政管理秩序,依照林业法律规范应当受到行政处罚,而由林业行政主体依法予以受理、调查的法律事实的总和。这一概念可以从4个方面理解:(1) 林业行政违法行为是林业行政案件的核心构成要素;(2) 林业法律规范是确认林业行政案件的法律依据;(3) 林业行政违法行为是应当受到林业行政处罚的行为;(4) 林业行政案件必须是由林业行政主体依法受理、确认。林业行政案件的成立,必须同时具备两个条件:一是存在林业行政违法行为的事实或嫌疑;二是林业行政主体依照法定程序予以受理、确认。

(三) 林业行政案件查处的要求

根据《行政处罚法》及《林业行政处罚程序规定》,查处林业行政案件应当满足以下基本要求:

(1) 事实清楚。是指据以处罚的违法行为及其相关的事实清楚。
(2) 证据确凿。是指据以处罚的违法行为有合法有效的证据予以证实。
(3) 依据正确。是指据以处罚的法律依据的适用和引用正确。
(4) 程序合法。是指查处林业行政案件的所有程序都合乎法律规定。
(5) 内容适当。是指给予违法行为人的林业行政处罚合情合理,不畸轻畸重。

(四) 林业行政案件查处的任务

依据《行政处罚法》、《森林法》及《林业行政处罚程序规定》,林业行政案件查处的任务主要包括以下几个方面:

(1) 查明林业行政案件的事实。林业行政执法人员必须查明的案件事实包括:① 违法嫌疑人的基本情况;② 违法行为是否存在;③ 违法行为是否为违法嫌疑人实施;④ 实施违法行为的时间、地点、方式或方法、对象、后果以及其他情节;⑤ 违法嫌疑人有无法定从重、从轻、减轻以及不予处罚的情形;⑥ 与案件有关的其他事实。

(2) 收集林业行政案件的证据。林业行政执法人员在调查处理林业行政处罚案件时应当依法收取以下证据:① 书证;② 物证;③ 视听资料;④ 证人证言;⑤ 当事人的陈述;⑥ 鉴定结论;⑦ 勘验笔录;⑧ 现场笔录。所有证据都必须经过查证属实,才能作为认定案件事实的根据。

(3) 追究违法行为人的法律责任。林业行政处罚案件经调查事实清楚、证据确凿的,应当决定给予林业行政处罚,依法制作《林业行政处罚决定书》并及时送达被处罚人。当事人逾期不履行行政处罚决定的,由林业行政主管部门依法强制执行或者申请人民法院强制执行。

(4) 制作与保管林业行政案件的法律文书。《林业行政处罚决定书》送达后,承办人应当将案件材料立卷。林业行政处罚案件卷宗一般包括:卷皮、目录、案件登记表、证据材料、林业行政处罚意见书、林业行政处罚决定书和其他材料。林业行政处罚案件办理终结,承办人应当根据一案一卷的原则,将案件的全部材料立卷归档。

二、森林公安行政执法的权力

就行政职权的来源来说,森林公安行政执法的权力,即森林公安林业行政处罚的权力,并非森林公安机关固有的行政职权,而是来源于法律规范的后天授予或委托。根据现行法律规定,森林公安行政执法的权力仅限于《森林法》等法律规范的授予或委托。此外,与授予或委托的林业行政处罚权相伴随,森林公安机关还享有一些隐含的林业行政职权。

(一) 林业行政处罚权

1. 林业行政处罚授权成立的有效条件

一般认为一项有效的授权,其成立必须包括"合法的授权主体、适宜授予的权力加上合法的授权方式"[①]三项条件。森林公安机关获得的林业行政处罚授权,符合有效授权的成立条件。

首先,从授权主体上来说,授权主体必须是国家机关而非个人或其他组织,必须是特定的国家机关而非所有国家机关。根据《行政处罚法》的规定,下列机关可以成为林业行政处罚权力的授权主体:法律的制定者——全国人大及其常委会;行政法规的制定者——国务院;地方性法规的制定者——省、自治区、直辖市的人大及其常委会,以及《立法法》所称的"较大的市"的人大及其常委会。从《森林法》第20条有关"……森林公安机关……可以依照本法规定,在国务院林业主管部门授权的范围内,代行本法第39条、第42条、第43条、第44条规定的行政处罚权"的规定可以看出,森林公安机关林业行政处罚权的授予主体是全国人大常委会。

其次,从被授予的权力上来说,被授出的权力必须是法律允许授出的权力。法律禁止授出的权力不得授予任何主体。《行政处罚法》第16条和第17条明确指出:"国务院或者经国务院授权的省、自治区、直辖市人民政府可以决定一个行政机关行使有关行政机关的行政处

---

① 李岳德:《中华人民共和国行政处罚法释义》,中国法制出版社1996年5月,第71页。

罚权,但限制人身自由的行政处罚权只能由公安机关行使";"法律、法规授权的具有管理公共事务职能的组织可以在法定授权范围内实施行政处罚"。可以看出,森林公安机关获得林业行政处罚权的授予并不违反《行政处罚法》的禁止性规定。

最后,从授权的方式来看,授权应当以法定的形式进行。根据《行政处罚法》第17条,授权具有公共事务管理职能的组织实施行政处罚,必须以法律、行政法规或地方性法规的形式进行,其他形式的授权是无效的。以法律法规的形式作出授权意味着:一方面,授权必须是公开的,授权的时间、内容、范围及与被授权的组织等信息必须公之于众,通过内部规范性文件、红头文件的方式确定的授权是无效的,对相对人也不具有法律约束力;另一方面,授权必须是稳定的,授权的内容、范围及被授权的组织的法律地位等事项,不能朝令夕改,而应当保持相对的稳定。可以看出,森林公安机关获得林业行政处罚授权的方式,符合《行政处罚法》的要求。

2. 林业行政处罚授权范围变更的有效条件

授权范围应当保持相对稳定,并不意味着授权范围必须一成不变。授权主体既然有权设定授权范围,当然也有权变更授权范围。授权范围的有效变更必须满足3个条件:一是谁授权谁改变,授权范围的变更者必须是授权范围的设定者,任何授权主体以外的主体均无权改变授权范围;二是变更授权范围的形式必须与授权的法律形式保持一致;三是授权范围的变更必须公开。不能满足上述条件的变更,都属于无效变更,不具备任何法律约束力。

必须指出,森林公安机关林业行政处罚权的授权者是全国人大常委会,其授权范围由法律——《森林法》第20条予以设定。作为部门规章,《国家林业局关于授权森林公安机关代行行政处罚权的决定》①,也对授权范围进行了进一步的重申:"根据《中华人民共和国森林法》(简称《森林法》)第20条规定,国家林业局决定:一、授权森林公安机关查处森林法第39条、第42条、第43条、第44条规定的行政处罚案件。二、森林公安局、森林公安分局、森林公安警察大队,查处本决定第一项规定的案件,以自己的名义作出行政处罚决定;其他森林公安机构,查处本决定第一项规定的案件,以其归属的林业主管部门名义作出行政处罚决定。……"但是,作为行政规则,《国家林业局关于森林公安机关查处林业行政案件有关问题的通知》(林安发〔2001〕146号)却规定:"森林公安局、森林公安分局、森林公安警察大队查处《森林法》第39条、第43条、第44条规定的林业行政案件,应以自己的名义查处,在《林业行政处罚决定书》上盖森林公安局、森林公安分局、森林公安警察大队的印章",擅自缩小了法定的授权范围(撤销了第42条)。

笔者认为,"林安发〔2001〕146号"对授权范围的变更是无效的。因为作为国务院的直属机构,国家林业局根本无权对全国人大常委会的授权范围作出变更。退一步说,即使认为实际的授权范围是由国家林业局通过规章形式予以划定的,作为行政规则的"林安发〔2001〕146号"的上述规定也是无效的。立法理论认为,修改和废止法律的形式和程序应当同于制定法律的形式和程序。现行法律也认可这一理论。如《规章制定程序条例》②第37条第2款

---

① 《国家林业局关于授权森林公安机关代行行政处罚权的决定》(1998年6月26日国家林业局令第1号发布 自1998年7月1日起施行)。
② 《规章制定程序条例》(2001年11月16日国务院令第322号发布 自2002年1月1日起施行)。

规定:"修改、废止规章的程序,参照本条例的有关规定执行"。因此,国家林业局只有制定新的规章,才能改变原有规章中的授权范围。

3. 林业行政处罚授权的法律效果

该项授权的法律效果是:森林公安机关依法取得了林业主管部门的地位,并有权以自己的名义依法实施林业行政处罚权。换言之,这项授权具有创设新的行政主体的法律效果,使森林公安机关成为另一种新的行政主体——林业行政主体。

(二) 隐含的林业行政职权

根据《森林法》的明确规定,尽管在众多的林业行政职权中,森林公安机关享有的行政职权仅有一项——林业行政处罚权。但实际上,在查处林业行政案件的过程中,森林公安机关还行使着其他一些行政权力,而这些权力并未在法律授权或委托时予以明示,因而可以称之为隐含的行政职权。主要包括:

1. 勘验、检查权

根据《林业行政处罚程序规定》[①]第 29 条的规定,作为林业行政执法人员,森林公安机关人民警察对与违法行为有关的场所、物品可以进行勘验、检查。必要时,可以指派或者聘请具有专门知识的人进行勘验、检查,并可以邀请与案件无关的见证人和有关的当事人参加。当事人拒绝参加的,不影响勘验、检查的进行。勘验、检查应当制作《林业行政处罚勘验、检查笔录》,由参加勘验、检查的人和被邀请的见证人、有关的当事人签名或者盖章。

2. 证据登记保存权

根据《林业行政处罚程序规定》第 26 条有关"林业行政主管部门收集证据时,在证据可能灭失或者以后难以取得的情况下,经行政机关负责人批准,可以先行登记保存,填写《林业行政处罚登记保存通知单》,并应当在 7 日内及时作出处理决定,在此期间,当事人或者有关人员不得销毁或者转移证据"的规定,森林公安机关享有对相关证据实施保存的权力。但是,实施该项权力的审批程序略有不同:以自身名义查处林业行政案件,必须经森林公安机关负责人批准;而以林业主管部门名义查处案件时,则应当经过林业主管部门负责人批准。

3. 鉴定的指派权或者聘请权

根据《林业行政处罚程序规定》第 30 条的规定,为解决林业行政处罚案件中某些专门性问题,森林公安机关可以指派或者聘请有专门知识的人进行鉴定。鉴定人进行鉴定后,应当提交书面鉴定结论并签名或者盖章,注明本人身份。

除了上述职权外,森林公安机关还享有收集、调取证据的权力和询问的权力等一些隐含职权。例如:根据《林业行政处罚程序规定》第 27 条的规定,作为林业行政执法人员,森林人民警察在必要时,有权会同有关部门共同收集、调取各种证据,并制作笔录,由调查人和有关当事人在笔录上签名或者盖章。

三、森林公安行政执法的身份

森林公安机关是公安机关,其性质属于行政机关。作为一种较为特殊的行政机关,它既

---

① 《林业行政处罚程序规定》(1996 年 10 月 1 日林业部发布)。

区别于地方公安机关,也不同于林业主管部门;既不完全属于公安机关的内设机构,也不完全具有林业内设机构的地位。① 这种独特的机关性质,在一定程度上影响了森林公安机关执法身份的认定。

从理论上说,森林公安机关具有双重身份:履行治安职责,实施公安行政职权时,即属于公安机关;履行林业管理职责,实施林业职权时,属于林业行政机关。但是,根据行政法理,在每一个具体的行政法律关系中,森林公安机关及其人民警察的身份和角色都应当是恒定的。即在同一个行政案件中,就森林公安机关而言,它只具有一种身份,要么是公安行政执法身份,要么是林业行政执法身份。同时,对办案的森林人民警察来说,他(她)要么是人民警察,要么是林业行政执法人员。法律禁止任何执法单位和执法人员在同一个案件中随时变换身份。

森林公安机关所具有的双重身份,使得森林人民警察在执法时必须首先选择身份。笔者认为,在日常执法活动中,森林人民警察应当优先选择警察身份。因为公安行政职权毕竟是其固有职权,公安机关毕竟是森林公安机关的先天身份,而林业行政职权是法律授予的职权,林业身份则是授予职权所带来的后天身份。当然,在表明了公安执法身份以后,如果查处的案件属于公安行政案件,森林人民警察有权继续查处;如果查处的案件属于林业行政案件,森林人民警察则应当将案件移送,由所在机关指定其他人民警察以林业执法身份立案查处。该森林人民警察不得再行参与该案件的办理,其所在机关也不得指定其继续办理该案件。

四、森林公安行政执法的范围

森林公安行政执法的范围,就是森林公安机关有权查处的林业行政处罚案件的范围。主要由两部分组成:一是法律、法规授权查处的案件;二是行政机关委托查处的案件。

(一) 法律、法规授权查处的案件

法律、法规授权查处的案件,是指《森林法》第20条第1款授权森林公安机关查处的案件。因为被授权的条文有4条,涉及6类案件,故一般称之为"4条6类案件"。具体包括:

(1) 盗伐林木(《森林法》第39条第1款);
(2) 滥伐林木(《森林法》第39条第2款);
(3) 买卖林业证件、文件(《森林法》第42条);
(4) 非法收购盗伐、滥伐的林木(《森林法》第43条);
(5) 非法开垦、采石等毁坏林木(《森林法》第44条第1款);
(6) 非法砍材、放牧毁坏林木(《森林法》第44条第2款)。

(二) 行政机关委托查处的案件

行政机关委托查处的案件,是指国务院林业主管部门和县级以上地方人民政府林业主管部门委托查处的案件。

---

① 参见赵文清:《森林公安机关法律归属之法理辨析》,《森林公安》2006年第5期,第38-40页。

1. 国务院林业主管部门委托查处的案件

根据《国家林业局关于森林公安机关查处林业行政案件有关问题的通知》(简称"林安发〔2001〕146号")的规定,森林公安机关可以以其所属的林业主管部门(即委托机关)的名义,查处法律、法规授权案件以外的林业行政案件。因为被委托的条文有7条,涉及12类案件,故一般称之为"7条12类案件"。具体包括:

(1) 非法经营木材(《森林法实施条例》第40条);
(2) 非法采种、采脂等毁坏林木(《森林法实施条例》第41条第1款);
(3) 非法开垦林地(《森林法实施条例》第41条第2款);
(4) 未完成更新造林任务(《森林法实施条例》第42条);
(5) 非法改变林地用途(《森林法实施条例》第43条第1款);
(6) 临时占用林地逾期不还(《森林法实施条例》第43条第2款);
(7) 无木材运输证运输木材(《森林法实施条例》第44条第1款);
(8) 不按照木材运输证运输木材(《森林法实施条例》第44条第2款);
(9) 使用伪造、涂改的木材运输证运输木材(《森林法实施条例》第44条第3款);
(10) 承运无木材运输证的木材(《森林法实施条例》第44条第4款);
(11) 非法移动或毁坏林业服务标志(《森林法实施条例》第45条);
(12) 非法改变林种(《森林法实施条例》第46条)。

2. 县级以上地方人民政府林业主管部门委托查处的案件

根据《行政处罚法》的规定,县级以上地方人民政府林业主管部门,可以依法委托森林公安机关实施行政处罚。可以委托的案件包括:(1) 野生动物行政处罚案件;(2) 森林防火行政处罚案件;(3) 自然保护区行政处罚案件;(4) 野生植物行政处罚案件;(5) 野生药材行政处罚案件;(6) 林木种子行政处罚案件;(7) 防沙治沙行政处罚案件;(8) 其他林业行政处罚案件。

第二节 森林公安行政执法的对象

一、林业行政违法行为的概念

森林公安行政执法的对象,是一种违反林业行政管理秩序的行为,即通常所说的林业行政违法行为,是一种公民、法人或其他组织实施的,违反林业法律规范、侵害受法律保护的林业行政关系,尚未构成犯罪,依照林业法律规范应当给予行政处罚的行为。它具有以下特征:

(一) 具有社会危害性

社会危害性,是指行为对法律所保护的社会关系造成各种损害的特性。它是包括林业行政违法行为在内的一切违法行为,是一切犯罪行为的共同特征,也是最本质、最基本的特征。

（二）具有林业行政违法性

具有林业行政违法性意味着：(1) 林业行政违法行为是一种行政违法行为，而非民事违法行为。林业行政违法行为可能承担民事责任，但其本身并非民事违法行为。(2) 林业行政违法行为是一种林业类行政违法行为。它违反的是林业法律规范如《森林法》，而非其他法律规范如《治安管理处罚法》；侵害的是林业行政关系，而非其他行政关系如公安行政关系。(3) 林业行政违法行为是一种行政违法行为，而非触犯刑法的林业犯罪行为。林业行政违法行为与林业犯罪，都是具有社会危害性的行为。但是，两者既有质的区别又有量的联系和不同。①

（三）具有应受林业行政处罚性

任何违法行为都应当承担相应的法律后果。民事违法行为要承担返回财产、恢复原状、赔偿损失等民事法律责任；犯罪要承担拘役、管制、有期徒刑以及罚金、没收财产等刑事法律责任；林业违法行政行为要承担警告、记过、开除等行政处分的法律后果；林业行政违法行为则应当承担行政处罚等行政法律责任。林业行政违法行为是适用林业行政处罚的前提，林业行政处罚是林业行政违法行为的法律后果。因此，应当受到林业行政处罚，即应受林业行政处罚性，也是林业行政违法行为的一个基本特征。

（四）具有违法主体的特定性

林业行政违法行为与林业违法行政行为的区别之一，在于其违法主体的不同。前者的违法主体是作为行政相对人的公民、法人或其他组织，后者的违法主体是作为行政主体的行政机关或法律法规授权的组织。换言之，林业行政违法行为的主体，只能由行政相对人构成，具有特定性。

林业行政违法行为的以上4个特征相互依存，缺一不可。一定的社会危害性是林业行政违法行为最基本的属性，也是林业行政违法性和应受行政处罚性的基石。如果行为仅具有社会危害性而没有违反林业行政法律规范，则不应当受到林业行政处罚，也就不构成林业行政违法行为。如果不是由行政相对人而是由行政主体实施，即使其行为具有社会危害性且触犯林业行政法律规范，也不应当受到林业行政处罚，也不构成林业行政违法行为。因此，这4个特征都是必要的，是任何林业行政违法行为都必然具备的。这4个特征既能使林业行政违法行为区别于其他行政违法行为，又能使林业行政违法行为与林业犯罪区别开来。

二、林业行政违法行为的构成

林业行政违法行为的构成，是指依照林业法律规范的规定，决定某一具体行为的社会危害性及其程度而为该行为构成林业行政违法行为所必须具备的一切主观和客观条件的总和。研究林业行政违法行为的构成，对于正确认定林业行政违法行为，依法追究违法行为人的法律责任，具有重要的理论和实践意义。依照《行政处罚法》所规定的主客观相统一的原

---

① 我国刑事立法的特点之一，就是大部分犯罪都将行为的危害程度作为犯罪的客观要件，即将行为的性质与行为的程度结合起来作为区分罪与非罪的重要界限，理论界称之为"立法定性又定量"的行为规定模式。参见储槐植、汪永乐：《再论我国刑法中犯罪概念的定量因素》，《法学研究》2000年第2期。

则,笔者认为,林业行政违法行为的构成,应当包括4个共同要件:违法主体、违法主观方面、违法客观方面和违法客体。①

(一) 违法主体

违法主体,是指实施违反林业法律规范行为并应当受到行政处罚的相对人,包括公民(包括外国公民和无国籍人)、单位(包括法人或其他组织)。

1. 自然人作为违法主体

自然人主体,是指具备行政责任能力、实施违反林业法律规范并且应当受到行政处罚的自然人。自然人作为违法主体应当受到行政处罚,必须具备两个前提条件:一是该主体必须是自然人。自然人是指有生命存在的人类独立的个体。自然人的资格,始于出生,终于死亡。二是该主体必须具备行政责任能力。作为法律责任能力的一种,行政责任能力,是指行为人实施行政违法行为后承担行政法律责任所必需的,行为人具备的行政法意义上辨认和控制自己行为的能力。换言之,行政责任能力由辨认能力和控制能力两种能力构成。辨认能力是指行为人具备对自己的行为在行政法上的意义、性质及后果的分辨认识能力,即行为人有能力认识自己的行为是否为行政法律所禁止、所谴责和制裁。控制能力是指行为人具备决定自己是否以行为触犯行政法律的能力。辨认能力是行政责任能力的基础,控制能力则是行政责任能力的关键。一般来说,影响行政责任能力的因素主要有两个:当事人的行政责任年龄和当事人的精神状态。

(1) 当事人的行政责任年龄。行政责任年龄,是当事人对自己的行政违法行为承担行政责任所必须达到的年龄。在许多法律领域中,当事人的年龄与其法律责任的承担有重要联系。例如,在民事法律领域,《中华人民共和国民法通则》②第11条规定:"18周岁以上的公民是成年人,具有完全民事行为能力,可以独立进行民事活动,是完全民事行为能力人。16周岁以上不满18周岁的公民,以自己的劳动收入为主要生活来源的,视为完全民事行为能力人。"第12条规定:"10周岁以上的未成年人是限制民事行为能力人,可以进行与他的年龄、智力相适应的民事活动;其他民事活动由他的法定代理人代理,或者征得他的法定代理人的同意。不满10周岁的未成年人是无民事行为能力人,由他的法定代理人代理民事活动。"在刑事法律领域,《中华人民共和国刑法》第17条规定:"已满16周岁的人犯罪,应当负刑事责任。已满14周岁不满16周岁的人,犯故意杀人、故意伤害致人重伤或者死亡、强奸、抢劫、贩卖毒品、放火、爆炸、投毒罪的,应当负刑事责任。已满14周岁不满18周岁的人犯罪,应当从轻或者减轻处罚。因不满16周岁不予刑事处罚的,责令他的家长或者监护人加以管教;在必要的时候,也可以由政府收容教养。"在行政法律领域,《行政处罚法》第25条规定:"不满14周岁的人有违法行为的,不予行政处罚,责令监护人加以管教;已满14周岁不满18周岁的人有违法行为的,从轻或者减轻行政处罚。"《治安管理处罚法》第12条规定:

---

① 有学者认为,当事人构成行政违法并非都需要同时具备4个要件。应受行政处罚的违法行为并没有统一的标准,而是需要按照规范这一违法行为的单行法律、法规或者规章的具体规定,去判断是否构成了违法行为。参见胡锦光:《行政处罚研究》,法律出版社1998年4月,第131—133页。

② 《中华人民共和国民法通则》(1986年4月12日中华人民共和国第六届全国人民代表大会第四次会议通过 自1987年1月1日起施行)。

"已满14周岁不满18周岁的人违反治安管理的,从轻或者减轻处罚;不满14周岁的人违反治安管理的,不予处罚,但是应当责令其监护人严加管教。"因此,根据《行政处罚法》第25条立法精神,行政责任年龄可以分为3个阶段:① 完全不负行政责任的年龄阶段。不满14周岁的人,无论实施什么样的危害社会的行为,都不负行政责任。② 相对负行政责任的年龄阶段。已满14周岁不满18周岁的人有违法行为的,从轻或者减轻行政责任。③ 完全负行政责任的年龄阶段。凡年满18周岁的人有违法行为的,应当负行政责任。

(2)当事人的精神状态。一般情形下,达到行政责任年龄也就具备了行政责任能力,行政责任年龄与行政责任能力大体是一致的。但也有一些人达到了行政责任年龄,却因精神疾病的影响,丧失或限制了辨认和控制自己行为的能力,这些人即不具备行政责任能力。对于无行政责任能力的人,依照法律规定,即使实施了行政违法行为,也不能追究其行政责任。因此,当事人的精神状态是决定公民是否具有行政责任能力的另一个重要方面。《行政处罚法》第26条对两种特定的精神状态及其行政责任能力都有明确规定:① 精神病人在不能辨认或者不能控制自己行为时有违法行为的,不予行政处罚,但应当责令其监护人严加看管和治疗。② 间歇性精神病人在精神正常时有违法行为的,应当给予行政处罚。应当指出,精神病人实施违法行为虽不予处罚,但其行为如果造成了经济损失,监护人有赔偿的法定义务。根据《民法通则》第13条、第14条及第17条的规定:"不能辨认自己行为的精神病人是无民事行为能力人","不能完全辨认自己行为的精神病人是限制民事行为能力人","无民事行为能力人、限制民事行为能力人的监护人是他的法定代理人"。"无民事行为能力或者限制民事行为能力的精神病人,由下列人员担任监护人:① 配偶;② 父母;③ 成年子女;④ 其他近亲属;⑤ 关系密切的其他亲属、朋友愿意承担监护责任,经精神病人的所在单位或者住所地的居民委员会、村民委员会同意的。对担任监护人有争议的,由精神病人的所在单位或者住所地的居民委员会、村民委员会在近亲属中指定。对指定不服提起诉讼的,由人民法院裁决。没有第一款规定的监护人的,由精神病人的所在单位或者住所地的居民委员会、村民委员会或者民政部门担任监护人。"

根据《行政处罚法》的规定,行政责任能力的程度可分为以下3种:① 完全行政责任能力。凡年满18周岁、精神状态正常的人,都是完全行政责任能力人。具有这种责任能力的人实施了林业行政违法行为,应当依法承担全部的行政责任,不能因其责任能力因素而不负行政责任或者减轻行政责任。② 减轻行政责任能力。凡已满14周岁不满18周岁、精神状态正常的人,都是减轻行政责任能力人。减轻行政责任能力,是完全行政责任能力和完全无行政责任能力的中间状态,是指受决定和影响行政责任能力的各种因素的制约,行为人在实施行政法律规范所禁止的行为时,虽具有责任能力,但其辨认或控制自己行为的能力较之完全责任能力状态下有相当程度的减弱和降低的情形。基于现有林业法律规范未就行政责任能力作出新的规定,因而减轻林业行政责任能力人仅限于已满14周岁不满18周岁、精神状态正常的人。一般而言,减轻行政责任能力人实施林业行政违法行为,应当从轻、减轻处罚或者不予处罚。③ 完全无行政责任能力。凡不满14周岁的人和已满14周岁但不能辨认或者不能控制自己行为的精神病人,都是完全无行政责任能力人。完全无行政责任能力人不具备违法主体资格,即使其实施了违反林业法律规范的行为,其行为也不能认定为构成林业行政违法行为,自然也不应受到林业行政处罚。

2. 单位作为违法主体

从《行政处罚法》第 3 条规定来看,实施违反行政管理行为的主体除公民外,还包括单位。单位只能对本单位的行政违法行为承担行政责任,而对非本单位和他人的行为不承担行政责任。但是,单位的行为是通过自然人的行为表现出来的,因而,认定自然人的行为属于单位行为,成为认定单位构成违法主体的关键。一般认为,同时具备以下三个条件,自然人的行为可以被认定为单位行为:(1) 必须是单位的法定代表人或其他工作人员或经授权的人员实施的行为;(2) 上述人员的行为必须是以单位的名义并为单位利益而实施;(3) 上述人员的行为必须是在其职务、业务或授权范围内实施。

综上所述,就自然人而言,林业行政违法行为的主体,必须是具有林业行政责任能力的人,即已满 14 周岁、精神状态正常的人。具有这种责任能力的人实施了林业行政违法行为,应当依法承担相应的行政责任。就单位而言,林业行政违法行为的主体,必须是具备行政责任能力的法人或者其他组织。

(二) 违法主观方面

尽管《行政处罚法》没有明确规定行政处罚必须以故意或过失为前提,但行政处罚既然是处罚公民或者单位的违法行为,理应以故意或过失为处罚前提。一般认为,林业行政违法行为的主观方面,包括故意和过失两种。

1. 故意

故意的定义,我国刑法、民法及行政法上均无明确规定。一般认为,故意是指行为人明知自己行为的后果而仍然希望或放任该结果发生的心理状态。其成立应包括两个条件:(1) 行为人明知自己行为的后果;(2) 行为人希望或放任该结果的发生。基于故意的定义,可将"故意行政违法行为"定义为:明知自己的行为会发生危害社会的结果,并且希望或者放任这种结果发生,因而构成行政违法行为的,是故意行政违法行为。

2. 过失

与故意一样,我国各类法律也没有"过失"的明确规定。一般认为,过失是指应当预见自己行为的结果,但因为疏忽大意而没有预见,或者已经预见而轻信能够避免该结果发生的心理状态。基于过失的定义,可将"过失行政违法行为"定义为:应当预见自己的行为可能发生危害社会的结果,因为疏忽大意而没有预见,或者已经预见而轻信能够避免,以致发生这种结果的,是过失行政违法行为。

综上所述,林业行政违法行为的主观方面,包括故意和过失两种形式。根据行政处罚的基本原则,"故意林业行政违法行为",应当负行政处罚责任。"过失林业行政违法行为",法律有规定的才负行政处罚责任。如修订前的《森林防火条例》第 32 条第 1 款第 6 项规定的失火行为,就属于应当给予林业行政处罚的过失林业行政违法行为。

(三) 违法客观方面

1. 必备要件

必备要件,是指一切林业行政违法行为成立所必须具备的条件。危害行为,即违反林业行政法律规范行为,是一切林业行政违法行为客观方面都必须具备的条件。违反林业行政法律规范行为,就是不履行林业行政法律义务的行为,包括作为和不作为两种方式。前者是指行为人用积极的行为方式实施林业行政法律规范所禁止的行为。林业行政法律规范规定的林业行政违法行为,大多是以作为的形式实施,例如,盗伐林木、滥伐林木中的采伐行为,非法收购盗伐、滥伐的林木,非法经营木材中的收购、加工行为等。后者是指行为人用消极的行为方式,不实施应当实施并有能力实施的林业行政法律义务。例如,2009年1月1日起施行的《森林防火条例》第49条规定的"接到森林火灾隐患整改通知书逾期不消除火灾隐患的"行为,《陆生野生动物保护条例》第42条规定的"被责令限期捕回而不捕的"行为,以及"被责令限期恢复原状而不恢复的"行为,都属于不作为。一般而言,法律义务有法定义务、职业或业务上的义务和行为人先前行为引发的义务3种来源。

2. 选择要件

选择要件,是指仅为部分林业行政违法行为成立所必须具备的条件。具体包括:(1)时间。这是指林业行政法律规范规定的,构成某些林业行政违法行为客观方面所必须具备的,有起点和终点的一段持续过程或这个持续过程中的某一点。例如,森林防火期、森林高火险期,禁止猎捕野生动物的禁猎期,林木采伐许可证规定的采伐期等。(2)地点。这是指林业行政法律规范规定的,构成某些林业行政违法行为客观方面所必须具备的某一具体场所或区域。例如,林区,自然保护区,核心区、缓冲区,禁止猎捕野生动物的禁猎区,森林防火区以及森林高火险区等。(3)手段(方式、方法)。这是指林业行政法律规范规定的,构成某些林业行政违法行为客观方面所必须具备的,行为人为达到某种目的而使用的方式或者方法。例如,使用禁止使用的狩猎工具,如军用武器、气枪、毒药、炸药、地枪、排铳等狩猎,或者使用禁止使用的方法,如夜间照明行猎、歼灭性围猎、火攻、烟熏等猎捕野生动物。(4)对象。这是指林业行政法律规范规定的,构成某些林业行政违法行为客观方面所必须具备而为林业行政违法行为直接作用的具体物。它也是林业行政违法行为客体的物质载体,包括树木、野生动物等。例如,非法狩猎行为和乱捕滥猎行为针对的对象,必须属于非国家重点保护陆生野生动物,包括地方重点保护野生动物和国家保护的有益的或者有重要经济、科学研究价值的陆生野生动物。非法经营野生动物或者其产品行为针对的对象,则必须属于国家或者地方重点保护野生动物或者其产品。(5)结果。这是指林业行政法律规范规定的,构成某些林业行政违法行为客观方面所必须具备的已经发生的物质损害或者确实存在的危险状态。主要是指危害行为致使林业行政法律规范所保护的财产、管理秩序或者其他合法权益遭受减少、毁坏、灭失、破坏等客观事实。例如,野外用火引发的森林火灾,被砍伐的森林或林木,被捕杀的受法律保护的野生动物等。

(四)违法客体

违法客体,是指林业法律规范所保护,而为林业行政违法行为所侵害的社会关系。按照林业行政违法行为所侵害的社会关系的范围,可以对林业行政违法行为侵害的客体作出以下分类:

1. 一般客体

林业行政违法行为的一般客体,是指一切林业行政违法行为所共同侵害的客体,也就是我国林业行政法律规范所保护的一切社会关系的整体。

2. 同类客体

林业行政违法行为的同类客体，是指某一类林业行政违法行为所共同侵害的我国林业行政法律规范所保护的社会关系的某一部分或某一方面。例如，盗伐林木行为、滥伐林木行为以及非法开垦等毁坏林木行为等，都属于破坏森林资源行为，其同类客体就是森林资源保护管理秩序；非法狩猎行为、乱捕滥猎行为以及非法经营野生动物或者其产品行为等，都属于破坏野生动物资源行为，其同类客体则是野生动物资源保护管理秩序。根据我国现有的林业法律体系，可以把林业行政违法行为的同类客体分为8类：(1)破坏森林资源行为的同类客体是森林资源保护管理秩序。(2)破坏野生动物资源行为的同类客体是野生动物资源保护管理秩序。(3)破坏野生植物资源行为的同类客体是野生植物资源保护管理秩序。(4)破坏野生药材资源保护管理行为的同类客体是野生药材资源保护管理秩序。(5)破坏森林防火管理行为的同类客体是森林防火管理秩序。(6)破坏自然保护区管理行为的同类客体是自然保护区管理秩序。(7)破坏防沙治沙管理行为的同类客体是防沙治沙管理秩序。(8)破坏林木种子管理行为的同类客体是林木种子资源保护管理秩序。

3. 直接客体

林业行政违法行为的直接客体，是指某一林业行政违法行为所直接侵害的我国林业行政法律规范所保护的社会关系。多数林业行政违法行为只侵害到一种社会关系。但是，也有一些林业行政违法行为侵害到两种以上具体的社会关系。根据违法行为所直接侵害的具体社会关系简单或复杂，可以将违法行为直接客体划分为以下两种：(1)简单客体。即单一客体，是指一种林业行政违法行为只直接侵害到一种具体社会关系。如滥伐林木行为侵害的社会关系仅限于一种，即林木采伐管理制度。(2)复杂客体。是指一种林业行政管理违法行为直接侵害的客体包括两种以上具体社会关系。如非法狩猎行为不仅直接侵害国家财产所有权，而且直接侵害非国家重点保护野生动物猎捕管理制度。

第三节 森林公安行政执法的管辖

一、林业行政案件管辖的概念和意义

森林公安行政执法的管辖即林业行政案件的管辖，是指具体划分各级和同级林业行政主管部门之间在实施林业行政处罚方面的权限和分工。确定林业行政案件的管辖，具有以下重要意义：

(1)便于及时查处案件。通过明确上下级和同级林业行政主管部门实施林业行政处罚的具体分工，可以使有管辖权的林业行政主管部门及时、有效地行使行政处罚权。

(2)便于保护公民权利。通过管辖的确定，可以避免或者减少林业行政主管部门在案件管辖权上相互推诿或者互相争夺的情形发生，使公共利益和当事人的合法权益得到及时保护。

(3)便于保证办案质量。明确行政处罚管辖权，有利于林业行政主管部门合法、合理地

作出具体行政行为,确保案件查办的质量。

二、林业行政案件管辖的类型

根据《林业行政处罚程序规定》,林业行政处罚案件的管辖包括:地域管辖、级别管辖、指定管辖、移转管辖、移送管辖、授权管辖和委托管辖。

(一) 地域管辖

林业行政案件的地域管辖,是指不同管辖区域的同级林业行政主管部门之间在实施林业行政处罚上的权限和分工。这实际上是林业行政处罚实施权的一种横向划分。根据《林业行政处罚程序规定》第9条的规定,"林业行政处罚由违法行为发生地的林业行政主管部门管辖"。以"违法行为发生地"作为林业行政主管部门管辖违法活动的基准点较为科学,一方面便于管辖,违法行为由此可以得到及时有效的制止;另一方面便于调查,执法成本得以减少,执法效率得以提高。同时,还有利于林业法制的宣传和教育。

(二) 级别管辖

林业行政案件的级别管辖,是指各级林业行政主管部门之间在实施林业行政处罚上的权限和分工。这实际上是林业行政处罚权的一种纵向分工。根据《林业行政处罚程序规定》第8条的规定,林业行政处罚的级别管辖分为县级、地州级和省级以及国家级3级。

(1) 县级林业行政主管部门的管辖范围。"县级林业行政主管部门管辖本辖区内的林业行政处罚"。这里的"县级"林业行政主管部门主要包括:县人民政府、不设区的市人民政府、自治县(旗)人民政府和市辖区人民政府所属的林业行政主管部门。

(2) 地州级和省级林业行政主管部门的管辖范围。"地州级和省级林业行政主管部门管辖本辖区内重大、复杂的林业行政处罚"。这里的"地州级"林业行政主管部门主要包括:直辖市人民政府所属的区人民政府、省或自治区人民政府所在地的市人民政府、其他地级市人民政府、自治州人民政府所属的林业行政主管部门。"省级"林业行政主管部门包括:省、自治区和直辖市人民政府所属的林业行政主管部门。

(3) 国家林业局(原林业部)的管辖范围。"国家林业局管辖全国重大、复杂的林业行政处罚"。据此,只有在全国范围内有重大影响、案情复杂的林业行政案件,才能由国家林业局直接管辖。

(三) 指定管辖

林业行政案件的指定管辖,是指两个或者两个以上的林业行政主管部门对管辖权发生争议时,由共同的上一级林业行政主管部门指定某一林业主管部门进行管辖的制度。根据《林业行政处罚程序规定》第11条第2款的规定:"林业行政处罚管辖权发生争议的,报请共同上一级林业行政主管部门指定管辖"。在现实中,林业行政案件管辖权发生争议主要有以下几种情况:

(1) 涉及地域管辖的管辖权争议。包括:① 共同管辖时,若干有管辖权的林业行政主管部门对管辖权发生争议;② 数地违法的,数地林业行政主管部门对管辖权发生争议;③ 因辖区界限不明引发的管辖权争议;④ 因行政区划发生变动引起的管辖权争议等。

(2) 涉及职权管辖的管辖权争议。包括：① 法律、法规和规章因对林业行政处罚权规定不明引起的管辖权争议；② 同一违法行为违反若干行政管理领域的法律规范引起的管辖权争议；③ 法律、法规和规章规定数个行政机关对同一违法行为共同配合查处引起的管辖权争议等。

（四）移转管辖

林业行政案件的移转管辖，是指基于上级林业行政主管部门的决定将下级林业行政主管部门管辖的林业行政处罚转由自己处理，或者基于上级林业行政主管部门的同意将自己管辖的林业行政处罚交由下级林业行政主管部门处理的管辖制度。适用林业行政处罚移转管辖，必须同时具备两个前提：(1) 某一具体林业行政处罚的管辖权不存在争议；(2) 移转行政处罚的林业主管部门与接受移转的林业主管部门之间，必须具有隶属关系。同级林业主管部门之间不存在行政处罚管辖权的移转问题，存在的只是行政处罚管辖的移送（即移送管辖）。

根据《林业行政处罚程序规定》第 10 条的规定，林业行政处罚的移转管辖有以下 3 种情况：

(1) 上一级林业行政主管部门在必要的时候，可以处理下一级林业行政主管部门管辖的林业行政处罚。

(2) 上一级林业行政主管部门在必要的时候，也可以把自己管辖的林业行政处罚交由下一级林业行政主管部门处理。

(3) 下一级林业行政主管部门认为重大、复杂的林业行政处罚需要由上一级林业行政主管部门处理的，可报请上一级林业行政主管部门决定。

（五）移送管辖

林业行政案件的移送管辖，是指最初受理案件的林业行政主管部门，在受理几个同级林业行政主管部门都有管辖权的案件以后，发现由主要违法行为地的林业行政主管部门处理更为适宜，而将该案移送给主要违法行为地的林业行政主管部门管辖的制度。其法律依据是《林业行政处罚程序规定》第 11 条第 1 款。移送管辖不同于移转管辖，其区别有：(1) 前者一般发生在同级林业行政主管部门之间，后者则发生在上下级林业行政主管部门之间；(2) 前者无须上一级林业行政主管部门同意或批准，后者则必须经过上一级林业行政主管部门同意或决定。

（六）授权管辖和委托管辖

林业行政案件的委托管辖是指林业行政主管部门依法将自己管辖的林业行政处罚，委托其他符合法定条件的组织行使的制度。授权管辖，是指法律、法规将某些或者某类林业行政处罚，明确授予某一特定主体进行管辖的制度。根据《林业行政处罚程序规定》第 12 条规定，接受法律、法规授权和林业行政主管部门委托的森林公安机关，负责管辖法律授权范围内和行政委托范围内的林业行政处罚。

第三章 森林公安行政执法的依据

森林公安行政执法的依据,就是森林公安机关查处林业行政案件的法律根据,即林业行政处罚的依据。从类型上分,执法依据既有实体法,也有程序法。从渊源上看,执法依据既包括法律、行政法规和部门规章,也包括地方性法规、地方政府规章和单行条例等。《森林法》、《野生动物保护法》和《森林防火条例》,是森林公安机关实施林业行政处罚最常用的法律依据。

第一节 林业行政处罚依据的渊源[①]

林业行政处罚依据的渊源,就是森林公安机关调查林业行政案件,作出林业行政处罚的依据的表现形式。主要包括:法律、行政法规、地方性法规、单行条例、行政规章、国际条约和协定等。

一、林业行政处罚依据的渊源

(一)法律

法律是最高国家权力机关依据法定程序所创制的规范性文件的总称。在整个法律规范体系中,法律的地位和效力仅次于宪法,是法规、规章的制定依据;同时具有直接拘束林业行政行为的效力,违反法律的林业行政行为,必然产生无效或被撤销的后果。作为林业行政案件查处依据的法律,包括由全国人民代表大会制定的基本法律,如《行政处罚法》、《行政强制法》等;也包括由全国人民代表大会常务委员会制定的基本法律以外的其他法律,如《森林法》、《中华人民共和国野生动物保护法》[②]、《中华人民共和国种子法》[③]、《中华人民共和国防沙治沙法》[④]等。

[①] 参见赵文清:《试论森林警察行政处罚的法律依据》,《森林公安》2007年第4期,第26-29页。收入本书时,部分表述有所改动。

[②]《中华人民共和国野生动物保护法》(1988年11月8日第七届全国人民代表大会常务委员会第四次会议通过 根据2004年8月28日第十届全国人民代表大会常务委员会第十一次会议《关于修改〈中华人民共和国野生动物保护法〉的决定》第一次修正 根据2009年8月27日第十一届全国人民代表大会常务委员会第十次会议《关于修改部分法律的决定》第二次修正)。

[③]《中华人民共和国种子法》(2000年7月8日第九届全国人民代表大会常务委员会第十六次会议通过 根据2004年8月28日第十届全国人民代表大会常务委员会第十一次会议《关于修改〈中华人民共和国种子法〉的决定》修正)。

[④]《中华人民共和国防沙治沙法》(2001年8月31日第九届全国人民代表大会常务委员会第二十三次会议通过 2001年8月31日中华人民共和国主席令第五十五号公布 自2002年1月1日起施行)。

(二) 行政法规①

行政法规是最高国家行政机关——国务院依据宪法和法律授权所制定的规范性文件的总称。行政法规的效力及于全国,是地方性法规和行政规章的制定依据。它具体包括:(1) 国务院制定并发布的行政法规。(2)《立法法》施行以前,按照当时有效的行政法规制定程序,经国务院批准、由国务院工作部门制定并发布的行政法规;但在《立法法》施行以后,经国务院批准、由国务院工作部门制定并发布的规范性文件,不再属于行政法规。(3) 在清理行政法规时由国务院确认的其他行政法规。② 作为林业行政案件查处依据的行政法规包括:①《森林采伐更新管理办法》③;②《森林防火条例》④;③《中华人民共和国陆生野生动物保护实施条例》⑤;④《中华人民共和国自然保护区条例》⑥;⑤《中华人民共和国野生植物保护条例》⑦;⑥《中华人民共和国森林法实施条例》⑧等。

(三) 地方性法规

地方性法规是指由省、自治区、直辖市和《立法法》所称"较大的市"的人民代表大会及其常务委员会,根据本行政区域的具体情况和实际需要,在不同宪法、法律、行政法规(和本省、自治区的地方性法规)相抵触的前提下,所制定的规范性文件的总称。根据《立法法》的规定,它可分为4类情形:(1) 省、自治区、直辖市人大及其常委会制定的地方性法规。如《浙江省陆生野生动物保护条例》⑨等。(2) 省、自治区人民政府所在地的市人大及其常委会制定的地方性法规。如《长春市陆生野生动物保护条例》⑩。(3) 经济特区所在地的市人大及

---

① 依照国务院公布的《行政法规制定程序条例》(2001年11月16日国务院令第321号公布 自2002年1月1日起施行)第4条规定,行政法规的名称为"条例"、"规定"及"办法"3种。国务院根据全国人大及其常委会的授权决定制定的行政法规,称"暂行条例"或者"暂行规定"。

② 上述对行政法规包含内容的归纳,可参见最高人民法院《关于审理行政案件适用法律规范问题的座谈会纪要》(法〔2004〕96号)。

③ 《森林采伐更新管理办法》(1987年8月25日国务院批准 1987年9月10日林业部发布 根据2011年1月8日《国务院关于废止和修改部分行政法规的决定》修订)。

④ 《森林防火条例》(1988年1月16日国务院公布 2008年11月19日国务院第36次常务会议修订通过 2008年12月1日中华人民共和国国务院令541号公布 自2009年1月1日起施行)。

⑤ 《中华人民共和国陆生野生动物保护实施条例》(1992年2月12日国务院批准 1992年3月1日林业部发布 根据2011年1月8日《国务院关于废止和修改部分行政法规的决定》修订)。

⑥ 《中华人民共和国自然保护区条例》(1994年10月9日中华人民共和国国务院令167号发布 根据2011年1月8日《国务院关于废止和修改部分行政法规的决定》修订)。

⑦ 《中华人民共和国野生植物保护条例》(1996年9月30日中华人民共和国国务院令204号发布 自1997年1月1日起施行)。

⑧ 《中华人民共和国森林法实施条例》(2000年1月29日中华人民共和国国务院令278号发布 根据2011年1月8日《国务院关于废止和修改部分行政法规的决定》修订)。

⑨ 《浙江省陆生野生动物保护条例》(1998年6月26日浙江省第九届人民代表大会常务委员会第五次会议通过 根据2004年7月30日浙江省第十届人民代表大会常务委员会第十二次会议《关于修改〈浙江省陆生野生动物保护条例〉的决定》修正)。

⑩ 《长春市陆生野生动物保护条例》(2000年10月20日长春市第十一届人民代表大会常务委员会第二十次会议通过 2001年1月12日经吉林省第九届人民代表大会常务委员会第二十一次会议批准)。

其常委会制定的地方性法规,如《深圳经济特区禁止食用野生动物若干规定》[①]。(4)经国务院批准的较大的市人大及其常委会制定的地方性法规。有关森林及野生动植物资源保护的地方性法规,是由法定的地方国家权力机关根据本地自然资源的具体情况和实际需要,在不同宪法、法律、行政法规和本省、自治区的地方性法规相抵触的前提下制定颁布的,具有明显的地方特点,适用范围明确(仅适用于所辖的行政区域),是当地森林公安机关和林业行政机关查处林业行政案件的重要依据之一。随着全国人民代表大会制度的日趋完善和最高国家权力机关地位的提高,地方国家权力机关的立法热情空前高涨,各地制定了大量涉及自然资源保护的地方性法规。这些地方性法规在自然资源保护和管理活动中正发挥着重要作用。

(四)单行条例

依据宪法第116条的规定,民族自治地方(包括自治区、自治州和自治县)的人民代表大会有权依照当地的政治、经济和文化的特点,制定单行条例。单行条例是民族自治区域自治的行政机关实施行政行为的直接依据。自治区的单行条例,报全国人大常委会批准后生效。自治州和自治县的单行条例,报省或者自治区的人大常委会批准后生效,并报全国人大常委会备案。根据《立法法》第66条第2款的规定,单行条例可以依照当地民族的特点,对法律和行政法规作出变通规定,即单行条例可以抵触法律和行政法规,只要不违背法律和行政法规的基本原则。单行条例的效力仅及于本自治地方。同时,与经济特区的特殊授权法规一样,具有优先适用的效力,对此,《立法法》第81条有明确规定。因此,有关森林及野生动植物资源保护的单行条例是民族自治地方的森林公安机关和林业行政机关查处林业行政案件的首要依据。如《甘肃省甘南藏族自治州保护野生动物若干规定》[②]、《隆林各族自治县执行〈中华人民共和国森林法〉的补充规定》[③]等。

(五)行政规章

部门规章和地方政府规章可以统称为行政规章。(1)部门规章指国务院各部、委员会、中国人民银行、审计署和具有行政管理职能的直属机构,根据法律和国务院的行政法规、决定或命令,在本部门的权限范围内制定的规则。涉及林业行政案件查处的部门规章主要由公安部、国家林业局(原林业部)单独制定发布或联合国务院其他部门、机构共同制定发布的规范性文件所组成。这类规章作为林业行政案件查处依据,效力层次低于行政法规,但其数量远远超过行政法规,调整着广泛的社会关系,是森林及野生动植物资源保护的重要法律形式。其特点在于:作为执行性的法律规范,内容涉及林业行政案件查处的具体步骤和细节,操作性较强,往往构成林业行政案件查处的直接依据。如《林业行政处罚程序规定》、《林业

[①] 《深圳经济特区禁止食用野生动物若干规定》(2003年8月27日深圳市第三届人民代表大会常务委员会第二十六次会议通过 自2003年10月1日起施行)。

[②] 《甘肃省甘南藏族自治州保护野生动物若干规定》(1996年4月6日甘肃省甘南藏族自治州第十一届人民代表大会常务委员会第四次会议通过 1997年9月29日甘肃省第八届人民代表大会常务委员会第二十九次会议批准)。

[③] 《隆林各族自治县执行〈中华人民共和国森林法〉的补充规定》(2001年3月14日隆林各族自治县第十一届人民代表大会第三次会议通过 2001年7月29日广西壮族自治区第九届人民代表大会常务委员会第二十五次会议批准)。

行政处罚听证规则》①、《林业行政执法监督办法》②等。(2)地方政府规章,是指省、自治区、直辖市人民政府以及《立法法》第63条第4款所称"较大的市"③的人民政府,根据法律、行政法规和本省、自治区的地方性法规所制定的规则。地方政府规章的数量大大超过地方性法规,涉及森林及野生动植物资源保护的各个领域。如《湖北省森林和野生动物类型自然保护区管理办法》④、《浙江省林木采伐管理办法》⑤、《贵阳市野生动物保护管理办法》⑥等。

(六) 国际条约和协定

国际条约和协定同样是林业行政案件查处的法源。我国缔结或参加的涉及森林及野生动植物资源保护方面的国际条约和协定,也是调整各级林业行政主体与公民、法人或者其他组织之间发生的林业行政关系的法律依据。主要包括:(1)《濒危野生动植物种国际贸易公约》(CITES)⑦;(2)《中华人民共和国政府和日本国政府保护候鸟及其栖息环境协定》⑧;(3)《中华人民共和国政府和澳大利亚政府保护候鸟及其栖息环境协定》⑨;(4)《关于特别是作为水禽栖息地的国际重要湿地公约》⑩等。

二、林业行政处罚依据的适用

(一) 法律依据不足时的适用规则

在林业行政案件查处过程中,林业行政执法者有时会遭遇法律依据不足的情形:单纯依靠《森林法》,无法就某一林业违法行为是否需要及应当给予何种行政处罚等问题作出最终决定,而必须依赖上位法或一般法中相关条款的补充,才能为其决定提供充足的法律依据。例如,不满14周岁的王某,以非法占有为目的,擅自砍伐了国有林场的林木(立木材积为

---

① 《林业行政处罚听证规则》(国家林业局第5号令发布 自2002年12月15日起施行)。

② 《林业行政执法监督办法》(林业部令第9号发布 自1996年10月1日起施行)。

③ 第63条第4款规定:"本法所称较大的市是指省、自治区的人民政府所在地的市,经济特区所在地的市和经国务院批准的较大的市。"

④ 《湖北省森林和野生动物类型自然保护区管理办法》(2003年5月14日湖北省人民政府常务会议审议通过 2003年6月23日湖北省人民政府令第249号发布 自2003年8月1日起施行)。

⑤ 《浙江省林木采伐管理办法》(浙江省人民政府第22次常务会议审议通过 2004年4月30日省政府令第175号公布 自2004年7月1日起施行)。

⑥ 《贵阳市野生动物保护管理办法》(1999年12月6日市人民政府常务会议通过 1999年12月14日贵阳市人民政府令第68号发布 自公布之日起施行)。

⑦ 1972年6月在瑞典首都斯德哥尔摩召开的联合国人类与环境大会全面讨论了环境问题,特别是濒危野生植物保护问题,提议由各国签署一项旨在保护濒危野生动植物种的国际贸易公约,这标志着联合国开始全面介入世界环境与发展事务,被誉为世界环境史上的一座里程碑。1973年3月3日,有21个国家的全权代表受命在华盛顿签署了《濒危野生动植物种国际贸易公约》,又称《华盛顿公约》。1975年7月1日,该公约正式生效。截至2004年10月,有166个主权国家加入。中国于1981年1月8日正式加入,并于同年4月8日对我国生效。该公约是目前国际四大生物保护公约中涉及面较广、执行最严格的一个条约。

⑧ 该协定于1981年3月3日在北京签订。

⑨ 该协定于1986年12月20日在堪培拉签订。

⑩ 该公约于1971年2月2日订于拉姆萨,经1982年3月12日议定书修正。1992年1月3日国务院发布《关于决定加入〈关于特别是作为水禽栖息地的国际重要湿地公约〉的批复》(国函〔1992〕1号)。

1.5立方米),是否应当给予及给予何种行政处罚?即使依赖《森林法》或《森林法实施条例》,我们能够确认王某的行为属于盗伐林木,但仍然不能最终确认是否应当给王某以行政处罚。只有依赖《行政处罚法》第25条"不满14周岁的人有违法行为的,不予行政处罚"的规定的补充,林业主管部门作出的"不予行政处罚"的决定才能获得充足的法律依据。类似的法律依据不足的情形还有:已满14周岁不满18周岁的人实施了盗伐林木等违法行为的,或者18周岁以上的精神病人在不能辨认或者不能控制自己行为时,实施了盗伐林木等违法行为的,是否应当给予及给予何种行政处罚?盗伐林木等违法行为构成犯罪,人民法院判处罚金时,林业主管部门已经给予当事人罚款的,能否折抵相应罚金?或者判处拘役或者有期徒刑时,林业主管部门已经给予当事人行政拘留处罚的,能否折抵相应刑期?实施盗伐、滥伐林木等违反《森林法》行为两年以后被林业行政主体发现并查证属实,该行政相对人是否仍应受到行政处罚?等等。只有依赖作为上位法的《行政处罚法》相应条款的补充,如第25条、第26条、第28条和第29条等,上述问题才能得以完满解决。

法律依据不足时的适用规则,即补充规则,不仅适用于实体法依据不足的情形,而且适用于程序法依据不足的情况。如《治安管理处罚法》第3条明确指出:"治安管理处罚的程序,适用本法的规定;本法没有规定的,适用《中华人民共和国行政处罚法》的有关规定"。

(二)法律依据有冲突时的适用规则

依据不足可以另行补充,但依据过多且相互冲突,即对于同一法律事实有两个以上法律规范加以规定并赋予不同的法律效果(学术上称为"规范冲突")时,林业主管部门该如何取舍?以下所列"冲突规范"——在两种以上冲突的法律规范之间具体指明应当优先适用某项规定的法律规范,可以帮助林业主管部门直接找到行政处罚所需的法律依据。

1. 上位法优于下位法

即两种以上效力等级不同的法律规范就同一事项的规定不相一致而产生法律适用冲突时,法律等级和效力高的法律规定(上位法),优先适用于等级和效力低的法律规定(下位法)。这是解决层级规范冲突的一般规则。根据《立法法》,效力高低总体顺序为:法律、行政法规、地方性法规和行政规章。如果以">"表示"优于"之意,这一冲突规范可以细化为以下"公式":(1)法律>行政法规、地方性法规、规章。(2)行政法规>地方性法规、规章。(3)地方性法规>本级和下级地方政府规章。(4)省、自治区人民政府规章>本行政区域内较大的市的人民政府规章。例如,就林业行政处罚而言,依据"《森林法》>《森林法实施条例》>《浙江省森林管理条例》[①]>《浙江省林木采伐管理办法》"这一公式,林业主管部门能够直接找到应当适用的法律依据。

例如,针对同一违法行为——无木材运输证运输木材,《森林法实施条例》和《木材运输检查监督办法》的规定并不一致,前者第44条第1款规定:"无木材运输证运输木材的,由县级以上人民政府林业主管部门没收非法运输的木材,对货主可以并处非法运输木材价款30%以下的罚款"。而后者第5条第1款则规定:"无木材运输证运输木材的,责令货主限期

[①] 《浙江省森林管理条例》(1993年9月25日浙江省第八届人民代表大会常务委员会第六次会议通过 根据1997年6月28日浙江省第八届人民代表大会常务委员会第三十七次会议《关于修改〈浙江省森林管理条例〉的决定》修正 2004年5月28日浙江省第十届人民代表大会常务委员会第十一次会议修订)。

补办木材运输证件;逾期不补办又无正当理由的,没收所运输的全部木材,并可处以相当于没收木材价款的10%～30%的罚款"。有些地区的林业主管部门在查处上述违法行为时,或是适用后者的规定,结果往往是当事人补办证件后就不再处罚;或是一并适用两者的部分规定,即既适用前者有关罚款部分的规定,又适用后者有关要求补办证件的规定。这两种做法都属于适用法律错误,正确的做法应当是优先适用上位法——《森林法实施条例》第44条第1款的相关规定。

2. 变通法优于被变通法

即当某一下位法依法或根据授权对上位法进行变通时,在下位法所在区域内不是优先适用上位法(被变通法),而应当优先适用下位法(变通法)。这是解决层级规范冲突的例外规则。这一冲突规范由《立法法》第81条确立。因此,民族自治地方和经济特区的林业主管部门,在本自治地方和本经济特区内实施林业行政处罚时,应当优先适用对法律、行政法规和地方性法规作出变通的变通法的规定。

3. 特别法优于一般法

即同一机关制定的层级相同的法律规范就同一事项的规定不相一致而产生法律适用冲突时,根据某种特殊情况和需要所制定的专门调整某种特殊社会关系的法律规范(特别法),优先适用于为调整某一类社会关系而制定的普遍性法律规范(一般法)。如有关森林采伐的问题,《森林采伐更新管理办法》(1987年8月25日国务院批准 1987年9月10日林业部发布)相对于《森林法实施细则(已废止)》(1986年4月28日国务院批准 1986年5月10日林业部发布)而言,显然属于特别法,当两者的规定有冲突时,在后者有效期间内,应当优先适用前者而非后者。

4. 新法优于旧法

即同一机关先后制定的层级相同的法律规范就同一事项的规定不相一致时,后制定的法律规范(新法)优先适用于先制定的法律规范(旧法)。

但是,特别法优于一般法、新法优于旧法两项规则的直接适用并非无条件的。根据我国《立法法》第83条、第85条规定及相关法理,发生冲突的法律规范必须同时具有下列特征,上述规则方可适用:第一,法律规范均为同一机关制定;第二,法律规范均为同一行政机关以同一执法身份行使同一行政职权时有权适用的法律;第三,冲突发生于"旧的一般规定与新的特别规定"之间,或发生于"同一时间的一般规定与特别规定"之间。

例如,以非法占有为目的,偷砍他人林木行为,是盗伐林木还是盗窃? 依据《治安管理处罚法》,该行为显然属于盗窃;依据《森林法》则属于盗伐林木。实践中,部分地方的森林公安机关运用特别法优于一般法规则,将《森林法》第39条第1款视为特别规定而优先适用,排斥被视为一般规定的《治安管理处罚法》第49条的适用。这种做法是否合乎法理? 虽然,《森林法》和《治安管理处罚法》均为同一行政机关——森林公安机关有权适用的法律,但森林公安机关实施公安行政职权(治安管理处罚权)时,并无权适用《森林法》;而森林公安机关实施林业行政职权(林业行政处罚权)时,也无权适用《治安管理处罚法》。因此,这一做法明显不符合该规则适用条件中的第二项要求。退而言之,即使不存在上述障碍,发生于"新的一般规定"——《治安管理处罚法》与"旧的特别规定"——《森林法》之间的冲突,也不符合第三项要求,因而也不能直接适用该规则。

5. 违法行为发生地法优先适用

当不同行政区域的法律对公民、法人或者其他组织的同一行为有不同的规定时,应当优先适用行为发生地法。譬如,江苏某地人张某在海南某地实施非法开垦、砍柴、毁坏森林、林木活动,被当地林业行政主体查获。对于这一违法行为,两省的规定并不一致:《海南省森林保护管理条例》第30条第1款第3项规定:"擅自进行开垦、采矿、勘察设计、修筑工程设施、放牧、砍柴等活动,毁坏森林和林木的,没收其木材,责令补种毁坏株数5倍的树木,并处以被毁树木价值1至3倍的罚款。"《江苏省实施〈中华人民共和国森林法〉办法》第39条却规定:"违反森林法律、法规和本办法规定,开垦、采掘、取土、砍柴、采种、采脂、采叶、放牧和其他行为,致使森林、林木遭受损失的,责令赔偿损失、补种毁林株数1至3倍的树木。"那么,当地林业行政主体应当适用张某户籍所在地法还是违法行为地法呢?根据本规则,当地林业行政主体当然应当优先适用《海南省森林保护管理条例》第30条第1款第3项规定,而不能依照江苏省的法律规定对张某实施处罚。

(三)法律依据无冲突时的适用规则

法律依据过多且相互冲突,依据上述规则,法律依据的选择与适用均能得以直接或间接解决。但法律依据过多却并无明显抵触时,林业行政主体又该如何选择适用?在此,必须将"效力优先"和另一相关概念"适用优先"加以区别。以效力优先而言,上位法优于下位法已无疑义,发生法规竞合时,上位法可推翻下位法,然而并非适用法律于具体的行政处罚案件时,其优先顺序仍与法律位阶中的顺序相同,恰好相反,适用优先与位阶上下秩序乃反其道而行。直言之,位阶最低者反而最先适用,例如《森林法》、《森林法实施条例》、《浙江省森林管理条例》及《浙江省林木采伐管理办法》4种法律规范中,由上而下效力优先的顺序至为明显,然位阶愈低者其内容愈具体,与具体个案关系最直接,也最便于解决现实问题。因而,浙江省的林业行政主体,适用之际很可能出现的情形是:先引"采伐办法"为据,次及于"管理条例",再及于"实施条例",法律之规定反置诸脑后。

在相关法律规范之间并无明显抵触的前提下,前述适用优先凌驾于效力优先的情形,在林业行政主体实施行政处罚的过程中或属难以避免之现象,但在上级行政机关行使行政复议权,尤其是人民法院审理行政诉讼时,则不应当出现。因为法院的主要职责就是监督行政机关之行政行为,理应恪守由效力不同之法律所构成的规范秩序,《行政诉讼法》第52条和第53条更有明文规定,自不容所谓适用优先僭越效力优先。

(四)法律依据确定后的填写规则

法律文书既是行政处罚案件查处过程的客观展示,又是行政复议机关和司法机关实施行政监督和司法审查必须凭借的重要载体。因此,正确选择法律依据固然重要,如何在各类法律文书中合理引用和正确填写法律依据,同样十分重要。为此,国家林业局制定了一件部门规章,对林业行政处罚所涉及的各类法律文书的制作(包括法律依据的填写)作出了专门规定。例如,《林业行政处罚案件文书制作管理规定》[①]要求:林业行政处罚当场处罚决定书

---

① 《林业行政处罚案件文书制作管理规定》(2005年5月27日国家林业局令第14号发布 自2005年7月1日起施行)。

中,"填写适用的法律、法规、规章应当列明具体条款,可以不写条款的具体内容";林业行政处罚意见书、林业行政处罚决定书、林业行政处罚委托书及林业行政处罚听证权利告知书等各类文书中,涉及法律依据的栏目时,应当填写"所依据的法律、法规、规章,应当写明条、款、项、目",当"上位法对有关事项已有明确规定的,应当填写上位法"。①

第二节 森 林 法

一、森林法的立法沿革

森林法是指调整人们在森林、林木的培育种植、采伐利用和森林、林木、林地的经营管理活动过程中所发生的社会关系的法律规范的总称,这里主要指《森林法》和《森林法实施条例》。

新中国成立后,森林立法工作成绩卓然。1950年颁布的《土地改革法》第18条规定:"大森林、大水利工程、大荒山、大荒地……均归国家所有,由人民政府管理经营之。"为我国森林资源全民所有制建立奠定了重要的法律基础。此后,国家根据不同历史时期对林业的要求,相继制定了一系列的林业法律、法规。

1963年5月20日,国务院全体会议第131次会议通过了《森林保护条例》,这是新中国成立后中央人民政府制定的第一部专门保护森林资源的法律规范。1979年2月23日,第五届全国人民代表大会常务委员会第六次会议原则通过的《中华人民共和国森林法(试行)》,则是改革开放以来我国制定的第一部单项经济法律。1984年9月20日,第六届全国人民代表大会常务委员会第七次会议通过了《中华人民共和国森林法》,于1985年1月1日起正式实施。1998年4月29日第九届全国人民代表大会常务委员会第二次会议,通过了《关于修改〈中华人民共和国森林法〉的决定》,对《森林法》进行了第一次修正。2009年8月27日,第十一届全国人民代表大会常务委员会第十次会议通过了《关于修改部分法律的决定》,对《森林法》进行了第二次修正。现行《森林法》即为此次修正后的《森林法》,共7章49条:第一章总则,第二章森林经营管理,第三章森林保护,第四章植树造林,第五章森林采伐,第六章法律责任,第七章附则。

1986年5月10日,经国务院批准,林业部发布了《中华人民共和国森林法实施细则》。为配合1998年《森林法》的修正,2000年1月29日,国务院发布了《中华人民共和国森林法实施条例》。2011年1月8日,国务院发布《关于废止和修改部分行政法规的决定》,《森林法实施条例》据此进行了修订。该条例共7章48条:第一章总则,第二章森林经营管理,第三章森林保护,第四章植树造林,第五章森林采伐,第六章法律责任,第七章附则。

根据森林法规定,森林法的立法宗旨包括:(1)保护、培育和合理利用森林资源;(2)加

---

① 这里借鉴《公安部关于印发〈公安行政法律文书(式样)〉(试行)的通知》(2006年2月20日 公通字〔2006〕21号)的相关规定。

快国土绿化;(3)发挥森林蓄水保土、调节气候、改善环境和提供林产品的作用;(4)适应社会主义建设和人民生活的需要。森林法的基本任务包括:(1)维护林权;(2)鼓励造林;(3)保护资源;(4)改善环境。森林法的基本原则包括:(1)生态效益优先原则;(2)遵循森林资源自身规律原则;(3)以营林为基础、永续利用的原则;(4)国家对森林资源实行重点保护原则。

二、森林法的基本概念

在森林法中,存在一些基本的法律概念,主要包括以下几个方面:

1. 森林

森林分为以下5类:(1)防护林:以防护为主要目的的森林、林木和灌木丛,包括水源涵养林,水土保持林,防风固沙林,农田、牧场防护林,护岸林,护路林;(2)用材林:以生产木材为主要目的的森林和林木,包括以生产竹材为主要目的的竹林;(3)经济林:以生产果品,食用油料、饮料、调料,工业原料和药材等为主要目的的林木;(4)薪炭林:以生产燃料为主要目的的林木;(5)特种用途林:以国防、环境保护、科学实验等为主要目的的森林和林木,包括国防林、实验林、母树林、环境保护林、风景林、名胜古迹和革命纪念地的林木、自然保护区的森林。

2. 森林资源

森林资源包括森林、林木、林地,以及依托森林、林木、林地生存的野生动物、植物和微生物。

3. 森林

森林包括乔木林和竹林。

4. 林木

林木包括树木和竹子。

5. 林地

林地,包括郁闭度0.2以上的乔木林地以及竹林地、灌木林地、疏林地、采伐迹地、火烧迹地、未成林造林地、苗圃地和县级以上人民政府规划的宜林地。

6. 森林覆盖率

森林覆盖率是指以行政区域为单位森林面积与土地面积的百分比。森林面积包括郁闭度0.2以上的乔木林地面积和竹林地面积、国家特别规定的灌木林地面积、农田林网以及村旁、路旁、水旁、宅旁林木的覆盖面积。

7. 木材

木材是指原木、锯材、竹材、木片和省、自治区、直辖市规定的其他木材。

三、森林法的基本制度

森林资源保护的基本制度,主要包括森林权属制度、林地使用制度、森林采伐制度、木材运输制度、木材经营制度。

(一) 森林权属制度

1. 森林权属

森林、林木和林地的权属,简称林权。根据森林法规定,森林资源属于国家所有,由法律规定属于集体所有的除外。

2. 林权登记

国家所有的和集体所有的森林、林木和林地,个人所有的林木和使用的林地,由县级以上地方人民政府登记造册,发放证书,确认所有权或者使用权。国家依法实行森林、林木和林地登记发证制度。县级以上人民政府林业主管部门应当建立森林、林木和林地权属管理档案。依法登记的森林、林木和林地的所有权、使用权受法律保护,任何单位和个人不得侵犯。森林、林木和林地的权属证书式样由国务院林业主管部门规定。林权登记分以下情形:(1) 依法使用的国家所有的森林、林木和林地,按照下列规定登记:① 使用国务院确定的国家所有的重点林区(以下简称重点林区)森林、林木和林地的单位,应当向国务院林业主管部门提出登记申请,由国务院林业主管部门登记造册,核发证书,确认森林、林木和林地使用权以及由使用者所有的林木所有权;② 使用国家所有的跨行政区域森林、林木和林地的单位和个人,应当向共同的上一级人民政府林业主管部门提出登记申请,由该人民政府登记造册,核发证书,确认森林、林木和林地使用权以及由使用者所有的林木所有权;③ 使用国家所有的其他森林、林木和林地的单位和个人,应当向县级以上地方人民政府林业主管部门提出登记申请,由县级以上地方人民政府登记造册,核发证书,确认森林、林木和林地使用权以及由使用者所有的林木所有权。(2) 未确定使用权的国家所有的森林、林木和林地,由县级以上人民政府登记造册,负责保护管理。(3) 集体所有的森林、林木和林地,由所有者向所在地的县级人民政府林业主管部门提出登记申请,由该县级人民政府登记造册,核发证书,确认所有权。(4) 单位和个人所有的林木,由所有者向所在地的县级人民政府林业主管部门提出登记申请,由该县级人民政府登记造册,核发证书,确认林木所有权。(5) 使用集体所有的森林、林木和林地的单位和个人,应当向所在地的县级人民政府林业主管部门提出登记申请,由该县级人民政府登记造册,核发证书,确认森林、林木和林地使用权。

3. 林权流转

下列森林、林木、林地使用权可以依法转让,也可以依法作价入股或者作为合资、合作造林、经营林木的出资、合作条件,但不得将林地改为非林地:(1) 用材林、经济林、薪炭林;(2) 用材林、经济林、薪炭林的林地使用权;(3) 用材林、经济林、薪炭林的采伐迹地、火烧迹地的林地使用权;(4) 国务院规定的其他森林、林木和其他林地使用权。依照前款规定转让、作价入股或者作为合资、合作造林、经营林木的出资、合作条件的,已经取得的林木采伐许可证可以同时转让,同时转让双方都必须遵守本法关于森林、林木采伐和更新造林的规定。除本条第一款规定的情形外,其他森林、林木和其他林地使用权不得转让。改变森林、林木和林地所有权、使用权的,应当依法办理变更登记手续。

4. 权益保护

(1) 森林、林木、林地的所有者和使用者的合法权益受法律保护,任何单位和个人不得侵犯。(2) 国家保护林农的合法权益,依法减轻林农的负担,禁止向林农违法收费、罚款,禁止向林农进行摊派和强制集资。(3)国家保护承包造林的集体和个人的合法权益,任何单位和个人不得侵犯承包造林的集体和个人依法享有的林木所有权和其他合法权益。

5. 纠纷处理

(1)单位之间发生的林木、林地所有权和使用权争议,由县级以上人民政府依法处理。[①](2)个人之间、个人与单位之间发生的林木所有权和林地使用权争议,由当地县级或者乡级人民政府依法处理。(3)当事人对人民政府的处理决定不服的,可以在接到通知之日起1个月内,向人民法院起诉。(4)在林木、林地权属争议解决以前,任何一方不得砍伐有争议的林木。

(二)林地使用制度

1. 占用或者征用林地原则

进行勘查、开采矿藏和各项建设工程,应当不占或者少占林地;必须占用或者征用林地的,经县级以上人民政府林业主管部门审核同意后,依照有关土地管理的法律、行政法规办理建设用地审批手续,并由用地单位依照国务院有关规定缴纳森林植被恢复费。

2. 占用或者征用林地程序

勘查、开采矿藏和修建道路、水利、电力、通讯等工程,需要占用或者征用林地的,必须遵守下列规定:(1)用地单位应当向县级以上人民政府林业主管部门提出用地申请,经审核同意后,按照国家规定的标准预交森林植被恢复费,领取使用林地审核同意书。用地单位凭使用林地审核同意书依法办理建设用地审批手续。占用或者征用林地未经林业主管部门审核同意的,土地行政主管部门不得受理建设用地申请。(2)占用或者征用防护林林地或者特种用途林林地面积10公顷以上的,用材林、经济林、薪炭林林地及其采伐迹地面积35公顷以上的,其他林地面积70公顷以上的,由国务院林业主管部门审核;占用或者征用林地面积低于上述规定数量的,由省、自治区、直辖市人民政府林业主管部门审核。占用或者征用重点林区的林地的,由国务院林业主管部门审核。(3)用地单位需要采伐已经批准占用或者征用的林地上的林木时,应当向林地所在地的县级以上地方人民政府林业主管部门或者国务院林业主管部门申请林木采伐许可证。(4)占用或者征用林地未被批准的,有关林业主管部门应当自接到不予批准通知之日起7日内将收取的森林植被恢复费如数退还。

3. 临时占用林地期限

需要临时占用林地的,应当经县级以上人民政府林业主管部门批准。临时占用林地的期限不得超过2年,并不得在临时占用的林地上修筑永久性建筑物;占用期满后,用地单位必须恢复林业生产条件。

---

① 《最高人民法院关于人民法院审理案件如何适用〈土地管理法〉第13条、〈森林法〉第14条规定的批复》(1987年7月31日)规定:"(1)《土地管理法》第13条、《森林法》第14条规定当事人之间发生的土地、林木、林地所有权和使用权争议由县级以上人民政府处理,当事人对人民政府处理不服的,可以向人民法院起诉。此类案件虽经人民政府作过处理,但其性质仍属民事权益纠纷,人民法院审理此类案件仍应以原争议双方为诉讼当事人。(2)依照《土地管理法》第13条第5款、《森林法》第14条第4款的规定,在土地、林木、林地所有权和使用权争议解决以前,任何一方不得改变土地现状,不得砍伐有争议的林木,不得破坏土地上的附着物。因此在人民政府作出处理决定后,凡是当事人向人民法院起诉的,在人民法院审理期间,争议的标的物应当维持原状,所有权或者使用权的归属最终以人民法院的裁决为准。(3)此类案件依法起诉到人民法院的,由民事审判庭受理。"

4. 林业工程占用林地

森林经营单位在所经营的林地范围内修筑直接为林业生产服务的工程设施,需要占用林地的,由县级以上人民政府林业主管部门批准;修筑其他工程设施,需要将林地转为非林业建设用地的,必须依法办理建设用地审批手续。这里所称"直接为林业生产服务的工程设施"是指:(1) 培育、生产种子、苗木的设施;(2) 贮存种子、苗木、木材的设施;(3) 集材道、运材道;(4) 林业科研、试验、示范基地;(5) 野生动植物保护、护林、森林病虫害防治、森林防火、木材检疫的设施;(6) 供水、供电、供热、供气、通讯基础设施。

(三) 森林采伐制度

1. 限额采伐

(1) 国家根据用材林的消耗量低于生长量的原则,严格控制森林年采伐量。国家所有的森林和林木以国有林业企业事业单位、农场、厂矿为单位,集体所有的森林和林木、个人所有的林木以县为单位,制定年采伐限额,由省、自治区、直辖市林业主管部门汇总,经同级人民政府审核后,报国务院批准。(2) 国家所有的森林和林木以国有林业企业事业单位、农场、厂矿为单位,集体所有的森林和林木、个人所有的林木以县为单位,制定年森林采伐限额,由省、自治区、直辖市人民政府林业主管部门汇总、平衡,经本级人民政府审核后,报国务院批准;其中,重点林区的年森林采伐限额,由国务院林业主管部门审核后,报国务院批准。国务院批准的年森林采伐限额,每5年核定一次。

2. 年度计划

(1) 国家制定统一的年度木材生产计划。年度木材生产计划不得超过批准的年采伐限额。计划管理的范围由国务院规定。(2) 采伐森林、林木作为商品销售的,必须纳入国家年度木材生产计划;但是,农村居民采伐自留山上个人所有的薪炭林和自留地、房前屋后个人所有的零星林木除外。

3. 采伐方式

采伐森林和林木必须遵守下列规定:(1) 成熟的用材林应当根据不同情况,分别采取择伐、皆伐和渐伐方式,皆伐应当严格控制,并在采伐的当年或者次年内完成更新造林。(2) 防护林和特种用途林中的国防林、母树林、环境保护林、风景林,只准进行抚育和更新性质的采伐。(3) 特种用途林中的名胜古迹和革命纪念地的林木、自然保护区的森林,严禁采伐。

4. 采伐许可

(1) 采伐林木必须申请采伐许可证,按许可证的规定进行采伐;农村居民采伐自留地和房前屋后个人所有的零星林木除外。(2) 国有林业企业事业单位、机关、团体、部队、学校和其他国有企业事业单位采伐林木,由所在地县级以上林业主管部门依照有关规定审核发放采伐许可证。(3) 铁路、公路的护路林和城镇林木的更新采伐,由有关主管部门依照有关规定审核发放采伐许可证。(4) 农村集体经济组织采伐林木,由县级林业主管部门依照有关规定审核发放采伐许可证。(5) 农村居民采伐自留山和个人承包集体的林木,由县级林业主管部门或者其委托的乡、镇人民政府依照有关规定审核发放采伐许可证。(6) 采伐以生产竹材为主要目的的竹林,适用以上各款规定。另外,因扑救森林火灾、防洪抢险等紧急情况需要采伐林木的,组织抢险的单位或者部门应当自紧急情况结束之日起30日内,将采伐林木的情况报告当地县级以上人民政府林业主管部门。

（四）木材运输制度

1. 凭证运输

（1）从林区运出木材，必须持有林业主管部门发给的运输证件，国家统一调拨的木材除外。（2）依法取得采伐许可证后，按照许可证的规定采伐的木材，从林区运出时，林业主管部门应当发给运输证件。（3）从林区运出非国家统一调拨的木材，必须持有县级以上人民政府林业主管部门核发的木材运输证。（4）重点林区的木材运输证，由国务院林业主管部门核发；其他木材运输证，由县级以上地方人民政府林业主管部门核发。（5）木材运输证自木材起运点到终点全程有效，必须随货同行。没有木材运输证的，承运单位和个人不得承运。（6）运输证的式样由国务院林业主管部门规定。

2. 申请条件

申请木材运输证，应当提交下列证明文件：（1）林木采伐许可证或者其他合法来源证明；（2）检疫证明；（3）省、自治区、直辖市人民政府林业主管部门规定的其他文件。符合前款条件的，受理木材运输证申请的县级以上人民政府林业主管部门应当自接到申请之日起3日内发给木材运输证。依法发放的木材运输证所准运的木材运输总量，不得超过当地年度木材生产计划规定可以运出销售的木材总量。

3. 运输检查

（1）经省、自治区、直辖市人民政府批准，可以在林区设立木材检查站，负责检查木材运输。对未取得运输证件或者物资主管部门发给的调拨通知书运输木材的，木材检查站有权制止。（2）经省、自治区、直辖市人民政府批准在林区设立的木材检查站，负责检查木材运输；无证运输木材的，木材检查站应当予以制止，可以暂扣无证运输的木材，并立即报请县级以上人民政府林业主管部门依法处理。

（五）木材经营制度

林区木材的经营和监督管理办法，由国务院另行规定。在林区经营（含加工）木材，必须经县级以上人民政府林业主管部门批准。木材收购单位和个人不得收购没有林木采伐许可证或者其他合法来源证明的木材。这里所称木材，是指原木、锯材、竹材、木片和省、自治区、直辖市规定的其他木材。

第三节 野生动物保护法

一、野生动物保护法的立法沿革

野生动物保护法是指调整人们在保护、驯养繁殖、开发利用野生动物资源过程中所发生的社会关系的法律规范的总称，这里主要指《野生动物保护法》和《陆生野生动物保护实施条例》。

新中国成立后，党和国家特别重视野生动物资源保护和管理方面的立法工作。1950年

5月,中央人民政府政务院就发布了《关于稀有生物保护办法》,规定对珍稀野生动物要严格保护,特别要禁止任意猎捕大熊猫等稀有动物。1962年9月14日,国务院发布《关于积极保护和合理利用野生动物资源的指示》。1979年,《森林法(试行)》和《环境保护法(试行)》颁布,其中均有关于野生动物资源保护的规定。1982年,《宪法》明确把"国家保障自然资源的合理利用,保护珍贵的动物和植物"用根本法的形式确定下来,显示了党和国家对保护野生动物资源的重视。

1988年11月8日,全国人大第七届四次常委会审议通过了《野生动物保护法》,并于1989年3月1日正式生效。2004年8月28日,第十届全国人民代表大会常务委员会第十一次会议,通过了《关于修改〈中华人民共和国野生动物保护法〉的决定》,对《野生动物保护法》进行了第一次修正。2009年8月27日,第十一届全国人民代表大会常务委员会第十次会议通过了《关于修改部分法律的决定》,对《野生动物保护法》进行了第二次修正。现行《野生动物保护法》即为此次修正后的《野生动物保护法》,共5章42条:第一章总则,第二章野生动物保护,第三章野生动物管理,第四章法律责任,第五章附则。

1992年2月12日,经国务院批准,林业部发布了《陆生野生动物保护实施条例》。2011年1月8日,国务院发布《关于废止和修改部分行政法规的决定》,《陆生野生动物保护实施条例》据此进行了修订。该条例共7章46条:第一章总则,第二章野生动物保护,第三章野生动物猎捕管理,第四章野生动物驯养繁殖管理,第五章野生动物经营利用管理,第六章奖励和惩罚,第七章附则。

二、野生动物保护法的主管部门和保护对象

(一)野生动物的主管部门

《野生动物保护法》第7条规定:"国务院林业、渔业行政主管部门分别主管全国陆生、水生野生动物管理工作。"据此,主管全国野生动物资源的职能分工为:国家林业局主管全国陆生野生动物管理工作,农业部主管全国水生野生动物管理工作。

省、自治区、直辖市政府林业行政主管部门主管本行政区域内陆生野生动物管理工作。自治州、县和市政府陆生野生动物管理工作的行政主管部门,由省、自治区、直辖市政府确定。除了野生动物行政主管部门以外,还有若干野生动物资源的协助管理部门,如工商行政管理部门、公安机关、建设行政主管部门、海关及环境保护部门等。

(二)野生动物保护法的保护对象

并非所有的野生动物都是野生动物保护法的保护对象,野生动物保护法的保护对象是野生动物资源。具体包括:(1)《野生动物保护法》第2条保护的野生动物。具体包括:珍贵、濒危的陆生、水生野生动物和有益的或者有重要经济、科学研究价值的陆生野生动物。而珍贵、濒危的水生野生动物以外的其他水生野生动物,则不是《野生动物保护法》的保护对象。对此类水生野生动物的保护,应当适用渔业法的规定。(2)《野生动物保护法》第40条保护的野生动物。根据该法第40条有关"中华人民共和国缔结或者参加的与保护野生动物有关的国际条约与本法有不同规定的,适用国际条约的规定,但中华人民共和国声明保留的条款除外"的规定,有关国际条约如《珍贵、濒危野生动植物种国际贸易公约》中规定保护的

动物,也属于我国野生动物保护法的保护对象。(3)《陆生野生动物保护实施条例》第24条保护的野生动物。具体包括:从国外引进的珍贵、濒危野生动物,经国务院林业行政主管部门核准,可以视为国家重点保护野生动物;从国外引进的其他野生动物,经省、自治区、直辖市人民政府林业行政主管部门核准,可以视为地方重点保护野生动物。

三、野生动物保护法的基本制度

野生动物保护法的基本制度,主要有5大类:分层、分级保护制度,猎捕管理制度,驯养繁殖管理制度,经营利用管理制度,动物致损补偿制度。

(一)分层、分级保护制度

《野生动物保护法》对应当保护的野生动物实行分层、分级保护:第一层次是国家重点保护野生动物,又分为一级保护野生动物和二级保护野生动物两级;第二层次是地方重点保护野生动物;第三层次是既不属于国家重点保护也不属于地方重点保护的有益的或者有重要经济、科学研究价值的陆生野生动物,即通常所说的"三有动物"。

1. 国家重点保护野生动物

国家对珍贵、濒危的野生动物实行重点保护。国家重点保护的野生动物分为一级保护野生动物和二级保护野生动物。国家重点保护的野生动物名录及其调整,由国务院野生动物行政主管部门制定,报国务院批准公布。需要注意的是,《濒危野生动植物种国际贸易公约》附录Ⅰ和附录Ⅱ所列非原产我国的所有野生动物分别按国家一级和二级野生保护动物管理。另外,根据《陆生野生动物保护实施条例》第24条,从国外引进的珍贵、濒危野生动物,经国务院林业行政主管部门核准,可以视为国家重点保护野生动物。

2. 地方重点保护野生动物

地方重点保护野生动物是指国家重点保护野生动物以外,由省、自治区、直辖市重点保护的野生动物。地方重点保护的野生动物名录,由省、自治区、直辖市政府制定并公布,报国务院备案。根据《陆生野生动物保护实施条例》第24条,从国外引进的其他野生动物,经省、自治区、直辖市人民政府林业行政主管部门核准,可以视为地方重点保护野生动物。

3. 有益或有重要经济、科学研究价值的陆生野生动物

国家保护的有益的或者有重要经济、科学研究价值的陆生野生动物名录及其调整,由国务院野生动物行政主管部门制定并公布。

(二)猎捕管理制度

1. 狩猎许可

首先,猎捕国家重点野生动物的特许审批制度。《野生动物保护法》第16条规定:"禁止猎捕、杀害国家重点保护野生动物。因科学研究、驯养繁殖、展览或者其他特殊情况,需要捕捉、捕捞国家一级保护野生动物的,必须向国务院野生动物行政主管部门申请特许猎捕证;猎捕国家二级保护野生动物的,必须向省、自治区、直辖市政府野生动物行政主管部门申请特许猎捕证。"具体包括:(1)申请特许猎捕证的情形。有下列情形之一,需要猎捕国家重点保护野生动物的,必须申请特许猎捕证:① 为进行野生动物科学考察、资源调查,必须猎捕的;② 为驯养繁殖国家重点保护野生动物,必须从野外获取种源的;③ 为承担省级以上科学

研究项目或者国家医药生产任务,必须从野外获取国家重点保护野生动物的;④ 为宣传、普及野生动物知识或者教学、展览的需要,必须从野外获取国家重点保护野生动物的;⑤ 因国事活动的需要,必须从野外获取国家重点保护野生动物的;⑥ 为调控国家重点保护野生动物种群数量和结构,经科学论证必须猎捕的;⑦ 因其他特殊情况,必须捕捉、猎捕国家重点保护野生动物的。(2)申请特许猎捕证的程序。具体包括:① 需要捕捉国家一级保护野生动物的,必须附具申请人所在地和捕捉地的省、自治区、直辖市人民政府林业行政主管部门签署的意见,向国务院林业行政主管部门申请特许猎捕证;② 需要在本省、自治区、直辖市猎捕国家二级保护野生动物的,必须附具申请人所在地的县级人民政府野生动物行政主管部门签署的意见,向省、自治区、直辖市人民政府林业行政主管部门申请特许猎捕证;③ 需要跨省、自治区、直辖市猎捕国家二级保护野生动物的,必须附具申请人所在地的省、自治区、直辖市人民政府林业行政主管部门签署的意见,向猎捕地的省、自治区、直辖市人民政府林业行政主管部门申请特许猎捕证。同时,有以下两种要求:① 动物园需要申请捕捉国家一级保护野生动物的,在向国务院林业行政主管部门申请特许猎捕证前,须经国务院建设行政主管部门审核同意;需要申请捕捉国家二级保护野生动物的,在向申请人所在地的省、自治区、直辖市人民政府林业行政主管部门申请特许猎捕证前,须经同级政府建设行政主管部门审核同意。② 负责核发特许猎捕证的部门接到申请后,应当在3个月内作出批准或者不批准的决定。(3)不予发放特许猎捕证的情形。有下列情形之一的,不予发放特许猎捕证:① 申请猎捕者有条件以合法的非猎捕方式获得国家重点保护野生动物的种源、产品或者达到所需目的的;② 猎捕申请不符合国家有关规定或者申请使用的猎捕工具、方法以及猎捕时间、地点不当的;③ 根据野生动物资源现状不宜捕捉、猎捕的。(4)特许猎捕证的使用和监督:① 取得特许猎捕证的单位和个人,必须按照特许猎捕证规定的种类、数量、地点、期限、工具和方法进行猎捕,防止误伤野生动物或者破坏其生存环境。猎捕作业完成后,应当在10日内向猎捕地的县级人民政府野生动物行政主管部门申请查验。② 县级人民政府野生动物行政主管部门对在本行政区域内猎捕国家重点保护野生动物的活动,应当进行监督检查,并及时向批准猎捕的机关报告监督检查结果。

其次,猎捕非国家重点保护野生动物的审批制度。《野生动物保护法》第18条规定:"猎捕非国家重点保护野生动物的,必须取得狩猎证。"《陆生野生动物保护实施条例》第15条进一步要求:(1)猎捕非国家重点保护野生动物的,必须持有狩猎证,并按照狩猎证规定的种类、数量、地点、期限、工具和方法进行猎捕。(2)狩猎证由省、自治区、直辖市人民政府林业行政主管部门按照国务院林业行政主管部门的规定印制,县级以上地方人民政府野生动物行政主管部门或者其授权的单位核发。(3)狩猎证每年验证一次。

2."三禁制度"

"三禁制度"是对"禁猎区"、"禁猎期"和"禁猎工具和方法"的简称。《野生动物保护法》第20条、第21条规定:(1)在自然保护区、禁猎区和禁猎期内,禁止猎捕和其他妨碍野生动物生息繁衍的活动。(2)禁猎区和禁猎期以及禁止使用的猎捕工具和方法,由县级以上政府或者其野生动物行政主管部门规定。(3)禁止使用军用武器、毒药、炸药进行猎捕。《陆生野生动物保护实施条例》第18条进一步要求:禁止使用军用武器、气枪、毒药、炸药、地枪、排铳、非人为直接操作并危害人畜安全的狩猎装置、夜间照明行猎、歼灭性围猎、火攻、烟熏以及县级以上各级人民政府或者其野生动物行政主管部门规定禁止使用的其他狩猎工具和方法狩猎。(4)猎枪及弹具的生产、销售和使用管理办法,由国务院林业行政主管部门会同公安部门制定,报国务院批准施行。

(三)驯养繁殖管理制度

《野生动物保护法》第17条规定:"国家鼓励驯养繁殖野生动物。"1991年1月9日,原国家林业部发布了《国家重点保护野生动物驯养繁殖许可证管理办法》,对申请和审批驯养繁殖许可证的条件、程序作出了明确规定。根据法律规定:(1)驯养繁殖国家重点保护野生动物的,应当持有驯养繁殖许可证。以生产经营为主要目的驯养繁殖国家重点保护野生动物的,必须凭驯养繁殖许可证向工商行政管理部门申请登记注册。(2)国务院林业行政主管部门和省、自治区、直辖市人民政府林业行政主管部门可以根据实际情况和工作需要,委托同级有关部门审批或者核发国家重点保护野生动物驯养繁殖许可证。动物园驯养繁殖国家重点保护野生动物的,林业行政主管部门可以委托同级建设行政主管部门核发驯养繁殖许可证。(3)驯养繁殖许可证由国务院林业行政主管部门印制。(4)从国外或者外省、自治区、直辖市引进野生动物进行驯养繁殖的,应当采取适当措施,防止其逃至野外;需要将其放生于野外的,放生单位应当向所在省、自治区、直辖市人民政府林业行政主管部门提出申请,经省级以上人民政府林业行政主管部门指定的科研机构进行科学论证后,报国务院林业行政主管部门或者其授权的单位批准。(5)擅自将引进的野生动物放生于野外或者因管理不当使其逃至野外的,由野生动物行政主管部门责令限期捕回或者采取其他补救措施。(6)根据法律,驯养繁殖国家重点保护动物的,应当持有驯养繁殖许可证。但驯养非国家重点保护动物是否应办理许可证,以上法律、法规未作要求。

(四)经营利用管理制度

1. 出售和收购制度

具体包括:(1)《野生动物保护法》第22条规定:"禁止出售、收购国家重点保护野生动物或者其产品。因科学研究、驯养繁殖、展览等特殊情况,需要出售、收购、利用国家一级保护野生动物或者其产品的,必须经国务院野生动物行政主管部门或者其授权的单位批准;需要出售、收购、利用国家二级保护野生动物或者其产品的,必须经省、自治区、直辖市政府野生动物行政主管部门或者其授权的单位批准。驯养繁殖国家重点保护野生动物的单位和个人可以凭驯养繁殖许可证向政府指定的收购单位,按照规定出售国家重点保护野生动物或者其产品。"这里所称的"野生动物产品"是指陆生野生动物的任何部分及其衍生物,如死体、毛皮、羽毛、内脏、血、骨、肉、角、卵、精液、胚胎、标本、药用部分等。(2)收购驯养繁殖的国家重点保护野生动物或者其产品的单位,由省、自治区、直辖市人民政府林业行政主管部门商有关部门提出,经同级人民政府或者其授权的单位批准,凭批准文件向工商行政管理部门申请登记注册。依照前款规定经核准登记的单位,不得收购未经批准出售的国家重点保护野生动物或者其产品。(3)禁止在集贸市场出售、收购国家重点保护野生动物或者其产品。(4)持有狩猎证的单位和个人需要出售依法获得的非国家重点保护野生动物或者其产品的,应当按照狩猎证规定的种类、数量向经核准登记的单位出售,或者在当地人民政府有关部门指定的集贸市场出售。

2. 经营和利用制度

具体包括：(1) 经营利用非国家重点保护野生动物或者其产品的，应当向工商行政管理部门申请登记注册。(2) 经核准登记经营利用非国家重点保护野生动物或者其产品的单位和个人，必须在省、自治区、直辖市人民政府林业行政主管部门或者其授权单位核定的年度经营利用限额指标内，从事经营利用活动。(3) 县级以上各级人民政府野生动物行政主管部门和工商行政管理部门，应当对野生动物或者其产品的经营利用建立监督检查制度，加强对经营利用野生动物或者其产品的监督管理。(4) 对进入集贸市场的野生动物或者其产品，由工商行政管理部门进行监督管理；在集贸市场以外经营野生动物或者其产品，由野生动物行政主管部门、工商行政管理部门或者其授权的单位进行监督管理。

3. 运输和携带制度

《野生动物保护法》第23条规定："运输、携带国家重点保护野生动物或者其产品出县境的，必须经省、自治区、直辖市政府野生动物行政主管部门或者其授权的单位批准。"《陆生野生动物保护实施条例》第29条规定："运输、携带国家重点保护野生动物或者其产品出县境的，应当凭特许猎捕证、驯养繁殖许可证，向县级人民政府野生动物行政主管部门提出申请，报省、自治区、直辖市人民政府林业行政主管部门或者其授权的单位批准。动物园之间因繁殖动物，需要运输国家重点保护野生动物的，可以由省、自治区、直辖市人民政府林业行政主管部门授权同级建设行政主管部门审批。"

4. 经营利用收费制度

《野生动物保护法》第27条规定："经营利用野生动物或者其产品的，应当缴纳野生动物资源保护管理费。收费标准和办法由国务院野生动物行政主管部门会同财政、物价部门制定，报国务院批准后施行。"1992年11月22日经国务院批准，同年12月17日，林业部、财政部、国家物价局发布了《陆生野生动物资源保护管理费收费办法》和《捕捉、猎捕国家重点保护野生动物资源管理费收费标准》。

（五）动物致损补偿制度

《野生动物保护法》第14条规定："因保护国家和地方重点保护野生动物，造成农作物或者其他损失的，由当地政府给予补偿。补偿办法由省、自治区、直辖市政府制定。"这是我国正式建立因保护野生动物造成损害补偿制度的基本法律依据。《陆生野生动物保护实施条例》第10条规定："有关单位和个人对国家和地方重点保护野生动物可能造成的危害，应当采取防范措施。因保护国家和地方重点保护野生动物受到损失的，可以向当地人民政府野生动物行政主管部门提出补偿要求。经调查属实并确实需要补偿的，由当地人民政府按照省、自治区、直辖市人民政府的有关规定给予补偿。"

第四节　森林防火条例

一、森林防火条例的立法沿革

森林防火条例是指调整人们在预防和扑救森林火灾的过程中所发生的社会关系的法律

规范的总称。这里主要指《森林防火条例》。

新中国成立后,党和国家特别重视森林火灾预防和扑救方面的立法工作。1957年11月29日,全国人民代表大会常务委员会第86次会议批准《消防监督条例》。其中,第2条规定:"消防监督工作,由各级公安机关实施。国防部及其所属单位,林业部门的森林,交通运输部门的火车、飞机、船舶以及矿井地下的消防监督工作,由各该主管部门负责,公安机关予以协助。"

1984年5月11日第六届全国人民代表大会常务委员会第五次会议批准,1984年5月13日国务院公布了《中华人民共和国消防条例》,其第七条规定,"在森林、草原防火期间,禁止在林区、草原野外用火,因特殊情况需要用火的时候,必须经县级人民政府或者县级人民政府授权的机关批准,并按照有关规定采取严密的防范措施。"《森林保护条例》第4章对森林火灾的预防和扑救进行了专门规定。《森林法(试行)》第18条、1984年《森林法》第17条以及1998年《森林法》第21条,都有关于森林防火的规定。例如,现行《森林法》第21条规定:"地方各级人民政府应当切实做好森林火灾的预防和扑救工作:(1)规定森林防火期,在森林防火期内,禁止在林区野外用火;因特殊情况需要用火的,必须经过县级人民政府或者县级人民政府授权的机关批准;(2)在林区设置防火设施;(3)发生森林火灾,必须立即组织当地军民和有关部门扑救;(4)因扑救森林火灾负伤、致残、牺牲的,国家职工由所在单位给予医疗、抚恤;非国家职工由起火单位按照国务院有关主管部门的规定给予医疗、抚恤,起火单位对起火没有责任或者确实无力负担的,由当地人民政府给予医疗、抚恤。"

1988年1月16日,国务院发布了《森林防火条例》,并于3月15日起施行,确定了"预防为主、积极消灭"的方针。从此,我国森林防火工作步入依法治火的轨道。2008年11月19日,国务院第36次常务会议修订通过了新的《森林防火条例》,自2009年1月1日起施行。这是《森林防火条例》施行20年来的首次修订,对于森林防火事业的发展具有里程碑意义,也是科学发展观的具体落实和实践。

二、森林防火条例的基本制度

森林防火条例的基本制度,主要有6大类:分工负责制度、财政保障制度、森林火灾预防制度、森林防火区和防火期管理制度、森林火灾扑救制度、灾后处置制度。

(一)分工负责制度

根据法律规定,我国森林防火工作实行分工负责的制度:(1)国家森林防火指挥机构负责组织、协调和指导全国的森林防火工作。国务院林业主管部门负责全国森林防火的监督和管理工作,承担国家森林防火指挥机构的日常工作。国务院其他有关部门按照职责分工,负责有关的森林防火工作。(2)森林防火工作实行地方各级人民政府行政首长负责制。县级以上地方人民政府根据实际需要设立的森林防火指挥机构,负责组织、协调和指导本行政区域的森林防火工作。县级以上地方人民政府林业主管部门负责本行政区域森林防火的监督和管理工作,承担本级人民政府森林防火指挥机构的日常工作。县级以上地方人民政府其他有关部门按照职责分工,负责有关的森林防火工作。(3)森林、林木、林地的经营单位和个人,在其经营范围内承担森林防火责任。(4)森林防火工作涉及两个以上行政区域的,有关地方人民政府应当建立森林防火联防机制,确定联防区域,建立联防制度,实行信息共享,并加强监督检查。

(二) 财政保障制度

森林防火的财政保障制度包括:(1) 县级以上人民政府应当将森林防火基础设施建设纳入国民经济和社会发展规划,将森林防火经费纳入本级财政预算。(2) 国家支持森林防火科学研究,推广和应用先进的科学技术,提高森林防火科技水平。(3) 各级人民政府、有关部门应当组织经常性的森林防火宣传活动,普及森林防火知识,做好森林火灾预防工作。(4) 国家鼓励通过保险形式转移森林火灾风险,提高林业防灾减灾能力和灾后自我救助能力。(5) 对在森林防火工作中作出突出成绩的单位和个人,按照国家有关规定,给予表彰和奖励。对在扑救重大、特别重大森林火灾中表现突出的单位和个人,可以由森林防火指挥机构当场给予表彰和奖励。

(三) 森林火灾预防制度

1. 森林防火规划

(1) 省、自治区、直辖市人民政府林业主管部门应当按照国务院林业主管部门制定的森林火险区划等级标准,以县为单位确定本行政区域的森林火险区划等级,向社会公布,并报国务院林业主管部门备案。(2) 国务院林业主管部门应当根据全国森林火险区划等级和实际工作需要,编制全国森林防火规划,报国务院或者国务院授权的部门批准后组织实施。县级以上地方人民政府林业主管部门根据全国森林防火规划,结合本地实际,编制本行政区域的森林防火规划,报本级人民政府批准后组织实施。(3) 国务院有关部门和县级以上地方人民政府应当按照森林防火规划,加强森林防火基础设施建设,储备必要的森林防火物资,根据实际需要整合、完善森林防火指挥信息系统。国务院和省、自治区、直辖市人民政府根据森林防火实际需要,充分利用卫星遥感技术和现有军用、民用航空基础设施,建立相关单位参与的航空护林协作机制,完善航空护林基础设施,并保障航空护林所需经费。

2. 森林火灾应急预案

(1) 国务院林业主管部门应当按照有关规定编制国家重大、特别重大森林火灾应急预案,报国务院批准。县级以上地方人民政府林业主管部门应当按照有关规定编制森林火灾应急预案,报本级人民政府批准,并报上一级人民政府林业主管部门备案。县级人民政府应当组织乡(镇)人民政府根据森林火灾应急预案制定森林火灾应急处置办法;村民委员会应当按照森林火灾应急预案和森林火灾应急处置办法的规定,协助做好森林火灾应急处置工作。县级以上人民政府及其有关部门应当组织开展必要的森林火灾应急预案的演练。(2) 森林火灾应急预案应当包括下列内容:① 森林火灾应急组织指挥机构及其职责;② 森林火灾的预警、监测、信息报告和处理;③ 森林火灾的应急响应机制和措施;④ 资金、物资和技术等保障措施;⑤ 灾后处置。(3) 在林区依法开办工矿企业、设立旅游区或者新建开发区的,其森林防火设施应当与该建设项目同步规划、同步设计、同步施工、同步验收;在林区成片造林的,应当同时配套建设森林防火设施。(4) 铁路的经营单位应当负责本单位所属林地的防火工作,并配合县级以上地方人民政府做好铁路沿线森林火灾危险地段的防火工作。电力、电信线路和石油天然气管道的森林防火责任单位,应当在森林火灾危险地段开设防火隔离带,并组织人员进行巡护。(5)森林、林木、林地的经营单位和个人应当按照林业主管部门的规定,建立森林防火责任制,划定森林防火责任区,确定森林防火责任人,并配备森林防火设施和设备。(6)地方各级人民政府和国有林业企业、事业单位应当根据实际需要,成立森林火灾专业扑救队伍;县级以上地方人民政府应当指导森林经营单位和林区的居民委员会、村民委员会、企业、事业单位建立森林火灾群众扑救队伍。专业的和群众的火灾扑救队伍应当定期进行培训和演练。(7)森林、林木、林地的经营单位配备的兼职或者专职护林员负责巡护森林,管理野外用火,及时报告火情,协助有关机关调查森林火灾案件。

(四)森林防火区和防火期管理制度

1. 森林防火区和防火期制度

(1)县级以上地方人民政府应当根据本行政区域内森林资源分布状况和森林火灾发生规律,划定森林防火区,规定森林防火期,并向社会公布。(2)森林防火期内,各级人民政府森林防火指挥机构和森林、林木、林地的经营单位和个人,应当根据森林火险预报,采取相应的预防和应急准备措施。(3)县级以上人民政府森林防火指挥机构,应当组织有关部门对森林防火区内有关单位的森林防火组织建设、森林防火责任制落实、森林防火设施建设等情况进行检查;对检查中发现的森林火灾隐患,县级以上地方人民政府林业主管部门应当及时向有关单位下达森林火灾隐患整改通知书,责令限期整改,消除隐患。被检查单位应当积极配合,不得阻挠、妨碍检查活动。(4)森林防火期内,预报有高温、干旱、大风等高火险天气的,县级以上地方人民政府应当划定森林高火险区,规定森林高火险期。必要时,县级以上地方人民政府可以根据需要发布命令,严禁一切野外用火;对可能引起森林火灾的居民生活用火应当严格管理。

2. 野外用火制度

(1)森林防火期内,禁止在森林防火区野外用火。因防治病虫鼠害、冻害等特殊情况确需野外用火的,应当经县级人民政府批准,并按照要求采取防火措施,严防失火;需要进入森林防火区进行实弹演习、爆破等活动的,应当经省、自治区、直辖市人民政府林业主管部门批准,并采取必要的防火措施;中国人民解放军和中国人民武装警察部队因处置突发事件和执行其他紧急任务需要进入森林防火区的,应当经其上级主管部门批准,并采取必要的防火措施。(2)森林高火险期内,进入森林高火险区的,应当经县级以上地方人民政府批准,严格按照批准的时间、地点、范围活动,并接受县级以上地方人民政府林业主管部门的监督管理。

3. 森林防火宣传制度

森林防火期内,森林、林木、林地的经营单位应当设置森林防火警示宣传标志,并对进入其经营范围的人员进行森林防火安全宣传。森林防火期内,进入森林防火区的各种机动车辆应当按照规定安装防火装置,配备灭火器材。

4. 森林防火检查制度

森林防火期内,经省、自治区、直辖市人民政府批准,林业主管部门、国务院确定的重点国有林区的管理机构可以设立临时性的森林防火检查站,对进入森林防火区的车辆和人员进行森林防火检查。

5. 森林火险预报制度

(1) 县级以上人民政府林业主管部门和气象主管机构应当根据森林防火需要,建设森林火险监测和预报台站,建立联合会商机制,及时制作发布森林火险预警预报信息。(2) 气象主管机构应当无偿提供森林火险天气预报服务。广播、电视、报纸、互联网等媒体应当及时播发或者刊登森林火险天气预报。

(五) 森林火灾扑救制度

1. 森林火灾报告制度

(1) 县级以上地方人民政府应当公布森林火警电话,建立森林防火值班制度。任何单位和个人发现森林火灾,应当立即报告。接到报告的当地人民政府或者森林防火指挥机构应当立即派人赶赴现场,调查核实,采取相应的扑救措施,并按照有关规定逐级报上级人民政府和森林防火指挥机构。(2) 发生下列森林火灾,省、自治区、直辖市人民政府森林防火指挥机构应当立即报告国家森林防火指挥机构,由国家森林防火指挥机构按照规定报告国务院,并及时通报国务院有关部门:① 国界附近的森林火灾;② 重大、特别重大森林火灾;③ 造成 3 人以上死亡或者 10 人以上重伤的森林火灾;④ 威胁居民区或者重要设施的森林火灾;⑤ 24 小时尚未扑灭明火的森林火灾;⑥ 未开发原始林区的森林火灾;⑦ 省、自治区、直辖市交界地区危险性大的森林火灾;⑧ 需要国家支援扑救的森林火灾。这里的"以上"包括本数。

2. 火灾扑救指挥制度

(1) 发生森林火灾,县级以上地方人民政府森林防火指挥机构应当按照规定立即启动森林火灾应急预案;发生重大、特别重大森林火灾,国家森林防火指挥机构应当立即启动重大、特别重大森林火灾应急预案。森林火灾应急预案启动后,有关森林防火指挥机构应当在核实火灾准确位置、范围以及风力、风向、火势的基础上,根据火灾现场天气、地理条件,合理确定扑救方案,划分扑救地段,确定扑救责任人,并指定负责人及时到达森林火灾现场具体指挥森林火灾的扑救。(2) 森林防火指挥机构应当按照森林火灾应急预案,统一组织和指挥森林火灾的扑救。扑救森林火灾,应当坚持以人为本、科学扑救,及时疏散、撤离受火灾威胁的群众,并做好火灾扑救人员的安全防护,尽最大可能避免人员伤亡。

3. 火灾扑救主体制度

(1) 扑救森林火灾应当以专业火灾扑救队伍为主要力量;组织群众扑救队伍扑救森林火灾的,不得动员残疾人、孕妇和未成年人以及其他不适宜参加森林火灾扑救的人员参加。(2) 武装警察森林部队负责执行国家赋予的森林防火任务。武装警察森林部队执行森林火灾扑救任务,应当接受火灾发生地县级以上地方人民政府森林防火指挥机构的统一指挥;执行跨省、自治区、直辖市森林火灾扑救任务的,应当接受国家森林防火指挥机构的统一指挥。中国人民解放军执行森林火灾扑救任务的,依照《军队参加抢险救灾条例》的有关规定执行。

4. 火灾扑救配合制度

发生森林火灾,有关部门应当按照森林火灾应急预案和森林防火指挥机构的统一指挥,做好扑救森林火灾的有关工作。气象主管机构应当及时提供火灾地区天气预报和相关信息,并根据天气条件适时开展人工增雨作业。交通运输主管部门应当优先组织运送森林火灾扑救人员和扑救物资。通信主管部门应当组织提供应急通信保障。民政部门应当及时设置避难场所和救灾物资供应点,紧急转移并妥善安置灾民,开展受灾群众救助工作。公安机关应当维护治安秩序,加强治安管理。商务、卫生等主管部门应当做好物资供应、医疗救护和卫生防疫等工作。

5. 应急、征用和检查制度

(1) 因扑救森林火灾的需要,县级以上人民政府森林防火指挥机构可以决定采取开设防火隔离带、清除障碍物、应急取水、局部交通管制等应急措施。(2) 因扑救森林火灾需要征用物资、设备、交通运输工具的,由县级以上人民政府决定。扑火工作结束后,应当及时返还被征用的物资、设备和交通工具,并依照有关法律规定给予补偿。(3) 森林火灾扑灭后,火灾扑救队伍应当对火灾现场进行全面检查,清理余火,并留有足够人员看守火场,经当地人民政府森林防火指挥机构检查验收合格,方可撤出看守人员。

(六) 灾后处置制度

1. 火灾等级制度

按照受害森林面积和伤亡人数,森林火灾分为一般森林火灾、较大森林火灾、重大森林火灾和特别重大森林火灾。(1) 一般森林火灾:受害森林面积在1公顷以下或者其他林地起火的,或者死亡1人以上3人以下的,或者重伤1人以上10人以下的;(2) 较大森林火灾:受害森林面积在1公顷以上100公顷以下的,或者死亡3人以上10人以下的,或者重伤10人以上50人以下的;(3) 重大森林火灾:受害森林面积在100公顷以上1 000公顷以下的,或者死亡10人以上30人以下的,或者重伤50人以上100人以下的;(4) 特别重大森林火灾:受害森林面积在1 000公顷以上的,或者死亡30人以上的,或者重伤100人以上的。这里所称"以上"包括本数,"以下"不包括本数。

2. 火灾调查制度

县级以上人民政府林业主管部门应当会同有关部门及时对森林火灾发生原因、肇事者、受害森林面积和蓄积、人员伤亡、其他经济损失等情况进行调查和评估,向当地人民政府提出调查报告;当地人民政府应当根据调查报告,确定森林火灾责任单位和责任人,并依法处理。森林火灾损失评估标准,由国务院林业主管部门会同有关部门制定。

3. 火灾统计制度

县级以上地方人民政府林业主管部门应当按照有关要求对森林火灾情况进行统计,报上级人民政府林业主管部门和本级人民政府统计机构,并及时通报本级人民政府有关部门。森林火灾统计报告表由国务院林业主管部门制定,报国家统计局备案。

4. 火灾发布制度

森林火灾信息由县级以上人民政府森林防火指挥机构或者林业主管部门向社会发布。重大、特别重大森林火灾信息由国务院林业主管部门发布。

5. 火灾抚恤、补助制度

(1) 对因扑救森林火灾负伤、致残或者死亡的人员,按照国家有关规定给予医疗、抚恤。(2) 参加森林火灾扑救人员的误工补贴和生活补助以及扑救森林火灾所发生的其他费用,按照省、自治区、直辖市人民政府规定的标准,由火灾肇事单位或者个人支付;起火原因不清的,由起火单位支付;火灾肇事单位、个人或者起火单位确实无力支付的部分,由当地人民政府支付。误工补贴和生活补助以及扑救森林火灾所发生的其他费用,可以由当地人民政府先行支付。

6. 植被恢复制度

森林火灾发生后,森林、林木、林地的经营单位和个人应当及时采取更新造林措施,恢复火烧迹地森林植被。

第四章 森林公安行政执法的程序

"行政程序,就是由行政行为的方式、步骤和时间、顺序构成的行政行为的过程"。① 森林公安行政执法的程序,即林业行政处罚程序,是行政程序中的行政处罚程序之具体化和特定化。主要由林业行政处罚的调查、决定和执行3个步骤组成,准确体现了行政处罚程序的基本准则——先调查、后决定、再执行。

第一节 林业行政案件的调查

林业行政案件的调查,是指林业行政案件立案后,执法人员为了证实林业行政违法行为的存在和查明违法行为人,依据法定程序所展开的收集和固定能够印证违法事实是否存在的各种证据的活动。作为林业行政处罚的核心程序,调查既是林业行政处罚立案程序的自然延伸,也是林业行政处罚决定程序的基础,直接影响着林业行政处罚的合法性和妥当性。

一、林业行政案件调查的原则

关于行政案件调查取证的原则,我国行政法学界有三原则、四原则和五原则等各种说法,且每一种说法的内容也各不相同。第一种是"三原则说":(1)"行政执法人员收集证据应遵循全面、客观、公正三原则";②(2)全面、公正、客观原则,及时、合法原则,专门机关调查与依靠人民群众相结合原则。③ 第二种是"四原则说":(1)全面、客观、公正三项基本原则外,还"包括合法性原则";④(2)全面原则、客观原则、公正原则和"出现法定的回避情形时,应当回避"。⑤ 第三种是"五原则说":(1)"依法调查、全面调查、客观调查、公正处罚和检查法定原则";⑥(2)客观、全面、公正、及时和合法;⑦(3)迅速及时原则、客观全面原则、合法原则、专门机关与广大群众相结合的原则、回避原则。⑧ 根据《行政处罚法》第36条规定,林业行政案件的调查应当遵循以下五项基本原则:

---

① 罗豪才:《行政法学》(修订本),中国政法大学出版社1999年8月修订版,第264页。
② 徐继敏:《行政处罚法的理论与实务》,法律出版社1997年12月,第159页。
③ 参见王杰:《保护森林资源行政执法通论》,中国经济出版社2000年5月,第57-59页。
④ 参见胡锦光:《行政处罚研究》,法律出版社1998年4月,第170-171页;另参见农业部草原监理中心:《中国草原执法概览》,人民出版社2007年5月,第123页。
⑤ 参见宋功德:《税务行政处罚》,武汉大学出版社2002年3月,第145页。
⑥ 参见姜明安:《行政法与行政诉讼法》,北京大学出版社、高等教育出版社2005年1月第2版,第316-317页。
⑦ 参见熊一新:《治安案件查处教程》,中国人民公安大学出版社2007年4月,第90页。
⑧ 参见李国光:《行政处罚法及配套规定新释新解》,人民法院出版社2006年5月第2版,第517-520页。

(一) 全面原则

全面原则,要求林业行政执法人员必须查明林业行政案件的全部事实。即对与案件有关的各种事实和证据都要了解和收集,包括对当事人有利和不利的事实及证据。如有关当事人违法或无辜的事实及证据,违法情节轻、重的事实及证据,等等。

(二) 公正原则

公正原则,要求林业行政执法人员调查案件时,应当正直无私、不偏不倚,保持中立。应当充分听取当事人或者其他知情人的陈述和意见,尤其应当平等地对待违法嫌疑人和被侵害人,不能偏听偏信。

(三) 客观原则

客观原则,要求林业行政执法人员从案件的实际情况出发,实事求是地调查案件的每一个事实和情节。对案件的一切分析、判断和推理,都应当建立在客观事实基础之上,不得凭空猜测想象、主观臆断。

(四) 合法原则

合法原则,要求林业行政执法人员在进行调查取证时必须合乎法律规定。即必须做到以下几个方面:

1. 身份合法

这是指调查取证的人员必须具有合法身份,即必须是林业行政执法人员。根据《林业行政执法证件管理办法》①第3条,"林业行政执法人员是指县级以上林业行政主管部门,法律、法规授权的组织以及林业行政主管部门依法委托的组织中,按照业务分工,具有林业行政执法职能机构的执法工作人员和分管的行政负责人"。换言之,调查取证的人员必须具有林业行政执法人员的身份,才符合身份合法的要求。同时,根据《林业行政处罚程序规定》第14条的规定,在调查处理林业行政处罚案件时,林业行政执法人员应当向当事人或者有关人员出示执法证件。

2. 人数合法

这是指调查取证的林业行政执法人员的数量必须合法。一般程序中的执法人员不得少于2人,简易程序中的执法人员可以是1人。

3. 程序合法

这是指林业行政执法人员调查取证的程序必须合法。《行政处罚法》和《林业行政处罚程序规定》及其他林业法律规范对每一种调查方法都规定了相应的程序和步骤,执法人员必须严格依照法律规定的程序和步骤展开调查,获取相关证据。

4. 手段合法

这是指林业行政执法人员调查取证的方法必须合法。除《行政处罚法》规定的调查方法之外,执法人员还可以采用林业法律规范规定的其他方法。凡是法律没有授予的调查方法,执法人员都不得采用。法律禁止的如威胁、引诱、欺骗等非法手段更不得在调查中采用。

---

① 《林业行政执法证件管理办法》(1997年1月6日 林业部令2号发布)。

5. 时间合法

这是指林业行政执法人员调查取证的时间必须合法。一方面,执法人员必须在行政处罚决定之前完成调查取证活动。否则,根据《最高人民法院关于执行〈中华人民共和国行政诉讼法〉若干问题的解释》①第30条第1项的规定,作为被告的林业行政主体及其诉讼代理人在作出林业行政处罚决定后自行收集的证据,将不能作为认定被诉林业行政处罚合法的根据。另一方面,法律对特定调查方法规定有时间限制的,执法人员必须在法定期限内完成调查取证工作。例如,法律规定登记保存证据的法定期限为7日,执法人员必须在7日内完成相应的调查取证工作,否则即应予以解除。

6. 种类合法

这是指"执法人员经过调查取证所取得的证据必须属于法律规定的证据种类"。② 尽管《行政处罚法》没有规定证据种类,但《林业行政处罚程序规定》第14条第3款,对林业行政处罚的证据种类作出了专门规定。包括:(1) 书证;(2) 物证;(3) 视听资料;(4) 证人证言;(5) 当事人的陈述;(6) 鉴定结论;(7) 勘验笔录、现场笔录。因此,林业行政执法人员调查获取的证据必须属于上述法律明确规定的证据种类。

(五)回避原则

回避原则,是指林业行政执法人员在查处林业行政案件的过程中,因其与所办理的案件或与案件当事人有利害关系或者可能影响案件公正处理的其他关系,为保证办案程序和实体处理结果的公正性,根据当事人的申请或林业行政执法人员的请求,法定人员或组织依法终止其职务的行使并由他人代理的一种林业行政执法程序制度。

1. 回避的情形

《行政处罚法》第37条第3款规定,"执法人员与当事人有直接利害关系的,应当回避";《林业行政处罚程序规定》第15条第1款和第2款规定,"林业行政执法人员在调查处理林业行政处罚案件时与当事人有利害关系的,应当自行回避。当事人认为林业行政执法人员与本案有利害关系或者其他关系可能影响公正处理的,有权申请林业行政执法人员回避"。据此,林业行政执法人员具有下列情形之一的,应当回避:(1) 林业行政执法人员是本案的当事人或者当事人的近亲属的。当事人,是指违法嫌疑人;近亲属,包括配偶、父母、子女、兄弟姐妹、祖父母、外祖父母、孙子女、外孙子女和其他具有扶养、赡养关系的亲属。③ (2) 本人或者其近亲属与本案有利害关系的。这里的"利害关系",法律未作具体规定。学理认为,

---

① 《最高人民法院关于执行〈中华人民共和国行政诉讼法〉若干问题的解释》(法释〔2000〕8号 自2000年3月10日起施行)。

② 胡锦光:《行政处罚研究》,法律出版社1998年4月,第171页。

③ 《林业行政处罚程序规定》没有规定"近亲属"的含义。其他法律有"近亲属"的规定,但内容不完全相同。例如:根据《最高人民法院关于贯彻执行〈中华人民共和国民法通则〉若干问题的意见(试行)》(1988年4月2日 法(办)发〔1988〕6号)第12条规定,"民法通则中规定的近亲属,包括配偶、父母、子女、兄弟姐妹、祖父母、外祖父母、孙子女、外孙子女"。《刑事诉讼法》第82条第6款规定"'近亲属'是指夫、妻、父、母、子、女、同胞兄弟姊妹"。2000年3月10日起施行的《最高人民法院关于执行〈中华人民共和国行政诉讼法〉若干问题的解释》(法释〔2000〕8号)第11条第1款规定,"行政诉讼法第二十四条规定的'近亲属',包括配偶、父母、子女、兄弟姐妹、祖父母、外祖父母、孙子女、外孙子女和其他具有扶养、赡养关系的亲属"。我们这里对"近亲属"范围的界定,主要采用《行政诉讼法》的规定。

"利害关系指案件处理的结果影响到负责处理案件的行政机关工作人员的金钱、名誉、友情、亲情等的增加或减损"①。本人或者其近亲属虽非本案当事人或当事人的近亲属,但因与本案的处理结果有利害关系,有可能影响案件的公正处理,因而也被纳入应当回避的法定情形。(3) 与本案当事人有其他关系,可能影响案件公正处理的。法律未就"其他关系"作出具体规定。一般认为,除上述"近亲属"之外的关系,都可以视为"其他关系"。如师生关系、同学(籍、乡)关系、曾经的同事、上下级关系,以及战友、校友等关系。这些关系在行政案件中经常构成行政法律关系的双方主体。如果将这种关系单独作为回避情形,可能会导致林业行政机关工作人员动辄得咎。因此,法律规定,除"与本案当事人有其他关系"外,工作人员还必须同时具备"可能影响案件公正处理"这一条件,才符合回避的法定情形。

2. 回避的对象

根据《行政处罚法》第 37 条第 3 款、《林业行政处罚程序规定》第 15 条,以及《林业行政处罚听证规则》第 11 条,适用回避的对象包括以下 4 类人员:(1) 行政执法人员。行政执法人员,包括主持办理案件和协助办理案件的林业行政执法人员。(2) 行政负责人。行政负责人,是指有权参与案件讨论和作出处理决定的林业行政主体(包括林业行政主管部门和法律法规授权的组织)的负责人员。(3) 听证主持人。听证主持人,是指受林业行政主体负责人指定,主持案件听证的工作人员。一般由林业行政主体法制工作机构中的非本案调查人员的行政人员担任。(4) 书记员、翻译人员、鉴定人。书记员、翻译人员、鉴定人,是指在听证案件依法担任记录的工作人员,受聘请为当事人提供翻译的专业人员,以及受指派或者受聘请为林业行政处罚案件中某些专门性问题提供意见的有专门知识的人员。

二、林业行政案件调查的内容

根据《林业行政处罚程序规定》及相关法律规范,林业行政案件调查的内容包括:(1) 林业行政违法行为人的基本情况;(2) 林业行政违法行为是否存在;(3) 林业行政违法行为是否为林业行政违法行为人实施;(4) 林业行政违法行为发生的时间、地点、起因、对象、手段、后果和影响等情节;(5) 林业行政违法行为人有无法定从重、从轻、减轻或不予处罚的情形;(6) 与林业行政违法行为相关的其他事实。

三、林业行政案件调查的方法

作为林业行政案件查处程序中的必经程序,调查是查清案件事实真相的唯一手段,其目的在于获取可以证实案件事实的各种证据。因此,调查阶段实质上就是林业行政主体获取证据的过程。证据的合法性要求林业行政主体应当运用合法手段获取证据。根据法律规定,林业行政执法人员可以采用以下调查方法。

（一）询问

1. 询问的法律依据

询问,是执法人员对当事人及相关人员就相关案情进行了解、探询和核查的一种调查方

---

① 参见姜明安:《行政法与行政诉讼法》,北京大学出版社、高等教育出版社 2005 年 1 月第 2 版,第 378 页。

法。询问既是了解案情最直接的方法,也是了解案情的主要方法。作为常用的调查方法,询问的法律依据是《行政处罚法》第37条、《林业行政处罚程序规定》第28条。根据法律规定,询问应当制作笔录。执法人员依法制作的如实记载执法人员提问和当事人及相关人员的陈述或辩解的文书,即通常所称的询问笔录。它是一种具有法律效力的书面文件,经过核实的询问笔录,是认定案件事实的重要证据。但是,询问笔录不是定案的唯一材料,还需要与其他证据相互印证才能定案。

2. 询问的种类

根据询问对象的不同,询问可以分为以下3种类型,并形成3种不同的询问笔录:违法嫌疑人的陈述和申辩、被侵害人陈述以及证人证言。3种笔录就是3种法定的证据形式。

(1) 询问违法嫌疑人。询问违法嫌疑人,应当注意以下事项:① 首次询问违法嫌疑人时,应当问明违法嫌疑人的姓名、出生日期、户籍所在地、现住址、身份证件种类及号码,是否曾受过刑事处罚或者行政拘留、劳动教养、收容教育、强制戒毒、收容教养等情况。必要时,还应当问明其家庭主要成员、工作单位、文化程度等情况。违法嫌疑人为外国人的,首次询问时还应当问明其国籍、出入境证件种类及号码、签证种类、入境时间、入境事由等情况。必要时,还应当问明其在华关系人等情况。② 应当认真听取违法嫌疑人的陈述和申辩。对违法嫌疑人的陈述和申辩,应当认真核查。③ 需要运用证据证实违法嫌疑人违法行为的,应当防止泄露调查工作秘密。

(2) 询问被侵害人。询问被侵害人,应当注意以下事项:① 询问被侵害人前,应当了解被询问人的身份以及被侵害人、证人、违法嫌疑人之间的关系。② 执法人员不得向被侵害人泄露案情或者表示对案件的看法。

(3) 询问证人。询问证人,应当注意以下事项:① 询问证人前,应当了解被询问人的身份以及被侵害人、证人、违法嫌疑人之间的关系。② 执法人员不得向证人泄露案情或者表示对案件的看法。

应当指出,询问具有"特殊身份"的上述人员时,执法人员必须注意某些事项。这里所说的"特殊身份"的上述人员,是指聋哑人、未成年人、少数民族人员等法律规定需要特别对待的违法嫌疑人、被侵害人和证人。尽管无论是《行政处罚法》,还是《林业行政处罚程序规定》,或是《林业行政处罚听证规则》,都没有对行政机关在询问上述人员时必须履行的义务作出明确规定,但是很多条文实际上隐含了行政机关负有提供某些便利条件的法律义务的立法意旨。如《行政处罚法》第6条有关"公民、法人或者其他组织对行政机关所给予的行政处罚,享有陈述权、申辩权"的规定,显然隐含着行政机关负有为不通晓当地语言的少数民族人员提供翻译的法律义务,否则,法律宣称的陈述权、申辩权无异于一纸空文。《林业行政处罚听证规则》第11条"翻译人员"的设置也是一个很好的佐证。因此,为确保询问的合法有效,在询问上述具有"特殊身份"的人员时,林业行政主体必须注意以下事项:(1) 询问不满十六周岁的林业行政违法行为人时,应当通知其父母或者其他监护人到场,其父母或者其他监护人不能到场的,可以通知其教师或者其所在村的村(居)民委员会委员到场。确实无法通知或者通知后未到场的,应当在询问笔录中注明。(2) 询问聋哑的林业行政违法行为人、被侵害人或者其他证人,应当有通晓手语的人参加,并在询问笔录中注明被询问人的聋哑情况以及翻译人的姓名、住址、工作单位和联系方式。(3) 对不通晓当地通用的语言文字的林业行政违法行为人、被侵害人或者其他证人,应当为其配备翻译人员,并在询问笔录中注明翻译人的姓名、住址、工作单位和联系方式。

3. 询问的实施程序

询问的实施程序包括:(1)询问违法嫌疑人、被侵害人或者证人,可以到其单位、学校、住所或者其居住地村(居)民委员会进行。必要时,也可以通知违法嫌疑人到林业行政主体机关所在地接受询问。(2)询问同案的违法嫌疑人、被侵害人或者证人,应当分别进行。(3)询问时,应当首先表明身份,出示《林业行政执法证》,告知被询问人对询问有如实回答的义务以及对与本案无关的问题有拒绝回答的权利。被询问人拒绝回答的,不影响根据证据对案件事实的认定。询问时,在文字记录的同时,可以根据需要录音、录像。(4)制作《林业行政处罚询问笔录》,并应当交被询问人核对,对于没有阅读能力的,应当向其宣读;被询问人提出补充或者改正的,应当允许。被询问人确认笔录无误后,应当在笔录上签名或者盖章;因故不能履行签名或者盖章的,可以按指印。被询问人拒绝签名或者盖章的,应当在笔录上注明;询问人也应当在笔录上签名或者盖章。(5)被询问人要求自行书写的,应当允许;必要时,林业行政执法人员也可以要求被询问人自行书写,自行书写的材料应当有本人签名或者盖章。执法人员收到书面材料后,应当在首页右上方写明收到日期,并签名。

4. 相关问题研讨

问题一:森林公安机关办理林业行政案件,可以对林业行政违法嫌疑人实施传唤吗?

在办理林业行政案件的过程中,有些地方的森林人民警察为了提高办案效率,常常对林业行政违法嫌疑人实施口头传唤。有时在被当事人拒绝后,甚至使用强制传唤,将嫌疑人强行带至公安机关。这种做法是否合法,在实践中和理论上都存有争议。有些执法人员认为,森林公安机关是公安机关,当然有权传唤林业违法嫌疑人,因而其行为并无违法之处。有些执法人员则持反对意见,认为森林公安机关只能对治安违法嫌疑人才能实施传唤。还有学者认为,"为了解违法情况和违法事实,行政主体有权传唤违法者,对其进行讯问"。[①] 那么,究竟什么是传唤?办理林业行政案件时,执法人员能否对林业行政违法嫌疑人实施传唤?

在行政法研究领域,传唤作为学理概念有各种定义。较为典型的定义有两种:(1)"传唤是指行政主体依法要求行政违法人在规定的时间内到指定场所接受询问";[②] (2)"传唤,是指办案人员通知行政相对人在指定的时间到指定的场所讯问"。[③] 实际上,传唤就是行政机关为了询问违法嫌疑人以查明案情、取得证据,要求违法嫌疑人到指定地点接受询问的一种调查方法。尽管有学者认为,"传唤以及强制传唤对于行政主体查处行政违法案件而言,具有省时、经济、直接和高效等优点。因此,行政处罚立法应当赋予所有享有行政处罚权的行政主体以传唤权"。[④] 但是,在我国行政处罚立法实践中,传唤并非任何行政主体均可使用,而是只有公安机关才有权实施。通常所说的传唤,就是"治安管理中的传唤,是公安机关在办理治安案件过程中,通知违反治安管理行为人到公安机关或者其他指定地点接受调查

---

① 罗豪才、湛中乐:《行政法学》,北京大学出版社 2006 年 1 月第 2 版,第 241 页。
② 皮纯协:《行政处罚法释义》,中国书籍出版社 1996 年 4 月,第 112 页。
③ 李国光:《行政处罚法及配套规定新释新解》,人民法院出版社 2006 年 5 月第 2 版,第 520 页。
④ 李国光:《行政处罚法及配套规定新释新解》,人民法院出版社 2006 年 5 月第 2 版,第 521 页。

的一种调查手段"。① 《治安管理处罚法》第82条规定："需要传唤违反治安管理行为人接受调查的,经公安机关办案部门负责人批准,使用传唤证传唤。对现场发现的违反治安管理行为人,人民警察经出示工作证件,可以口头传唤,但应当在询问笔录中注明。公安机关应当将传唤的原因和依据告知被传唤人。对无正当理由不接受传唤或者逃避传唤的人,可以强制传唤"。第83条还对传唤后询问查证的时间和要求作出了明确规定。可以看出,在我国现行的行政执法体制中,传唤是一个具有特定内涵的法律概念,是公安机关专享的一种调查手段。传唤的主体仅限于公安机关,传唤的对象仅限于违反治安管理行为人,对被侵害人及其他证人不得适用传唤。传唤的方式有书面传唤、口头传唤两种。具备法定条件时,公安机关可以强制传唤。

根据上述分析,笔者认为,森林公安机关在办理林业行政案件时,对林业行政违法嫌疑人实施传唤的做法,属于违法的行政行为。因为它违反了依法行政的基本原则。一方面,这种做法违反了法律优先原则。"法律优先原则是指行政应当受现行法律的约束,不得采取任何违反法律的措施"。② 现行法律——《治安管理处罚法》明确规定,只有对违反治安管理行为人才能实施传唤(包括强制传唤),但是森林公安机关却不受其约束而恣意违反,对林业行政违法嫌疑人实施传唤,显然是对法律优先原则的违反。另一方面,这种做法违反了法律保留原则。"根据保留原则,行政机关只有在取得法律授权的情况下才能实施相应的行为。该原则的要求比优先原则严格。优先原则只是(消极地)禁止违反现行法律,而保留原则是(积极地)要求行政活动具有法律依据。在法律出现缺位时,优先原则并不禁止行政活动,而保留原则则排除任何行政活动"。③ 从法理上说,尽管森林公安机关也属于公安机关,是我国公安机关的重要组成部门。但是,当森林公安机关行使《森林法》授权的林业行政处罚权时,其执法身份属于林业行政主体,而不属于公安机关。而无论是《行政处罚法》,还是《森林法》或其他林业法律规范,都没有授权林业行政主体可以对嫌疑人实施传唤。因此,在并不具备法律授权的情形下,森林公安机关以林业行政主体身份,对违法嫌疑人实施传唤乃至强制传唤,明显违背了法律保留原则。同时,这种做法也直接违反了《国家林业局关于森林公安机关查处林业行政案件有关问题的通知》(林安发〔2001〕146号)中的禁止性规定:"对于依法立为林业行政案件的,森林公安机关不得采取查处治安案件、刑事案件的各类治安、刑事强制措施"。因而是违法的行政行为。

关于传唤,还有两点说明:第一,从立法角度来说,在制定《治安管理处罚法》时,为了与刑事诉讼中对犯罪嫌疑人所实施的"讯问"相区别,立法者已经将原《治安管理处罚条例》所规定的"讯问"违法嫌疑人,修改为"询问"违法嫌疑人。因此,在把"传唤"作为法律概念运用时,必须注意这一法律用语的改变。第二,有些学者主张,"不宜将传唤权作为一种'特权'而单纯地赋予公安机关",而"应当赋予所有的享有行政处罚权的行政主体","从而保持和维护行政主体行政执法职权的平衡性和统一性"。④ 笔者认为,无论是从职责和职权相统一的角

---

① 柯良栋、吴明山:《治安管理处罚法释义与实务指南》,中国人民公安大学出版社2005年9月,第460页。
② [德]哈特穆特·毛雷尔:《行政法学总论》,高家伟译,法律出版社2000年11月,第103页。
③ [德]哈特穆特·毛雷尔:《行政法学总论》,高家伟译,法律出版社2000年11月,第104页。
④ 李国光:《行政处罚法及配套规定新释新解》,人民法院出版社2006年5月第2版,第521页。

度,还是从满足执法实践需要的层面,其他行政主体都应当享有传唤当事人的权力。地方立法和部门规章也应当满足这一实际需求。但是,根据《立法法》第 8 条,强制传唤属于限制人身自由的强制措施。此类事项只能由全国人大及其常委会制定法律予以调控,法规(包括行政法规和地方性法规)和规章(包括部门规章和地方政府规章)均无权涉及。

问题二:在林业行政案件中,询问时间有限制吗?

询问当事人,应当在合理时间内尽快完成,既可以提高行政效率,也可以尽量减小对当事人合法权益的侵害。对询问的时间,应当在法律上规定明确的限制。因为无论是被行政机关传唤而来,还是持通知主动前来,对被询问人来说,在接受询问时,其人身自由实际上是受到一定程度的限制的。但是,在我国行政处罚的立法实践中,不仅作为行政处罚基本法的《行政处罚法》,而且众多的行政处罚单行法,对询问时间都没有规定。只有《治安管理处罚法》明确规定:"对违反治安管理行为人,公安机关传唤后应当及时询问查证,询问查证的时间不得超过 8 小时;情况复杂,依照本法规定可能适用行政拘留处罚的,询问查证的时间不得超过 24 小时"。因此,在林业行政案件中,询问的时间并没有法定的限制。

但是,没有法定限制并不意味着询问时间可以任意延长。有学者借鉴治安讯问的规定,提出"询问的时间应限定在经传唤后,到被传唤人到场之时起 24 小时之内",[①]甚至有学者认为,"超过 24 小时即属非法拘禁"。[②] 笔者认为,在法律作出明确规定之前,林业行政主体应当根据办理林业行政案件的实际情况,自行确定一个合理的询问时间。可以考虑作出如下规定:对于一般案件,询问查证的时间不得超过 4 小时,情况复杂,需要举行听证的案件,询问查证的时间不得超过 8 小时。

(二) 勘验、检查

1. 勘验、检查的法律依据

勘验、检查,是专指对与林业行政违法行为有关的场所、物品进行勘查,以及时提取与案件有关的证据材料,判断案件性质,确定调查方向和范围的一种调查方法。其法律依据是《林业行政处罚程序规定》第 29 条。

2. 勘验、检查的实施程序

勘验、检查的实施程序包括:(1)对现场实施勘验检查,应当由执法人员进行。必要时,可以指派或者聘请具有专门知识的人进行勘验、检查,并可以邀请与案件无关的见证人和有关的当事人参加。当事人拒绝参加的,不影响勘验、检查的进行。(2)可以采用各种手段对现场进行勘察,如拍照、绘图、录像、测量等。(3)勘验、检查应当制作《林业行政处罚勘验、检查笔录》,由参加勘验、检查的人和被邀请的见证人、有关的当事人签名或者盖章。有关当事人拒绝签名的,执法人员应当在笔录上注明。

3. 相关问题研讨

问题:在办理林业行政案件过程中,当林业行政违法行为涉及公民的人身、住所或信件时,林业行政主体是否有权对公民人身、住所或信件实施行政检查?

---

① 皮纯协:《行政处罚法释义》,中国书籍出版社 1996 年 4 月,第 113 页。
② 李国光:《行政处罚法及配套规定新释新解》,人民法院出版社 2006 年 5 月第 2 版,第 522 页。

首先,行政检查的定义。学术界对行政检查的定义有很多。有代表性的主要有以下几种:(1)"检查是行政处罚主体在处理行政违法案件进行调查过程中,对违法行为、违禁物品予以查处以及保全证据所采取的一种行政措施,它包括对书证、物证以及物品的抽样鉴定、对物证或者场所的勘验、对现场的检查、对违禁物品的收缴、证据的登记保存措施等。检查也可分为违法现场勘验、物证检查和人身检查"。①（2）"行政强制检查,是指行政主体依法对相对人的有关事实作单方强制了解的行政行为"。它包括对物的检查,对人体的检查,对人身的检查和对场所的检查。②（3）"行政监督和行政检查均特指行政主体对外行使行政管理职权时针对行政相对人的行为,具体内容是对行政相对人是否遵守法律和履行行政法的义务进行单方面的强制了解"。行政监督与行政检查很难区分,但与行政法制监督和行政监察都不同,实务界一般将其连用称之为"行政监督检查",学界一般也将两者等同视之。③（4）"勘验、检查,是办案人员对于与行政违法行为有关的场所、物品、人身等进行实地现场勘查或者检查,以发现和搜集行政违法活动遗留下来的各种痕迹和物品的一种调查活动"。"行政处罚中的勘验、检查,包括现场勘验、物证检验和人身检查三个方面"。④（5）"行政检查是指行政机关依法对相对人是否遵守法律、法规及行政规章的情况进行了解的行为"。"在我国法律、法规中,规定'行政检查'的名词极不统一,主要有检查、监督检查、指导、检疫、查验、监视、检验、监管、开验、复验、提货取样、查明、侦查等。行政检查的方法主要有审查、听取汇报、统计、调阅、登记、责令提供必要的资料、清查、考核等"。⑤（6）检查"是带有强制性的调查取证方式","检查可以针对人身、住所、工作场所、财物等进行,其对公民合法权益的影响较大,因此,检查须有具体、明确的法律依据方可进行"。⑥（7）"行政监督检查是指行政机关为实现行政管理职能,对个人、组织是否遵守法律和具体行政处理决定所进行的监督检查"。监督检查的方法有3种:包括实地检查、书面检查等在内的一般检查,包括对公民的人身检查、住宅检查、银行存款检查、信件检查等在内的特别检查,以及自查。⑦ 笔者认为,行政检查,也称行政监督或行政监督检查,是指行政主体为实现行政管理职能,依法对行政相对人的守法状况及违法事实进行单方面强制了解的行政行为。在办理行政处罚案件的过程中,行政检查主要是作为一种强制性调查手段而使用,是行政主体对与违法行为相关的场所、物品等进行的现场勘察和检查,以发现和提取违法行为遗留下来的各种痕迹和物品的一种调查取证方法。主要包括对物品的检查、对场所的检查和对人的检查3种方法。

其次,行政检查的依据。有学者认为,行政机关行使行政检查权时必须依法进行,即依法检查,包括行政检查的主体合法、行政检查必须遵守法定程序、行政检查内容不得超越职

---

① 徐继敏:《行政处罚法的理论与实务》,法律出版社1997年12月,第202页。
② 胡建淼:《行政法学》,法律出版社1998年1月,第324页。
③ 姜明安:《行政执法研究》,北京大学出版社2004年6月,第151-152页。关于行政法制监督的概念及其与行政监督的区别与联系,另请参见姜明安:《行政法与行政诉讼法》,北京大学出版社、高等教育出版社2005年1月第2版,第168-170页。
④ 李国光:《行政处罚法及配套规定新释新解》,人民法院出版社2006年5月第2版,第524页。
⑤ 胡锦光:《行政处罚研究》,法律出版社1998年4月,第171-172页。
⑥ 冯军:《行政处罚法新论》,中国检察出版社2003年1月,第185页。
⑦ 罗豪才:《行政法学》,中国政法大学出版社1999年8月修订,第182-186页。

权范围等。① "尤其是对监督、检查过程中可能涉及的针对人身、住宅等特殊对象、特殊场所采取的特定强制手段更应当有法律的明确授权"。② 应当指出,目前《行政处罚法》并未给行政检查提供直接的法律依据。尽管第 37 条有"行政机关在调查或者进行检查时,执法人员不得少于两人,并应当向当事人或者有关人员出示证件"这样的规定,但这种表述"并不等于赋予了行政机关检查权,也不等于所有能够称之为'行政机关'的机关因此而享有对公民人身进行检查(实际上是搜查)的权力和手段",而仅仅是从程序上表明,行政机关如果要检查(包括对人身检查),应当在程序上遵守相应的规定。③ 实际上,《行政处罚法》第 36 条有关"必要时,依照法律、法规的规定,可以进行检查"的规定已经表明,行政主体是否具有对人身、住所或者信件进行检查的权力,完全取决于其他法律、法规的明确规定,而非取决于《行政处罚法》的规定。但是,法规是否可以授权行政机关对人身、住所或者信件进行行政检查呢?笔者认为不能。目前,在我国,有权对公民人身、住所及信件进行检查的仅限于公安机关(包括国家安全机关)和检察机关,并且,这些权力的行使都受到法律乃至宪法而非法规的严格制约。根据《宪法》第 40 条有关"中华人民共和国公民的通信自由和通信秘密受法律的保护。除因国家安全或者追查刑事犯罪的需要,由公安机关或者检察机关依照法律规定的程序对通信进行检查外,任何组织或者个人不得以任何理由侵犯公民的通信自由和通信秘密"的规定,公民的信件不能成为行政检查的对象。按照《宪法》第 37 条有关"中华人民共和国公民的人身自由不受侵犯。任何公民,非经人民检察院批准或者决定或者人民法院决定,并由公安机关执行,不受逮捕。禁止非法拘禁和以其他方法非法剥夺或者限制公民的人身自由,禁止非法搜查公民的身体"的规定,以及《立法法》第 8 条第 5 项有关"对公民政治权利的剥夺、限制人身自由的强制措施和处罚""只能制定法律"的明确要求,对公民的人身进行检查,必须取得法律的明确授权。依据《宪法》第 39 条有关"中华人民共和国公民的住宅不受侵犯。禁止非法搜查或者非法侵入公民的住宅"的规定,对公民的住宅进行检查,同样必须具有明确的法律依据。

最后,根据法律规定,森林公安机关在查处治安案件时,有权依照《治安管理处罚法》第 87 条、第 88 条的规定,对公民的人身、住宅进行检查。例如,第 87 条规定:"公安机关对与违反治安管理行为有关的场所、物品、人身可以进行检查。检查时,人民警察不得少于二人,并应当出示工作证件和县级以上人民政府公安机关开具的检查证明文件。对确有必要立即进行检查的,人民警察经出示工作证件,可以当场检查,但检查公民住所应当出示县级以上人民政府公安机关开具的检查证明文件。检查妇女的身体,应当由女性工作人员进行"。为了进一步加强对公民住所的保护力度,《公安机关执行〈中华人民共和国治安管理处罚法〉有关问题的解释(二)》④对"居住场所与经营场所合一的检查问题"作出明确规定:"违反治安管理行为人的居住场所与其在工商行政管理部门注册登记的经营场所合一的,在经营时间内对其检查时,应当按照检查经营场所办理相关手续;在非经营时间内对其检查时,应当按照

---

① 胡锦光:《行政处罚研究》,法律出版社 1998 年 4 月,第 171-172 页。
② 姜明安:《行政执法研究》,北京大学出版社 2004 年 6 月,第 152 页。
③ 参见杨小君:《行政处罚研究》,法律出版社 2002 年 10 月,第 272 页。
④ 《公安机关执行〈中华人民共和国治安管理处罚法〉有关问题的解释(二)》(公安部 2007 年 1 月 26 日发布)。

检查公民住所办理相关手续"。不同的是,根据《林业行政处罚程序规定》第 29 条有关"林业行政执法人员对与违法行为有关的场所、物品可以进行勘验、检查"的规定,在查处林业行政案件时,森林公安机关有权对与违法行为有关的物品进行检查,而无权对违法嫌疑人的人身实施检查,这一点已经十分明确。但森林公安机关是否有权对与违法行为有关的公民住所实施检查,却不无疑问。因为"与违法行为有关的场所"文义十分广泛,可以解释为实施林业行政违法行为的现场、现场周边以及其他可能留有或者隐藏林业行政违法行为的证据的所有地方,若依文义解释,林业行政违法行为人的住所应当包括在内。这显然有违《宪法》人权保障的基本精神,也与有关住宅检查的现行立法相背离。为与规章的性质和地位相对称,笔者认为,这里的"场所"应当采用限缩解释,解释为除公民住所以外的场所。因此,在办理林业行政案件过程中,除非法律作出明确授权,即使林业行政违法行为涉及公民的人身、住所或信件,林业行政主体(包括森林公安机关在内)也无权对公民的人身、住所或信件实施行政检查。

(三)先行登记保存

1. 先行登记保存的法律依据

先行登记保存,是在证据可能灭失或者以后难以取得的情况下,林业行政主体依据法定职权采取一定措施,对需要保存的证据当场登记造册,暂行先予封存固定的一种调查方法。其法律依据是《行政处罚法》第 37 条第 2 款、《林业行政处罚程序规定》第 26 条。

2. 先行登记保存的实施条件

实施先行登记保存,必须满足两个条件:(1)证据可能灭失或者以后难以取得。如非法猎获的野生动物因死亡、腐烂或被违法嫌疑人放生而"可能灭失",盗伐的林木被制成家具或搭建房屋导致"以后难以取得"等。至于何种情形属于"可能灭失"或者"以后难以取得",应由林业行政主体根据案件具体情况作出判断。(2)必须经林业行政主体负责人批准。

3. 先行登记保存的实施程序

先行登记保存的实施程序包括:(1)提出申请。在证据可能灭失或者以后难以取得的情况下,林业行政执法人员应当向所属行政主体负责人提出申请。(2)依法批准。在经过必要性和紧迫性审查后,林业行政主体负责人予以批准。具体而言,森林公安机关在办理法律法规授权案件(即"4 条 6 类"案件)时,应当由森林公安机关负责人审批;在办理行政委托案件时,应当由林业主管部门负责人审批。(3)通知当事人到场。执法人员应当通知当事人到场。当事人不在场或拒绝到场的,执法人员可以邀请有关人员作为见证人到场。(4)制作、交付法律文书。执法人员应当会同当事人或者见证人对证据的名称、数量、特征等进行登记,开具《林业行政处罚先行登记保存通知单》。必要时,可以对先行登记保存的证据进行拍照或者复制,也可以对登记保存的过程进行录音、录像。先行登记保存通知单由执法人员和当事人或者见证人签名。当事人拒绝签名的,执法人员应当在先行登记保存通知单上注明。先行登记保存通知单应当一式两份,一份附卷,一份交当事人。(5)原地或异地封存证据。对先行登记保存的证据,必须原地或异地封存,并告知当事人或者有关人员妥善保管,7 日内不得动用、销毁、损毁、转移或者隐匿。

4. 相关问题研讨

（1）关于登记保存证据的时间限制

在林业行政案件查处实践中，执法人员普遍反映为期 7 日的登记保存时间，无法满足办案需要。尤其是很多疑难、复杂的案件，往往耗时 30 日甚至延长至 60 日，法定的登记保存时间常常显得捉襟见肘。那么，单行法律或法规等是否有权延长这一期限呢？有学者认为，"在证据先行登记保存的时间上，行政处罚法明确规定为 7 日，并且没有授权法规可以另行规定其他时间。单行法律中另行规定的期限，依据特别法优于一般法的原理，在行政处罚法有明确规定的情况下，仍然有效。如果法规中另行规定了期限，则该期限因与行政处罚法的规定相抵触而无效"。① 笔者认为，在《行政处罚法》中，第 37 条并没有采用第 29 条"法律另有规定的除外"的立法模式，这表明立法者并没有授权其他法律对该期限作出例外规定的意图。因此，在《行政处罚法》作出类似第 29 条的修改之前，任何单行法律、法规或规章另行规定的期限，都将因缺乏现行《行政处罚法》的授权而归于无效。

（2）关于登记保存证据的主体

登记保存的证据是由当事人自行保存（原地保存或异地保存），还是由行政机关代为保存，抑或两者均可？有学者认为，"从《行政处罚法》第 37 条规定的本意来看"，先行登记保存手段，"实际上就是对证据进行就地封存"。但从实际运用来看，"应先允许异地封存和就地封存并存"。② 有学者虽然也赞同"登记保存物品，一般原地封存"的观点，但又认为，"如果原地封存可能妨害公共秩序或公共安全的，可异地保存。对异地保存的物品，执法主体应当妥善保管"。③ 还有学者认为，先行登记保存，"是指在证据可能隐匿、转移、销毁或者易于灭失证据的情况下，行政执法人员对有关证据进行登记、清点，责令当事人妥善保管或由行政机关自行保管的行为"。④ 笔者认为，第 37 条的立法本意应当是由当事人自行保存而非行政机关代为保存。原因在于：第一，如果由行政机关代为保管，那么此时的登记保存实际上就是扣押。尽管都属于行政调查措施，但扣押与登记保存毕竟是两种不同的手段：扣押属于强制措施，而登记保存则不是。⑤ 硬说立法者意图使登记保存可以随时变成扣押，似乎太过牵强。第二，如果由行政机关代为保管的说法可以成立，那么第 37 条即应当表述为："当事人或者执法人员不得销毁或者转移证据"。但现行的表述却是："当事人或者有关人员不得销毁或者转移证据"。第三，现行登记保存的立法目的在于，一旦证据的先行登记得以依法完成，即便所登记的证据最终灭失或难以取得，《林业行政处罚先行登记保存通知单》同样能起到和最终灭失或难以取得的证据一样的证明作用。第四，从执法实际考虑，由行政机关代为保管证据，既增加了行政机关的执法成本，特别是委托他人代为保管时，保管费用就是一笔

---

① 胡锦光：《行政处罚研究》，法律出版社 1998 年 4 月，第 172-173 页。
② 参见杨小君：《行政处罚研究》，法律出版社 2002 年 10 月，第 271 页。
③ 农业部草原监理中心：《中国草原执法概论》，人民出版社 2007 年 5 月，第 125 页。
④ 王凡：《最新林业法律法规与行政执法工作手册》，哈尔滨地图出版社 2003 年 12 月，第 170 页。
⑤ 但是，确有学者认为，"登记保存带有封存、扣押性质"，并提出"在林业行政处罚中一直适用的冻结扣留单，与《行政处罚法》规定的登记保存是相符的。过去，冻结扣留限于木材检查站的运输检查执法、源头采伐管理、森林防火和植物检疫。现在根据《行政处罚法》的规定，还可以适用于木材市场管理、野生动植物保护管理、种苗管理等方面"。参见王凡：《最新林业法律法规与行政执法工作手册》，哈尔滨地图出版社 2003 年 12 月，第 170 页。

不小的开支;又可能带来潜在的执法风险,一旦被封存的证据发生损毁、灭失、被盗等意外情况,那么,不仅待查案件可能因此而受到影响,林业行政主体也可能因违法对财产采取行政强制措施,导致他人财产损失而承担相应的赔偿责任。因此,无论从尊重立法本意的角度,还是顺应执法实践的需要,登记保存的证据应当由当事人自行保存,而非由行政机关代为保存。

(3)关于登记保存证据的处理

实施先行登记保存以后,行政主体究竟应当如何来处理决定被先行登记保存的证据呢?主要有以下几种观点:第一,"行政机关应当在7日内作出处理决定,否则应当解除保存措施"。① 第二,"行政机关必须在7日内对被先行登记保存的证据决定处理,逾期未作出处理决定的,先行登记保存措施自然失效"。② 第三,"行政机关应当在7日内作出决定处理。逾期不作出处罚决定的,证据登记保存措施即自行解除"。③ 第四,"执法人员必须在7日以后解除对保全的证据所采取的措施"。④ 第五,"执法主体对先行登记保存的证据,应当在7日内作出处理决定,对需要进行技术检验或鉴定的,送交有关部门检验或鉴定;对依法应予没收或追缴的财物,决定没收。对依法不需要没收的物品,退还当事人;依法应当移送有关部门处理的,移交有关部门"。⑤

笔者认为,上述问题应当分两种情形来考虑:一是法定期限内,林业行政主体未作处理决定的情形。赞同上述学者有关自然失效的观点。换言之,期限届满后,当事人即重新获得对作为证据的财物的使用权。如果证据被原地封存,当事人可即行取用;如果证据被异地封存,当事人则有权要求林业行政主体发还,或自行将其被封存的财物取走。二是法定期限内,林业行政主体作出处理决定的情形。具体包括以下4种情况:① 作出解除保存措施的决定。林业行政主体应当将财物返还当事人,或通知当事人将其财物取走。② 作出没收的处罚决定,当事人即行失去财物的所有权。但是,作出没收的处罚决定必须有明确的法律依据。例如,如果先行登记保存的证据是滥伐的林木,林业行政主体作出没收的处罚决定显然没有法律依据。而如果被保存的是盗伐的林木,作出没收的处罚决定则具备明确的法律依据——《森林法》第39条第1款。③ 作出扣押、扣留、查封、追缴、收缴等其他行政强制措施的处理决定。当事人将再次失去对作为证据的财物的使用权,甚至从根本上失去财物的所有权。但是,作出此类行政强制措施的处理决定,必须基于明确的法律规定。否则即属于违法的行政行为。换言之,如果单行法如林业法律规范中授权林业行政主体实施此类行政强制措施的,如扣留、查封、收缴等,林业行政主体则有权依法作出上述决定;如果法律规范中林业行政主体没有上述措施与权力,那么,林业行政主体就无权作出上述决定,更无权在7日届满之后对登记保存的证据再采取其他的强制措施。直言之,《行政处罚法》规定应当在7日内及时做出"处理决定",并不意味着林业行政主体据此而当然享有作出查封、收缴、扣留

---

① 农业部草原监理中心:《中国草原执法概论》,人民出版社2007年5月,第125页。
② 杨小君:《行政处罚研究》,法律出版社2002年10月,第271页。
③ 柯良栋、吴明山:《治安管理处罚法释义与实务指南》,中国人民公安大学出版社2005年9月,第504页。
④ 胡锦光:《行政处罚研究》,法律出版社1998年4月,第172页。
⑤ 农业部草原监理中心:《中国草原执法概论》,人民出版社2007年5月,第125页。

等措施的"处理决定",而是要求林业行政主体必须根据林业法律规范对强制措施的授权规定,在其法定权限范围内作出对先行登记保存的证据的处理决定。④ 撤销原登记保存,再次作出先行登记保存的处理决定。这种做法实际上是对先行登记保存的重复使用,严重背离了依法行政的基本原则,明显属于违法的行政行为。

(四)鉴定

1. 鉴定的法律依据

鉴定,是为了查明案情,解决案件中某些有争议的专门性问题,而由具有专门知识的人员,对案件中有争议的专门性问题进行鉴别和判断的一种调查方法。其法律依据是《林业行政处罚程序规定》第30条。

2. 鉴定的实施

鉴定一般按照下列步骤实施:(1)林业行政主体必须对具有专门知识的人员进行指派或者聘请。(2)行政主体应当为鉴定提供必要的条件,及时送交有关检材和比对样本等原始材料,介绍与鉴定有关的情况,并且明确提出要求鉴定解决的问题,但是不得暗示或者强迫鉴定人作出某种鉴定意见。(3)鉴定人实施鉴定并出具鉴定意见。鉴定意见应当载明委托人、委托鉴定的事项、提交鉴定的相关材料、鉴定的时间、依据和结论性意见等内容,并由鉴定人签名或者盖章。通过分析得出鉴定意见的,应当有分析过程的说明。鉴定人对鉴定意见负责,不受任何机关、团体、企业、事业单位和个人的干涉。多人参加鉴定,对鉴定意见有不同意见的,应当注明。

(五)暂扣木材

1. 暂扣木材的法律依据

暂扣木材,是负责检查木材运输的木材检查站对无证运输的木材予以暂时扣留,以待进一步处理的调查方法。其法律依据是《森林法实施条例》第37条。

2. 暂扣木材的适用主体和对象

适用主体只能是依法设立的木材检查站,林业主管部门或其他林业行政主体都无权实施。适用对象是无木材运输证的木材,但地方法律规范通常会扩大暂扣对象的范围。例如,除无运输证的木材以外,《江西省木材运输监督管理办法》①第16条另行增加了7种可以暂扣的木材:(1)使用伪造、涂改的运输证的;(2)运输证未加盖所经过木材检查站验讫章的;(3)木材数量超出运输证所核准的运输数量的;(4)木材树种、材种、规格与运输证规定的不符又无正当理由的;(5)发货单位、发货地点、运输方式与运输证规定的不符又无正当理由的;(6)拒不接受检查强行运输的;(7)其他不按国家和省有关规定运输的。

3. 暂扣木材的实施程序和处理

暂扣木材如何实施以及被扣木材如何处理,《木材运输检查监督办法》②作出规定。如果地方法律规范对此有明确规定的,执法人员应当严格依法实施。如果没有相关规定,暂扣

---

① 《江西省木材运输监督管理办法》(2004年4月20日江西省省人民政府第17次常务会议讨论通过 江西省人民政府令第129号)。

② 《木材运输检查监督办法》(1990年11月1日 林策字〔1990〕436号)。

木材可以按照下列步骤实施:(1)执法人员主动出示国家或者省核发的执法证件,依法暂扣违法运输的木材。(2)依法向当事人出具暂扣凭证(暂扣木材通知单),并报请林业主管部门依法作出处理决定;暂扣期限不得超过15日。(3)妥善保管暂扣的木材,不得动用、调换或者损毁,并对暂扣期间的木材的损毁依法承担赔偿责任。(4)暂扣期满、行政处罚决定已执行或者有法律、法规规定的解除暂扣情形的,木材检查站应当立即向当事人出具解除暂扣通知书。(5)木材检查站解除暂扣通知书送达之日起满30日,当事人不认领被暂扣的木材的,或者无法找到当事人经依法进行不少于30日的公告后仍无人认领的,经县级以上人民政府林业主管部门主要负责人批准,可以将该木材依法变卖或者拍卖,变卖或者拍卖后的价款必须上缴财政。必须指出,上述步骤中的相关时间并非法定期限,林业行政主体可以根据实际情况,自行确定合理期限。

(六)抽样取证

1. 抽样取证的法律依据

抽样取证是从需要作为证据使用的同样物品中,随即抽取一部分物品依法进行化验、检验或者检测,并将被抽取的物品及其检验或者鉴定结果作为证据使用的一种法定的调查方法。其法律依据是《行政处罚法》第37条第2款,其明确授权"行政机关在收集证据时,可以采取抽样取证的方法"。

2. 抽样取证的实施程序和处理

抽样取证一般按照下列步骤实施和处理:(1)抽取样品。执法人员应当采取随机方式抽取样品,其数量以能够认定本品的品质特征为限。抽样取证时,应当有被抽样物品的持有人或者见证人在场。(2)开具清单。执法人员应当当场开具抽样取证证据清单,有由执法人员和被抽样物品持有人或者见证人的签名。被抽样物品的持有人拒绝签名的,执法人员应当在抽样取证证据清单上注明。(3)交付清单。抽样取证证据清单一式两份,执法人员应当当场将一份交付被抽样物品的持有人,一份留存。(4)抽取样品的处理。林业行政主体对抽取的样品应当及时进行检验。经检验,能够作为证据使用的,应当及时采取证据保全措施。不属于证据的,应当及时返还样品,样品有减损的,应当予以补偿。

(七)调取证据

除可以采用上述调查方法获取证据以外,根据《林业行政处罚程序规定》第27条,林业行政执法人员在调查过程中,可以会同有关部门共同收集、调取各种证据,有关单位和个人应当予以协助。林业行政处罚调取证据的方法主要是复制,如复印、拍照、录像、转抄、摘录等。收集、调取证据时,应当制作笔录,由调查人和有关当事人在笔录上签名或者盖章。

(八)地方性调查方法

地方性调查方法是指在上述调查方法之外,由地方性林业法律规范(包括地方性法规、地方政府规章以及单行条例)所规定的林业行政主体可以在本行政区域内采用的调查方法。地方性调查方法具有两个显著特征:一是适用区域的特定性。这种调查方法的地域效力仅限于法定的范围。二是适用主体的法定性。这种调查方法的主体仅限于林业行政主体。因此,只有本区域法定的林业行政主体,在法定区域之内依法实施的调查,才可能是合法的调查行为。

1. 地方性调查方法的依据

地方性调查方法的依据,主要包括:地方性法规、地方政府规章、单行条例。

2. 地方性调查方法的种类

地方性调查方法的种类主要包括:

(1) 暂扣、扣留。这里的"暂扣、扣留",与上述"暂扣木材"有区别:一是法律依据不同。前者的依据是地方性法律规范的相关条款;后者依据的是《森林法实施条例》第37条。二是适用范围不同。前者仅在该地方行政区域内适用;后者则在全国范围内均可适用。三是适用对象不同。前者除适用于木材外,还可以适用于野生动物及其产品、违法行为的工具等;后者则仅适用于无证运输的木材。四是适用主体不同。前者既可以由林业主管部门实施,也可以由木材检查站或其他法定主体实施;后者只能由依法设立的负责检查木材运输的木材检查站实施。就暂扣而言,有些地方法规有明确规定。例如:① 根据《新疆维吾尔自治区实施〈中华人民共和国森林法〉办法》①第34条的规定,县级以上人民政府林业主管部门在依法查处盗伐、滥伐林木和毁林开垦案件时,可以采取暂扣盗伐、滥伐林木和毁林开垦所使用的运输工具和机具的行政措施。暂扣运输工具和机具应当出具暂扣通知书,并对暂扣的运输工具和机具妥善保管。当事人应在规定的期限内接受处理,逾期30日不接受处理的,县级以上人民政府林业主管部门可以对暂扣的运输工具和机具作出处理。② 根据《内蒙古自治区实施〈中华人民共和国森林法〉办法》②第42条的规定,经自治区人民政府批准设立的木材检查站,负责检查木材、野生动植物及其产品的运输。无证运输上述物品的,木材检查站应当予以制止,可以暂扣无证运输的物品,并立即报旗县级以上人民政府林业主管部门依法处理。就扣留而言,有些地方法规也有明确规定。例如:①《广东省野生动物保护管理条例》③第8条第2款、第9条第3项和第4项规定,对非法运输保护野生动物及其产品的,木材检查站有权制止,扣留非法运输的保护野生动物及其产品,并报县级以上保护野生动物行政主管部门处理。县级以上保护野生动物行政主管部门检查涉嫌违反野生动物保护法律、法规行为时,可采取扣留违反野生动物保护法律、法规行为所使用的物品和运输工具的行政措施,并扣留有关违反野生动物保护法律、法规的合同、发票、账册、单据、记录、信件和有关资料。②《广西壮族自治区陆生野生动物保护管理规定》④第15条、第20条第4项规定,经自治区人民政府批准设立的木材检查站和经县级以上人民政府批准设立的野生动物保护站、自然保护区管理站,有权扣留非法运输、携带、销售的陆生野生动物及其产品。林业行政主管部门监督检查违反陆生野生动物保护管理法规的行为时,有扣留违法经营的陆生野生动物及其产品、违法行为使用的物品及工具、与违法行为有关的合同、发票、账单、记录及其他资料的职权。

---

① 《新疆维吾尔自治区实施〈中华人民共和国森林法〉办法》(2001年7月27日新疆维吾尔自治区第九届人民代表大会常务委员会第二十三次会议通过 自2001年10月1日起施行)。

② 《内蒙古自治区实施〈中华人民共和国森林法〉办法》(2000年8月6日内蒙古自治区第九届人民代表大会常务委员会第十七次会议通过)。

③ 《广东省野生动物保护管理条例》(广东省第九届人民代表大会常务委员会第二十六次会议审议通过 2001年7月1日起施行)。

④ 《广西壮族自治区陆生野生动物保护管理规定》(2004年7月1日起施行)。

(2) 检查。检查,有时称为监督检查,是指行政机关为了实现行政管理职能,对行政相对人是否遵守法律和履行行政法上的义务所进行的单方面的强制了解。检查也是行政主体查明案情、收集证据的一种相当重要的调查手段。例如:①《新疆维吾尔自治区实施森林法办法》第30条规定,林业行政执法人员可以进入木材集散地,对木材来源依法进行监督检查。②《内蒙古自治区实施森林法办法》第44条规定,林业行政执法人员可以进入货场、车站、餐馆、市场和木材经营加工等场所,对木材、野生动植物及其制品的运输及经营加工依法进行监督检查。③《广东省野生动物保护管理条例》第9条第2项规定,县级以上保护野生动物行政主管部门检查涉嫌违反野生动物保护法律、法规行为时,可采取检查收购、出售、加工、利用、经营、储存、运输保护野生动物及其产品的场所和运输工具的措施。

(3) 查阅、复制。例如:①《广东省野生动物保护管理条例》第9条第4项规定,县级以上保护野生动物行政主管部门检查涉嫌违反野生动物保护法律、法规行为时,可以采取查阅、复制有关违反野生动物保护法律、法规的合同、发票、账册、单据、记录、信件和有关资料的行政措施。②《广西壮族自治区陆生野生动物保护管理规定》第20条第3项规定,林业行政主管部门监督检查违反陆生野生动物保护管理法规的行为时,有查阅、复制与违法行为有关的合同、发票、账单、记录及其他资料的职权。

(4) 查封、封存。就查封而言,有些地方法规有明确规定。如《广西壮族自治区陆生野生动物保护管理规定》第20条规定,林业行政主管部门监督检查违反陆生野生动物保护管理法规的行为时,有查封违法经营的陆生野生动物及其产品、违法行为使用的物品及工具、与违法行为有关的合同、发票、账单、记录及其他资料的职权。就封存而言,有些地方法规有明确规定。如《广东省野生动物保护管理条例》第9条第4项规定,县级以上保护野生动物行政主管部门检查涉嫌违反野生动物保护法律、法规行为时,可采取封存有关违反野生动物保护法律、法规的合同、发票、账册、单据、记录、信件和有关资料的措施。

3. 地方性调查方法的实施程序

各种地方性调查方法的实施,一般由该地方性法律规范作出明确规定。以查封、扣留的实施为例,《广西壮族自治区陆生野生动物保护管理规定》第21条规定的实施程序为:(1)制作并交付查封、扣留物品的清单。林业行政主管部门在采取查封、扣留措施时,必须出具查封、扣留凭证,造具清单,由在场人签名或者盖章后,交被查封、扣留者一份。(2)查封、扣留物品的时间。查封、扣留陆生野生动物及其产品的,应当按照有关规定及时处理;查封、扣留其他物品的,其时间从作出书面决定之日起计算,最长不得超过3个月。(3)查封、扣留物品的保管。林业行政主管部门或者工商行政管理部门对所查封、扣留的物品应当妥善保管,不得动用、调换或者损毁。(4)查封、扣留物品的处理。对被查封、扣留而当时又无人认领的陆生野生动物及其产品,林业行政主管部门或者工商行政管理部门应当及时以公告形式通知其所有者前来认领。认领的期限由林业行政主管部门或者工商行政管理部门视陆生野生动物及其产品的具体情况确定,但最长不得超过20日。公告期满后无人认领的,由县级以上林业行政主管部门予以收缴。

林业行政执法人员在调查结束后,认为案件事实基本清楚,主要证据确凿充分,应当制作案件处理意见书,报所属林业行政主体负责人审查决定。

第二节 林业行政处罚的决定

林业行政处罚的决定,是指林业行政主体在案件调查完毕后,围绕当事人是否应当承担及承担何种类型和何种程度的行政处罚责任所进行的审查、决定等活动。林业行政处罚的决定应当遵守行政处罚法有关行政处罚决定程序的相关规定,具体包括:《行政处罚法》、《林业行政处罚程序规定》和《林业行政处罚听证规则》,以及地方性法规、规章和单行条例中的林业行政处罚程序规范。作为林业行政案件查处的第二大程序,决定程序上承调查程序,下启执行程序,在林业行政处罚程序中处于中心地位。

一、简易程序

(一)简易程序的概念

简易程序,也称当场处罚程序,是指行政主体对符合法定条件的行政处罚事项,当场作出行政处罚决定时所应遵循的方式、步骤、时限和顺序。《行政处罚法》第33条至35条,分别就行政处罚简易程序的适用条件、步骤作出了一般规定。《林业行政处罚程序规定》则对林业行政处罚的简易程序作出了具体规定。

(二)简易程序的适用条件

1. 违法事实确凿

这是指案件事实清楚、简单明了、证据确凿,即无须经过进一步调查就能够掌握案件全部事实,从而可以直接对违法行为进行认定和处罚的案件。具体包括:(1)有充分的证据证明违法事实的存在及其性质和程度。(2)有充分的证据证明该违法行为是当事人所为。

在查处林业行政案件时,如果当场发现或者有人当场指认某人违法的,且违法事实清楚,情节简单,当事人对违法事实亦无异议或者明确承认,执法人员即可当场实施处罚,并告知处罚的事实、理由和法律依据。如果违法者拒不承认实施违法行为;或者基于某种原因,执法人员的"发现"或他人"指认"存有错误或偏差,即使违法行为的危害后果轻微,执法人员也不宜实施简易程序。如在森林防火期内,行为人在野外吸烟,虽然尚未造成损失,但被林业执法人员当场发现,这种情况就属于违法事实清楚,证据确凿,根据修改前的《森林防火条例》,执法人员就可以适用简易程序,对当事人处以10元至50元的罚款或者警告。

2. 有法定依据

这是指行政处罚的实施必须有法律、法规或者规章为依据,即"法无明文规定不得处罚"。如果法律依据不明确,或者当场无法确定处罚依据的,即使存在违法事实,也不应当适用简易程序。

3. 处罚内容法定

这是指能够适用简易程序的行政处罚的种类及幅度,应当由法律作出明确规定。《行政处罚法》第33条规定:(1)对公民处以警告或者50元以下的罚款;(2)对法人或者其他组织处以警告或者1000元以下的罚款,都可以适用简易程序。

（三）简易程序的实施步骤

1. 表明执法身份

执法人员当场作出行政处罚决定的，应当向当事人出示执法身份证件。这是《行政处罚法》第34条第1款为执法人员设定的行政义务，同时也是当事人应当享有的法定的知情权利。行政处罚法将出示执法身份证件，作为实施当场处罚程序的首要步骤，一方面是为了防止某些人假冒执法人员身份实施非法活动，另一方面也是为了防止执法人员滥用执法人员身份越权执法。

在查处林业行政案件时，森林警察应当向相对人出示执法证件，以表明自己的执法身份。这里的证件，必须是由国家林业局统一制发、省级以上林业行政主管部门法制机构负责发放和管理的《林业行政执法证》，而不是森林公安机关人民警察证件。

2. 告知处罚的事实、理由和依据

《行政处罚法》第30条要求，应当依法给予行政处罚的，行政机关必须查明事实；违法事实不清的，不得给予行政处罚。这一要求是《行政处罚法》第4条第2款规定的以事实为根据的法律原则的具体体现。行为人实施行政违法行为，是行政主体对其实施行政处罚的事实前提；作出行政处罚决定必须以法律为准绳，没有法定依据的行政处罚无效。而且对违法行为给予行政处罚的规定必须公布；未经公布的，不得作为行政处罚的依据。

告知处罚决定的事实、理由及依据，是林业行政主体作出行政处罚决定前必须履行的一项法定义务。反之，享有由林业行政主体告知其受处罚的事实、理由和依据，则是当事人在接受行政处罚前的一项法定权利。告知的内容包括：（1）告知当事人有关违法事实、给予行政处罚的理由和法律依据；（2）告知当事人依法享有的权利。这些权利包括：陈述和申辩的权利、申请救济（行政复议、行政诉讼和行政赔偿）的权利，以及一般程序中存在的申请听证的权利。

告知程序属于行政处罚的法定程序。无论是适用简易程序还是适用一般程序，如果林业行政主体未履行告知程序就作出行政处罚决定，即违反了《行政处罚法》第31条、第41条的规定，该行政处罚决定不能成立。同时，该行政处罚决定即属于行政诉讼法第54条第2项第3目"违反法定程序"，应予判决撤销或者部分撤销，并可以判决被告重新作出具体行政行为的情形，也属于行政复议法第28条第1款第3项第3目"违反法定程序"应予决定撤销、变更或者确认该具体行政行为违法的情形。

3. 听取当事人的陈述和申辩

根据《行政处罚法》第32条，陈述和申辩是行政处罚案件中违法嫌疑人应当享有的法定权利；听取当事人的陈述和申辩，是行政主体在实施行政处罚过程中必须履行的法定义务。

实施林业行政处罚，无论是适用简易程序还是适用一般程序，当事人都享有陈述和申辩的权利。林业行政主体必须充分听取当事人的意见，对当事人提出的事实、理由和证据，应当进行复核；当事人提出的事实、理由或者证据成立的，行政机关应当采纳。同时，行政机关不得因当事人申辩而加重处罚。如果林业行政主体拒绝听取当事人的陈述、申辩，作出行政处罚决定，即违反了《行政处罚法》第32条、第41条的规定，该行政处罚决定不能成立。当事人放弃陈述或者申辩权利的除外。

4. 填写行政处罚决定书

填写预定格式、编有号码的行政处罚决定书,是《行政处罚法》第 34 条对行政处罚决定的形式——书面化的明确要求,其目的在于为行政处罚接受监督和审查提供证据。

在林业行政处罚中,执法人员应当制作《林业行政处罚当场处罚笔录》,填写《林业行政处罚当场处罚决定书》(简称《决定书》),按规定格式载明当事人的违法行为、行政处罚依据、罚款数额或者警告、时间、地点以及本林业行政主管部门的名称,并由执法人员签名或盖章。

5. 交付行政处罚决定书

当场作出行政处罚决定的,都应当当场交付当事人。这是简易程序的主要特点之一。凡是不能当场将行政处罚决定书交付当事人的,都不能按照简易程序实施行政处罚,而只能按照一般程序实施行政处罚。

按照法定的格式要求填写《决定书》后,林业行政执法人员应当将其当场交付当事人。

6. 备案

执法人员当场作出的行政处罚决定,必须报所属行政机关备案。《行政处罚法》第 34 条第 3 款设定的这一步骤,具有多重程序功能:(1)有利于行政主体了解和掌握本行政管理领域内违法案件发生的状况;(2)有利于行政主体对执法人员的执法质量进行有效的监督和检查;(3)有利于应对未来的行政复议或者诉讼。

当事人对当场处罚决定不服的,可以依法申请行政复议或者提起行政诉讼。

二、一般程序

(一)一般程序的概念

一般程序,也称普通程序,是指除法律特别规定应当适用简易程序的以外,行政处罚通常所应适用的程序。① 即行政主体实施除适用简易程序以外的其他行政处罚时所应遵循的方式、步骤、时限和顺序。与简易程序相比,一般程序的内容更完整、更复杂,适用范围更广泛,要求也更严格。可以说,一般程序是行政处罚决定程序中的基本程序,而简易程序则是非基本程序,是一种例外程序,是在特定条件下适用的程序。根据《行政处罚法》第 36 条规定,除适用简易程序外,任何一个林业行政处罚决定都必须适用一般程序。因此,一般程序是林业行政主体办理行政处罚案件时最常用的一种程序。

(二)一般程序的适用范围

根据《林业行政处罚程序规定》第 23 条,林业行政处罚一般程序的适用范围,具体包括以下几种情况:

第一,"违法事实确凿并有法定依据,对公民处以 50 元以下、对法人或者其他组织处以 1 000 元以下罚款或者警告的行政处罚"以外的所有林业行政处罚。具体又包括:(1)违法事实确凿并有法定依据,对公民处以 50 元以上、对法人或者其他组织处以 1 000 元以上罚款及

---

① 有学者认为:一般程序,或者称为普通程序,是指除法律特别规定应当适用简易程序和听证程序以外,行政处罚通常所应适用的程序。参见姜明安:《行政法与行政诉讼法》,北京大学出版社、高等教育出版社 2005 年 1 月第 2 版,第 316 页;张正钊:《行政法与行政诉讼法》,中国人民大学出版社 2004 年 6 月第 2 版,第 181 页。

其他种类的林业行政处罚(警告除外);(2)虽有法定依据但违法事实不确凿,对公民处以50元以下、对法人或者其他组织处以1 000元以下罚款或者警告的林业行政处罚;(3)违法事实确凿但法定依据不明确,对公民处以50元以下、对法人或者其他组织处以1 000元以下罚款或者警告的林业行政处罚。

第二,虽然属于"违法事实确凿并有法定依据,对公民处以50元以下、对法人或者其他组织处以1 000元以下罚款或者警告的行政处罚",但林业行政主体没有适用简易程序的。

(三)一般程序的实施步骤

根据《行政处罚法》和《林业行政处罚程序规定》,一般程序包括以下几个步骤:

1. 立案

(1)立案的含义。立案是指林业行政主体对当事人涉嫌违反林业法律规范的行为决定作为行政案件进行调查处理的法律活动。作为林业行政处罚一般程序正式启动的标志,立案是实施林业行政处罚的第一个环节。除依法适用简易程序的行政案件,以及在法定情形下采取紧急措施的案件外,林业行政案件都必须首先立案。对在日常管理中发现的正在进行的违法行为需要立即查处的,必须在事后补办立案手续。

(2)案件的来源。在执法实践中,林业行政案件的来源主要有以下几类:① 群众举报。举报,一般是指被侵害人以外的公民、法人或者其他组织发现违法事实和违法嫌疑人,而向林业行政主体告发,或者提供调查线索、证据,要求林业行政主体依法进行调查处理的行为。实践中经常发生的"群众扭送",即群众主动将当场或事后发现的违法嫌疑人强行扭送到林业行政主体的行为,也属于举报。② 受侵害人报案、控告。报案,一般是指林业违法行为发生以后,公民、法人或者其他组织或者被侵害人主动报告林业行政主体,反映其发现的违法事实或违法嫌疑人,要求林业行政主体依法进行调查处理的行为。控告,一般是指被侵害人或者其法定代理人或者其近亲属因被侵害人的林木、林地等财产权利遭受违法嫌疑人的不法侵害,而向林业行政主体告发违法嫌疑人,要求林业行政主体依法查处的行为。③ 违法嫌疑人投案。投案,是指林业行政违法嫌疑人在实施林业行政违法行为以后,主动向林业行政主体投案,如实交代自己或同伙的违法行为,并主动接受调查和处罚的行为。④ 其他部门移交。移交,是指林业行政主体以外的其他行政机关和有关部门在执法过程中,将不属于本部门职权管辖范围、但属于林业行政主体管辖范围的行政违法案件移交给林业行政主体依法查处的行为。⑤ 上级部门交办。交办,是指上级林业行政主体主管部门将自己管辖的案件依法交由下级林业行政主体承办的行为。⑥ 林业行政主体自己发现的违法事实或违法嫌疑人。⑦ 新闻传媒的揭发。有些林业违法行为就是通过广播、电视、报纸等新闻媒体的揭发,才被作为行政案件立案查处的。

(3)立案的条件。根据《林业行政处罚程序规定》第24条规定,立案必须符合四个条件:① 有违法行为发生;② 违法行为是应受处罚的行为;③ 属于本机关管辖;④ 属于一般程序适用范围。因此,凡具备上述条件的行为,应当确立为林业行政案件。

(4)立案的程序。立案的具体步骤包括:① 受理。作为林业行政案件的一个重要来源,报案、举报、控告是公民、法人或其他组织主动与破坏森林资源违法行为作斗争的重要途径,也是林业行政主体的执法工作与群众路线相结合的重要载体。在受理案件时,林业行政执法人员应当坚持"有告必理"原则,迅速、及时地认真做好以下工作:一是接受口头报案、控告、举报或投案的,执法人员应当问明林业行政违法行为的时间、地点、后果,以及违法嫌疑人的体貌特征、动机、目的、同伙等情况,做好笔录,经报案人、控告人、举报人或投案人的确认无误后,由他们签名或盖章予以确认。二是接受书面报案、控告、举报或投案的,应注意审查材料的内容是否完整、清楚,必要时可要求材料提供人予以补充。单位报案、控告、举报或投案的,应当由单位负责人签名或者盖章,以便查证和防止诬告陷害。三是对报案人、控告人、举报人或投案人提供的有关证据、物品,林业行政主体应当进行登记和妥善保管。登记应当写明物品名称、规格、数量、特征(新旧程度、有无破损、显著标记)等。对提供的文字材料,要写明份数、起止页码等。所有证据、物品都不得损毁、挪用、转移、丢失或者侵吞、私分。四是对于不属于管辖范围的事项或管辖范围不明的,应当先行受理,情况紧急,林业主管部门要依法妥善处置,森林公安机关要依法采取紧急措施,及时制止违法行为,然后移交有管辖权的部门处理并记录在案。② 审查。在发现违法行为或者受理举报、控告、报案以后,林业行政执法人员应当围绕立案标准,对受理的材料进行认真审查,并根据目前所掌握的材料情况,提出具体的受理意见——建议受理或不予受理,填写《林业行政处罚登记表》,报送行政负责人审批。③ 审批。针对《林业行政处罚登记表》中载明的情况,行政负责人可以作出以下审批:对认为需要给予林业行政处罚的,在7日内予以立案;对认为不需要给予林业行政处罚的,不予立案。

(5)相关问题研讨。

问题:在执法实践中,如何把握立案标准中的"有违法行为发生"这个要件?

"立案是一种条件满足方可成就的法律行为,因此,立案条件应由法律事先设定"。① 与没有写明立案程序的《行政处罚法》相比,《林业行政处罚程序规定》不仅明确了立案是林业处罚的必经程序,而且第24条规定了立案必须符合的四个条件。尽管立案条件相当明确,但是在实践中仍然会产生如何把握的问题。就第一项条件而言,"有违法行为发生",意味着应当有客观存在的违法行为的事实。这种客观性只有借助证据才能呈现,而对一个行政违法行为的事实所作的证明达到何种程度时,才能符合立案条件的要求。有学者认为,构成立案条件之一的行政违法的事实不是作出处罚的事实依据,而仅仅是启动行政处罚程序的一个客观因素,因此,在这里不要求有较高的客观、真实的证明程度,如主要的行政违法行为事实清楚,就已满足了立案条件的要求。② 但也有学者认为,在立案阶段只能是有初步证据材料反映这种事实或违法行为,行政机关还没有正式全面调查,没有掌握本案的主要事实或主要证据,又凭什么要求确实有违法行为与违法事实呢? 所以,立案标准应是一种合理怀疑,而不是已经被证实充足的标准。当然,行政机关立案也不是没有根据的随心所欲,它对于所获线索应当进行初步核实,以达到有证据材料支持其合理的立案标准。③

其实,如果不把立案标准当作处罚标准,"有违法行为"这个要件是可以把握的。根据《林业行政处罚程序规定》第20条的规定,凡给予林业行政处罚的,应当具备下述条件:

---

① 应松年、刘莘:《行政处罚法理论与实务》,中国社会出版社1996年6月,第145页。
② 参见应松年、刘莘:《行政处罚法理论与实务》,中国社会出版社1996年6月,第146页。
③ 参见杨小君:《行政处罚研究》,法律出版社2002年10月,第264页。

① 有明确的违法行为人;② 有具体的违法事实和证据;③ 法律、法规和规章规定应当给予林业行政处罚的;④ 属于查处的机关管辖。很显然,与第 24 条规定的立案标准相比,处罚标准要严格得多。因此,笔者认为,在立案阶段,所谓的"有违法行为发生",实际上是指"有违法行为发生"的嫌疑或者线索,并不是指确实有违法行为发生,更不是指违法行为发生的事实已经基本清楚。也就是说,"行政机关只要有线索,有些零星证据,构成行政机关的内心确认,或叫合理怀疑就足矣"。①

2. 调查

见本章第一节。

3. 审查

根据《林业行政处罚程序规定》及相关法律规定,林业行政处罚案件经调查事实清楚、证据确凿的,应当填写《林业行政处罚意见书》,并连同《林业行政处罚登记表》和证据等有关材料,由林业行政执法人员送法制工作机构提出初步意见后,再交由本行政主体负责人审查决定。

4. 告知

告知,是指林业行政主体在处罚意见确定后,处罚决定做出前,将拟做出的行政处罚决定的事实、理由和依据,以及当事人依法享有的权利,告诉当事人的法律活动。包括:

(1) 告知时间。林业行政主体应当在处罚意见确立后,处罚决定做出前,履行告知义务。

(2) 告知对象。告知对象是当事人,即违法嫌疑人。

(3) 告知内容。一是告知作出处罚决定的事实、理由和依据。二是告知违法嫌疑人依法享有的权利:陈述权和申辩权。违法嫌疑人的陈述权和申辩权,是林业行政处罚程序中最主要、最基本的权利,是保护违法嫌疑人不受林业行政主体非法侵害的权利,也是钳制行政主体滥用处罚权的主要机制之一。复议申请权、行政诉讼权等权利的告知,应当在送达处罚决定书时进行。

(4) 告知效力。告知是作出行政处罚之前林业行政主体必须履行的程序性义务,不履行这一义务,将导致行政处罚不能成立。

5. 听取意见

听取意见,是指林业行政主体对当事人的陈述和申辩进行听取、复核,并采纳其合理部分的法律活动。包括:(1) 林业行政主体应当充分听取违法嫌疑人的意见,对其提出的事实、证据和理由,应当进行认真审查和复核。(2) 违法嫌疑人提出的事实、理由和证据成立的,林业行政主体应当采纳。(3) 林业行政主体不得因违法嫌疑人申辩而加重其处罚。(4) 如果林业行政主体在作出处罚决定之前,拒绝听取违法嫌疑人的陈述或者辩解,行政处罚不能成立;除非违法嫌疑人放弃陈述和申辩权利。

6. 听证

对符合听证条件,违法嫌疑人依法要求组织听证的,林业行政主体应当依法组织听证。

---

① 杨小君:《行政处罚研究》,法律出版社 2002 年 10 月,第 265 页。

有关听证的内容详见本节第三部分。

7. 决定

根据《行政处罚法》确立的调查、审查与决定相分离的制度,在林业行政处罚案件调查终结,依法作出处罚意见并告知当事人,听取、复核当事人的陈述和申辩后,林业行政主体负责人应当及时审查有关案件调查材料、当事人陈述和申辩材料、听证笔录和听证报告,根据不同情况,分别作出处理决定。情节复杂或者重大违法行为需要给予较重行政处罚的,林业行政主体的负责人应当集体讨论决定。集体讨论未能取得一致意见的,由主要行政首长作出决定,持不同意见者可以保留意见并将其记录在案。决定通常有以下几种:

(1) 确有应受行政处罚的违法行为的,根据情节轻重及具体情况,作出行政处罚决定。

(2) 违法行为轻微,依法可以不予行政处罚的,作出不予行政处罚的决定。

(3) 违法事实不能成立的,不得给予行政处罚,并应当作出撤销案件的决定。林业违法事实不能成立包括两种情形:① 有充分的证据证明林业违法行为不成立或者不存在;② 尽管进行了立案、调查取证,但无法掌握充分证据来证实林业违法行为,只能视为林业违法行为不成立。为严防林业行政主体滥用职权、损害无辜、证据不足的疑案,应当按照无违法事实不予处罚原则处理。即"疑案从无"原则。而且,当对案件的调查给违法行为嫌疑人造成了不良影响而最终又无法确认违法事实的存在时,林业行政主体应该通过适当方式为违法嫌疑人消除影响。

(4) 违法行为已构成犯罪的,应当作出将案件移送司法机关的决定。林业行政主体对决定给予行政处罚的案件,应当依法制作盖有作出行政处罚决定的林业行政主体的印章的《林业行政处罚决定书》,按照规定格式载明下列事项:① 当事人的姓名或者名称、地址;② 违反法律、法规或者规章的事实和证据;③ 林业行政处罚的种类和依据;④ 林业行政处罚的履行方式和期限;⑤ 不服林业行政处罚决定,申请行政复议或者提起行政诉讼的途径和期限;⑥ 作出林业行政处罚决定的林业行政主管部门名称和作出决定的日期。

8. 送达

林业行政主体依照法定程序和方式,将《林业行政处罚决定书》送交被处罚人的行为,称为行政处罚决定书的送达。送达诉讼文书必须有送达回证,由受送达人在送达回证上记明收到日期,签名或者盖章。受送达人在送达回证上的签收日期为送达日期。决定书一经送达即产生法律效力,当事人申请行政复议和提起行政诉讼的法定期限,从送达之日起计算。

《行政处罚法》第40条规定,送达有两类:一是在处罚决定宣告后当场送达;二是当事人不在场的送达。关于当事人不在场的送达,有以下几种:

(1) 直接送达。即林业行政主体指派执法人员把《林业行政处罚决定书》直接交给受送达人。除直接送达受送达人外,还可以直接送交与受送达人相关的人员:① 受送达人是自然人,本人不在的,交与其同住的成年家属签收;② 受送达人是法人或者其他组织的,应当由法人的法定代表人、其他组织的主要负责人或者该法人、组织负责收件的人员签收;③ 受送达人有诉讼代理人的,可以送交其代理人签收;④ 受送达人已向行政主体指定代收人的,送交代收人签收。上述人员都应当在送达回证上签名或者盖章。其签收的日期为送达日期。

(2) 留置送达。受送达人或者他的同住成年家属拒绝接收《林业行政处罚决定书》的,送达人应当邀请有关基层组织或者所在单位的代表到场,说明情况,在送达回证上记明拒收事由和日期,由送达人、见证人签名或者盖章,把《林业行政处罚决定书》留在受送达人的住所,即视为送达。

(3) 委托送达。这是一种受送达人不居住在送达机关辖区,送达机关委托受送达人居住地的机关代为送达《林业行政处罚决定书》的方式。

(4) 邮寄送达。这是一种由林业行政主体通过邮局将《林业行政处罚决定书》挂号寄给被处罚人的送达方式。邮寄送达的,以挂号回执上注明的收件日期为送达日期。

(5) 转交送达。转交送达有3种方式:① 受送达人是军人的,通过其所在部队团以上单位的政治机关转交。② 受送达人是被监禁的,通过其所在监所或者劳动改造单位转交。③ 受送达人是被劳动教养的,通过其所在劳动教养单位转交。代为转交的机关、单位收到《林业行政处罚决定书》后,必须立即交受送达人签收,以在送达回证上的签收日期为送达日期。

(6) 公告送达。这是在受送达人下落不明或者用其他方式无法送达时,由行政主体将《林业行政处罚决定书》以公告形式通知受送达人的方式。自公告发布之日起,超过60日,即视为送达。执法人员应当制作笔录,将公告原因、公告的经过和日期记录在案。

《林业行政处罚决定书》应当在宣告后7日内送达当事人,以宣告之次日起计算。期间届满的最后一日是节假日的,以节假日后的第一日为期间届满的日期,期间不包括在途时间。

(四) 一般程序的法定期限

林业行政处罚案件自立案之日起,应当在1个月内办理完毕;如果案情复杂,在1个月内不能结案的,经行政负责人批准可以延长,但不能超过3个月;特殊情况下3个月内不能办理完毕的,报经上级林业行政主体批准,可以延长。

三、听证程序

(一) 听证程序的概念

在行政处罚决定程序中,简易程序和一般程序都是可以单独适用的处罚程序,属于独立程序。听证程序则是依附于一般程序而为个别处罚所适用的一个程序环节,属于非独立程序。因此,听证程序不是与简易程序、一般程序相并列的一种程序,而是一般程序的一个特别的组成部分,是一种行政主体采用特定方式听取当事人陈述和申辩的程序制度。基于简易程序中不存在听证程序,一般程序又未必都经过听证程序,因此,《行政处罚法》将其列为一种相对独立的程序。

林业行政处罚听证程序,是指林业行政主体对属于听证范围的林业行政处罚案件在作出行政处罚决定之前,依法听取听证参加人的陈述、申辩和质证的程序。该程序是一种特殊的调查处理程序,目的在于通过公开、合理的形式,广泛听取各方面包括本案调查人员、案件当事人及其他利害关系人的意见,以保障林业行政处罚决定的公正合理,保护当事人的合法权益,避免违法或者不当的处罚决定给当事人带来不利影响。

(二) 听证程序的特征

听证程序具有以下特征:(1)听证由林业行政主体主持,并由相关利害关系人参加。听证程序在形式上类似于司法审判程序,但存有本质区别。行政机关在听证程序中既是调查者、主持者,又是作出处罚决定的裁决者甚至是强制执行者;而司法机关只能是作为案件的居中裁判者,不能同时充当调查者和追诉者。因此,在公正性层面,两者无法相比。(2)听证公开举行。除法定事由外,听证一律公开举行。不仅有利于行政机关和利害关系人参加,而且便于社会各界和其他公民旁听。尤其是质证和辩论程序的公开,极大地制约了行政权力的滥用和专横行使。(3)适用听证程序的处罚属于听证范围。并非所有林业行政处罚都应当适用听证程序。目前,法律规定责令停产停业、吊销许可证或者执照和较大数额罚款等林业行政处罚,属于必须举行听证的类型;其他种类的处罚暂不适用听证。(4)当事人提出听证要求是实施听证的前提。当事人提出听证要求,林业行政主体应当组织听证。(5)组织听证是林业行政主体的法定义务。当事人一旦提出听证要求,林业行政主体就应当组织听证。

(三) 听证程序的适用范围和条件

1. 听证程序的适用范围

根据我国《行政处罚法》第42条、《林业行政处罚程序规定》第37条、第38条以及《林业行政处罚听证规则》第5条规定,我国林业行政处罚听证程序的适用范围包括:(1)责令停产停业;(2)吊销许可证或者执照;(3)较大数额罚款等行政处罚。根据《林业行政处罚听证规则》第34条,林业行政主管部门依照《中华人民共和国森林法》第三十四条第二款作出收缴采伐许可证、中止林木采伐的行政措施,不适用听证。

2. 听证程序的适用条件

适用听证程序必须同时具备以下两个条件:(1)拟作出的处罚属于听证范围;(2)当事人提出听证要求。换言之,适用范围内的林业行政处罚并非一律都必须经过听证程序,只有当事人提出听证要求,林业行政主体才应当适用听证程序。如果当事人没有提出听证要求,尽管属于法定处罚类型,林业行政主体也无须采用听证程序。但是,一旦当事人提出符合听证规定的听证要求,林业行政主体则必须举行听证,丝毫没有"自由裁量"的余地。

(四) 听证程序的原则和听证机构

1. 听证程序的原则

(1)权利保障原则。陈述权、申辩权和质证权,是听证程序中当事人最主要、最基本的权利。与此对应的是行政主体必须履行的权利告知义务和听取意见的义务。行政主体不履行这两项义务的,行政处罚不能成立。这一原则对保障当事人的合法权益,钳制行政主体滥用职权,都具有重要意义。

(2)公开原则。除涉及国家秘密、商业秘密或者个人隐私外,听证必须公开举行。这是《行政处罚法》第42条第1款第3项关于听证的明确要求。公开听证,有利于当事人各类听证权利的顺利实现,有利于进一步辨明案件、查证证据,有利于社会各界和舆论媒体的依法监督,有利于提高处罚决定为当事人和社会的接受程度,有利于行政处罚的自觉履行或顺利执行,有利于扩大法制宣传和提高社会公众的法律素养。根据《林业行政处罚听证规则》第

21条,公开举行听证的,应当公开当事人姓名或者名称、案由以及举行听证的时间和地点。

(3) 公正原则。程序公正是结果公正的必要前提和保障。程序公正的基本要求是任何人或者团体都不能自己作自己案件的法官。因此,执法人员在自己直接办理案件、亲自调查取证以后,不应当再作为自己案件的听证主持人,而应当由行政机关指定的非本案调查人员主持。当事人认为主持人与本案有直接利害关系的,则有权申请回避。

(4) 效率原则。效率原则是指听证程序中的各种行为方式、步骤、时限、顺序的设置都必须有助于确保基本的行政效率,并在不损害当事人合法权益的前提下适当提高行政效率。听证程序中的效率原则,主要是通过时效和代理两项行政程序制度予以实现。行政效率是行政权的生命。但是,过分强调行政效率,又将损及当事人的合法权益。因此,应当在不损害当事人合法权益,不违反公正、公平原则的前提下,致力于行政效率的进一步提高。

(5) 免费原则。听证的目的在于充分听取当事人的意见,全面客观公正地调查取证,确保林业行政处罚权的正确行使。根据《林业行政处罚听证规则》第3条和第36条,组织听证的林业行政主管部门应当保障听证经费,提供组织听证所必需的场地、设备以及其他便利条件,并不得向当事人收取组织听证的费用。

2. 听证机构

根据《行政处罚法》及《林业行政处罚听证规则》的法律规定,听证由作出行政处罚的林业行政主管部门组织,具体实施工作由其法制工作机构负责。法制工作机构与执法机构为同一机构或者没有设立专门法制工作机构的,应当遵循听证与案件调查取证职责分离的原则,由林业行政主管部门行政负责人指定非本案调查人员主持听证。受委托行使林业行政处罚权的组织作出行政处罚前需要举行听证的,由委托的行政机关组织。另外,森林公安机关、森林植物检疫机构、自然保护区管理机构等依法以自己的名义作出林业行政处罚的单位举行听证的,由该单位依照本规则的规定自行组织。

(五) 听证主持人和参加人

1. 听证主持人

(1) 听证主持人的资格。根据《行政处罚法》第42条第1款第4项,听证主持人应当具备的条件包括:一是属于林业行政主体中非本案调查人员的工作人员;二是与本案无直接利害关系,无须回避的工作人员。听证主持人(包括书记员、翻译人员、鉴定人)有下列情形之一的,应当自行回避,当事人有权申请回避:① 参与本案调查取证的;② 与本案当事人或者与当事人的近亲属有利害关系的;③ 与案件处理结果有利害关系,可能影响对案件公正听证的。听证主持人的回避由林业行政主管部门行政负责人决定。书记员、翻译人员、鉴定人的回避由听证主持人或者首席听证主持人决定。

(2) 听证主持人的产生。《行政处罚法》第42条第1款第4项规定,听证由行政机关指定的非本案调查人员主持。因此,指定是听证主持人的法定产生方式。指定应当行文,即发出指定听证主持人包括首席听证主持人的书面命令或决定。这种命令或决定应当作为听证通知的内容之一,发至各有关方面和人员,以便开展工作。在林业行政处罚听证中,林业行政主管部门应当指定1至3人担任听证主持人。听证主持人为2人以上的,应当指定其中一人为首席听证主持人。听证主持人应当指定本部门的1名工作人员作为书记员,具体承担听证准备和听证记录工作。

(3) 听证主持人的职权和义务。听证主持人行使下列职权：① 决定举行听证的时间、地点；② 按照程序主持听证；③ 要求听证参加人提供或者补充证据；④ 就案件的事实和适用的法律进行询问；⑤ 维护听证秩序，对违反听证秩序的人员进行警告或者批评；⑥ 按规定决定听证的延期、中止或者终结；⑦ 就案件的处理向林业行政主管部门行政负责人提出书面建议；⑧ 听证规则赋予的其他职权。听证主持人承担下列义务：① 公正地履行主持听证的职责，不得妨碍听证参加人行使陈述权、申辩权和质证权，不得徇私枉法、包庇纵容违法行为；② 根据听证认定的证据，依法独立、客观、公正地作出判断并写出书面建议。

2. 听证参加人

(1) 案件调查人员。案件调查人员是指行政主体中负责调查取证工作，并在听证程序中承担指控职能的工作人员。案件调查人员应当参加听证，并负有证明当事人应当受到拟作出的行政处罚的义务，包括提出证明当事人实施违法行为的证据、应当适用的法律依据等。当然，也有权与当事人、第三人及其代理人进行辩论和质证，以进一步澄清案情。

(2) 当事人。即要求举行听证的公民、法人或者其他组织。当事人依法享有下列权利：① 质证权。就本案的证据向调查人员及证人提出问题并进行对质的权利。② 申辩权。就本案的事实与法律问题进行申述、辩解的权利。③ 最后陈述权。听证结束前就本案的事实、法律及处理进行最后陈述的权利。当事人依法承担下列义务：① 按时参加听证；② 如实回答听证主持人的询问；③ 遵守听证纪律。

(3) 第三人。即向听证主持人申请要求参加听证的，或者由听证主持人通知其参加听证、与所听证的案件有利害关系的公民、法人或者其他组织。第三人具有两个特征：① 与适用听证程序的处罚存在法律上的利害关系，但没有资格提出听证要求；② 具有除要求或放弃听证的权利外的当事人所具有的其他权利。

(4) 代理人。即在听证过程中以被代理人的名义进行代理活动的人。代理人包括法定代理人、委托代理人和指定代理人。当事人、第三人可以委托1至2人代理参加听证。委托他人代理参加听证的，应当向林业行政主管部门提交由委托人签名或者盖章的授权委托书。授权委托书应当载明委托事项及权限，委托代理人代为放弃行使听证权的，必须有委托人的特别授权。代理人在授权范围内以被代理人的名义实施代理行为的法律后果直接由被代理人承担。

(六) 听证程序的步骤

根据法律规定，听证程序依照以下程序组织：

1. 听证的告知、申请和受理

(1) 林业行政主体履行听证权利告知义务。依法作出责令停产停业、吊销许可证或者执照、较大数额罚款等林业行政处罚决定之前，林业行政主体应当告知当事人有要求举行听证的权利，并制作林业行政处罚听证权利告知书。林业行政处罚听证权利告知书应当包括下列内容：① 当事人的姓名或者名称；② 当事人的违法事实；③ 拟作出的林业行政处罚决定、理由和依据；④ 当事人享有要求听证的权利、提出听证的期限和组织听证的机关。

(2) 当事人提出听证申请。当事人要求举行听证的，应当在林业行政主体告知之日起3

日内提出书面申请或者口头申请;口头申请的,林业行政主体应当制作笔录,并由当事人签字或者盖章。当事人在法定期限内未提出听证申请的,视为放弃要求举行听证的权利,由林业行政主体记录附卷。当事人不要求听证的,也应当有书面记载并存入案卷。

(3)林业行政主体受理听证申请。林业行政主体收到听证申请后,应当在5日内进行审查。对符合听证规定的,应当受理;对不符合听证规定的,决定不予受理,并告知当事人。

2. 听证会的准备

(1)指定听证主持人和书记员。林业行政主体应当自决定受理听证申请之日起3日内,确定非本案调查人员1至3人担任听证主持人。听证主持人为2人以上的,应当确定其中1人为首席听证主持人。听证主持人应当指定本部门的1名工作人员作为书记员,具体承担听证准备和听证记录工作。案件调查人员应当按照听证主持人的要求在3日内将案卷移送听证主持人。

(2)确定其他听证参加人。其他听证参加人,是指除当事人和案件调查人员外,需要确定是否参加听证的人员。包括第三人、代理人、证人、鉴定人、翻译人员。这些人员当中,有些是自己申请并经行政主体同意的;有些是行政主体直接确定的。因此,必须事先确定,以便通知其做好参加听证会议的准备。

(3)发出听证通知。听证主持人应当自接到案件调查人员移送的案卷之日起5日内确定听证的时间、地点。听证主持人在确定听证的时间、地点后,应当制作《举行听证通知》,并应当在举行听证7日前,将通知送达当事人和案件调查人员,告知举行听证的时间、地点、方式和其他有关事项。通知案件调查人员时,应当同时退回案卷。

(4)发布听证公告。除涉及国家秘密、商业秘密或者个人隐私的林业行政处罚案件外,听证应当公开进行。凡公开举行听证的,都应当由行政主体发布听证公告,公开当事人姓名或者名称、案由以及举行听证的时间和地点,允许群众旁听和记者采访。

(5)拟定听证会的具体程序。

(6)听证应当在受理听证申请之日起20日内举行。

3. 听证会的举行

听证由听证主持人主持,设有首席听证主持人的,由首席听证主持人主持。听证主持人、书记员入场就座后,书记员随即检查听证参加人到场的情况并报告听证主持人。听证按照下列顺序进行:

(1)主持人宣布听证会开始。主持人宣布听证会纪律,核对听证参加人身份,宣布案由,宣布听证主持人、书记员、翻译人员名单。参加听证应当遵守下列纪律:① 未经听证主持人允许,不得发言、提问;② 未经听证主持人允许,不得录音、录像和摄影;③ 未经听证主持人允许,听证参加人不得中途退场;④ 不得使用侮辱性和其他不文明语言;⑤ 在听证会场不得使用通讯工具,不得鼓掌、喧哗、吵闹或者进行其他妨碍听证活动的行为。对违反听证纪律的,听证主持人有权予以制止;情节严重的,可以责令退出听证会场。

(2)主持人告知听证参加人在听证中的权利和义务,询问当事人是否申请回避。

(3)主持人主持听证调查。一是举证。① 按照"谁主张谁举证"的规则,由拟给予当事人行政处罚的案件调查人员承担举证责任。调查人员提出当事人违法的事实、证据、处罚适用的法律、法规和规章,以及拟作出的林业行政处罚决定。② 当事人或者其代理人举证。

针对调查人员指控的案件事实、证据和法律依据、林业行政处罚建议以及相关问题,当事人或者其代理人进行申辩并提交证据材料。③ 第三人或者其代理人陈述。第三人应当首先陈述自己与当事人之间存在的法律关系以及与案件的处理结果存在的利害关系,然后就调查人员或者当事人提出的事实、证据和意见进行陈述。二是质证。听证主持人应围绕听证参加人争执的焦点问题和对林业行政处罚决定做出有重大影响的问题以及双方出示的相关证据,依次询问当事人或者其代理人、案件调查人员、证人和其他有关人员,并对有关证据材料进行质证。举行听证的任务主要是质证。互相质证是林业行政处罚听证的中心环节。因此,所有与认定林业行政处罚案件事实相关的证据都必须在听证中出示,并经过双方质证进行认定。未经质证认定的证据不得作为林业行政处罚的依据。通过各方举证,检验证据的真实程度和证明力。调查人员、当事人或者其代理人和第三人或者其代理人发言后,经过听证主持人询问,没有新的证据和理由提出,即可进入互相辩论阶段。

(4) 主持人主持听证辩论。听征调查结束后,进入听证辩论,调查人员、当事人和第三人及其代理人依次发言。辩论主要围绕本案的事实和法律问题展开。① 确定行为的性质。即各方围绕拟给予行政处罚的行为是否属于违法行为,是什么程度的违法行为,应当承担何种法律责任等问题,在查明事实的基础上展开辩论。② 确定法律的适用。即各方围绕应当适用何种法律规范,当事人是否具备从重从轻、减轻或者不予处罚的情节等问题,在确定当事人违法行为具体情况的基础上展开辩论。在辩论结束后,主持人应当询问各方的最后意见。

(5) 当事人的最后陈述。辩论结束后,主持人应当安排各方作最后的陈述和申辩。各方应当对辩论阶段各自阐述的观点、理由进行概括总结,并对案件的处理提出明确的要求。特别指出,当事人可以全部、部分同意或反对调查人员的意见,这是当事人的权利。

(6) 主持人宣布听证会结束。听证主持人认为本案的事实和法律问题已经清楚,当事人双方提不出新的证据,则可宣布听证会结束。

4. 听证笔录

听证笔录是指书记员对听证会全部情况的真实记录。举行听证,应当制作《林业行政处罚听证笔录》,由听证主持人和书记员签字。听证笔录在听证结束后,应当交由听证参加人审核无误或者补正后,由听证参加人当场签字或者盖章。拒绝签字或者盖章的,由听证主持人记明情况并在听证笔录中予以载明,不影响听证笔录的效力。

5. 听证报告

听证结束后,听证主持人应当根据听证确定的事实和证据,依据有关法律、法规和规章对原拟作出的处罚决定及其事实、理由和依据进行复核,向林业行政主体负责人提出听证报告。听证报告应当包括以下内容:① 听证的案由;② 听证主持人和听证参加人的基本情况;③ 听证的时间、地点;④ 听证认定的案件事实、证据;⑤ 给予处罚的依据;⑥ 处理意见和建议。

6. 听证的特殊情形

(1) 听证弃权。具有下列情形之一,视为放弃听证权:① 当事人无正当理由拒不到场,又未委托代理人到场参加听证的;② 未经听证主持人允许中途退场的。听证弃权直接导致听证终止。但是,案件调查人员无正当理由拒不到场参加听证的,或者未经听证主持人允许中途退场的,不能视为听证弃权。相反,听证主持人有权责令其到场参加听证;案件调查人员拒不到场参加听证的,不得对当事人作出林业行政处罚决定。

(2) 听证延期。有下列情形之一,可以延期举行听证:① 当事人因不可抗力无法到场的;② 当事人临时提出回避申请,需要重新确定听证主持人的;③ 发现有新的重要事实需要调查核实的;④ 其他应当延期的情形。

(3) 听证中止。有下列情形之一,可以中止听证:① 当事人死亡或者解散,需要确定权利义务继承人的;② 当事人或者案件调查人员因不可抗拒的理由,无法继续参加听证的;③ 需要通知新的证人到场或者需要对有关证据重新调查、鉴定的;④ 其他需要中止听证的情形。中止听证的情形消除后,听证主持人应当恢复听证。

(4) 听证终止。有下列情形之一,可以终止听证:① 当事人死亡或者解散3个月后,未确定权利义务继承人的;② 当事人无正当理由,不参加或者中途退出听证的;③ 其他需要终止听证的情形。

听证程序的完毕,只是意味着质证的完成。因此,林业行政主体应当在听证结束后,根据听证报告确定的事实、证据和给予处罚的依据,依据行政处罚法和林业法律法规的相关规定作出决定。

第三节 林业行政处罚的执行

一、林业行政处罚执行的概念和原则

(一) 林业行政处罚执行的概念

林业行政处罚的执行,是指林业行政处罚法律关系主体为了实现处罚决定而依法进行的各种活动,包括当事人执行(即当事人主动履行)和林业行政主体执行两种类型。前者是指在林业行政处罚决定依法作出后,当事人为实现行政处罚决定而进行的各种活动;后者是指作出处罚决定的林业行政主体为了实现处罚决定而进行的各种活动。作为林业行政案件查处的最后程序,执行是行政处罚决定得以实现的关键,也是林业行政处罚权得以有效实施的最终保障。没有行政处罚的执行,行政处罚的决定将毫无意义。

(二) 林业行政处罚执行的原则

1. 申诉不停止执行原则

林业行政处罚决定依法作出后,当事人应当在处罚决定的期限内予以履行。当事人对林业行政处罚决定不服,申请行政复议或者提起行政诉讼的,除法律另有规定外,行政处罚不停止执行。根据《行政诉讼法》第44条,诉讼期间不停止林业行政处罚的执行。但有下列情形之一的,停止林业行政处罚的执行:(1) 被告认为需要停止执行的;(2) 原告申请停止执行,人民法院认为该林业行政处罚的执行会造成难以弥补的损失,并且停止执行不损害社会公共利益,裁定停止执行的;(3) 法律法规规定停止执行的。根据《行政复议法》第21条,行政复议期间林业行政处罚不停止执行;但是,有下列情形之一的,可以停止执行:(1) 被申请

人认为需要停止执行的;(2)行政复议机关认为需要停止执行的;(3)申请人申请停止执行,行政复议机关认为其要求合理,决定停止执行的;(4)法律规定停止执行的。

2. 罚、缴分离原则

《行政处罚法》在明确行政处罚设定权法定的同时,确立了作出罚款决定的机关和收缴罚款的机构分离原则。依据该原则,除依法当场收缴罚款外,作出林业行政处罚决定的林业行政主体及其执法人员不得自行收缴罚款,必须由县级以上人民政府根据《罚款决定与罚款收缴分离实施办法》[①]所确定的代收机构代为收缴。代收机构必须是经中国人民银行批准有代理收付款项业务的商业银行或信用合作社。代收机构应当按照行政处罚法和国家有关规定,将代收的罚款直接上缴国库。

二、林业行政处罚执行的实施

(一)当事人执行

根据《行政处罚法》第46条第3款以及《林业行政处罚程序规定》第40条第2款,这里的当事人执行,是指自收到行政处罚决定书之日起15日内,当事人主动到指定的代收机构缴纳罚款的一种执行方式。当事人执行的程序一般包括:

(1)将处罚决定书送达当事人。送达《林业行政处罚决定书》,是林业行政处罚决定程序的最后一项程序,同时又是当事人履行行政处罚决定的首要前提。《林业行政处罚决定书》中应当载明代收机构的名称、地址和当事人应当缴纳罚款的数额、期限等,并明确对当事人逾期缴纳罚款是否加处罚款。

(2)代收机构代收罚款。当事人应当自收到《林业行政处罚决定书》之日起15日内,到指定代收机构缴纳罚款。收到当事人缴纳的罚款后,代收机构应向缴纳人出具罚款收据。在期限届满之前,代收机构也可以向当事人发出催交通知书,以提醒和敦促当事人按照法定期限主动履行缴纳义务。

(3)当事人逾期缴纳罚款。《林业行政处罚决定书》明确需要加处罚款的,代收机构应当按照行政处罚决定书加收罚款。当事人对加收罚款有异议的,应当先缴纳罚款和加收的罚款,再依法向作出行政处罚决定的林业行政主体申请复议。

(4)代收机构应当按照代收罚款协议规定的方式、期限,将当事人的姓名或者名称、缴纳罚款的数额、时间等情况书面告知作出行政处罚决定的林业行政主体。

(5)代收机构应当按照行政处罚法和国家有关规定,将代收的罚款直接上缴国库。

(二)林业行政主体执行

根据《行政处罚法》第47条、第49条,以及《森林法》第44条第3款等法律规范,林业行政主体执行包括当场收缴罚款、强制执行两种类型。

1. 当场收缴罚款

(1)当场收缴罚款的范围。① 依法给予20元以下的罚款的。这是《行政处罚法》第47

---

① 《罚款决定与罚款收缴分离实施办法》(1997年11月17日国务院令第235号发布 自1998年1月1日起施行)。

条第1项、《林业行政处罚程序规定》第41条第1项赋予执法人员的法定执行方式。即林业行政主体依据《行政处罚法》第33条,当场作出20元以下罚款决定的,可以当场收缴。② 不当场收缴事后难以执行的。这是《行政处罚法》第47条第2项、《林业行政处罚程序规定》第41条第2项赋予执法人员的法定执行方式。即林业行政主体依据《行政处罚法》的规定实施简易程序,对公民处以50元以下、对法人或其他组织处以1 000元以下的罚款,如果发现不当场收缴事后难以执行的,可以当场收缴。③ 缴纳罚款确有困难,经当事人提出的。这是《行政处罚法》第48条、《林业行政处罚程序规定》第42条设定的法定执行方式。即在边远、水上、交通不便地区,林业行政主体及其执法人员依照《行政处罚法》第33条、第38条的规定作出罚款决定后,当事人向指定的银行缴纳罚款确有困难,经当事人提出,林业行政主体及其执法人员可以当场收缴罚款。适用本执行方式必须具备两个前提:一是当事人在边远、水上、交通不便地区,向指定的银行缴纳罚款确有困难;二是当事人必须提出由执法人员当场收缴罚款的请求。因此,执法实践中必须注意收集相关证据。如当事人必须提出书面申请,或者由执法人员将当事人的口头申请制成笔录并由其签名或盖章确认。相关申请书或申请笔录应当附卷归档,以备查证。本执行方式对罚款数额没有限制。

(2) 当场收缴罚款的程序。① 出具罚款收据。根据《行政处罚法》第49条、《林业行政处罚程序规定》第43条,林业行政主体及其执法人员当场收缴罚款的,必须向当事人出具省、自治区、直辖市财政部门统一制发的罚款收据;不出具财政部门统一制发的罚款收据的,当事人有权拒绝缴纳罚款。② 罚款的交付。执法人员应当在法定期限内向执法主体上缴罚款。《行政处罚法》第50条、《林业行政处罚程序规定》第44条规定,当场收缴罚款的,执法人员应当自收缴罚款之日起2日内,交至林业行政主体;在水上当场收缴的罚款,应当自抵岸之日起2日内交至林业行政主体;林业行政主体应当在2日内将罚款缴付指定的银行。

2. 强制执行

(1) 强制执行的概念和特征。强制执行,是指当事人逾期不履行行政处罚决定时,行政主体或人民法院依法采取行政强制措施,迫使其履行处罚决定或者达到与履行处罚决定相同状态的活动。行政处罚的强制执行分为:① 行政强制执行,即由有权的行政主体实施的强制执行,包括直接强制执行和间接强制执行。前者包括对物的强制执行和对人的强制执行;后者则包括执行罚和代执行等方式。② 司法强制执行,即由行政主体申请人民法院实施的强制执行。根据《行政强制法》第13条规定:"行政强制执行由法律设定。法律没有规定行政机关强制执行的,作出行政决定的行政机关应当申请人民法院强制执行。"凡是行政主体没有得到强制执行授权的,应当一律申请人民法院强制执行。目前,包括森林公安机关在内的林业行政主体,虽具有间接强制的执行权,但尚无直接强制执行的权力。① 因此,我

---

① 《林业部关于林业行政处罚中有关强制执行问题的答复》(1993年5月24日 林函律〔1993〕10号)规定:"公民、法人或者其他组织对林业行政处罚的法定期限内不申请复议、不提起诉讼又不履行的,根据现行林业法律、行政法规和部门规章的规定,林业行政主管部门还缺乏依法直接强制执行的手段。但依法强制执行是行政主管部门的主要职责之一。随着我国法制的不断健全,林业行政主管部门的依法强制执行手段是会不断完善和强化的。因此,在《林业行政处罚程序规定》中作出了'……作出处罚决定的机关可以申请人民法院强制执行或依法强制执行'的规定。但在实践当中,凡不具备林业行政主管部门依法强制执行条件的,则不能由林业行政主管部门强制执行,则应依法申请人民法院强制执行。"

国林业行政处罚的强制执行是以司法强制执行,即申请人民法院强制执行为原则,[①]以行政强制执行即林业行政主体自行执行除外。强制执行的特征有4项:① 执行前提是当事人在法定期限内无正当理由拒不执行行政处罚决定;② 执行主体是行政主体或接受其申请的人民法院;③ 执行行为是单方法律行为,无须征得当事人的同意;④ 执行必须严格依法进行。如执行主体拥有合法的执行权,遵循法定的执行程序,采取法定的执行手段等。

(2) 强制执行的执行措施。根据《行政处罚法》第51条、《林业行政处罚程序规定》第45条,林业行政处罚可以采取以下强制执行措施:① 执行罚(加处罚款)。行政主体通过使不履行法定义务人承担新的持续不断的给付义务,促使其履行义务的办法,称为执行罚。当事人到期不缴纳罚款或者提出的延期、分期缴纳的申请未获批准的,林业行政主体可以在原处罚款的基础上,加处罚款。即每日按罚款额的3%加处罚款。不能将执行罚混同于行政处罚:一是性质不同。加处罚款的措施属于强制执行措施,是一种间接强制执行——执行罚;而罚款则属于行政处罚的法定种类。二是目的不同。加处罚款目的在于迫使当事人迅速并及时履行法定义务。只要当事人履行了处罚决定所确定的义务,执行罚即行停止。三是处罚的罚则不同。执行罚只有财产给付一种罚则,而行政处罚的法则有很多,包括警告、罚款、行政拘留等。② 代执行(代履行)。行政主体聘请他人或者亲自代替法定义务人履行义务,再由法定义务人负担费用的办法称为代执行。被责令补种树木的当事人拒不补种树木或者补种不符合国家有关规定的,由林业主管部门代为补种,所需费用由违法者支付。根据"林函策字〔1998〕239号"规定,被责令补种树木的违法行为人因原林地上已种植树木不能在原林地上补种,或者因其他原因不能执行补种的,可以由林业主管部门收取造林费代为补种;补种树木可以由林业主管部门在当地辖区内指定的林地上进行。[②] 地方性法规对此有明确规定的,按照其规定执行。例如,2004年9月1日起施行的《海南省森林保护管理条例》第32条即规定:"被责令补种树木者因特殊情况不能补种的,应当缴纳造林费,由林业行政主管部门收取后组织补种。"③ 抵缴罚款。当事人逾期不履行处罚决定的,林业行政主体可以将查封、扣押的财物拍卖,将拍卖款抵缴罚款;或者将冻结的存款划拨抵缴罚款。拍卖,是指以公开竞价的方式,将财物(包括有形和无形)权利转让给最高应价者的买卖方式。划拨,是指将在银行被依法冻结的当事人的存款,从当事人的账户中划出至特定单位账户的措施。

(3) 申请人民法院强制执行

① 申请条件。具有下列两种情形之一,林业行政主体可以申请人民法院强制执行:一是当事人在法定期限内不申请行政复议或者提起行政诉讼,又不履行行政决定的,又无被查封、扣押的当事人财物或者被冻结的存款可供执行;二是当事人在法定期限内不申请行政复议或者提起行政诉讼,又不履行行政决定的,且无被查封、扣押的当事人财物或者被冻结的存款可供执行,加处罚款仍无法奏效。

[①] 《最高人民法院关于对林业行政机关依法作出具体行政行为申请人民法院强制执行问题的复函》(1993年12月24日 法函〔1993〕91号)规定:"林业主管部门依法作出的具体行政行为,公民、法人或者其他组织在法定期限内既不起诉又不履行的,林业主管部门依据《行政诉讼法》第66条的规定可以申请人民法院强制执行,人民法院应予受理。"

[②] 参见《国家林业局对广西壮族自治区林业局关于〈森林法实施细则〉有关问题的复函》(1998年12月21日 林函策字〔1998〕239号)。

② 申请时间。林业行政主体必须在法定期限内依法申请人民法院强制执行。根据《最高人民法院关于执行〈中华人民共和国行政诉讼法〉若干问题的解释》[①]第88条,林业行政主体申请人民法院强制执行林业行政处罚决定,应当自被执行人的法定起诉期限届满之日起180日内提出。逾期申请的,除有正当理由外,人民法院不予受理。根据《行政强制法》第5章第53条规定,当事人在法定期限内不申请行政复议或者提起行政诉讼,又不履行行政决定的,没有行政强制执行权的行政机关可以自期限届满之日起3个月内,依照第5章规定申请人民法院强制执行。

③ 申请材料。根据《行政强制法》第54条规定:"行政机关申请人民法院强制执行前,应当催告当事人履行义务。催告书送达10日后当事人仍未履行义务的,行政机关可以向所在地有管辖权的人民法院申请强制执行;执行对象是不动产的,向不动产所在地有管辖权的人民法院申请强制执行。"第55条规定:"行政机关向人民法院申请强制执行,应当提供下列材料:(一)强制执行申请书;(二)行政决定书及作出决定的事实、理由和依据;(三)当事人的意见及行政机关催告情况;(四)申请强制执行标准的情况;(五)法律、行政法规规定的其他材料。强制执行申请书应当由行政机关负责人签名,加盖行政机关的印章,并注明日期。"

④ 受理审查。根据《行政强制法》第56条规定:"人民法院接到行政机关强制执行的申请,应当在5日内受理。行政机关对人民法院不予受理的裁定有异议的,可以在15日内向上一级人民法院申请复议,上一级人民法院应当自收到复议申请之日起15日内作出是否受理的裁定。"第57条规定:"人民法院对行政机关强制执行的申请进行书面审查,对符合本法第55条规定,且行政决定具备法定执行效力的,除本法第58条规定的情形外,人民法院应当自受理之日起7日内作出执行裁定。"第58条规定:"人民法院发现有下列情形之一的,在作出裁定前可以听取被执行人和行政机关的意见:(一)明显缺乏事实根据的;(二)明显缺乏法律、法规依据的;(三)其他明显违法并损害被执行人合法权益的。人民法院应当自受理之日起30日内作出是否执行的裁定。裁定不予执行的,应当说明理由,并在5日内将不予执行的裁定送达行政机关。行政机关对人民法院不予执行的裁定有异议的,可以自收到裁定之日起15日内向上一级人民法院申请复议,上一级人民法院应当自收到复议申请之日起30日内作出是否执行的裁定。"第59条规定:"因情况紧急,为保障公共安全,行政机关可以申请人民法院立即执行。经人民法院院长批准,人民法院应当自作出执行裁定之日起5日内执行。"

⑤ 执行费用。根据《行政强制法》第60条规定:"行政机关申请人民法院强制执行,不缴纳申请费。强制执行的费用由被执行人承担。人民法院以划拨、拍卖方式强制执行的,可以在划拨、拍卖后将强制执行的费用扣除。依法拍卖财物,由人民法院委托拍卖机构依照《中华人民共和国拍卖法》[②]的规定办理。划拨的存款、汇款以及拍卖和依法处理所得的款项应当上缴国库或者划入财政专户,不得以任何形式截留、私分或者变相私分。"

---

① 《最高人民法院关于执行〈中华人民共和国行政诉讼法〉若干问题的解释》(法释〔2000〕8号)。
② 《中华人民共和国拍卖法》(1996年7月5日第八届全国人民代表大会常务委员会第二十次会议通过 根据2004年8月28日第十届全国人民代表大会常务委员会第十一次会议《关于修改〈中华人民共和国拍卖法〉的决定》修正)。

三、林业行政处罚执行的特殊情形

延期执行或者分期执行,是林业行政处罚执行中的特殊情形。依据《行政处罚法》第52条、《林业行政处罚程序规定》第46条,当事人确有经济困难,需要延期或者分期缴纳罚款的,经当事人申请和林业行政主体批准,可以暂缓或者分期缴纳。但是,申请和批准都应当采用书面形式,当事人无书写能力的,行政机关应当代为书写并由当事人确认(签字或盖章或按指印)。林业行政主体批准的延期或者分期履行,不等于从此不履行。延期或者分期履行的期限届满后,当事人应当主动履行。届时不履行的,林业行政主体可以强制执行或者依法申请人民法院强制执行。

第四节 涉案财物的行政处理[①]

无论是查处治安案件,还是办理林业行政案件(以下简称林政案件),森林公安机关都必须面对一个共同的问题,即如何处理涉案财物——与案件有关的需要作为证据的各种物品。在现行法律体制下,虽然治安案件和林政案件同属行政案件,但两者在涉案财物的处理方式上仍然存在显著差异。在查处治安和林政案件的过程中,任何无视、漠视、忽视或故意混淆这种差异所实施的行政强制措施,如对盗伐的林木实施扣押、对滥伐的林木适用暂扣木材等,以及在由此而获取的证据的基础上所作出的任何行政处罚决定,都将在当事人的行政或司法挑战下,或在内部行政执法监督的审查中,或因适用法律法规错误,或因超越职权等各种法定缘由,而招致被法定主体依法撤销或判令赔偿的命运。因此,从理论上清楚地区分这种差异,在执法实践中坚持这种差异,切实遵守依法行政的基本原则,对确保治安管理处罚和林业行政处罚的合法性,具有重要的现实意义。

一般来说,治安案件和林政案件在处理涉案财物方式上的差异,主要体现在案件的调查、决定和执行以及罚没财物处理4个阶段。森林公安机关在查处两类案件中对涉案财物实施的违法行为也大都发生在这4个阶段。

一、案件调查阶段对涉案财物的处理

在治安案件的调查阶段,对涉案财物的处理有3种方式:扣押、登记和先行登记保存。根据《治安管理处罚法》第89条第1款、第3款以及《行政处罚法》第37条第2款和《公安机关办理行政案件程序规定》[②]第94条的规定,公安机关办理治安案件时:(1)对与案件有关的需要作为证据的物品,可以扣押;对被侵害人或者善意第三人合法占有的财产,不得扣押,应当予以登记。对与案件无关的物品,不得扣押。(2)对扣押的物品,应当妥善保管,不得

---

① 参见赵文清:《浅谈森林警察对治安案件和林政案件涉案财物的处理——兼论〈森林法〉的修改》,载《森林公安》2010年第6期,第31-34页。文章收入本书时略有修改。

② 《公安机关办理行政案件程序规定》(2006年8月24日公安部令第88号发布 自发布之日起施行)。

挪作他用;对不宜长期保存的物品,按照有关规定处理;经查明与案件无关的,应当及时退还;经核实属于他人合法财产的,应当登记后立即退还。(3)在证据可能灭失或者以后难以取得的情况下,经公安机关负责人批准,可以先行登记保存。对先行登记保存的证据,应当在7日内作出处理决定。逾期不作出处理决定的,视为自动解除。

在林政案件的调查阶段,对涉案财物的处理仅有2种方式:暂扣木材和先行登记保存。根据《森林法实施条例》第37条、《行政处罚法》第37条第2款以及《林业行政处罚程序规定》第26条的规定,在办理林政案件时:(1)经省、自治区、直辖市人民政府批准在林区设立的木材检查站,负责检查木材运输,对无证运输木材的,木材检查站应当予以制止,可以暂扣无证运输的木材,并立即报请县级以上人民政府林业主管部门依法处理。(2)林业行政主管部门收集证据时,在证据可能灭失或者以后难以取得的情况下,经行政机关负责人批准,可以先行登记保存,填写《林业行政处罚登记保存通知单》,并应当在7日内及时作出处理决定,在此期间,当事人或者有关人员不得销毁或者转移证据。

在林政案件的调查阶段,为达到有效控制涉案财物、确保未来的处罚决定能够顺利执行的目的,森林公安机关通常实施以下几种行为:一是对涉案财物连续或重复使用先行登记保存。即在先行登记保存期间届满之日时,再次作出先行登记保存决定,直到案件顺利结案。二是以自己的名义或以林业主管部门的名义,对包括违法运输的木材、盗伐的林木等各种涉案木材实施暂扣,并开具暂扣木材通知单。三是对非法开垦林地或非法改变林地用途的工具(如挖掘机)实施扣押。上述3种行为都是违法的行政行为,尽管根据行政行为的公定力原理,在未经法定国家机关(如法院、复议机关等)按法定程序认定及宣告,上述3种已作出的行为仍将被作为合法行为来对待。

第一种行为之所以违法,原因在于于法无据。无论是《行政处罚法》,还是《林业行政处罚程序规定》,都没有规定行政主体可以对涉案财物连续或重复适用先行登记保存。对行政主体而言,"法无明文不得为"。没有法律依据的强制措施必然是违法行为。另外,先行登记保存的立法宗旨在于,通过及时采取先行登记的方式,对可能灭失或者以后难以取得的证据,予以文字化和数字化甚至图像化的提取、固定和保存,以确保被登记之证据一旦灭失或无法取得,其登记保存清单所载之内容,仍然可以起到与已灭失或无法取得之被登记证据同样的证明作用。因此,从证据学角度来看,连续或重复实施先行登记保存并无必要。

第二种行为的违法之处有两点:一是主体不适格。根据《森林法实施条例》第37条,作为专有行政职权,暂扣木材权的归属主体和实施主体都是且仅是木材检查站,其他任何主体无论是林业主管部门还是森林公安机关,均无权实施该项行政职权。二是对象不适格。暂扣木材的对象并非所有林政案件中的涉案木材,而只能是无木材运输证运输木材案件中的涉案木材。即便是《森林法实施条例》第44条第2款(不按照木材运输证运输木材案件)和第3款(使用伪造、涂改的木材运输证运输木材案件)中的涉案木材,也不属于暂扣木材的适格对象,更遑论其他林政案件中的涉案木材了。其实,《林业行政处罚案件文书制作管理规定》①第19条对暂扣木材通知单的制作主体和制作原因早有明确规定:"暂扣木材通知单,是

---

① 《林业行政处罚案件文书制作管理规定》(2005年5月27日国家林业局令第14号发布 自2005年7月1日起施行)。

负责检查木材运输的木材检查站对无证运输的木材予以暂扣的文书。暂扣木材的原因是无木材运输证运输木材,适用法律的依据是《中华人民共和国森林法实施条例》第37条"。

第三种行为是一种违法的行政行为,原因是超越职权。众所周知,在抽象意义上,森林公安机关具有双重性质和双重身份。但在具体意义上(即在具体的行政法律关系中),森林公安机关只能具有单一身份。森林公安机关的原始身份是公安机关,固有职权是公安职权。在查处治安案件时,森林公安机关的人民警察当然有权以警察身份对涉案财物实施扣押等治安强制措施。然而,森林公安机关无论是以自己的名义实施《森林法》第20条授权的"4条6类案件",还是以林业主管部门的名义实施其委托的其他各类林政案件,其法律授予或行政委托的身份都属于林业行政机关,其法律授予或行政委托的职权都属于林业行政职权——林业行政处罚权。因此,在查处林政案件时,以林业行政执法人员身份出现的森林公安机关的人民警察,并无权对涉案财物采取扣押等治安强制措施,而只能适用先行登记保存等林业行政措施。《国家林业局关于森林公安机关查处林业行政案件有关问题的通知》第3条第1款曾经明确要求:"对于依法立为林业行政案件的,森林公安机关不得采取查处治安案件、刑事案件的各类治安、刑事强制措施"。

二、处罚决定阶段对涉案财物的处理

在治安处罚的决定阶段,关于涉案财物的处理,有收缴和追缴两种方式。根据《治安管理处罚法》第11条、《公安机关办理行政案件程序规定》第160条的规定:(1)公安机关在办理治安案件中查获的下列物品应当依法予以收缴:① 毒品、淫秽物品等违禁品;② 赌具和赌资;③ 吸食、注射毒品的器具;④ 伪造、变造的公文、证件、证明文件、票证、印章等;⑤ 倒卖的有价票证;⑥ 直接用于实施违法行为的本人所有的工具;⑦ 其他法律、法规规定可以收缴的非法财物。(2)前款第⑥项所列的工具,除非有证据表明属于他人合法所有,可以直接认定为违法行为人本人所有。(3)违法所得的财物应当依法予以追缴。(4)多名违法行为人共同实施违法行为,违法所得或者非法财物无法分清所有人的,作为共同违法所得或者非法财物予以处理。

在林政处罚的决定阶段,对涉案财物的处理只有一种方式:没收。根据《森林法》第39条第1款、第42条、第43条,以及《森林法实施条例》第38条、第40条、第44条第1款至第3款的规定,没收的对象主要有两种:一种是林木或木材,如盗伐的林木,违法收购的盗伐、滥伐的林木,非法经营的木材,非法运输的木材等;另一种是违法买卖的证件、文件,包括林木采伐许可证、木材运输证件、批准出口文件、允许进出口证明书。

在作出林业行政处罚决定时,部分地区的森林公安机关在没收林木或木材的同时,往往对作案工具,如盗伐林木的斧锯、无证运输的车辆等,也决定给予收缴。这种在林政案件中对作案工具,不依法适用《森林法》及其《森林法实施条例》的规定,而适用《治安管理处罚法》第11条第1款的行为,属于典型的适用法律法规错误,是一种违法的行政行为。

三、处罚执行阶段对涉案财物的处理

在治安处罚的行政强制执行阶段,涉案财物的处理有拍卖和变卖两种方式。根据《公安机关办理行政案件程序规定》第164条第1项的规定,公安机关依法作出行政处罚决定后,被处罚人应当在行政处罚决定的期限内予以履行。被处罚人逾期不履行行政处罚决定的,作出行政处罚决定的公安机关可以将依法查封、扣押的被处罚人的财物拍卖或者变卖抵缴罚款。拍卖或者变卖的价款超过罚款数额的,余额部分应当及时退还被处罚人。

在林政处罚的行政强制执行阶段,涉案财物的处理只有拍卖一种方式。《林业行政处罚程序规定》第45条第2项规定,当事人逾期不履行林业行政处罚决定的,作出行政处罚决定的林业行政主管部门可以根据法律规定,将查封、扣押的财物拍卖或者将冻结的存款划拨抵缴罚款。

但实际上,在林业法律规范中,无论是《森林法》,还是《森林法实施条例》,都没有查封、扣押涉案财物的法律规定,拍卖自然无从谈起。所谓"皮之不存,毛将焉附",因此,该项规定对林政处罚的执行实为一纸具文。换言之,通过拍卖查封、扣押的财物以抵缴罚款,在林政处罚的执行中即便存在,也不具有任何合法性。当然,如果将暂扣木材中的"暂扣"也视为扣押的类型之一,执行林政处罚决定时即可适用上述规定。即便如此,暂扣的木材也只能被拍卖,而不能像治安案件中的涉案财物一样被变卖。因为无论是《行政处罚法》第51条第3项,还是《林业行政处罚程序规定》第45条第2项,都明确规定对扣押财物只能采用拍卖的方式以抵缴罚款。

四、没收、收缴、追缴以后对涉案财物的处理

由《治安管理处罚法》第10条和第11条可以推定,治安案件中虽不存在没收违法所得或者非法财物这样的治安处罚,但却存在收缴或追缴违法所得或者非法财物这样的行政强制措施。收缴、追缴的财物如何处理?《公安机关办理行政案件程序规定》第162条、第163条有明确规定:(1)公安机关对收缴和追缴的财物,经原决定机关负责人批准,按照下列规定分别处理:① 属于被侵害人或者善意第三人的合法财物,应当及时返还;② 没有被侵害人的,登记造册,按照规定上缴国库或者依法变卖或者拍卖后,将所得款项上缴国库;③ 违禁品、没有价值的物品,或者价值轻微,无法变卖或者拍卖的物品,统一登记造册后予以销毁;④ 对无法变卖或者拍卖的危险物品,由县级以上公安机关主管部门组织销毁或者交有关厂家回收。(2)对应当退还原主的财物,通知原主在6个月内来领取;原主不明确的,应当采取公告方式告知原主认领。在通知原主或者公告后6个月内,无人认领的,按无主财物处理,登记后上缴国库,或者依法变卖或者拍卖后,将所得款项上缴国库。遇有特殊情况的,可酌情延期处理,延长期限最长不超过3个月。

如何处理林政案件中被没收的林木或木材?《行政处罚法》第53条、《林业行政处罚程序规定》第47条均有明确规定:(1)除依法应当予以销毁的物品外,依法没收的非法财物必须按照国家规定公开拍卖或者按照国家有关规定处理。(2)罚款、没收违法所得或者没收非法财物拍卖的款项,必须全部上缴国库,任何行政机关或者个人不得以任何形式截留、私分或者变相私分。

在查处林政案件的过程中,下列行为较为常见:(1)在没收盗伐的林木以后,应被侵害人的请求、要求甚或强求,将已经没收的林木退还给被侵害人,并由被侵害人出具相应的收

条或领条以附卷备查,是一种常见的执法实践,在某些地方甚至已经成为执法惯例。(2)基于提高执法效率、降低执法成本或获取个人私利等各种因素的考量,森林公安机关往往要求被处罚人买回被没收的木材,或应被处罚人请求而将已没收的木材卖回给被处罚人,开具相应的罚没收据附卷备查,并将所得款项上缴国库。

显然,上述两种行为都是违法行为。第(1)种行为——将没收的林木退还给被侵害人,属于适用法律法规错误:依法没收的林木或木材,应当适用《行政处罚法》第53条及《林业行政处罚程序规定》第47条,森林公安机关却适用了《治安管理处罚法》第11条第1款有关"违反治安管理所得的财物,追缴退还被侵害人"的规定。第(2)种行为——将没收的木材直接卖给被处罚人或由被处罚人买回(实为变卖),其实质是将法定方式——公开拍卖非法置换成变卖,属于程序违法中的方式违法。

五、有关森林法修改的几点建议

笔者认为,上述违法行为之所以发生,除了主观因素(如徇私枉法、玩忽职守、提高执法效率等)以外,林政案件涉案财物处理手段的不足,在客观上也起到了推波助澜的作用。可以说,相较于治安案件,林政案件处理涉案财物的手段显得相当匮乏。仅以调查阶段为例,林政案件控制涉案财物的手段仅有两种,一种是非常态的调查手段——先行登记保存,仅在证据可能灭失或者以后难以取得的情形下才能使用,且法定期限相当短暂——只有7天;另一种是非普遍的调查手段——暂扣木材,只有特定主体——木材检查站,针对特定违法行为才能依法实施。而一些常态情形下普遍适用的涉案财物处理手段,如查封(封存)、扣押(扣留)等,在全国性森林法律——法律、行政法规和部门规章中丝毫未予涉及。而这些调查手段不仅在公安、海关、税务等其他行政法律中较为常见,即便在地方性森林法律——地方性法规和地方政府规章及单行条例中亦非鲜见。

例如,在立案调查阶段,《中华人民共和国海关行政处罚实施条例》①第38条规定:"下列货物、物品、运输工具及有关账册、单据等资料,海关可以依法扣留:(一)有走私嫌疑的货物、物品、运输工具;(二)违反海关法或者其他有关法律、行政法规的货物、物品、运输工具;(三)与违反海关法或者其他有关法律、行政法规的货物、物品、运输工具有牵连的账册、单据等资料;(四)法律、行政法规规定可以扣留的其他货物、物品、运输工具及有关账册、单据等资料"。又如,在处罚执行阶段,《渔业行政处罚规定》②第20条则规定:"按本规定进行的渔业行政处罚,在海上被处罚的当事人在未执行处罚以前,可扣留其捕捞许可证和渔具"。再如,《黑龙江省森林管理条例》③第42条第1款规定:"无木材运输证件运输木材的,扣押其

---

① 《中华人民共和国海关行政处罚实施条例》(2004年9月19日国务院令第420号公布 自2004年11月1日起施行)。

② 《渔业行政处罚规定》(1998年1月5日农业部发布)。

③ 《黑龙江省森林管理条例》(1995年8月23日黑龙江省第八届人民代表大会常务委员会第十七次会议通过 1997年12月16日黑龙江第八届人民代表大会常务委员会第三十一次会议修改 根据2004年12月18日黑龙江省第十届人民代表大会常务委员会第十二次会议《关于修改〈黑龙江省森林管理条例〉的决定》修正 自2005年1月1日起施行)。

所运木材,责令限期补办运输证件,逾期未补办的,没收全部木材,并处以木材价值10%~50%的罚款。对承运单位和个人处以承运木材价值10%~30%的罚款"。

因此,既为弥补目前林政案件涉案财物处理手段的严重不足,也为统一全国各地参差不齐的林政执法实践,笔者建议在《森林法》中增设有关处置涉案财物的原则性条款。试拟条款如下:

第××条 县级以上林业主管部门查处违反林业行政管理行为时,有权采取下列措施:

(一)询问当事人、被侵害人或者其他知情人。

(二)勘验、检查与违反林业行政管理行为有关的场所、物品。

(三)查阅、复制与违反林业行政管理行为有关的合同、发票、账单、记录及其他资料。

(四)对与违反林业行政管理行为有关的需要作为证据的物品,可以扣押。对被侵害人或者善意第三人合法占有的财产,不得扣押,应当予以登记。对与违反林业行政管理行为无关的物品,不得扣押。

第××条 直接用于实施违反林业行政管理行为的本人所有的工具,应当收缴,按照规定处理。

违反林业管理所得的财物,追缴退还被侵害人;没有被侵害人的,登记造册,公开拍卖或者按照国家有关规定处理,所得款项上缴国库。

第五章　森林公安行政执法的证据

森林公安行政执法的证据,就是林业行政处罚的证据,也是用来证明林业行政处罚案件事实存在与否的根据。林业行政处罚证据的法定种类有7种:书证、物证、视听资料、证人证言、当事人的陈述、鉴定结论、勘验笔录和现场笔录。林业行政处罚的证明,是指林业行政主体运用证据说明或表明案件事实存在与否的一种活动。为此,林业行政主体及其执法人员必须对证据的合法性、关联性、真实性和充分性进行审查核实。

第一节　林业行政处罚证据的概念

一、林业行政处罚证据的概念

在证据法上,证据的概念是一个初始性问题。如何界定证据的概念,学理上一直存在争论。"到目前为止并没有一个统一的证据概念"。[1] 有关行政处罚证据的概念,行政法学界也有多种说法。有代表性的观点主要有:(1)"行政处罚证据是行政证据的一种,是指行政机关或法律授权的组织用来证明公民、法人或其他组织违法并应受行政处罚的案件的一切客观事实,即行政机关实施行政处罚的事实根据"。[2] (2)"行政处罚证据就是能够证明行政处罚案件真实情况的一切材料"。[3] (3)"行政处罚证据是指能够证明行政处罚案件的一切事实和材料"。[4] (4)"行政处罚证据是指证明行政违法行为案件真实情况的一切事实"。[5]

综合上述几种观点,可以看出其争议的焦点主要有以下3个方面:(1)从证据的主体来看,或者认为行政处罚证据是由行政主体予以运用,或是由行政机关或法律授权的组织予以运用,或者根本没有提及运用主体;(2)从证据的功能来看,或者认为行政处罚证据是"用来"证明案件或案件真实情况的,或者认为行政处罚证据是"能够"证明案件或案件真实情况的,或者认为证据就是"证明"案件真实情况的;(3)从证据的内涵来看,或者认为行政处罚证据是"客观事实",或者认为行政处罚证据是"事实",或者认为行政处罚证据是"材料",或者认为行政处罚证据是"事实和材料"。笔者认为,上述有关行政处罚证据的概念,既包含合理可取的成分,又有不合逻辑或有悖法理之处。

---

[1] 陈卫东、谢佑平:《证据法学》,复旦大学出版社2006年6月,第55页。
[2] 杨解君:《行政处罚证据及其规则探究》,载《法商研究》1998年第1期(总第63期)。
[3] 赵根瑞:《行政处罚的证据种类和证明责任》,载《科技咨询导报》2007年第13期。
[4] 皮纯协:《行政处罚法释义》,中国书籍出版社1996年4月,第151页。
[5] 徐继敏:《行政处罚法的理论与实务》,法律出版社1997年12月,第149页。

(一) 关于证据的主体

在行政案件查处过程中,一方面,调查取证是行政主体的职责所在,行政主体有收集和运用证据的法定职权。另一方面,陈述申辩是当事人的权利所在,当事人有提供和运用证据的法定权利。与此同时,被侵害人也有权利提供相应的证据。由此,行政处罚证据必然是各方提供的诸多证据的总和。当然,所有证据中哪些证据可以成为行政处罚的定案证据,最终是由行政主体予以审定。但这并不意味着那些被排除的证据就不是证据。退一步说,即便在某些案件中,所有的证据包括定案证据均来自于行政主体,但仍然不能得出所有案件中的证据包括定案证据均由行政主体独家提供。因此,把行政主体作为提供行政处罚证据的唯一主体,既有悖实践也不合法理。

(二) 关于证据的内涵

从语义来说,"证据就是证明的根据",[①] "证据就是证明的依据"。[②] "这是对证据一词最简洁最准确的解释,也是人们在日常生活中普遍接受的证据基本含义"。[③] 从词性来说,证据一词是"中性的,并没有真假善恶的价值取向,它可真可假,也可以同时包含真与假的内容"。因而,"界定证据的概念,应该使用更为具体明确的语言,但不应偏离这一词语本身所具有的基本含义"和词性。[④] 从证据的内涵来看,证据与事实存在密不可分的关系,但两者之间仍然存在本质区别。正如有些学者所指出,"事实是通过语言陈述表达的事情的一种客观状况,它具有一定的主观性,但是最根本的特征却是其客观性、可靠性、恒定性、特殊性和片面性"。[⑤] "事实都是客观事实。客观事实不是事实的一种,而是事实的强调提法"。[⑥] 因此,将行政处罚证据认作"事实"或"客观事实",必然发生逻辑上或法理上的矛盾:(1)如果将行政处罚证据与"事实"或"客观事实"等同,那么必然与行政处罚法律的规定相违背。例如,《林业行政处罚程序规定》第16条第3款就规定,"证据必须经过查证属实,才能作为认定案件事实的根据"。既然已经是"事实"或"客观事实",那么就没有必要对它进行查证核实。(2)从行政处罚实践来看,无论是原告提交行政主体的证据,还是行政主体自行收集的证据,都存在有的证据是虚构的,有的证据是不属实的情况。也正因为如此,这些证据才需要审查核实。如果证据必须是"事实"或"客观事实",那么这些"证据"就不能称为证据了。(3)从行政诉讼实践来看,即使是生效判决中的证据,也有可能存在虚假的证据。正如有学者所说:"严格地说,在任何一起案件的定案根据中都存在着证据不完全属实的可能性,而且就每一个具体证据来说,其中也存在着不完全属实的可能性"。[⑦] 因此,在确定行政处罚证据的内涵时,"不应使用'事实'这种含有真假价值取向的词,而应使用'根据'以避免使用中

---

① 张树义:《行政诉讼证据判例与理论分析》,法律出版社2002年11月,第5页。
② 陈卫东、谢佑平:《证据法学》,复旦大学出版社2006年6月,第61页。
③ 何家弘:《证据法学研究》,中国人民大学出版社2007年1月,第79页。
④ 张树义:《行政诉讼证据判例与理论分析》,法律出版社2002年11月,第5页。
⑤ 陈卫东、谢佑平:《证据法学》,复旦大学出版社2006年6月,第58页。
⑥ 陈嘉映:《事物·事实·论证》,载赵汀阳:《论证》1999年秋季卷,辽海出版社1999年版,第7页。转引自陈卫东、谢佑平:《证据法学》,复旦大学出版社2006年6月,第56页。
⑦ 张树义:《行政诉讼证据判例与理论分析》,法律出版社2002年11月,第5页。

的混乱与矛盾"。① 因为"就真假的两值观念而言,'根据'一词是中性的,它可真可假,也可以同时包含真与假的内容"。② 换言之,行政处罚证据应该是"根据"而非"事实"。

(三) 关于证据的功能

从执法实践来看,有些行政处罚证据是事实,有些不是事实;有些行政处罚证据是虚构的,有些则不是。换言之,"能够"证明案件事实的是证据之中的一部分,不"能够"证明案件事实的也是证据的组成部分。直言之,正因为行政处罚证据并非完全属实,所以,行政处罚证据只能是"用来"证明案件事实的,而非"能够"证明案件事实的。

根据上述分析,可将行政处罚证据定义为:用来证明行政处罚案件事实存在与否的根据。由此,林业行政处罚证据就是用来证明林业行政处罚案件事实存在与否的根据。

二、林业行政处罚证据的属性和特征

在证据法上,和证据的定义一定,证据的属性和特征也是一个聚讼纷纷的问题,迄今未有定论。行政处罚证据究竟具有哪些属性和特征,理论上也是歧见纷呈。例如,有学者认为,"除了具有客观性和关联性等证据的根本属性外,行政处罚证据还有自己的特有属性:广泛性、专业性、技术性、直接性和时效性"。③ 有学者认为,"行政处罚的证据不同于人民法院审理刑事、民事行政案件时的证据,但作为证明违法事实客观存在的根据应该具有相同的特点,即客观性、相关性、合法性、时限性"。④ 也有学者认为,"行政处罚证据作为证据的一种,既具有证据的基本属性,也具有其他性质证据所不具有的属性。行政处罚的证据具有下列属性:客观性、相关性、合法性和程序性"。⑤ 还有学者在"行政处罚证据涵义和特征"标题下指出,"行政处罚证据应当具有真实性、相关性和合法性"。⑥ 从上述观点可以看出,学者们不仅对证据属性和特征的具体内容有不同认识,而且各自的语言习惯也有显著不同,有的使用"证据属性"的说法,有的则使用证据特征或证据特点。同时,学者们在使用这些概念时似乎也没有作出严格的区分。

其实,作为研究林业行政处罚证据的相关概念时需要考察的一对重要范畴,证据属性和证据特征是两个既有联系又有区别的概念。正如有的学者所指出:"从字面上看,属性是一个事物所具有的性质或者所隶属的性质;特征则是一个事物区别于其他事物的征象和标志。从哲学上讲,属性是内在的东西,是事物的质的规定性;特征是外在的东西,是事物的质的规定性的外在表现。一般来说,属性是抽象的,特征是具体的;属性是无法分割的综合整体,特征是可以分开考察的个体表征。由此可见,证据的属性是其本身固有的区别于其他事物的

---

① 张树义:《行政诉讼证据判例与理论分析》,法律出版社2002年11月,第5页。
② 何家弘:《证据法学研究》,中国人民大学出版社2007年1月,第79-80页。
③ 参见皮纯协:《行政处罚法释义》,中国书籍出版社1996年4月,第151-153页。
④ 腾明荣:《论我国行政处罚的证据规则》,载《宁夏大学学报》(人文社会科学版)第25卷2003年第3期(总第111期)。
⑤ 杨解君:《行政处罚证据及其规则探究》,载《法商研究》1998年第1期(总第63期)。
⑥ 冯军:《行政处罚法新论》,中国检察出版社2003年1月,第166页。

特殊性,证据的特征则是这种特殊性的外在表现"。① 笔者很赞同上述观点,并且认为在属性和特征之间作出区分非常重要,也很有现实意义,它可以帮助我们更好地理解林业行政处罚证据的属性和特征。

(一)林业行政处罚证据的基本属性②

一般认为,证据的基本属性包括以下内容:证据的客观性,证据的主观性,证据的证明性和证据的法律性。③ 作为证据的一种,林业行政处罚证据当然具备上述基本属性。

1. 林业行政处罚证据的客观性

作为"我国证据的本质特征",④或者作为"证据首要的基本特征",⑤"证据的客观性是指证据具有客观存在的属性,或者说,证据是客观存在的东西"。⑥ 对林业行政处罚证据而言,其客观性包括内容的客观性和形式的客观性两个方面。⑦ 第一,证据内容的客观性。也就是说,林业行政处罚证据的内容是对林业行政案件事实的反映。和任何行为一样,林业行政违法行为也是在一定的时间、空间、条件下所发生,必然会与周围世界或他人发生千丝万缕的联系和相互作用,必然会在客观世界上留下相应的物品或痕迹,或在人们的头脑中留下记忆。而证据的内容就是对林业违法行为所形成的物品、痕迹等各种案件事实的一种反映。没有案件事实为基础的猜测和臆断,都不属于证据的范畴。第二,证据形式的客观性。这是指林业行政处罚证据本身必须具有客观存在的形式,必须是一种客观存在的材料,是一种能够为人们以某种方式所感知的东西。尽管"存在于人脑中的信息也具有一定的客观性",⑧但是如果这种信息仅仅存在于大脑之中,而不以某种可以让人感知的形式,如采用语言、文字等方式予以表现出来,那么,其在形式上仍然不符合证据的客观性要求。

2. 林业行政处罚证据的主观性

证据的主观性是指证据具有其在形成过程中所凝聚的人的主观因素的属性。"实际上,所有证据都是人的主观认识与客观事物相结合的产物,所以,证据也具有主观性"。甚至"严格地说,任何形式的证据都具有一定的主观性"。⑨ 以林业行政处罚证据为例,当事人陈述、证人证言中就既有对案件事实的客观描述,也有当事人、证人对案件事实的主观认识;鉴定结论、勘验笔录显然也是鉴定、勘验人员主观上对客观存在的案件事实的认识结果。即便是

---

① 何家弘:《证据法学研究》,中国人民大学出版社2007年1月,第88页。
② 对于证据的属性,我国理论界一直存在争论,并相继产生了二性说、三性说、四性说、五性说等多种观点。目前,三性说属于主流学说。所谓证据的三性说是指证据具有客观性、关联性和合法性三种基本属性的学术观点。对于行政处罚证据的属性,行政法学界也存在三性说、四性说和五性说等多种看法。
③ 参见何家弘:《证据法学研究》,中国人民大学出版社2007年1月,第89页。
④ 刘金友:《证据法学(新编)》,中国政法大学出版社2003年5月,第86页。
⑤ 宋世杰、廖永安:《证据法学》,湖南人民出版社2008年2月,第62页。
⑥ 何家弘:《证据法学研究》,中国人民大学出版社2007年1月,第89页。
⑦ 有学者认为,除证据内容的客观性以外,还包括证据认定方式的客观性:"从认定证据的方式上来看,即必须对证据进行客观地认定。如《民事诉讼法》第64条第3款规定:'人民法院应当按照法定程序,全面地、客观地审查核实证据。'在此客观性被作为认定证据的方式"。参见孔祥俊:《行政诉讼证据规则与法律适用》,人民法院出版社2005年6月,第19页。
⑧ 何家弘:《证据法学研究》,中国人民大学出版社2007年1月,第89页。
⑨ 何家弘:《证据法学研究》,中国人民大学出版社2007年1月,第89页。

物证,如盗伐林木的锯子或非法狩猎的地枪(地弓),虽就其自身而言固然是客观的东西,但其成为证据,仍无法摆脱人的主观因素的"浸染",否则其证明作用将无从发挥。认识到证据主观属性的存在,对行政处罚实践具有重要意义。它提醒执法者在收集和审查证据时,应当尽可能排除各种主观因素的干扰和影响。

3. 林业行政处罚证据的证明性

证据的证明性是指证据具有验证、证明的属性。正因为证据具有证明案件事实存在与否的作用,或者说具有证明案件事实的基本功能,所以,证明性才构成证据的基本属性。它也"是区分证据于其他事物的质的规定性"。[①] 在林业行政案件的查处过程中,执法人员在现场会发现很多事物,但这些事物并不一定都能成为证据。只有当某一事物具有证明的属性,它才有可能成为证据。而证据的证明性总是与具体的案件事实相连,离开具体的待证事实,证据的证明性同样无从谈起。例如,在非法狩猎案件中,林业行政执法人员在现场发现的一把弓箭,只有在与非法狩猎行为相联系,在认定非法狩猎行为存在与否时才具有实际意义,对其他案件则不具有证明性。总之,在林业行政处罚实践中,每一个林业行政处罚证据都应当对案件事实具有证明作用,每一个证据的使用都应当对某一个案件事实存在与否的证明具有切实的帮助。

4. 林业行政处罚证据的法律性

证据的法律性是指证据具有的是否合乎法律的属性。因为我们讨论的是法律事务中的证据,而非日常生活中或学术研究中的证据,所以它应该具有法律性。这里所指的法律事务中的证据,不是泛指诉讼、仲裁、公正、监察等活动中所使用的证据,而是仅指林业行政处罚活动中使用的证据,或者说仅限于林业行政案件查处过程中使用的证据。尽管证据的法律性或合法性是我国证据法学领域内最有争议的问题之一,但正如有的学者所指出,"证据的法律性与合法性不是完全等同的概念。证据具有法律的属性,并不是说证据一定是合法的。合法性是法律性在一定法律制度下对证据之具体要求的体现"。[②]

(二)林业行政处罚证据的基本特征

特征是属性的外在表现。林业行政处罚证据的特征就是其属性的外在表现。具体而言,林业行政处罚证据的客观性表现出来的特征是证据的真实性;证据的主观性表现出来的特征是证据的虚假性;证据的证明性表现出来的特征是证据的关联性;证据的法律性表现出来的特征是合法性或非法性。基于在论述证据的定义时,已经就证据的真实性和虚假性进行过讨论,这里不再赘述,下面主要讨论证据的关联性特征和证据的非法性或合法性特征。

1. 林业行政处罚证据的关联性特征

通常认为,证据的关联性,也称证据的相关性,是指证据必须与案件事实存在客观联系,且对证明案情具有实际意义。它是从证据与案件事实的相互关系方面来反映证据属性的。作为证据的自然特征,关联性是证据与案件事实之间客观存在的联系。证据对于案件事实证明力的有无以及大小,均取决于证据与案件事实关系的存在与否,以及关系的强弱和紧密

---

① 何家弘:《证据法学研究》,中国人民大学出版社 2007 年 1 月,第 90 页。
② 何家弘:《证据法学研究》,中国人民大学出版社 2007 年 1 月,第 90 页。

程度。一般认为,证据的关联性具有两个方面的含义:(1)证据必须与案件事实有客观联系。首先,证据与案件事实必须有联系。例如,违法行为人在自留地砍伐的林木,就与其实施的滥伐林木案件没有联系,不能作为滥伐林木案件的证据。其次,证据与案件事实的联系必须是客观的,而不是主观臆测和猜想的。(2)证据必须能据以证明案件真实情况。一方面,证据必须能够证明案件事实,即证据具有能证性;另一方面,案件事实需要证据予以证明,即案件事实具有需证性。①

在具体的案件中,如何确定证据的关联性显然是一个重要而又复杂的问题。在林业行政案件的查处过程中,林业行政执法人员可以把证据的关联性分解为以下3个问题:(1)这个证据能够证明什么事实;(2)这个事实对解决案件中的争议问题有无实质性意义;(3)法律对这种关联性有无具体的要求。② 通过回答这3个问题,执法人员就可以较为准确地把握具体证据的关联性。

2. 林业行政处罚证据的合法性或非法性特征

在法律事务中,有些证据表现为合法的,有些证据表现为非法的,证据的这两种特征都是证据法律属性的外在表征。以法律事务中的证据是否合乎法律的规定为标准,可以对证据的特征进行分类。符合证据法律规范要求的证据,就具有合法性特征;反之,不符合证据法律规范要求的证据,则具有非法性特征。作为证据的社会特征,证据的合法性或非法性,是国家基于公平正义的价值考量而赋予证据的外在特性。在建设法治国家的过程中,赋予证据以合法性特征,无论是对人权的充分保障,还是对权力的有效制约,都具有重大的现实意义。

具体而言,林业行政处罚证据的合法性包括以下几个方面:

(1)证据主体的合法性。即证据的收集和提供主体必须符合法律的规定。例如,根据《林业行政处罚程序规定》,由非法定主体和人员制作的勘验、检查笔录就不具有合法性,原因在于法律规定勘验、检查笔录的制作主体只能是林业行政主体及其执法人员。

(2)证据形式的合法性。即证据的形式必须合乎法律的规定。可从以下两个方面进行审查:① 是否符合法定的证据种类;② 每种证据种类所应具备的形式是否满足要求。例如,《林业行政处罚程序规定》明确规定,当事人自行书写的材料(属于证据中的当事人陈述)上,应当有本人签名或者盖章。没有签名或盖章的上述材料,显然就不具备形式的合法性。

(3)证据取得的合法性。具体包括:① 证据取得"依据"的合法性。主要审查证据取得是否具有法律、行政法规、地方性法规、自治条例、单行条例、部门规章和地方政府规章和司法解释的依据。② 证据取得"手段"的合法性。即证据的收集方法或提取手段必须满足法律的要求。例如,根据法律规定,只有在办理治安案件过程中,公安机关才可以对违法嫌疑人实施传唤。如果森林公安机关在办理林业行政案件时,对林业行政违法嫌疑人也实施传唤,其手段明显违法,其收集的询问笔录也不具有合法性。③ 证据取得"程序"的合法性。即调查取证必须遵循法定程序。例如,《林业行政处罚程序规定》对先行登记保存的实施程

---

① 有关能证性和需证性的具体阐述,参见刘金友:《证据法学(新编)》,中国政法大学出版社2003年5月,第89-91页;宋世杰、廖永安:《证据法学》,湖南人民出版社2008年2月,第65页。

② 参见何家弘:《证据法学研究》,中国人民大学出版社2007年1月,第91页。

序有明确规定,如果林业行政执法人员没有遵守上述规定,未经林业主管部门负责人审批,擅自对证据实施先行登记保存,则其所获得的证据就不具有合法性。④ 证据取得"时间"的合法性。即证据的取得是否遵循了上述程序法律中有关时间的强制性规定。例如,林业行政执法人员在行政处罚决定做出以后,自行收集的证据就不具有合法性。

与合法性相对应,具有非法性特征的林业行政处罚证据,也可以包括以下4种:主体不合法的证据、形式不合法的证据、手段不合法的证据以及程序不合法的证据。其中,手段不合法包括:① 使用暴力或者其他强制手段获取证据,如对林业行政违法嫌疑人刑讯逼供、长时间地轮番询问、威逼或者胁迫证人作虚假证言等;② 采取设置圈套、利诱或者虚假承诺等非暴力手段骗取证据,如执法圈套(俗称钓鱼执法)、高价收买证据、以获取证据为目的的虚假和解等。

三、林业行政处罚证据的作用

作为一种行政执法活动,林业行政案件查处有两项基本任务:(1)准确认定林业行政案件事实;(2)正确适用林业法律规范。在这两项基本任务中,前者无疑占据首要地位或根本地位,因为准确认定案件事实是正确适用法律的前提条件和必要基础。而林业行政处罚证据的基本功能就在于证明林业行政案件事实,即证明特定的林业行政违法事实是否存在。显然,证据问题是林业行政案件查处活动中的中心问题,也是执法实践中最实际的问题。证据是林业行政处罚的基础和核心,在林业行政处罚中起着至关重要的作用。具体而言,林业行政处罚证据的作用主要表现在以下几个方面:

(1)证据是认定事实的基础。对于林业行政执法人员来说,大部分林业行政案件事实是已然发生而不可能重现的事实,查明案件事实的唯一手段是进行深入细致的调查研究,全面、客观、公正、合法地收集、获取与案件事实有关的证据,对经过听证程序质证的证据和无需质证的证据,进行逐一审查和对全部证据综合审查、判断,确定证据与案件事实之间的证明关系,排除不具有关联性的证据材料,从而准确认定林业行政案件事实。毫无疑问,林业行政案件事实只有获得充足、合法的证据支撑,才能真正地大白于天下,也才能为林业行政处罚奠定坚实的事实基础。基于证据的重要性,甚至有学者认为,"证据是查明案件的唯一手段"。[①]

(2)证据是处罚公正的基石。作为行政处罚的基本原则之一,处罚公正原则要求林业行政主体在查处林业行政案件过程中,能够坚持公平、正义。与司法审判一样,一次公正的林业行政处罚,也应该是事实与法律并重、实体与程序一体、效率与公正兼顾的执法过程。而实现公正处罚的首要前提就是准确认定案件事实,就必须重视证据的作用。因此,可以说,证据既是认定案件事实的基础,也是行政处罚公正的基石。离开证据,处罚公正即成戏言。

(3)证据是权益维护的工具。在林业行政处罚中,证据作为当事人维护合法权益的工具,主要是在程序和实体两个方面发挥其价值。① 证据在程序方面的工具价值主要通过证

---

① 刘金友:《证据法学(新编)》,中国政法大学出版社2003年5月,第102页。

据规则发挥作用。维护当事人在林业行政处罚过程中的合法权益,首先应有切实可行的证据规则和听证规则,以保障当事人能够充分行使收集、提交证据和公开质证的权利;其次应有严格的证据排除规则,以防范行政执法人员滥用职权或使用非法手段获取证据,侵害当事人的合法权益。② 证据在实体方面的工具价值主要体现在,证据是当事人论证自己主张和要求,反驳行政主体指控和追究的核心依据。任何试图保护自己实体性合法权益的当事人,只有通过提供确实、充分的证据来论证自己的主张,其主张才有可能被林业行政主体所接受和认可。反之,没有证据支持的任何主张,都不会得到法律的支持,相应的实体性权益自然也不会得到维护。

(4) 证据是执法监督的支点。根据《林业行政执法监督办法》的规定,林业行政执法监督包括内部监督和层级监督。内部监督是指各级林业行政主管部门对本部门内部的执法机构和执法人员实施林业行政执法进行的监督活动;层级监督是指上级林业行政主管部门对下级林业行政主管部门和林业行政执法人员的林业行政执法进行的监督活动。无论是内部监督还是层级监督,"案件的事实是否清楚、证据是否确凿"都是监督的主要内容之一。从证据这个环节切入,不仅可以考察案件事实是否清楚,法律法规规章是否正确适用,而且可以了解案件的办理是否符合法定程序,甚至可以延伸到监督的所有内容。可以说,证据是实施执法监督的一个支点。

当然,林业行政处罚证据的作用并不仅限于上述几项。不同的学者自有不同的视角,其所得出的结论自然也就不同。例如,有学者认为证据还有以下几个方面的作用:证据是推进诉讼活动的必要条件;证据是揭露、证实违法犯罪的有力工具;证据是保障无辜者不受法律追究的切实保障;证据是进行法制教育的生动材料,等等。① 这些理论分析和阐释,对进一步深化对证据作用的认识具有重要意义。

第二节 林业行政处罚证据的分类

根据证据学原理,林业行政处罚证据的分类也可以有法律上的分类和学理上的分类两种形式。② 所谓法律上的分类,即依照《林业行政处罚程序规定》和《行政诉讼法》等相关法律,对证据进行的分类。这种分类形式是从证据的表现形式进行的划分,一般称为证据的种类。所谓学理上的分类,是指法学理论界从证据的来源、效力、提供者等角度,按照不同的标准对证据进行的划分,一般称为证据的分类。有学者认为,证据分类和证据种类是两种不同

---

① 刘金友:《证据法学(新编)》,中国政法大学出版社 2003 年 5 月,第 102 – 103 页。
② 有学者认为,目前我国学术界和实务界在证据的种类问题上存在混乱现象。或是根据《诉讼法》的规定把证据划分为物证、书证等 7 种或 8 种,或是按照学理传统对证据进行划分,如人证与物证,直接证据与间接证据等,而这些分类之间还有相互交叉、重叠之处。造成这种混乱的原因之一就是没有明确区分证据的内容与证据的形式。所谓证据内容,即寓存于证据之中的能够证明案件中待证事实之信息的综合;所谓证据形式,则是反映或表现上述信息的层次、结构和方式。区分证据的内容与形式可以帮助我们更准确地把握证据概念的内涵与外延,也可以帮助我们更加科学合理地划分证据的种类。参见何家弘:《证据法学研究》,中国人民大学出版社 2007 年 1 月,第 97 – 98 页。

的证据划分方法。① 其实,从逻辑意义上,证据种类不过是一种证据分类的形式和方法;就本质而言,证据种类则归于证据分类。基于林业行政处罚实践的需要,这里对林业行政处罚证据的种类和分类一并作出介绍。

一、林业行政处罚证据的种类

我国《行政处罚法》对行政处罚证据的种类没有规定,因此,不存在全国统一的行政处罚证据的种类。许多学者认为,与行政诉讼证据一样,行政处罚证据也应当有7种类型。但各学者的归纳各不相同:(1)书证、物证、视听资料、证人证言、当事人和被害人陈述、鉴定结论、勘验笔录和现场笔录;②(2)书证、物证、视听资料、证人证言、当事人陈述(包括被侵害人陈述)、鉴定结论、勘验笔录和现场笔录;③(3)书证、物证、视听资料、证人证言、当事人陈述、鉴定结论、勘验笔录和现场笔录。④ 在立法实践中,许多法规、规章对行政处罚证据都有明确规定,但种类并不完全一致。⑤ 根据《林业行政处罚程序规定》第16条,林业行政处罚证据的法定种类有7种:书证、物证、视听资料、证人证言、当事人的陈述、鉴定结论、勘验笔录和现场笔录。

(一)书证

关于书证的定义,主要有以下几种:(1)"书证是指以其内容来证明待证事实的有关情况的文字材料"。⑥ (2)"书证是以其记载的内容证明案件部分或全部情况的文字、符号等书面材料"。⑦ (3)"书证是指在纸张、布帛、金属、石块、竹木等物体上书写、印刷、绘画、刻制的,以其内容和含义证明案件事实的文字、符号和图画"。⑧ (4)"凡是以文字、符号、图案表达一定的思想,其记载的内容能够证明案件事实的证据,称为书证"。⑨ (5)"书证是指以文字、称号(应为符号)、图画等所表达和记载的思想内容,来证明案件事实的书面文件或其他物品"。⑩ (6)"书证是以其记载的内容或者涵义来证明林业行政处罚案件事实的文书材

---

① 参见刘金友:《证据法学(新编)》,中国政法大学出版社2003年5月,第147页。
② 参见徐继敏:《行政处罚法的理论与实务》,法律出版社1997年12月,第152-156页。有学者归纳的7种证据中不包括现场笔录。参见李国光:《行政处罚法及配套规定新释新解》,人民法院出版社2006年5月第2版,第530-536页。
③ 皮纯协:《行政处罚法释义》,中国书籍出版社1996年4月,第153页。
④ 冯军:《行政处罚法新论》,中国检察出版社2003年1月,第173-176页。
⑤ 根据《公安机关办理行政案件程序规定》第23条,公安机关办理行政案件的证据种类主要有8种:① 书证;② 物证;③ 视听资料、电子证据;④ 被侵害人陈述和其他证人证言;⑤ 违法嫌疑人的陈述和申辩;⑥ 鉴定意见;⑦ 检测结论;⑧ 勘验、检查笔录,现场笔录。
⑥ 陈卫东、谢佑平:《证据法学》,复旦大学出版社2006年6月,第173页。
⑦ 皮纯协:《行政处罚法释义》,中国书籍出版社1996年4月,第153页。
⑧ 徐继敏:《行政处罚法的理论与实务》,法律出版社1997年12月,第152页;冯军:《行政处罚法新论》,中国检察出版社2003年1月,第173页。
⑨ 李国光:《行政处罚法及配套规定新释新解》,人民法院出版社2006年5月第2版,第530页。
⑩ 文中的"称号"似乎是错词,根据上下文,应该改为"符号"。参见王良钧、张继荣、荀吉芝:《行政证据原理及实用》,河南人民出版社2005年5月,第75页。

料"。① (7)"书证是指以文字、符号、图画等形式所表达的思想内容来证明案件真实情况的书面文件或其他物体"。②

综合各种定义,可以看出,书证并不限于文字、符号和图画,也不限于文字材料、文书材料或书面材料,可以说,凡是能够以其承载的内容来证明案情的材料,都是书证。因此,笔者认为,书证是指能够以其承载的思想内容来证明案件真实情况的各种材料。其表现形式大多是文字,也可以是数字、图形(图画)、印章、符号等。其物质载体不限于纸张,还包括布帛、金属、石块、竹片、木片、皮革等。其制作方式有手书、印刷、刻制、绘画、拼接、剪贴等。一般认为,书证具有4个特征:一是内容上的思想性。书证在形式上必须是以文字、符号等来记载或表达人的特定思想内容的物质材料,能够客观地记述和反映案件事实的真相。二是证据作用的直观性。书证本身是证明内容和证明过程的直接统一,它能以其独特的客观化、具体化、形象化和固定化的文字、符号等本身所体现的思想内容,来直接证明案件事实。三是形式上的稳定性。书证在形式上稳定性较强,一般不易受时间的影响,易于长期保存。四是载体的物质性。基于书证是以其思想内容来发挥证明作用,因而,书证必须以一定的物质材料作为其存在的载体。③

书证是林业行政处罚中运用得最为广泛的一种证据。通常包括:林木采伐许可证、狩猎证、木材运输证、林权证、木材销售票据、木材买卖合同、伐区调查设计书、账本、记事本、证明违法嫌疑人身份的各种证件、会议记录等。

(二) 物证

关于物证的定义,主要有以下几种:(1)"以物品的外形、特征、质量等客观存在证明案件事实的证据,称为物证"。④ (2)"物证是指以外部特征、存在状况、内在质量等证明案件情况的物品"。⑤ (3)"物证是以其外形、质量、规格和标记等形态特征来证明林业行政处罚案件事实的物品或者痕迹"。⑥ (4)"物证是能够以其存在形式、外部特征、内在属性证明案件真实情况的物品和痕迹。所谓物品是指构成物证的物质材料,包括固态、液态和气态的形式存在的,也有以场的形式存在的,如电磁场。物证的存在形式指物品和痕迹所处位置、环境、状态、与其他证据的相互关系等。物证的内在属性指物品的各种物理化学性质。物证的外部特征指物品的形状、大小、数量、颜色、新旧程度等。痕迹实质上是物品的表面形态,是物品的物理化学特征的体现"。⑦与前3种定义相比,笔者认为,第(4)种定义较为合理。一般认为,物证具有3个特征:(1)物证通过物品和痕迹来证明待证事实;(2)相较于其他证据有较强的客观性和稳定性;(3)证据的证明作用具有间接性。⑧

物证与书证的实体形态都表现为物,两者既有联系又有区别。其联系表现在,在某些情

---

① 黄柏祯、宋元喜:《林业行政处罚通解》,江西人民出版社2003年8月,第77-78页。
② 刘金友:《证据法学(新编)》,中国政法大学出版社2003年5月,第109页。
③ 参见陈卫东、谢佑平:《证据法学》,复旦大学出版社2006年6月,第173页。
④ 李国光:《行政处罚法及配套规定新释新解》,人民法院出版社2006年5月第2版,第531页。
⑤ 皮纯协:《行政处罚法释义》,中国书籍出版社1996年4月,第154页。
⑥ 黄柏祯、宋元喜:《林业行政处罚通解》,江西人民出版社2003年8月,第78页。
⑦ 参见陈卫东、谢佑平:《证据法学》,复旦大学出版社2006年6月,第163页。
⑧ 参见陈卫东、谢佑平:《证据法学》,复旦大学出版社2006年6月,第163页。

形下,"同一物品同时兼具物证和书证的双重属性":①既能以其记载的内容来证明案件真实情况,又能以其外部特征、存在状况或内在属性来证明案件事实。其区别在于:(1)证明方式不同。书证是以记录在物品上的文字、图画等所表达的思想内容来证明案情;而物证不具有思想内容,是单纯以物品自身的存在、形状、特性来证明案件事实。(2)法律要求不同。法律对某些书证有特殊要求,如不具备法定形式或未履行法定手续,"它就不发生法律效力,在诉讼上不具有证据力;法律对物证则无特殊要求",②即物证"作为证据不可能要求其具备一定的法定形式和手续"。③ (3)可替代性不同。书证具有可替代性,一般可以用副本、抄本、影印本等文本来代替;而物证"具有特定性和不可替代性",④"一般不允许用复制品和照片等来代替"。⑤ (4)证明作用不同。书证具有直接的证明作用,"书证的特点在于内容本身对案件事实具有直接的证明作用",⑥"特别是有些书证可以直接证明案件的性质、违法动机和目的,可以鉴别其他证据的真伪";⑦而物证本身不会说话,不能自行作证,对案情一般只具有间接的证明作用。

在林业行政处罚案件中,常见的物证主要包括:(1)违法工具。如砍伐林木的刀、斧、锯,非法狩猎的枪支、弹药、毒药等。(2)实施违法行为遗留的物品、痕迹。如锯痕、刀痕,遗留在现场的脚印等。(3)违法对象。如被伐倒的林木,被猎捕的山鸡、野兔等。(4)违法形成的物品。如用盗伐的林木制成的桌、椅,用非法捕猎的动物浸泡的药酒等。(5)其他可供查明违法行为和嫌疑人特征的有关物品或痕迹。

(三) 视听资料

关于视听资料的定义,主要有以下几种:(1)"凡是利用录像或录音磁带等反映的图像、音响,或以电子计算机储存的数据和资料等证明案件事实的证据,称为视听资料"。⑧ (2)视听资料"是指录有声音或图像,具有再现功能的录音带、录像带、微型胶卷、传真资料、电子计算机软盘等利用科技手段制成的资料"。⑨ (3)"视听资料是指以录音、录像所反映出来的声响、图像和计算机储存的资料、材料来证明林业行政处罚案件事实的音像、软件材料"。⑩ (4)"视听资料是指用录音、录像及其他现代化的工具、设备记录下来的能够证明案件情况的事实材料"。⑪ (5)"视听资料,是指采用先进科学技术,利用图像、音响及计算机等储存、

---

① 李国光:《行政处罚法及配套规定新释新解》,人民法院出版社2006年5月第2版,第531页。
② 李国光:《行政处罚法及配套规定新释新解》,人民法院出版社2006年5月第2版,第531页。
③ 冯军:《行政处罚法新论》,中国检察出版社2003年1月,第174页。
④ 王良钧、张继荣、苟吉芝:《行政证据原理及实用》,河南人民出版社2005年5月,第78页。
⑤ 徐继敏:《行政处罚法的理论与实务》,法律出版社1997年12月,第152页。有学者认为,当事人提供物证,应当提交原物;提交原物有困难的,可以提交复制品或照片,或提供与原物核对无误的复制件或者证明该物的照片、录像等。参见李国光:《行政处罚法及配套规定新释新解》,人民法院出版社2006年5月第2版,第531页;王良钧、张继荣、苟吉芝:《行政证据原理及实用》,河南人民出版社2005年5月,第79页。
⑥ 皮纯协:《行政处罚法释义》,中国书籍出版社1996年4月,第154页。
⑦ 徐继敏:《行政处罚法的理论与实务》,法律出版社1997年12月,第152页。
⑧ 李国光:《行政处罚法及配套规定新释新解》,人民法院出版社2006年5月第2版,第531页。
⑨ 徐继敏:《行政处罚法的理论与实务》,法律出版社1997年12月,第153页。
⑩ 黄柏祯、宋元喜:《林业行政处罚通解》,江西人民出版社2003年8月,第78页。
⑪ 皮纯协:《行政处罚法释义》,中国书籍出版社1996年4月,第154页。

反映的数据和资料,来证明案件真实情况的一种证据"。①

笔者认为,第(5)种定义较为合理。视听资料一般包括:录音带、录像带、电影胶卷、电话录音、雷达扫描资料、微型胶卷、电子计算机所存储的数据、资料等。视听资料一般具有3个特征:(1)具有高度的准确性和逼真性;(2)具有动态直观性;(3)视听资料的收集、审查和判断都具有科技依赖性。

在林业行政处罚案件中,视听资料并不多见。主要包括:木材运输的监控录像,阻碍林业行政执法人员执行职务的录像等。

(四)证人证言

1. 关于证人证言

关于证人证言的定义,主要有以下几种:(1)"证人证言是指了解行政违法行为的人,以口头或书面的形式向行政机关或组织所作的陈述"。② (2)"证人证言是指证人就其所知道的林业行政处罚案件事实情况,以口头或者书面方式向调查人员所作的真实陈述。所谓证人,是指知道林业行政处罚案件事实情况并应调查人员要求进行作证的人"。③ (3)"证人是案件当事人以外直接或间接了解案件情况并向执法人员如实陈述的人。证人关于他了解的案件情况的陈述就是证人证言"。④ (4)"了解案件有关情况接受行政机关询问或被传唤的人,称为证人;证人向行政机关所作的能够证明案件真实情况的表述,是证人证言"。⑤ (5)"证人是案件当事人以外直接或间接了解案件情况依法可以出庭作证的人。证人关于他所了解的案件情况的陈述就是证人证言"。⑥ (6)"证人证言是证人就其所感知的案件情况向执法人员所作的陈述"。⑦

综合上述定义,笔者认为,证人证言是指案件当事人以外了解案件情况的人,以口头或书面的形式向行政主体所作的陈述。证人提供证言主要采用口头形式,也有的采用书面证词的形式。作为证据的法定形式之一,证人证言一般具有4个特征:(1)证人只能是自然人;(2)证人具有不可替代性;(3)证言内容具有特定性;(4)证言具有不稳定性。

在林业行政处罚案件中,证人证言主要包括:护林员就自己目睹某人砍伐林木情况所作的陈述、上山砍材的村民所作的有关某人猎捕野兔情况的书面陈述等。

2. 关于被侵害人(受害人)陈述

所谓被侵害人陈述,是指被侵害人就其感受、了解的遭受违法行为侵害的事实和违法嫌疑人、证人的其他有关情况,向执法人员所作的陈述。被侵害人陈述具有3个特点:(1)陈述的内容是自己遭受违法侵害的事实和其他有关违法嫌疑人、证人的情况;(2)陈述一定是在案件查处过程中被侵害人向执法人员所作的陈述;(3)除单位被侵害人以外,被侵害人陈

---

① 陈卫东、谢佑平:《证据法学》,复旦大学出版社2006年6月,第210页。
② 皮纯协:《行政处罚法释义》,中国书籍出版社1996年4月,第155页。
③ 黄柏祯、宋元喜:《林业行政处罚通解》,江西人民出版社2003年8月,第79页。
④ 徐继敏:《行政处罚法的理论与实务》,法律出版社1997年12月,第153页。
⑤ 李国光:《行政处罚法及配套规定新释新解》,人民法院出版社2006年5月第2版,第532页。
⑥ 冯军:《行政处罚法新论》,中国检察出版社2003年1月,第174页。
⑦ 陈卫东、谢佑平:《证据法学》,复旦大学出版社2006年6月,第150页。

述必须是被侵害人亲自所作的陈述。在单位作为被侵害人的情况下,陈述的提供者只能是单位的法定代表人或法定代理人,因而被侵害人陈述表现为代表人或者代理人的陈述。被侵害人是直接受害者,其陈述一般比较具体详细,具有客观真实性和不可替代性。但有时也存在作虚假陈述或夸张陈述的可能性。

根据《林业行政处罚程序规定》第 16 条第 2 款,被侵害人陈述并不属于法定的证据种类。那么,它是否能够作为林业行政处罚的一种证据呢?有学者认为,"在林业行政处罚中,受害人、控告人和举报人一般都是林业行政违法行为的见证人或者知情人,对其也应视为证人,他们对林业行政违法行为进行控告、举报的材料或者就其所知道的林业行政处罚案件真实情况向调查人员所作的口头或者书面陈述,经查证属实的也应属于证人证言"。[①]

笔者认为,在林业行政处罚中,因为法律没有规定被侵害人陈述这种证据形式,就认为它不能成为证据的做法,既脱离林业行政执法实际,又不利于准确及时地查明案件真实情况。另外,证据的形式是发展的,《林业行政处罚程序规定》对证据形式的规定,是基于 1996 年立法时的经验,当时未作规定的,随着情况的变化和认识的深化,就有可能出现并应当予以肯定。实际上,后来制定的其他法律中,就有将被侵害人陈述规定为证人证言的一种类型。例如《公安机关办理行政案件程序规定》中的第 4 种证据就是"被侵害人陈述和其他证人证言"。因此,尽管林业法律并没有作出规定,但实际上,被侵害人陈述不仅是一种重要的证据类型,理应作为林业行政处罚证据的一种,而且是一种既不同于证人证言,也不同于违法嫌疑人陈述的证据类型,应当在证据种类中作为一种独立的证据形式单列出来。这是以后修改相关林业证据法律时应予以考虑的。

(五)当事人的陈述

关于当事人陈述的定义,主要有以下几种:(1)"当事人陈述主要是指实施行政违法行为的行为人及因该行政违法行为而受到侵害的被害人的陈述"。[②] (2)"当事人陈述是指当事人在行政处罚过程中向执法机关所作的关于案件事实情况的叙述和对执法机关告知的内容所作的承认"。[③] (3)"当事人的陈述是指林业行政处罚当事人就自己是否实施被指控的林业行政违法行为,以口供或者书面方式向调查人员所作的陈述,也就是人们通常所说的当事人的口供或者笔供"。[④]

关于当事人陈述的内容,学者之间的观点也不一致。有学者认为,当事人的陈述主要包括当事人承认自己实施林业行政违法行为的供述和否认自己实施林业行政违法行为的辩解两方面内容。[⑤] 有学者认为,"行为人的陈述,包括辩解,在行政处罚中具有重要作用。真实的陈述可作为认定案情的直接证据,有利于查明行为人的违法事实。其中的辩解也可从反

[①] 黄柏桢、宋元喜:《林业行政处罚通解》,江西人民出版社 2003 年 8 月,第 70 页。
[②] 皮纯协:《行政处罚法释义》,中国书籍出版社 1996 年 4 月,第 156 页。
[③] 冯军:《行政处罚法新论》,中国检察出版社 2003 年 1 月,第 175 页。
[④] 黄柏桢、宋元喜:《林业行政处罚通解》,江西人民出版社 2003 年 8 月,第 80 页。
[⑤] 参见黄柏桢、宋元喜:《林业行政处罚通解》,江西人民出版社 2003 年 8 月,第 79 页。

面帮助行政机关全面、正确认定事实,避免错误行政处罚"。① 也有学者指出,并非当事人陈述的所有内容都能当作证据使用,可以用作证据的,只能是当事人关于案件事实的叙述。② 有学者认为,当事人陈述包括3项内容:(1)关于案件事实的说明和材料;(2)对案件事实的法律评定;(3)证据和理由。其中,只有第一项内容才具有证据意义,法律的评定、意见、理由、道理等表达当事人个人看法和主张的内容都不是证据。③ 还有学者认为,当事人陈述包括当事人的承认,即当事人对行政处罚主体主张的事实予以认可的陈述。这种承认必须表现为明确的语言或文字;当事人对他方当事人主张的于己不利的事实的沉默,不能视为其承认。④

综合上述定义,笔者认为,根据《林业行政处罚程序规定》,林业行政处罚案件中的当事人,仅指林业行政违法嫌疑人而不包括被侵害人。因此,当事人陈述,就是违法嫌疑人陈述,是指违法嫌疑人在被追究行政处罚责任的过程中,就自己被指控的违法事实以及案件的其他事实,向执法人员所作的陈述和辩解。但是,当事人的陈述必须是在自己被追究行政处罚责任的过程中作出的有关自己而非他人行政责任的案件事实的陈述。因此,下列3种情形即不属于当事人陈述:(1)在追究他人行政处罚责任的过程中所作出的有关自己和他人案件事实的陈述;(2)在被追究行政处罚责任的办案程序开始前和终结后所作出的有关自己案件事实的陈述;(3)在自己被追究行政处罚责任的过程中所作出的有关他人的违法犯罪事实的陈述。一般认为,当事人陈述具有两个特点:(1)较强的可信性;(2)一定的利己性。⑤ 也有学者认为,当事人陈述一方面具有较强的可信性和证明力,另一方面带有一定的片面性甚至虚假性。⑥ 笔者认为,当事人陈述具有5个特点:(1)当事人陈述的证明作用具有直接性,即具有直接证明案件主要事实的能力;(2)当事人陈述具有不可替代性,只能由违法嫌疑人本人亲自作出;(3)陈述内容虚假的可能性较大;(4)违法嫌疑人陈述通常具有复杂性和不稳定性;(5)当事人陈述的程序法定性。不符合法定程序要求的当事人陈述,不具有证据能力。《行政处罚法》对当事人陈述的程序要求是:当事人的陈述必须是在行政处罚案件查处过程中作出,在尚未立案调查之前和行政处罚决定做出以后,当事人所作出的有关自己案件事实的陈述,都不属于当事人陈述。

在林业行政处罚案件中,当事人陈述主要包括:非法经营木材的嫌疑人就其收购、加工木材的时间、地点、数量、价格、来源等情况所作的陈述。

---

① 皮纯协:《行政处罚法释义》,中国书籍出版社1996年4月,第156页。
② 参见徐继敏:《行政处罚法的理论与实务》,法律出版社1997年12月,第154页;宋功德:《税务行政处罚》,武汉大学出版社2002年3月,第153页;李国光:《行政处罚法及配套规定新释新解》,人民法院出版社2006年5月第2版,第533页。
③ 冯军:《行政处罚法新论》,中国检察出版社2003年1月,第175页。
④ 李国光:《行政处罚法及配套规定新释新解》,人民法院出版社2006年5月第2版,第534页。
⑤ 参见宋功德:《税务行政处罚》,武汉大学出版社2002年3月,第153页;李国光:《行政处罚法及配套规定新释新解》,人民法院出版社2006年5月第2版,第533—534页。
⑥ 王良钧、张继荣、荀吉芝:《行政证据原理及实用》,河南人民出版社2005年5月,第89页。

(六) 鉴定结论

关于鉴定结论的定义,主要有以下几种:(1)"鉴定结论是指有关专门机构或者专家对案件中的某些专门问题依法进行科学鉴定后所作出的书面结论"。① (2)"鉴定结论是鉴定部门所指派的鉴定人运用自己的专业知识或技能,根据案件事实材料,对需要鉴定对象进行分析、鉴别和判断后得出的科学结论"。② (3)"鉴定结论是指鉴定人对林业行政处罚案件中某些专门性问题进行鉴定后得出的科学结论"。③ (4)"行政机关为了查明案情,对于一些专门性问题,需要聘请或委托法定鉴定部门或者在没有法定鉴定部门的情况下指定鉴定部门鉴定,由这些部门中的专业技术人员进行分析论证,提出结论性意见"。④ (5)"鉴定结论,又称'鉴定人的意见',是鉴定人接受司法机关的委托和聘请,运用自己的专业知识和现代科学技术手段,对诉讼中涉及的某些专门性问题进行检测、分析判断后,作出的一种结论性的书面意见"。⑤

综合上述定义,笔者认为,鉴定结论(称作"鉴定意见"更为准确),是鉴定人接受行政主体的指派或者聘请,运用自己的专门知识,借助现代科学仪器和设备,对行政处罚案件中涉及的某些专门性问题进行鉴别、判断以后,所作出的一种结论性的书面意见。一般认为,鉴定结论具有3个特点:(1)它是鉴定人对案件中的专门性问题进行鉴定后提出的结论性意见;(2)它是鉴定人运用自己的专门知识和技能,借助科学仪器和设备,分析研究相关专门性问题的结果;(3)它是鉴定人就案件的专门性问题所作的结论,而不是对法律问题提供的意见。

在林业行政处罚案件中,经常需要作出鉴定结论的项目包括:木材材积、树种鉴定、木材材质、野生动物物种等。

(七) 勘验笔录和现场笔录

关于勘验笔录和现场笔录的定义,主要有以下几种:(1)"行政机关为了查明案件事实,对与案件有关的现场或物品进行勘察、检验的行为,称为勘验。勘验人员对发生争议的现场或物品等进行勘验、检查所作的记录,称为勘验笔录"。⑥ (2)"勘验是对与案件有关的场所、物品、尸体、人身进行观察、检验,以便发现和收集证据,了解案件的有关情况。勘验笔录是对勘验活动的过程及所发现的事实的客观记载"。⑦ (3)"勘验、现场笔录是指行政处罚主体调查人员凭借自己感官的感觉作用,对于与案件有关的场所、物品、人身等进行观察、检验后,所作的文字记录、绘图、照片等证据材料的总称"。⑧ (4)"勘验笔录是指行政机关工作人员(在行政程序中)和人民法院审判人员(在行政诉讼中)对案发现场和有关物证进行勘验、

---

① 皮纯协:《行政处罚法释义》,中国书籍出版社1996年4月,第156-157页。
② 徐继敏:《行政处罚法的理论与实务》,法律出版社1997年12月,第154页。
③ 黄柏祯、宋元喜:《林业行政处罚通解》,江西人民出版社2003年8月,第80页。
④ 李国光:《行政处罚法及配套规定新释新解》,人民法院出版社2006年5月第2版,第534页。
⑤ 陈卫东、谢佑平:《证据法学》,复旦大学出版社2006年6月,第191页。
⑥ 李国光:《行政处罚法及配套规定新释新解》,人民法院出版社2006年5月第2版,第535页。
⑦ 陈卫东、谢佑平:《证据法学》,复旦大学出版社2006年6月,第182页。
⑧ 徐继敏:《行政处罚法的理论与实务》,法律出版社1997年12月,第155页。

检验、测量、绘图、拍照等勘验活动并将有关情况和结果如实记录下来而形成的笔录"。①
(5)"勘验笔录是指勘验人凭借自己感官的感觉作用,对与林业行政违法行为有关的场所、物品进行勘验、检查后所作的如实记录,它包括文字记录、绘图、照片等内容";"现场笔录是林业行政执法人员在办理林业行政处罚案件时,对有关事项当场所作的文字记录"。②
(6)"勘验笔录是指行政执法人员对行政违法案件的现场以及不便移动的物证等进行检验、勘验后作出的记录";"现场笔录是指行政机关工作人员在行政违法行为发生的现场,当场对行为人实施行政处罚或作其他处理所作的现场情况笔录。……现场笔录主要使用于当场处罚中"。③

综合上述定义,笔者认为,勘验是对与违法行为有关的场所、物品进行勘察、检验,以便发现、收集和固定证据,进一步了解案情。勘验笔录和现场笔录则是对勘验活动过程及其所发现的事实的客观记载。一般认为,勘验笔录和现场笔录具有以下特征:(1)勘验主体具有特殊性。勘验作为行政执法行为,只能由执法人员组织实施,或者由行政主体指派或聘请的具有专门知识和技能的人在执法人员的主持下进行。(2)记载对象具有特定性。不仅包括勘验活动,还包括勘验、检查、检验等各种收集和固定证据的活动。(3)笔录内容具有客观性。(4)笔录方法具有多样性。除可用笔记载外,勘验笔录的方式还包括照相、录像、录音、绘图等方式,如现场照片、现场绘图等。(5)勘验笔录的证明作用具有间接性。

在林业行政处罚案件中,需要勘验、检查的地点或场所通常包括:盗伐、滥伐林木的现场、埋设狩猎工具的地点、运输木材的车辆、木材加工的场所等。

二、林业行政处罚证据的分类

(一)不利证据与有利证据

1. 划分依据

根据证据在行政处罚程序中的作用,可以将证据分为不利证据与有利证据,或者分为指控证据与申辩证据。④

不利证据,是指能够证明当事人违法以及应当从重处罚的证据;有利证据,是指能够证明当事人没有违法或应当从轻、减轻、免除处罚的证据。换言之,在林业行政处罚程序中,围绕当事人是否应当承担行政处罚责任,林业行政主体和行政相对人依法各自行使指控职权与申辩权利。在控、申双方形成的对立统一关系中,服务于指控职权的、证明当事人违法或应从重处罚的证据为指控证据,即不利证据;服务于申辩权利的、证明当事人没有违法或应

---

① 冯军:《行政处罚法新论》,中国检察出版社2003年1月,第176页。
② 黄柏祯、宋元喜:《林业行政处罚通解》,江西人民出版社2003年8月,第81页。
③ 皮纯协:《行政处罚法释义》,中国书籍出版社1996年4月,第157-158页。
④ 根据诉讼证据在刑事诉讼中的证明作用,可以将证据分为控诉证据与辩护证据。凡是能够证明被告有罪以及应当从重、加重处罚的证据称为控诉证据(不利于被告的证据);凡是能够证明被告无罪、罪轻或者应当减轻、免除被告人刑事责任的证据,是辩护证据(有利于被告的证据)。参见徐静村:《刑事诉讼法学》(上),法律出版社1997年版,第154页。

从轻、减轻、免于处罚的证据为申辩证据,即有利证据。对林业行政处罚证据作出这种划分,有两方面的作用:(1)便于控、申双方把握证据的作用和不同特点,准确运用证据完成其指控违法的举证责任或有效地行使其申辩权利。(2)在未来的行政复议或行政诉讼中,便于复议人员或司法人员依据证据要求确认控、申双方的客观义务。

2. 特点及适用规则

(1)不利证据的特点及适用规则

不利证据服从并服务于指控职权,指控职权的性质决定了行政处罚案件的证明要求是严格的。尽管行政处罚法没有对证明标准作出明确规范,但是根据《林业行政处罚程序规定》可以推断出,林业行政主体行使指控职权时,指控方的证明必须做到"事实清楚、证据确凿"。它要求:① 据以定案的证据均已查证属实;② 案件事实均有必要的证据予以证明;③ 证据之间、证据与案件事实之间的矛盾得到合理排除;④ 得出的结论是唯一的,排除了其他可能性。因此,如果在行政指控中不利证据不确凿,即使没有有利证据存在,也不能确认指控并作出行政处罚。

基于不利证据必须确凿的标准,其适用规则有两点:① 排除法则。任何认定行政违法的不利证据必须同时具备客观性、关联性和合法性;如果存在虚假性或非法性,或者缺乏关联性,那么这一证据必须被排除。② 相对法则。不利证据对于待证的行政处罚案件事实而言,其客观性是从法律真实的要求来考虑的。就现有不利证据而言,如果属于法律真实的范畴,那么可以认定行政指控并作出处罚当事人的决定;对于证据不足的违法指控,即便就客观而言无法完全否认指控,仍须遵从法律真实要求,不得给予行政处罚。

(2)有利证据的特点及适用规则

有利证据服务于申辩权利,其证据要求相对较低。《林业行政处罚程序规定》对林业行政主体的证据收集、审查都有严格要求,实际上是加重了指控方的证明责任和证明要求。相应的,有利证据的特点在于,它是以不利证据为对象,只需推翻一个证据或一组证据链,使违法指控难以成立或责任较轻即可。例如,只要以确凿的证据证明当事人年龄不满14周岁,那么,即使指控方提供了大量的当事人实施违法行为的不利证据,其指控也会因为当事人没有达到行政责任年龄而被全面否定。

有利证据的基本特点,决定了有利证据应当适用对立统一规则。许多证据都具有双重属性,从控方角度,某一证据可能具有不利证据的特点;从申方视角,该证据则可能成为有利证据。如非法收购盗伐、滥伐的林木案中,作为不利证据的"盗伐、滥伐"的林木,从申方来看,该证据可被视为合法采伐的林木,从而成为可以证明当事人没有违法的有利证据。可见,证据的属性并非单一,不同视角下的证据具有不同的证据价值取向。有利证据与不利证据作为对立统一的矛盾体,应当适用对立统一规则。

(二) 直接证据与间接证据

1. 划分依据

一般认为,直接证据与间接证据的划分依据,是证据与案件主要事实之间的关系。① 直接证据是指能够直接证明案件主要事实的证据;间接证据是指不能直接证明案件主要事实的证据。②

在林业行政案件中,主要事实是指林业行政处罚案件中的关键性事实。即直接关系到林业行政处罚决定能否成立、处罚轻重的案件事实。主要包括林业行政违法行为是否发生,何时、何地发生,是否违法嫌疑人所实施,是否应当受到行政处罚。依据划分标准,与林业行政处罚案件主要事实直接相关,并能直接揭示、证明主要案件事实的证据可被确定为直接证据,其他的与本案相关的、不能直接证明并揭示主要案件事实的证据即为间接证据。例如违法嫌疑人就盗伐林木的时间、地点、砍伐及运输过程等所作的陈述,就是盗伐林木案件中的直接证据。现场目击盗伐过程的护林员的证言,也可构成直接证据。

2. 特点及适用规则

因为与案件主要事实存在不同关系,直接证据与间接证据呈现出不同的特点,在使用它们证明案件事实时,其方式也存在差异。

(1) 直接证据的特点及适用规则

① 直接证据的最大特点就是,直接证据所揭示的事实、内容与案件的主要事实与内容是一致的,至少是重合的。因而,直接证据对案件待证事实的证明可以直接展示即可,不需要通过其他的证据或逻辑形式。这类证据一经提出,便可证明待证事实。③ ② 范围极为狭窄,主要表现为证人证言,当事人陈述及书证。③ 因为多为言词证据,因而其具有主观性、反复性、虚假和伪造的可能。

运用直接证据的规则主要有两个:① 直接证据运用时应从行为人的主观意思及证据的客观范围来进行全面的分析;② 直接证据也需要同其他证据相互印证,才能达到证明要求。④

(2) 间接证据的特点及适用规则

间接证据的范围极其广泛,数量极大。同时,间接证据大多是物证,其客观性、真实性也较大。当然,最突出的是,间接证据不能直接证明案件的待证事实,因而,"以其逐级印证、相

---

① 参见皮纯协:《行政处罚法释义》,中国书籍出版社1996年4月,第159页;陈卫东、谢佑平:《证据法学》,复旦大学出版社2006年6月,第115页。关于直接证据与间接证据的定义,有不同观点:(1) 直接证据与间接证据的分类标准是证据与待证事实的关系,所谓直接证据是指能够直接证明案件事实的证据;间接证据亦称情况证据,是指不能直接证明案件事实,需要经过推理过程才能达到证明目的的证据。参见冯军:《行政处罚法新论》,中国检察出版社2003年1月,第172页。(2) 直接证据是指能够直接单独反映案件事实情况的证据;间接证据是指不能直接单独反映案件事实情况,需要借助其他事实,先反映其他事实,通过推理才能反映案件事实情况的证据。参见熊一新:《治安案件查处教程》,中国人民公安大学出版社2007年4月,第103页。

② 有学者认为,间接证据不能单独证明案件事实,只能证明整个案件事实的局部情况或个别情节。参见皮纯协:《行政处罚法释义》,中国书籍出版社1996年4月,第159页。

③ 陈卫东、谢佑平:《证据法学》,复旦大学出版社2006年6月,第116页。

④ 陈卫东、谢佑平:《证据法学》,复旦大学出版社2006年6月,第116-117页。

互印证的方式而形成的证据链来证明待证事实便构成间接证据的特点。由于间接证据的这一特点,使间接证据具有直接证据不可替代的作用"。① 这种作用表现为两个方面:① "间接证据是获得直接证据的线索,是审查和鉴别直接证据真实性的手段"。② ② "在直接证据不充分、确凿的情况下,也可以运用间接证据证明案件事实"。③

一般认为,使用间接证据必须遵循以下规则:① 每个间接证据都必须与待证事实之间存在关联性,都必须查证属实,且相互之间不存在任何矛盾。② "间接证据如果成为定案根据必须形成一个完整的证明体系",④ 这就要求"间接证据必须有足够的数量,每个证据组合起来可以形成一条证据锁链"。⑤ ③ "该证据体系必须存在排他性,即该案必须存在此体系所认定的一致性,排除了其他合理怀疑"。⑥ 换言之,"所有证据形成的证据锁链能反映出案件事实的全部,而且必须是唯一的结论"。⑦

(三)原始证据与传来证据

1. 划分依据

一般认为,原始证据与传来证据的划分依据,是证据的来源。"原始证据是直接来源于案件事实的证据,即通常所说的第一手材料",⑧ 以及直接来源于原始出处的证据。"直接来源于案件事实是指证据是在案件事实的直接作用或影响下形成的;直接来源于原始出处是指证据直接来源于证据生成的原始环境"。⑨ 值得注意的是,"第一手材料"并非通常所说的"第一手证据"。⑩ 在林业行政处罚案件中,直接了解非法狩猎案件真相的护林员的证言,林木采伐许可证的原件,违法嫌疑人的陈述等都属于原始证据。

传来证据是指非直接来源于案件事实或原始出处的证据,而是经过中间环节辗转得来的证据。或者说,"凡被传抄、复制、转述等中间传播信息处理过的便属于传来证据"。⑪ 在此意义上,可以说"传来证据派生于原始证据,是通过对原始证据的传抄、转述而产生的证据",⑫ 所以也被称为派生证据。有学者认为应当注意区分传闻与传来证据的区别。⑬ 笔者

---

① 陈卫东、谢佑平:《证据法学》,复旦大学出版社 2006 年 6 月,第 117 页。
② 王良钧、张继荣、荀吉芝:《行政证据原理及实用》,河南人民出版社 2005 年 5 月,第 96 页。
③ 皮纯协:《行政处罚法释义》,中国书籍出版社 1996 年 4 月,第 159 页。
④ 陈卫东、谢佑平:《证据法学》,复旦大学出版社 2006 年 6 月,第 117 页。
⑤ 皮纯协:《行政处罚法释义》,中国书籍出版社 1996 年 4 月,第 160 页。
⑥ 陈卫东、谢佑平:《证据法学》,复旦大学出版社 2006 年 6 月,第 117 页。
⑦ 皮纯协:《行政处罚法释义》,中国书籍出版社 1996 年 4 月,第 160 页。
⑧ 皮纯协:《行政处罚法释义》,中国书籍出版社 1996 年 4 月,第 158-159 页。
⑨ 王良钧、张继荣、荀吉芝:《行政证据原理及实用》,河南人民出版社 2005 年 5 月,第 96 页。
⑩ 这里的"第一手材料"不能等同于"第一手证据"。在司法实践中,司法工作人员通常从证据搜集手段出发,将证据区分为第一手证据、第二手证据,而事实上,传来证据、原始证据的划分是针对证据本身来源的载体而言,因此,即便属于司法人员亲手收集的复印资料也属于传来证据,而当事人提供的资料的原件,交给司法人员后也可以成为原始证据。参见陈卫东、谢佑平:《证据法学》,复旦大学出版社 2006 年 6 月,第 118 页。
⑪ 陈卫东、谢佑平:《证据法学》,复旦大学出版社 2006 年 6 月,第 118 页。
⑫ 皮纯协:《行政处罚法释义》,中国书籍出版社 1996 年 4 月,第 159 页。
⑬ 陈卫东、谢佑平:《证据法学》,复旦大学出版社 2006 年 6 月,第 118 页。

认为,传来证据也可以说是传闻证据。① 在林业行政处罚案件中,林权证的复印件,从护林员的谈话中了解盗伐林木案件情况的村民所作的证言等,都属于传来证据。

2. 特点及适用规则

证据来源的不同,导致原始证据与传来证据也各有特点,从而也影响其适用规则。

(1) 原始证据的特点及适用规则

原始证据具有以下特点:① 可信度高、证明力强。因为原始证据直接源自案件事实本身,或直接来自原始出处,其所反映的信息又未经转述、复制等中间环节的损耗或扭曲,相较于同源的传来证据,其具有较大的可信度和更强的证明力。② 可采性强。正因为其与案件事实有直接联系,具有更高的可信度和更强的证明力,所以原始证据的可采性相对高于同源的传来证据。

原始证据的适用规则:① "原始证据优先原则"。② 这一原则要求林业行政执法人员在查处林业行政案件的过程中,在有原始证据情况下,应当优先收集和适用原始证据;在无原始证据而有传来证据情况下,应当尽可能地根据传来证据努力收集和适用与案件相关的原始证据。② 未质证即排除原则。在存在听证的林业行政处罚一般程序中,所有的原始证据都必须经过质证,未经听证程序质证的任何原始证据,都不得成为林业行政处罚的定案证据,也不得进入行政复议和行政诉讼的救济程序。

(2) 传来证据的特点及适用规则

鉴于传来证据的非直接性,与原始证据相比,传来证据具有以下特点:① 传来环节与证明力大小成反比。传来环节越多,其证明力则越小;传来环节越少,其证明力则越大。② 具有线索功能和印证功能。"传来证据不仅可以成为发现原始证据的线索,可以用来审查原始证据的可靠性,而且在无法获取原始证据或者原始证据不够充分的情况下,可以在证明案件事实中发挥其重要作用"。③

传来证据的适用规则:① "减少传闻、确定真实。如果案件情况不能查明或事实真相不明的,可以排除作为定案的根据。传来证据存在冲突、矛盾时,可以排除其中一方的证明力,发现与本案相关的证据"。④ ② 审查传来证据的传播途径和环节,优先适用与原始证据具有最大一致性的传来证据。③ 传来证据的根源必须是原始证据,直接源于原始证据的传来证据优于源于传来证据的传来证据。

---

① 在证据法中,指非证人亲自所看到、听到或以其他方式观察到的证据,而是来自他人就调查中的事实所听到的证据。英美证据法的一般规则是传闻证据属不可接受证据,因为它不是最佳证据,实际目击者既没有提供证据,也没有接受交叉询问,所以该证人提供的证据是第二手资料。即或他的陈述是真实的,实际目击者也可能错误地感知案件事实,其证据的可信性并未经过考证。尽管如此,对这一一般规则还是有许多例外,例如在实际目击者已经死亡的场合。在英格兰民事案件中这种证据已被取消。另一方面,在欧洲国家,法官可以认定被提供的任何证据。证据是来自直接的观察还是第二手材料这个问题只是在评估证据的价值时所应考虑的问题。参见[英]戴维·M. 沃克:《牛津法律大辞典》,北京社会与科技发展研究所组织翻译,光明日报出版社1988年8月,第401页。

② 陈卫东、谢佑平:《证据法学》,复旦大学出版社2006年6月,第118页。

③ 皮纯协主编:《行政处罚法释义》,中国书籍出版社1996年4月,第159页。

④ 陈卫东、谢佑平:《证据法学》,复旦大学出版社2006年6月,第119页。

(四) 言词证据与实物证据

1. 划分依据

传统的证据分类根据证据的来源和证据的表现形式,将证据分为人证和物证,或称言词证据和实物证据。①

言词证据即人证,是通过人的陈述形成的证据形式,即自然人以其对案件知悉与感知的情况而进行的口头或书面的陈述,②其中包括证人证言、当事人陈述、鉴定结论等。③ 实物证据即物证,是以物体或物质痕迹等实物形态为表现形式的证据,"包括物证、书证、视听资料等","勘验笔录、现场笔录虽然也是行政机关工作人员制作的,但它只是对客观事实的真实反映,因而也是一种物证"。④ 笔者认为,在林业行政处罚的法定种类中,证人证言(包括被侵害人陈述)、当事人陈述都可以归入言词证据的范畴;物证、勘验笔录和现场笔录归入实物证据,而视听资料、鉴定结论、书证不应归入物证的范畴。⑤

2. 特点及适用规则

(1) 言词证据的特点及适用规则

言词证据具有以下特点:① 具有不稳定性。言词证据是有关人员对客观存在的案件事实的主观反映。因而,证据内容的稳定性除受到客观因素的影响外,更大程度上还受到陈述人的态度、立场、好恶等主观因素的决定性影响。与实物证据相比,言词证据往往具有不稳定性。② 证明作用具有直接性。言词证据的内容比较具体、明确、周详,与案件事实之间一般具有较强的关联性,通常能够直接证明案件事实,因而其证明的直接性较强。③ 不易灭失。基于记忆规律,言词证据所陈述的内容,通常能够长时间地储存在人的大脑之中,一般不易灭失。有些案件事实,因其本身所具有的特殊性,甚至能够被陈述人终生记忆。

言词证据的适用规则:① 查证属实的言词证据应当优先适用。② 即使没有实物证据,只要能够查证属实,仅有言词证据也可以定案。

(2) 实物证据的特点及适用规则

实物证据具有以下特点:① 具有稳定性。实物证据必须以实物为载体,或是物或是痕迹,其外在形态或内在属性通常具有较强的稳定性,一般不易发生变化,也不太会受到人的主观因素的影响。② 证明作用具有间接性。实物证据尽管比较稳定,比较客观可靠,不易失真,但实物证据无法自己证明自己与案件事实之间的联系,而需要另有证据揭示其与案件之间的关联,因而其对案件事实的证明往往只具有间接作用。③ 较易灭失。作为客观存在之物,实物证据的存在状态往往直接受制于特定的外在条件,一旦外在条件发生变化,实物证据即有可能发生形态或属性上的变化,甚至有可能完全灭失。

---

① 参见许静村:《刑事诉讼法学》(上),法律出版社1997年版,第157页。
② 陈卫东、谢佑平:《证据法学》,复旦大学出版社2006年6月,第122页。
③ 皮纯协:《行政处罚法释义》,中国书籍出版社1996年4月,第158页。有学者认为,勘验、现场笔录也是言词证据。参见冯军:《行政处罚法新论》,中国检察出版社2003年1月,第171页。
④ 皮纯协:《行政处罚法释义》,中国书籍出版社1996年4月,第158页。
⑤ 有学者将证据分为5种:(1)人证(证人证言、被害人陈述、被告人的供述和辩解);(2)物证;(3)书证;(4)科技证据(鉴定结论、视听资料);(5)司法检证(即勘验、检查笔录)。参见陈卫东、谢佑平:《证据法学》,复旦大学出版社2006年6月,第121-127页。

实物证据的适用规则：① 实物证据必须与言词证据及其他证据紧密结合，才能发挥其独特的证据价值。② 没有其他证据，即使存有再多的查证属实的实物证据，也不能定案。

（五）主要证据与次要证据[①]

1. 划分依据

以是否能够证明案件主要事实为标准，可以将证据分为主要证据与次要证据。

主要证据是指能够证明案件主要事实存在与否的证据；次要证据是指证明案件主要事实以外的其他事实的证据。就林业行政案件而言，案件主要事实是指林业行政处罚案件中的关键性事实。即直接关系到林业行政处罚决定能否成立、处罚轻重的案件事实。因此，可以这样说，凡是证明林业行政案件主要事实的证据都是林业行政处罚证据中的主要证据；凡是证明林业行政案件主要事实以外的其他事实的证据都是林业行政处罚证据中的次要证据。

2. 特点及适用规则

在林业行政处罚中，对主要证据负有法定举证职责的林业行政主体，如果不能收集到主要证据，则不得作出行政处罚决定；即使强行作出行政处罚决定，在可能面临的行政复议中，其决定必将被推翻，在行政诉讼中，林业行政主体也必将败诉。

除上述分类以外，林业行政处罚证据还可以作其他分类。如根据行政主体和当事人双方提供的证据之间的相对关系，可将林业行政处罚证据分为本证与反证。还可以根据部分学者的观点，将林业行政处罚证据分为人证、物证、书证、科技证据、司法证据5类。[②]

第三节　林业行政处罚的证明制度

一、林业行政处罚证明的概念

林业行政处罚证明，是指林业行政主体运用证据说明或表明案件事实存在与否的活动。具体来说，它表现为在林业行政案件查处活动中，林业行政主体综合收集到的所有证据，运用逻辑推理的方法，推导、证明林业行政违法事实是否存在的过程。一般而言，林业行政处罚证明应当先选择能够证明林业行政案件的主要事实或全部事实的证据为主线，确立案件的大致轮廓。这种证据通常选用当事人陈述、知悉案件主要事实的证人证言等原始证据或直接证据。在此基础上运用其他证据，如物证、书证、鉴定结论等，对事实的各个环节依次加以印证，排除证据之间的矛盾，合乎逻辑、合乎情理地证明林业行政违法案件事实的存在。

作为行政证明的一种类型，林业行政处罚证明不同于诉讼证明。所谓"诉讼证明，又称

---

① 根据证据的功能不同，可以将证据分为主要证据与补强证据。主要证据是指证据本身对案件事实情况具有证明力的证据；补强证据是指证据本身对案件事实情况不具有证明力，但能够担保或增强主要证据证明力的证据。参见熊一新：《治安案件查处教程》，中国人民公安大学出版社2007年4月，第103页。

② 参见陈卫东、谢佑平：《证据法学》，复旦大学出版社2006年6月，第121-122页。

司法证明,是指诉讼活动中特定的诉讼主体运用已知的事实即证据推导待证事实存在或得出某一结论的法律活动"。[1] 两者的区别主要在于:(1) 证明主体不同。前者的证明主体是林业行政主体,后者的证明主体是诉讼主体。(2) 规范依据不同。前者的法律依据是《行政处罚法》、《林业行政处罚程序规定》等行政法律规范,后者的法律依据则是《行政诉讼法》等诉讼法律规范。(3) 证明目的不同。前者的证明目的是林业行政处罚获得成立,或者说是林业行政违法事实的存在;后者的证明目的是诉讼主张获得法院的支持和认可。(4) 行为性质不同。前者属于行政活动,与一定的行政主张紧密联系,并为实现一定的行政目的而实施;后者则属于诉讼活动,与一定的诉讼主张相关联,并为实现一定的诉讼目的而进行。

二、林业行政处罚证明的地位和意义

在林业行政案件查处活动中,林业行政处罚证明处于中心地位,具有十分重要的法律意义。

(1) 它是林业行政案件查处活动的中心环节。调查、决定、执行是林业行政案件查处的三大程序。无调查则无决定,无决定则无执行。调查程序实际上就是举证的过程,就是查明案件的过程。证明与查明既有联系又有区别。查明就是收集证据、提供证据,就是为证明活动提供必须的素材和必要的前提。而证明则是运用证据,为行政处罚决定提供坚实的基础。证明既是林业行政案件调查的归属,又是林业行政处罚决定的前提,也是林业行政处罚执行的根本。

(2) 它是认定林业行政案件事实的唯一方法。维护森林及野生动植物资源安全,维护生态安全及林业行政管理秩序,是林业行政主体的法定职责。而查处各类林业行政违法案件,给违法者以行政处罚,是林业行政主体履行行政职责的重要手段。林业行政处罚必须以事实为前提和基础,案件事实的认定则需要证明。作为一项重要的行政活动,证明是确定林业行政案件事实的唯一方法,也是正确适用法律的基础,对确保行政处罚的公正性具有关键意义。林业行政主体查处案件,必须以证明为中心,依法进行有效的证明活动。

三、林业行政处罚的证明与查明

在林业行政案件查处活动中,查明就是指通过调查取证,明确有关林业行政违法事实的真伪,或者说是林业行政执法人员查明案件事实的执法活动。查明的主体是林业行政执法人员;查明的过程就是调查取证的过程,一般表现为查找证据和收集证据的过程;查明的目的是让执法者自己确信,以便作出林业行政处罚决定。

作为一个使用频率很高的概念,在林业行政处罚中,查明经常被人们等同于证明。其实,两者关系并非如此简单。证明有两种基本形式,即自向证明和他向证明。自向证明就是向自己证明;他向证明就是向他人证明。因此,在某种意义上可以说,查明等同于自向证明或者就是自向证明。但查明却不能等同于他向证明,两者无论是在内涵或是外延上都存在较大差异。

---

[1] 陈卫东、谢佑平:《证据法学》,复旦大学出版社 2006 年 6 月,第 219-220 页。

一般来说,他向证明的主体在进行证明时都已经通过不同途径和方式"查明"了案件事实。例如,在林业行政案件查处过程中,案件当事人向行政主体进行证明的时候,当然早已明了自己的违法事实,或者说已经"查明"了案件事实;林业行政执法人员在向当事人进行证明的时候,也已经查明了案件事实。如果执法人员还没有查明案情,他们就无法向当事人作出证明,更无法也不得作出林业行政处罚决定。由此可以看出,林业行政处罚中的查明和证明的关系是既有联系又有区别。"查明是证明的基础,证明是查明的目的;但是证明并不等于查明,查明也不能代替证明。用通俗的话讲,查明是让自己明白,证明是让他人明白;自己明白不能让他人明白,但自己明白并不等于他人也明白。二者不可混淆,二者的关系也不能颠倒"。①

对林业行政处罚而言,区分查明和证明这两个概念很有必要。在很多情况下,让林业行政执法者自己明白当然不难,最难的是让当事人或者复议机关或者人民法院明白。例如,林业行政执法人员已经查明了案情,但是他们如果想让当事人及被害人明白,以及想让复议机关或人民法院明白这些确实是事实,就要靠证明。当事人自己当然完全明白案件究竟是怎么一回事,但是他们要想用证据说服执法人员、复议人员或者法官相信他们所说的确是事实,也得靠证明。总而言之,明确查明与证明的概念及两者关系,不仅对于行政处罚证据理论研究很有意义,对于林业行政处罚证明实践也很有价值。

四、林业行政处罚的证明制度

林业行政处罚的证明制度,是一个由多种要素所组成的系统,主要由证明的主体、证明的客体、证明的方法、证明的程序、证明的责任、证明的标准等构成,这里介绍后四项的内容。有关证明主体与证明客体的内容在下一节介绍。

(一)林业行政处罚证明的方法

在林业行政处罚中,证明方法是指作为证明主体的林业行政主体运用证据证明林业行政案件事实的方式、办法和手段。林业行政处罚证明方法与证明手段并不等同。林业行政处罚证明手段,是指作为证明主体的林业行政主体为证明自己的事实主张而使用的方法、措施和依据,它"实际上指的就是各种各样的证据"。② 因此,尽管从字面的含义来看,"手段"和"方法"是近义词,证明手段和证明方法两个概念的含义也应该是相似的,但是,两个概念之间实际上存在比较明显的差异:"前者指的是证明的依据,后者指的是证明的方式和办法;前者强调的是用什么去证明,后者强调的是如何去证明"。③

法律没有关于行政处罚证明方法的规定。行政法学界对此议题也少有探讨。尽管如此,我们仍然可以从司法证明方法的论述中获取一些有益的启示。有学者认为,诉讼证明中的证明方法包括举证、质证以及推定、司法认知等。④ 也有学者认为,司法证明的方法是多

---

① 何家弘:《证据法学研究》,中国人民大学出版社2007年1月,第108页。
② 何家弘:《证据法学研究》,中国人民大学出版社2007年1月,第119页。
③ 何家弘:《证据法学研究》,中国人民大学出版社2007年1月,第119页。
④ 参见陈卫东、谢佑平:《证据法学》,复旦大学出版社2006年6月,第229页。

种多样的,具体包括以下几种:(1)根据证明的方式不同,可以分为直接证明法和间接证明法。直接证明法,指的是直接用证据的真实性来证明案件事实的真实性,这是司法实践中常用的证明方法,包括演绎证明法和归纳证明法。间接证明法,是通过证明与案件事实相反或相斥之事实为假定来证明案件事实为真的方法。它不是用证据来直接证明案件事实本身,而是去否定与之相反或相斥的假定事实,然后再间接地证明案件事实的真实性。间接证明包括反证法和排除法。(2)根据证明中推理的形式不同,可以分为演绎证明法和归纳证明法。演绎证明法就是运用演绎的形式从证据的真实性直接推导出案件事实的真实性。演绎证明通常要运用两种论据:一种是一般的原理或规则,即大前提;另一种是案件中的具体证据,即小前提。演义证明就是通过把一般原理或规则适用于具体案件情况,从而证明某案件事实的真实性。归纳证明法是运用归纳的形式从证据的真实性直接推导出案件事实的真实性。但这里所说的"归纳"不是严格的逻辑学意义上的"归纳推理"。归纳推理是从个别事实推导出一般性结论的思维方法,归纳证明则要通过一系列具体事实或一组证据来证明案件事实的真实性。演绎证明的可靠性较高,归纳证明的说服力较强。在运用证据证明案件事实时,演绎证明与归纳证明往往要结合起来使用。(3)根据证明的过程形态不同,可以分为要素证明法和系统证明法。要素证明法即通过运用证据证明构成案件事实的每一项要素来证明全案事实的方法。由于其证明过程是从部分到整体,所以有人称之为"自下而上"的证明方法。系统证明法与之相反,它是先从整体上证明案件事实的基本结构,然后再证明具体的构成要素。由于其证明过程是从整体到部分,所以又被称为"自上而下"的证明方法。(4)推理和推定也是司法证明的重要方法。① 就上述观点来看,笔者认为后一种观点较为合理,林业行政处罚证明的方法也应不外于此。

(二)林业行政处罚证明的程序

公正是法律的灵魂,"程序是法律的心脏"。② "法律的公正只有通过程序才能实现,或者说'通过程序实现法治'"。③ 程序正义作为现代行政程序的基本原则,应当体现于行政处罚的所有程序环节之中。根据《行政处罚法》、《林业行政处罚程序规定》及《林业行政处罚听证规则》的规定,林业行政处罚证明的程序环节主要有3个:(1)在立案以后的调查取证程序;(2)听证程序中的质证程序;(3)林业行政处罚决定前的审核程序。在林业行政处罚的三大程序环节都应当用程序正义原则进行严格规范。鉴于前文已经就上述内容作出详细介绍,这里就不在赘述。

(三)林业行政处罚证明的责任

林业行政处罚证明的责任是提供证据证明行为人实施了林业行政违法行为并应当受到行政处罚等案件事实的责任,承担证明责任的主体不能够提供足够证据证明案件事实则不能作出行政处罚决定。④ 林业行政处罚证明责任分配问题是林业行政处罚证明责任的核心

---

① 何家弘:《证据法学研究》,中国人民大学出版社2007年1月,第120-129页。
② 宋冰:《程序、正义与现代化》,中国政法大学出版社1998年,第363页。
③ 何家弘:《证据法学研究》,中国人民大学出版社2007年1月,第266页。
④ 参见徐继敏:《行政证据制度研究》,中国法制出版社2006年8月,第97页。

问题,实际上也是相关林业行政诉讼证明责任的核心问题。有学者认为,不同于刑事诉讼和民事诉讼,行政诉讼证明责任分配既不是由双方当事人分担,也不是由原告负责,而是特定由被告承担。这种行政诉讼证明责任分配的特殊性,也被称为证明责任倒置。证明责任倒置,是行政诉讼中分配证明责任的基本原理。[1] 也有学者持相反观点。[2] 从总体上说,因为行政程序种类繁多、形式复杂,很难确定统一的证明责任分配原则等各种原因,行政程序证明责任分配往往不同于诉讼程序证明责任分配。[3] 但是,笔者认为,单就行政处罚而言,行政程序证明的责任分配与行政诉讼证明的责任分配并无差异。林业行政处罚证明的责任应当分配给林业行政主体,而不是当事人(即林业行政违法嫌疑人)。在林业行政处罚案件中,违法嫌疑人不负举证责任。即违法嫌疑人不承担提供证据证明自己实施或者没有实施违法行为的责任。作为法定义务,收集各种证据证明林业行政违法行为是否存在,是否是嫌疑人所为,嫌疑人是否应当承担及承担何种行政制裁的责任,由林业行政主体独自承担。根据"先调查、后取证、再处罚"程序规则,在作出行政处罚决定之前,林业行政主体必须已经收集到充分、确凿的证据。总而言之,当事人不承担林业行政处罚证明责任,承担行政处罚证明责任的是林业行政主体。

(四)林业行政处罚证明的标准

证明标准,"又称为证明程度、证明要求、证明度,是诉讼主体运用证据证明案件待证事实所需达到的程度",[4]也可以说"是指证明达到何种程度,方解除证明主体的证明责任,其诉讼主张才能获得法院的支持"。[5] 林业行政处罚的证明标准,是指林业行政主体利用证据证明林业行政案件待证事实所需达到的程度。作为证据法中的一个基本问题,林业行政处罚证明标准不仅涉及相关的证据法理论,而且贯穿于行政处罚、行政复议和行政诉讼的始终,在行政程序制度和诉讼程序制度中都占有重要地位。对林业行政处罚证明标准的分析,应当明确3个方面的内容:[6](1)证明标准规范的认识主体,应当是林业行政案件事实的裁判者,即林业行政执法人员;(2)证明标准规范的内容,是林业行政执法人员根据证据等法定证明手段获得的关于案件事实的认识状态,这种认识状态是一种包含了客观内容的主观认识;(3)证明的尺度是证明标准的核心内容,实质上指的是林业行政执法人员信其为真的确信程度,也就是执法者对自己的认识已经反映客观内容的确信程度。

实际上,林业行政处罚证明标准与林业行政处罚程序密不可分。它指的是在林业行政案件查处活动过程中对指控事实证明所要达到的程度。作为一种法律制度,林业行政处罚证明标准是一种评价尺度,即林业行政指控达到何种程度时,执法人员才可以据以作出事实的认定。换言之,证明标准的确定是执法人员认定林业行政处罚案件事实的前提。因此,法

---

[1] 参见陈卫东、谢佑平:《证据法学》,复旦大学出版社2006年6月,第290页。
[2] 有学者认为,由被告行政机关承担举证责任并未导致举证责任倒置。因为在行政诉讼中,肯定具体行政行为合法的是被告行政机关,否定具体行政行为的是原告,肯定者承担证明责任是应当的,并不存在倒置的问题。参见徐继敏:《行政证据制度研究》,中国法制出版社2006年8月,第85页。
[3] 徐继敏:《行政证据制度研究》,中国法制出版社2006年8月,第89-90页。
[4] 何家弘:《证据法学研究》,中国人民大学出版社2007年1月,第168页。
[5] 陈卫东、谢佑平:《证据法学》,复旦大学出版社2006年6月,第226页。
[6] 对证明标准的分析,参见吴宏耀、魏晓娜:《诉讼证明原理》,法律出版社2002年,第199页。

律对林业行政处罚证明标准的设定,既作用于当事人的举证行为,也作用于林业行政主体的决定行为,对行政处罚各方都有约束力,是行政指控事实认定的基本尺度。

就立法实践而言,关于林业行政处罚的证明标准,我国现行法律仅有一些零散的规定。例如,《行政处罚法》第30条规定:"公民、法人或者其他组织违反行政管理秩序的行为,依法应当给予行政处罚的,行政机关必须查明事实;违法事实不清的,不得给予行政处罚"。《林业行政处罚程序规定》第31条规定:"林业行政处罚案件经调查事实清楚、证据确凿的,应当填写《林业行政处罚意见书》,并连同《林业行政处罚登记表》和证据等有关材料,由林业行政执法人员送法制工作机构提出初步意见后,再交由本行政主管部门负责人审查决定"。通过这些并非直接、明确的规定,我们可以推断,林业行政处罚证明标准应当是:事实清楚、证据确凿。①

近年来,在诉讼法学界,有关诉讼证明要求的是客观真实还是法律真实,争论得相当激烈。② 由此,作为行政证明的一种,林业行政处罚证明标准也面临同样的问题。一般认为,"所谓客观真实,是说司法活动中人们对案件事实的认识完全符合客观的实际情况,即符合客观标准的真实。所谓'法律真实',是说司法活动中人们对案件事实的认识符合法律所规定或认可的真实,是法律意义上的真实,是在具体案件中达到法律标准的真实"。③ 就行政证明标准而言,有学者认为,与三大诉讼法的证明标准是客观真实一样,我国行政证明要求的也是客观真实,但是,行政证明要求的确定远比诉讼程序复杂,与诉讼中的证明不一样,"行政程序证明过程可分为两类:一是行政机关工作人员已知案件事实,已亲眼看到或感知了案件事实,通过收集证据向行政相对人、行政机关其他人员、行政复议机关和人民法院证明案件事实;二是行政机关工作人员未知事实,通过调查收集证据的过程来认识案件事实。对于已知案件事实的情况,如果再采用法律真实标准则有违实体公正的要求,应当采用客观真实标准,以事实为根据。……在行政机关未知案件事实情况下,需要通过证据来证实案件事实,应当采用法律真实标准,即行政机关收集的证据或当事人提供的证据对案件事实的证明程度要达到法律规定的要求"。④

笔者认为,上述观点有失偏颇。就林业行政处罚而言,证明标准是要求客观真实还是法律真实,并不取决于行政执法人员是否已知案件事实,而与行政处罚证明的目的紧密相连。可以说,林业行政处罚证明的标准属于法律真实,但是,林业行政处罚证明目的是追求客观真实。

---

① 针对行政处罚的这一法定标准,有学者主张,"我国应当逐渐放弃带有浓厚理想主义色彩的'事实清楚、证据确凿'证明标准,建立以盖然率为尺度的证明标准。针对不同行政案件,选择采用排除合理怀疑、清晰而有说服力、优势证据、实质证据等证明标准"。其中,"当场行政处罚案件应当适用排除滥用职权标准,即行政机关证明当事人违法事实存在的标准是能够证明自己在对案件事实认定过程中未滥用职权"。"非当场行政处罚案件应当采用排除合理怀疑原则,即最大程度的盖然性"。参见徐继敏:《行政证据制度研究》,中国法制出版社2006年8月,第149-152页。

② 有关证明标准的客观真实与法律真实的争论,可参见刘金友:《证据法学(新编)》,中国政法大学出版社2003年5月,第240-252页;宋世杰、廖永安:《证据法学》,湖南人民出版社2008年2月,第263-269页;陈卫东、谢佑平:《证据法学》,复旦大学出版社2006年6月,第296-302页;樊崇义:《证据法学》,中国政法大学出版社2003年2月第2版,第214-216页。

③ 何家弘:《证据法学研究》,中国人民大学出版社2007年1月,第130页。

④ 徐继敏:《行政证据制度研究》,中国法制出版社2006年8月,第128-129页。

林业行政处罚证明的目的是明确林业行政案件事实,以便林业行政主体正确适用法律。这里所说林业行政案件事实就应当是客观事实,应当是确实在客观世界中发生的案件事实,或者说,林业行政处罚证明活动追求的目标应该是客观真实。我们不能把林业行政处罚证明的目的界定为明确法律事实,因为法律事实是就林业行政处罚证明的结果而言的。在林业行政处罚证明的过程中,特别是在案件调查阶段,林业行政执法人员甚至还无法明确具体案件的性质,就要求他们以查明本案的法律事实为目的,显然是不恰当的。究竟什么是该案件的法律事实尚难确定,自然也就不能说证明的目的就是明确法律事实。

林业行政处罚"证明目的可以指引证明行为的方向,证明目的对证明行为有驱动力量。……目的的作用主要表现在行为的过程之中,却不一定总能在现实中成为行为的结果"。① 在一些案件简单而且证据完备的林业行政案件中,证明的结果与案件客观情形完全符合的可能性当然存在;但是在大多数案件中,证明的结果与案件真实情况之间通常会有或多或少的差别。尽管林业行政处罚"证明标准对证明行为也有一定的指引作用,但是其主要功能表现为规范证明的结果。同样,法律事实也不是行为的目的,而是行为的结果,是结果意义上的事实"。② 换言之,法律真实不是林业行政处罚证明活动要追求的真实,而是证明活动所必须达到的真实。也就是说,林业行政处罚证明的标准不能是难以实现的客观真实,而应当是切实可行的法律真实。

总之,林业行政处罚证明的目的是就行为过程而言,揭示了证明活动的终极诉求和方向,是富有理想色彩的目标;林业行政处罚证明的标准则是就行为结果而言,体现了一定的价值观念和现实需求,是法律所认可的具有现实品格和操作指向的衡量准则。在具体的林业行政处罚的证明活动中,证明目的并非必须实现,而证明标准则必须满足。

第四节 林业行政处罚证明的主体与客体③

作为林业行政处罚证明的组成部分,林业行政处罚证明的主体与客体的地位相当重要,是研究行政处罚证明问题时必须关注的一对重要范畴。"无论在哲学上,还是在各门社会科学中,'主体'总是意味着某种自主性、自觉性、自为性、自律性,某种主导的、主动的地位";"从语义上,'客体'与主体相对,是指主体的意志和行为所指向、影响、作用的客观对象"。④ 具体来说,"主体是认识者,客体是被认识者;主体是行为的实施者,客体是行为的承受者;主体一般指人,客体一般指事物,包括作为认识或行为对象的人"。⑤ 明确林业行政处罚证明的主体与客体,对于制定林业行政处罚证据规则以及研究林业行政处罚证明责任和证明标准等问题,都具有极为重要的意义。

---

① 何家弘:《证据法学研究》,中国人民大学出版社 2007 年 1 月,第 135 页。
② 何家弘:《证据法学研究》,中国人民大学出版社 2007 年 1 月,第 136 页。
③ 参见赵文清:《林业行政处罚证明客体探析》,载《森林公安》2010 年第 3 期,第 7-10 页。
④ 张文显:《法哲学范畴研究》(修订版),中国政法大学出版社 2001 年 10 月,第 101-105 页。
⑤ 何家弘:《证据法学研究》,中国人民大学出版社 2007 年 1 月,第 109 页。

一、林业行政处罚证明主体的界定

林业行政处罚证明主体,是指在林业行政处罚活动中负有证明责任或享有证明权利进行证明的人,包括证明的权利主体和证明的责任主体(即承担证明责任的主体)。在林业行政处罚中,证明的权利主体是没有证明责任但有权证明的当事人(即林业行政违法嫌疑人)。当事人不是证明的责任主体,没有证明自己违法或守法的责任,但有权依法提供证据证明自己没有违法,其证明是权利不是责任,因而称为证明的权利主体。而证明的责任主体是法律规定的负有证明责任的林业行政执法人员。林业行政执法人员对当事人提出行政指控,即负有提供证据证明案件事实的法定义务,其证明是法定职责或法律义务,因而称为证明的责任主体。

值得讨论的是,在行政处罚过程中进行证明的人,是否都属于林业行政处罚证明的主体?在此,有必要对证明主体和证明手段加以区分。证明手段是指证明主体为证明自己的事实主张而使用的方法、措施和凭据。因为证明手段也具有证明功能,有时也可以由人来完成,所有特别容易和证明主体相混淆。在林业行政处罚中,被侵害人、证人以及鉴定人的活动也是要证明相关的案件事实,也具有证明的性质,但他们不属于证明主体,而只是证明主体用来实现其证明目的的手段。

二、林业行政处罚证明客体的界定

(一)林业行政处罚证明客体的概念

林业行政处罚证明客体,主要是指需要运用证据证明的林业行政案件事实。一般而言,林业行政处罚的证明活动都是从证明客体开始,并围绕证明客体而展开,且以证明客体为归宿。可以说,证明客体是林业行政处罚证明活动的中心环节。林业行政处罚证明客体具有以下基本特征:

(1)证明客体的基础是行政主体的事实主张。没有主张的事实通常不能成为林业行政处罚证明的客体。例如,作为林业行政主体,森林公安机关对某公民提出了盗伐林木的行政指控,该指控中就包括事实主张。

(2)证明客体是与举证责任紧密相连的。凡是证明客体,都要有相应的举证责任;所有的举证责任,都是针对一定证明客体而言的。例如,如果我们说某公民实施了林业行政违法行为,那么就一定有相应的举证责任存在;而要说森林公安机关负有举证责任,则这种举证责任一定是针对特定的证明客体而言的,如某公民实施的林业行政违法行为。

(3)证明客体是必须由证据加以证明的案件事实。如果某林业行政案件事实是无须证明的或者不证自明的,那么它就不属于林业行政处罚证明的客体。

(4)证明客体以实体法律的规定为依据。因为林业行政主体的事实主张都是依据《森林法》、《野生动物保护法》等实体法的规定提出来的,因此,林业实体法规定的具体案件事实的构成要件,通常就是林业行政处罚证明客体的基本内容。

应当指出的是,在证据法学界,人们一般都把证明客体和证明对象作为同一概念来使用。实际上,正如有的学者所指出,证明对象有两种含义:其一是证明的接受者,即证明活动需要说服的对象,如法官;其二是证明的承受者,即需要证明的案件事实,也就是证明客体。① 这里主要讨论第二种含义上的证明对象,即证明客体。

(二)林业行政处罚证明中的免证事实

正如证明客体的概念所表明的那样,证明客体是待证的事实,是未知或者有争议的案件事实。如果是已知的或没有争议的事实,当然没有必要证明。这些无需证明的事实一般被称为"免证事实",或称为"毋庸证明的事实"。有学者认为,在诉讼程序中,毋庸证明的对象包括司法认知的事实、推定的事实、自认的事实。② 有学者认为,行政证据制度中不需要证明的事实包括可以通过推定、行政认知和司法认知确认的事实。③ 但是,在林业行政处罚中,无论是《森林法》《野生动物保护法》等实体法,还是《行政处罚法》《林业行政处罚程序规定》等程序法,都没有就免证事实作出明确规定。究竟哪些事实可以成为林业行政处罚证明的免证事实呢?笔者认为,汲取《最高人民法院关于行政诉讼证据若干问题的规定》④第68条、第69条的精神,结合林业行政执法实践,可以将下列事实作为林业行政处罚证明中的免证事实:(1)众所周知的事实;(2)自然规律及定理;(3)按照法律规定推定的事实;(4)已经依法证明的事实;(5)根据日常生活经验法则推定的事实;⑥生效的人民法院裁判文书或者仲裁机构裁决文书确认的事实。当然,前述(1)、(2)、(3)、(4)项,当事人有相反证据足以推翻的除外。

三、林业行政处罚证明客体的内容

林业行政处罚证明客体的内容是由需要证明的林业行政案件事实所构成。但现行的林业法律规范对证明客体没有直接作出明确界定。尽管如此,我们仍然可以通过借鉴治安管理处罚和刑事诉讼中确定证明客体内容的方法,较为科学地确定林业行政处罚证明客体的基本内容。

以治安管理处罚证明客体为例,尽管《治安管理处罚法》本身没有对证明客体作出明确规定,但是,《公安机关办理行政案件程序规定》⑤第34条明确规定:"需要调查的案件事实,包括:(1)违法嫌疑人的基本情况;(2)违法行为是否存在;(3)违法行为是否为违法嫌疑人实施;(4)实施违法行为的时间、地点、手段、后果以及其他情节;(5)违法嫌疑人有无法定从重、从轻、减轻以及不予处罚的情形;(6)与案件有关的其他事实"。根据这一规定,笔者将治安案件的事实要素,即人物、情节、时间、事件、原因、物体、空间,概括为"七字真言"——"人情时事因物空"。

---

① 参见何家弘:《证据法学研究》,中国人民大学出版社2007年1月,第111页。
② 参见陈卫东、谢佑平:《证据法学》,复旦大学出版社2006年6月,第226页。
③ 徐继敏:《行政证据制度研究》,中国法制出版社2006年8月,第27页。
④ 《最高人民法院关于行政诉讼证据若干问题的规定》(法释〔2002〕21号 自2002年10月1日起施行)。
⑤ 《公安机关办理行政案件程序规定》(公安部令第88号 2006年8月24日发布施行)。

再以刑事诉讼证明客体为例,《中华人民共和国刑事诉讼法》[①]第 50 条规定:"审判人员、检察人员、侦查人员必须依照法定程序,收集能够证实犯罪嫌疑人、被告人有罪或者无罪、犯罪情节轻重的各种证据"。《最高人民法院关于执行〈中华人民共和国刑事诉讼法〉若干问题的解释》[②]第 52 条规定:"需要运用证据证明的案件事实包括:(1)被告人的身份;(2)被指控的犯罪行为是否存在;(3)被指控的行为是否为被告人所实施;(4)被告人有无罪过,行为的动机、目的;(5)实施行为的时间、地点、手段、后果以及其他情节;(6)被告人的责任以及与其他同案人的关系;(7)被告人的行为是否构成犯罪,有无法定或者酌定从重、从轻、减轻处罚以及免除处罚的情节;(8)其他与定罪量刑有关的事实"。有学者根据上述规定的精神,将刑事案件的事实要素简称为"七何"(英文中的七个"W"),即何事(What matter)、何时(When)、何地(Where)、何物(What thing)、何情(How)、何故(Why)、何人(Who)。[③]

由这两类证明客体的内容及其确定方法可以看出,无论是治安案件,还是刑事案件,也无论案件事实有多么的纷繁复杂,所有的案件都是由一些基本事实要素所组成的,而这些事实要素就是证明客体的基本内容。由此,笔者认为,林业行政案件的事实要素,也就是林业行政处罚证明客体的基本内容,同样可以归纳为"七字真言"或"七何"。

(一)何事

任何案件都无非是一种事件。每一事件也都必然具有一定的性质。所谓"何事",即什么事情,或者说什么性质的事件,而事件的性质通常具有多个层次。某一事件的性质或许是刑事违法,或许是行政违法;如果是行政违法,也许是公安行政违法,也许是林业行政违法;如果是林业行政违法,可能是盗伐林木,也可能是滥伐林木,等等。例如,在某公民自留山上的林木被砍伐的事件中,首先要判断这是自伐还是他伐;如果确定为自伐,则应确定是合法采伐还是违法采伐;如果属于自行违法采伐,则可以确定为滥伐林木;如果确定为滥伐林木,则应进一步确定是属于行政违法,还是属于刑事违法;如果确定为他伐,则应确定是合法采伐或是违法采伐;如果确定为违法采伐,则要进一步判断是盗伐林木,还是非法开垦等毁坏林木,或是故意损毁财物;如果确定为盗伐林木,则要进一步判断是行政违法还是刑事违法。如果确定为故意损毁财物,则案件应当移交公安机关,并由其进一步判断是违反治安管理行为,还是犯罪行为——故意毁坏财物罪;等等。

林业行政案件的性质主要是由林业违法行为的性质及其危害结果(即违法行为已经实际造成的侵害事实)所决定的。因此,证明林业行政案件的性质,就要证明林业违法行为的性质及其危害结果。在案件发生后,或许对林业行政执法人员而言,事件的性质可能是已经明确的事情,但是就行政处罚而言,这些都是需要用证据予以证明的事实。特别是当危害结果成为罪与非罪的法律界限时,危害结果就必然成为林业行政处罚的证明客体,此时对危害

---

① 《中华人民共和国刑事诉讼法》(1979 年 7 月 1 日第五届全国人民代表大会第二次会议通过 根据 1996 年 3 月 17 日第八届全国人民代表大会第四次会议《关于修改〈中华人民共和国刑事诉讼法〉的决定》第一次修正 根据 2012 年 3 月 14 日第十一届全国人民代表大会第五次会议《关于修改〈中华人民共和国刑事诉讼法〉的决定》第二次修正)。

② 《最高人民法院关于执行〈中华人民共和国刑事诉讼法〉若干问题的解释》(法释〔1998〕23 号 自 1998 年 9 月 8 日起施行)。

③ 参见何家弘:《证据法学研究》,中国人民大学出版社 2007 年 1 月,第 114 页。

结果的证明,实际上就是对案件性质的证明。例如,《国家林业局公安部关于森林和陆生野生动物刑事案件管辖及立案标准》明确规定,只要"失火造成森林火灾,过火有林地面积2公顷以上,或者致人重伤、死亡的"案件,就应当作为刑事案件立案查处。在此,森林火灾的结果——过火面积或者人员伤亡情况,决定着案件的性质是行政违法或是刑事案件。因此,对"过火有林地面积不足2公顷,或者未致人重伤、死亡的"危害结果的证明,就是对森林失火案件的性质属于行政违法而非犯罪的证明。同样的例子还有很多。例如,违反狩猎法规,在禁猎区、禁猎期或者使用禁用的工具、方法狩猎的案件中,对猎获物的证明就是对案件性质的证明。当猎捕的非国家重点保护陆生野生动物不足20只获得了证明,非法狩猎构成行政违法而非犯罪的案件性质即同时获得了证明。总之,林业行政案件的性质是林业行政处罚证明的主要对象之一。

(二)何时

任何案件都是一个时间过程。它必然在一定的时间点发生,在一定的时间内发展,也必然在一定的时间点结束。因而时间是构成案件事实的基本要素。所谓"何时",指的就是案件的这种时间特征。这种特征一般通过3个层面表现出来:(1)某案件是在什么时间发生的,即该案件在时间进程中的顺序性,例如,某非法狩猎案发生于2003年5月20日8点20分,某森林失火案发生于2009年4月5日10点40分等;(2)某案件持续了多长时间,即该案件在时间进程中的连续性,例如,该非法狩猎活动持续了2个小时,该森林大火持续燃烧了6个小时;(3)某案件与其他事件的时间关系,即该案件在时间进程中的关联性,例如,该非法狩猎行为发生在该地区禁猎期开始以后。通常,在林业行政处罚证明中,有些案件发生的时间是已知的,有些案发时间是可以推知的,有些则是可以查知的;有些案件是只知时间段而不知确切的时间点,有些案件知道其与其他事件的先后关系却不知道准确的时间。无论何种情形,案件的时间都是林业行政处罚证明的基本对象。

(三)何地

任何案件都是一个有关空间的事件。空间也是构成案件事实的基本要素。所谓"何地",指的就是案件的这种空间特征。在林业行政案件查处过程中,首先是考察具体的空间,即案件发生的地点或场所。在有些林业行政案件中,案件发生在"何地"是林业行政处罚证明的首要任务,因为如果执法人员不能确定案件发生的具体地点,案件的调查实际上也无从展开,林业行政处罚证明更是无从谈起。但一般来说,林业行政案件发生的地点或场所都较为明确,林业行政处罚证明的主要任务通常不是去查找案发地点或场所,而更多的是探询该地点或场所所附着的自然或社会特征,以获取与案件相关的有价值的信息。所谓空间的自然特征,主要是指案件发生场所的地形(地貌)、植被等自然环境和自然因素特征。自然特征对林业行政处罚证明具有重要意义,因为它常常蕴涵着与案件有关的重要信息。例如,在非法采集国家重点保护野生植物案中,被采集的野生植物所处空间的自然特征在案件中的地位就相当重要。因为根据《野生植物保护条例》第2条第2款的规定,该行为的侵害对象必须是"原生地天然生长的珍贵植物和原生地天然生长并具有重要经济、科学研究、文化价值的濒危、稀有植物",这样,该植物所处空间的周边植物及周围山林的自然特征,就成为查明和判断该植物是否属于"原生地"、"天然生长"的植物的重要依据。所谓空间的社会特征,主要是指案件发生场所的法律属性及周围环境的政治、经济、文化、宗教、民俗等社会因素特征。这一特征对林业行政处罚证明也具有重要意义。例如,在非法收购盗伐、滥伐的林木案中,收购行为发生的"空间"所具有的社会特征对该行为的认定就具有决定意义。因为根据《森林法》第43条有关"在林区非法收购明知是盗伐、滥伐的林木的,由林业主管部门责令停止违法行为,没收违法收购的盗伐、滥伐的林木或者变卖所得,可以并处违法收购林木的价款一倍以上三倍以下的罚款"的规定,林业行政主体只有证明收购行为发生的"空间"具有"林区"这一法律属性,其所指控的违法行为才有可能得以认定。总而言之,"何地"是林业行政案件事实的重要组成部分,是林业行政处罚证明客体的内容之一。

(四) 何物

任何案件都发生于物质世界,涉及一定的物体应属必然。所谓"何物",即什么物体,指的是与案件有关的是什么物体。根据这些物体与林业行政案件的关系,可以将其分为三类:第一类是案件中的使用物,即通常所称的作案工具,如非法狩猎案件中的狩猎工具(枪支、弹药等)、滥伐林木案件中的砍伐工具(油锯、斧头等)等;第二类是案件中的标的物,即通常所称的违法所得,如乱捕滥猎案件中的猎获物(野兔、野鸡等)、盗伐林木案件中的被盗林木等;第三类是案件中的相关物,包括盗伐案件现场遗留的行为人的某些痕迹以及各种遗留物,如脚印、衣服、手套、手电筒等。案件中的这些物体均以不同方式承载着案件的相关信息,都能从不同角度反映相应的案件事实。值得指出的是,这些物体本身不是案件事实,因而,必须把物体与其所反映的案件事实区分开来。例如,野兔可以证明违法嫌疑人乱捕滥猎的事实;油锯、斧头可以证明违法嫌疑人使用该砍伐工具滥伐林木的事实;衣服、手套可以证明违法嫌疑人在现场遗留该物品的事实。在林业行政案件查处过程中,这些物体通常都会成为案件中的物证,因此,这些物体本身并不是林业行政处罚证明的客体,只有它们所反映的事实才是证明的客体。

(五) 何情

任何案件都有自身的情形。"何情",又可称为"如何",即案件是什么样的情形,或者说案件是在什么样的情况下发生的、是如何发生与发展的,又是如何结束的。它包括案件发生的方式、情节和整个过程。首先,任何案件都是以一定的方式表现出来,不同案件必然具有不同的表现方式。例如,非法狩猎案件与乱捕滥猎案件的表现方式不同,非法经营木材案件与非法收购盗伐、滥伐林木案件的表现方式不同,盗伐林木案件与滥伐林木案件的表现方式不同,无木材运输证运输木材案件与不按照木材运输证运输木材案件的表现方式不同,非法开垦林地毁坏林木案件与非法开垦林地案件的表现方式也不同。其实,每一起案件都有不同于其他案件的表现方式。例如,同为非法狩猎案件,仅猎捕工具和方法一项,就可以显现出案件表现方式的不同。非法猎捕者通常使用下列猎捕工具和方法中的一项或几项:(1) 军用武器;(2) 地枪、暗箭、排铳;(3) 炸药(含自制火药)、毒药;(4) 绝后窑、阎王议、大踩夹子、大吊食、捉脚;(5) 火攻、烟熏、电击;(6) 掏窝取卵;(7) 歼灭性围猎、砍树放趟子;(8) 鱼鹰猎捕;(9) 体育用枪;(10) 猎犬。因此,林业行政处罚证明的任务之一就是证明具体案件的表现方式。其次,证明客体的"何情"还包括案件情节,不仅包括违法嫌疑人是否构成违法的情节,而且包括有无法定的从重、从轻、减轻或者不予处罚的情节。最后,每个林业行政案件的发生都有其独特且完整的过程,因为每个案件都是由相关人员的一系列行为或活动所组成。证明案件发生的过程也是林业行政处罚证明的重要任务,因为只有证明案件过程才能对案件有个完整的认识,也才能为证明结果的准确性提供一个基本保障。以盗伐林木案件为例,林业行政执法人员应该从嫌疑人如何准备盗伐、如何进入现场、如何实施盗伐、如何运输盗伐的林木、如何藏匿林木、如何使用林木、如何变卖林木(包括购买者、价格、获利数额、林木的最终下落等)的整个过程中去挖掘案件信息和收集证据,并在整体上把握它们之间的相互关系,从而对案件事实作出完整的证明。

(六)何故

任何案件均非无缘无故的案件。无论简单还是复杂,任何案件的发生都会有各自的缘由。"何故",又可称为"为何",指的是案件发生的原因,或者说案件为什么发生。它包括案件发生的主观原因和客观原因。主观原因指行为人对其实施危害行为及其危害结果所持的心理态度,主要包括故意、过失、目的和动机。例如,违法目的是目的型违法的构成要件要素,盗伐林木行为即以"非法占有"这种目的为要件,如果行为人主观上不具有这种特定目的,则不构成盗伐林木行为。再如,过失是过失型违法的构成要件要素,森林失火行为就以"过失"为主观要件,如果行为人不具有这种主观要件,将构成放火罪而不是森林失火行为。客观原因指促使违法嫌疑人作出某种决定或实施某种行为的外在因素,如促使某人实施非法开垦林地的外界原因。此外,"何故"还可以指造成案件结果的原因,如造成林木被毁坏的原因。

在林业行政处罚中,无论是证明案件发生的原因,还是证明案件结果发生的原因,其实质都是证明案件中的因果关系。和刑事案件一样,林业行政案件中的因果关系也很复杂,形态各异。一是因果关系的形式多样,既有一因一果,也有一因多果,既有多因多果,也有多因一果;二是因果关系的性质各异,既有直接联系,也有间接联系,既有必然联系,也有偶然联系;三是因果关系的组合繁多,既有并联式,也有交叉式,既有直链式,也有网络式。证明林业行政处罚案件中的因果关系具有非常重要的意义。一方面,案件中的因果关系往往是正确认定案件事实的关键,它着力解决的是已经发生的危害结果是由谁的行为造成的问题,这种因果关系在危害行为和危害结果之间起到一种桥梁作用;另一方面,案件中的因果关系还可以作为证明其他案件事实的纽带。例如,在滥伐林木案件的证明中,根据邻居的证言、当事人陈述和入学通知书证明了滥伐林木的动机为筹集学费,这种因果关系即可作为违法行为人和滥伐行为的证明"纽带"。总之,案件中的因果关系也是林业行政处罚证明的重要客体之一。

(七)何人

任何案件都是人的案件。林业行政案件有时见树不见人,有时见兽不见人,似乎与人毫不相干,实际上,林业行政案件是以人的行为为中心的,所有案件都离不开人和人的行为。离开人和人的行为,林业行政案件便失去存在的基础和价值。所谓"何人",即具体案件中实施违法行为的人,是构成林业行政案件事实的核心部分。在林业行政处罚中,违法嫌疑人是最主要的证明客体。用各种证据证明谁实施了违法行为,也就完成了林业行政处罚证明的中心任务。当然,需要证明的不仅包括违法嫌疑人的身份,还包括有关违法嫌疑人行政责任能力的相关事实,如年龄、精神状态以及生理状况等。

实际上,林业行政案件的事实要素与林业行政违法行为的构成要件之间具有密切联系。林业行政违法行为的构成要件包括违法主体、违法的主观方面、违法的客观方面和违法客体。"何人"即指违法的主体;"何故"基本是指违法的主观方面;"何时"、"何地"、"何物"、"何情"则从不同侧面描述了违法的客观方面;"何事"则反映了违法的客体。证明了林业行政案件的事实要素,就证明了林业行政违法行为的构成要件。因此,这些都是需要运用证据加以证明的林业行政案件事实,都是林业行政处罚证明的客体。当然,有多少种案件就有多少种案件事实,不同的案件事实必然导致证明客体侧重点的差异。

第五节 林业行政处罚证据的审查

什么是证据的审查,学界观点不一:(1)"证据的审查和判断,是行政机关对调查、收集来的各种证据进行分析研究,鉴别真伪,确定其有无证明力及证明力的大小,并据此对案件事实作出认定的活动"。① (2)"证据的审查判断,通常又称之为'审查判断证据',是指行政执法人员对收集的证据进行分析研究,鉴别其真伪,确定它们是否与案件事实有关联以及证明力的强弱,在此基础上认定案件事实的一种行政执法活动"。② (3)"证据的审查判断是指办案人员对所收集的证据进行分析,判断其真实性、关联性以及取得方式是否合法"。③ (4)"林业行政处罚证据的审查判断是指林业行政处罚主体及其执法人员对林业行政处罚证据进行查证核实、鉴别真伪,以找出证据与林业行政处罚案件事实之间的客观内在联系,从而确定证据的真实性和证明力,并据以对林业行政处罚案件事实作出结论的活动"。④ 笔者认为,林业行政处罚证据的审查是指林业行政主体及其执法人员对证据的合法性、关联性、真实性和充分性进行审查核实的一种活动。

一、林业行政处罚证据审查的主体

在不同的法律阶段,林业行政处罚证据审查的主体也不同。在案件查处阶段,证据审查主体主要是林业行政主体及其执法人员;在法律救济阶段,证据审查主体则分别是复议机关及其工作人员和人民法院及其司法人员。这里讨论的主要是案件查处阶段的证据审查,因而审查主体是林业行政主体及其执法人员。具体又包括:(1)林业行政主体中的执法机构及其办案人员;(2)林业行政主体中的法制工作机构及其审核人员;(3)林业行政主体中的法制工作机构及其听证人员;(4)林业行政主体的负责人员(个人或集体)。

---

① 李国光:《行政处罚法及配套规定新释新解》,人民法院出版社 2006 年 5 月第 2 版,第 539 页。
② 徐继敏:《行政处罚法的理论与实务》,法律出版社 1997 年 12 月,第 161—162 页。
③ 皮纯协:《行政处罚法释义》,中国书籍出版社 1996 年 4 月,第 161 页。
④ 黄柏祯、宋元喜:《林业行政处罚通解》,江西人民出版社 2003 年 8 月,第 91 页。

二、林业行政处罚证据审查的内容

关于证据的审查内容,学界有各种观点:第一种观点认为,审查证据,主要是对证据的真实性和合法性予以分析、审核。应从以下几个方面进行:(1)对证据来源进行审查;(2)对证据的具体内容进行审查;(3)对证据的形式进行审查;(4)根据各种证据的不同特点进行审查;(5)将所有证据联系起来进行综合审查。① 第二种观点认为,审查判断证据的方法不外乎对单个证据本身进行审查和综合全案证据进行审查两个方面。对单个证据逐一进行审查,以判明其真实性、与案件的关联性及其合法性。审查内容主要包括:(1)审查判断证据的来源;(2)审查证据形成的时间、地点、条件等因素;(3)审查证据与案件事实之间的联系;(4)对证据本身的内容进行分析;(5)审查证据的收集是否合法。② 第三种观点认为,林业行政处罚证据的审查应该包括分别审查判断和综合审查判断。前者包括:(1)审查判断证据的客观真实性;(2)审查判断证据的关联性;(3)审查判断证据的合法性;(4)审查判断证据的证明力。后者包括:(1)审查判断证据之间有无矛盾;(2)审查判断证据同整个林业行政处罚案件事实是否相互吻合,是直接关联还是间接关联。③ 第四种观点认为,审查证据的内容包括3个方面:(1)审查证据的真实可靠性;(2)审查证据的证明价值;(3)审查证据的合法性。审查证据的步骤包括单独审查、对比审查和综合审查3个步骤。④

笔者认为,证据审查的内容主要包括证据能力审查和证据效力审查两个方面。林业行政主体对证据的审查,实质上是对证据效力的大小与强弱的审查和认定,是对证据能力的评估和判断。换言之,林业行政主体对证据效力的审查属于对证据所进行的实质要件的审查和认定;林业行政主体对证据能力的审查则属于对证据所进行的形式要件的审查和判定。两者的统一则构成林业行政主体对证据进行审查的完整内容。

(一)证据能力审查

证据能力又称证据资格、证据的适格性,也有学者称之为"证明能力",⑤是指某一证据可以作为认定案件事实所应当具备的资格。有学者认为,在我国证明能力被作为证据的合法性或法律性来对待。某些证据是否具有证据能力,主要取决于法律上的规定,只有法律允许采纳为证据的,才具有法律上的证明力。⑥ 因此,证据能力审查实质上就是证据合法性的审查,"就是对证据的形式合法性和取证的手段、方法和程序的合法性进行审查"。⑦ 也有学者认为,"考察证据能力或审查证据资格毕竟只是审查判断证据的第一阶段。……考察的主要对象就是证据的关联性与合法性。……如果我们说关联性是证据能力的自然标准;那么

---

① 参见宋功德:《税务行政处罚》,武汉大学出版社2002年3月,第155页;李国光:《行政处罚法及配套规定新释新解》,人民法院出版社2006年5月第2版,第539页。
② 参见徐继敏:《行政处罚法的理论与实务》,法律出版社1997年12月,第163-164页。
③ 参见黄柏祯、宋元喜:《林业行政处罚通解》,江西人民出版社2003年8月,第93-96页。
④ 参见王良钧、张继荣、苟吉芝:《行政证据原理及实用》,河南人民出版社2005年5月,第239-242页。
⑤ 陈卫东、谢佑平:《证据法学》,复旦大学出版社2006年6月,第385页。
⑥ 参见陈卫东、谢佑平:《证据法学》,复旦大学出版社2006年6月,第385页;刘金友:《证据法学(新编)》,中国政法大学出版社2003年5月,第97页。
⑦ 马国贤、樊玉成:《行政诉讼证据规则精解》,中国法制出版社2005年4月,第295页。

合法性标准就是证据能力的社会标准"。① 笔者认为，后面一种观点较为合理。合法性是证据的社会属性，是外在的、形式的资格；关联性则是证据的自然属性，是内在的、实质的资格。证据能力应当是外在资格和内在资格的统一。由于本章第一节已经论述过证据的关联性和合法性，这里仅作补充性说明。

一般认为，"证据能力的合法性标准主要表现为非法证据排除规则"。② 但是，在我国的行政处罚中，作为基本法的《行政处罚法》没有规定非法证据排除规则，《林业行政处罚程序规定》和《林业行政处罚听证规则》同样没有涉及这一问题。仅有少数几件单行行政处罚法律明确了这一规则。例如，《治安管理处罚法》第79条对非法证据排除规则作出了初步规定："公安机关及其人民警察对治安案件的调查，应当依法进行。严禁刑讯逼供或者采用威胁、引诱、欺骗等非法手段收集证据。以非法手段收集的证据不得作为处罚的根据"。相对而言，《行政诉讼证据规定》较为系统地确立了行政诉讼中的非法证据排除规则。有学者认为，该规定中的第57条、第58条、第60条和第61条，"是迄今为止最高人民法院对证据合法性作限制性消极规定的最详尽的解释。这一司法解释无疑地对我国三大诉讼中证据的合法性具体界定具有现实实践意义和深远的理论指导意义"。③ 其实，无论是治安管理处罚证据排除规则，还是行政诉讼证据排除规则，都可以成为林业行政处罚证据排除规则的参考和借鉴。鉴此，笔者认为，林业行政处罚证据排除规则可以表述为两点：(1) 概括地说，或者就内涵而言，凡以违反法律禁止性规定或者侵犯他人合法权益的方法取得的证据，均应予以排除。(2) 具体地说，或者就外延而言，下列证据应予以排除：① 不符合法定的证据形式要件且无法补正的证据；② 严重违反法定程序收集的证据；③ 以偷拍、偷录、窃听等手段获取侵害他人合法权益的证据；④ 以利诱、欺诈、胁迫、暴力等不正当手段获取的证据；⑤ 不具备合法性的其他证据。

值得指出的是，有些非法证据虽然违反了法律程序的规定，是对程序法制的一种破坏，但它仍然可能具备证据的自然属性，即证明案件事实的能力。这样的非法证据是否一律应当排除呢？有观点认为，如果该证据的"程序违法行为不具有严重性时，……法官仍可以认定通过违法行为所取得的证据，……不是所有违反法律禁止性规定的取证方法而取得的证据材料都一概被法官予以排除"，④"剥夺那些严重违反法律之证据的证据能力而保留那些轻微违反法律之证据的证据资格，就是符合社会利益的价值选择。……总之，我们在基于违反法律规定而剥夺证据资格的时候应该权衡利弊，采取'两利相权取其重，两害相权取其轻'的态度"。⑤ 甚至有学者认为，持非法证据绝对排除的观点可能存在着一定的危害性。"我们持有上述观点并不能完全解决现实生活中所出的问题，那就是，如果行政机关非法取得的证据具有客观性、关联性，能够证明当事人的行为违法，那么否定此类证据的证明力就可能放任其违法行为而无法予以追究，对国家、社会和其他公民的合法权利造成损害"。⑥ 相反

---

① 何家弘：《证据法学研究》，中国人民大学出版社2007年1月，第94页。
② 何家弘：《证据法学研究》，中国人民大学出版社2007年1月，第95页。
③ 刘金友：《证据法学（新编）》，中国政法大学出版社2003年5月，第100页。
④ 马怀贤、樊玉成：《行政诉讼证据规则精解》，中国法制出版社2005年4月，第312页。
⑤ 何家弘：《证据法学研究》，中国人民大学出版社2007年1月，第95页。
⑥ 章剑生：《行政程序法基本理论》，法律出版社2003年版，第235页。

的观点则认为,证据的程序合法性,即"证据收集、运用过程中的正当性、伦理性与合理性","不仅是程序法的要求,也是实体法的重要目的之一","辨证地认识程序违法证据与客观真实之间的相互关系,强调证据程序的合法性要求,坚决排除程序违法证据的证据力,在进一步加强法制建设的社会条件下,具有更加重要的现实意义",并且,"调动一切社会资源来保障证据程序的合法性,是当前中国法制建设的重要环节之一。尤其需要强调的是,屡禁不止的违法性证据程序往往对人的基本权利造成严重的侵犯,其恶劣的社会影响已经足以动摇整个诉讼制度的权威性,甚至动摇法律的神圣性,最终则将明显地阻碍诉讼目的的圆满实现"。因此,"控制和消灭违法证据行为的最为有效的方法应当是彻底否定违法证据的证据能力,或者按照排除法则消灭其证据力"。① 笔者认为,在当下中国的执法情境中,坚决排除非法证据的证据能力,不失为一种合理的选择。原因在于,就行政诉讼的角度而言,重实体、轻程序的司法现状,不仅意味着司法者对证据违法现象的默认甚至漠视,同时也意味着其司法认识上的偏差和转向;从行政执法的视角观察,重实体、轻程序的执法现状,不仅昭示着执法者对证据违法现象的容忍甚至固守,同时也昭示其执法理念上的扭曲和倒退。在此,从建设法治国家的长远目标考虑,拒绝为即便是轻微违法的证据提供立足之地,或许更有利于法治进程的顺利推进,毕竟,"千里之堤,溃于蚁穴"。

(二)证据效力审查

证据效力,又称证明价值、证明力或证据力,是指某一证据能够证明案件事实的程度大小,或者说证据对案件中待证事实的证明效果和力量。即通常所说的证据有没有证明力及证明力的大小。证明效力的基础何在,学者有不同看法。第一种观点认为,"证明力大小与关联性密切相关。证据的证明力体现在证据的客观性和关联性上"。② 第二种观点认为,证据证明力的基础是证据的真实性。"所谓证据的真实性是指证据的真实可靠程度,是证据实质意义上和内容意义上的真实性,又被称为可靠性。……证据的真实性不是指证据本身是否是客观存在的,而是指证据与所要证明的案件事实之间是否具有客观上的联系,即证据的关联性是不是客观的。证据的真实性是证据证明力的基础,是确定证据与案件事实之间的客观联系的纽带,如果证据缺乏真实性,则证据的关联性就可能不是一种客观上的关联性,而可能只是人为捏造出的关联性,则证据无法确定和反映出案件本来的面目"。③ 第三种观点认为,"任何证据都存在着真实和虚假两种可能性,甚至会同时包含着真实与虚假两种成分。因此,确定证据的效力,首先就要考察证据的真实性。其次,真实的证据能够在多大程度上证明案件中的待证事实,也是人们在确定证据效力时要认真评断的内容。真实性和充分性是考察证据效力的两个基本标准"。④ 第四种观点认为,证据的证明力"与证据的客观真实性、关联性和合法性有着直接的联系,是证据的客观真实性、关联性和合法性的综合反映。林业行政处罚证据必须同时具备客观真实性、关联性和合法性,才能起到证明林业行政

---

① 陈浩然:《证据学原理》,华东理工大学出版社2002年10月,第120-126页。
② 参见陈卫东、谢佑平:《证据法学》,复旦大学出版社2006年6月,第386页。
③ 马国贤、樊玉成:《行政诉讼证据规则精解》,中国法制出版社2005年4月,第296-297页。
④ 何家弘:《证据法学研究》,中国人民大学出版社2007年1月,第95页。

处罚案件事实的作用,否则就会失去证明力"。①

笔者认为,第三种观点较为合理。在林业行政处罚程序中,对证据效力的审查,就是对某一证据真实性和充分性的考察和确认。

首先,林业行政处罚证据的真实性是评断证据效力的基本标准之一。对证据真实性的审查是把证据用作定案证据的必经程序。《林业行政处罚程序规定》第16条第3款规定:"证据必须经过查证属实,才能作为认定案件事实的根据"。换言之,在获准进入行政处罚程序的证据中,如果经过审查发现某个证据不具备真实性,那么执法人员就不能采信该证据,也就不能把它作为林业行政案件定案的证据。参照行政诉讼中有关证据真实性的规定,林业行政执法人员应当根据案件的具体情况,从以下五个方面审查证据的真实性:(1)证据形成的原因;(2)发现证据时的客观环境;(3)证据是否为原件、原物,复制件、复制品与原件、原物是否相符;(4)提供证据的人或者证人与当事人是否具有利害关系;(5)影响证据真实性的其他因素。同时,下列不具有真实性的证据应当予以排除:(1)被执法人员或者当事人或者他人进行技术处理而无法辨明真伪的证据;(2)不能正确表达意志的证人提供的证言;(3)不具备真实性的其他证据。

其次,"证据的充分性也是证据效力的标准之一。作为定案根据的证据,不仅要具有内容的真实性,还要具有证明的充分性;不仅要'证据确实',而且要'证据充分'。所谓'证据充分',即证据的证明力或价值足以证明案件中的待证事实"。② 就林业行政案件的部分事实而言,如果单个证据或者一组证据足以证明林业行政处罚案件中的某一事实或情节的存在与不存在,那么就可以认定该单个证据或一组证据对被证明的案件事实具有足够的证明力。该单个证据或一组证据也就具备了证据的充分性。就整个林业行政案件来说,对证据充分性的审查,则意味着案件中的全部证据必须已经足以证明林业行政案件的真实情况。该案件中所有的证据在整体上也就具备了证据的充分性。由此可见,审查证据的充分性,实际上就是对证据证明力的大小强弱进行分析和判断。

综上所述,证据能力的审查就是对证据合法性和关联性的审查;证据效力的审查就是对证据真实性和充分性的审查。两者虽有区别,但也有联系。实际上,在林业行政案件的证据审查中,证据的合法性、关联性、真实性和充分性在内容上往往相互交叉、相互影响。与林业行政案件事实有关联性但没有合法性的证据不具有证据能力,具有合法性但与案件事实没有关联性的证据同样没有证据能力。与案件事实没有关联性的证据自然不具有证据能力,但是具有关联性的证据也不一定就具有充分的证据效力。同时,由于证据的证明力是以证据的真实性为基础和前提的,所以对证明力的审查也无法离开对证据真实性的审查。可以说,真实性是一个贯穿于整个证据审查活动的范畴,甚至可以说是审查活动的中心内容。

三、林业行政处罚证据的具体审查

(一)对书证的审查

书证的审查应当考虑书证的分类,并结合书证的特点。不仅要审查其内容,而且要审查

---

① 黄柏桢、宋元喜:《林业行政处罚通解》,江西人民出版社2003年8月,第94-95页。
② 何家弘:《证据法学研究》,中国人民大学出版社2007年1月,第96页。

其形式,同时要关注其来源。书证审查的内容包括:(1)审查书证是否具备合法性,包括审查是否具有法定形式,是否通过合法手段和程序取得。(2)审查书证是否属于原件,是否属于当事人无正当理由拒不提供原件,又无其他证据印证,且对方当事人不予认可的书证的复制件。(3)审查书证内容是否有虚假或错误,是否属于伪造、变造或篡改。(4)审查书证的来源及形成。(5)审查书证与案件事实是否存在关联性。

(二)对物证的审查

物证审查的内容包括:(1)审查物证是否具备合法性,包括审查是否通过合法手段和程序来获取。(2)审查物证是否原物,有无伪造、替换的可能;是否属于当事人无正当理由拒不提供原物,又无其他证据印证,且对方当事人不予认可的原物的复制品。(3)审查物证的来源,即审查物证的原始出处。(4)审查物证的形成过程,即审查物证为何人于何时、何地、使用何种工具在何种情形下所形成。(5)审查物证的取得手段及过程,即审查物证性质或外部特征是否可能因取得手段或取证过程而发生改变。(6)审查物证与案件事实的关联性是否客观存在。物证审查的方法有3种:(1)通过辨认进行判断;(2)通过鉴定审查判断;(3)通过联系对比进行审查判断。[1]

(三)对视听资料的审查

视听资料审查的内容包括:(1)审查视听资料是否具备合法性,包括审查是否通过偷拍、偷录、窃听等非法手段,以及是否违反法定程序来获取。(2)审查视听资料是否原始录制的版本,审查其有无编辑、复制、剪辑、伪造、篡改的痕迹或情形等。(3)审查视听资料是否属于被当事人或者他人进行技术处理而无法辨明真伪的证据材料。(4)审查视听资料的内容与案件事实的关联性是否客观存在。

(四)对证人证言的审查

证人证言的审查,实质上是对证人的审查。审查内容主要包括:(1)审查证人证言是否具备合法性,包括审查是否通过非法手段和违背法定程序来获取。(2)审查证人证言的来源情况,如查明证人得知得见案件情况的途径——直接还是间接,审查证人知道案件事实的发生时间到作证时间的间隔长短,审查间接得知证言的得知时间、地点、场景等。(3)审查证人证言的形成条件,包括证人耳闻目睹案件事实发生当时的环境条件或自然状况,如案发时的风向风速、光线的强弱明暗,与当事人的距离远近、当事人声音的大小等,以考察证人能否在当时条件下作出某种证言。(4)证人证言内容的外在审查:即不同证人的证言之间、同一证人的证言前后之间、证人证言与其他证据之间是否存在矛盾。(5)证人证言内容的内在审查:即审查证人证言的内容自身是否存在逻辑矛盾。(6)审查证人的主观品质,如政治觉悟、思想品质、道德素养、法律素养、文化程度等,以检验证人作出证言的真实可靠性。(7)审查证人的自然条件,如年龄(生理和心理年龄)、观察、记忆、领会、理解、表达、推理等能力的实际状况,以检验证人是否属于不能正确表达意志的人,以及陈述的案件事实是否与其能力相适应。(8)审查证人之间、证人与被害人之间、证人与执法人员之间,特别是证人与当事人之间有无利害关系。(9)审查证人证言的内容与案件事实的关联性是否客观

---

[1] 参见李国光:《行政处罚法及配套规定新释新解》,人民法院出版社2006年5月第2版,第545页。

存在。

另外,有学者认为,对未成年人证言的审查,必须注意3个问题:"① 要注意未成年人的年龄、智力发育程度同他提供的证言的内容和使用的语言是否相适应。② 要注意收集证言的方法是否正确、合法。方法不当、不合法往往影响未成年人证言的客观性。③ 要注意有无外来干扰。未成年人容易接受外界影响,尤其是容易接受他亲近的人的影响。如果未成年人的证言变化无常,就可能有外来干扰的问题"。①

（五）对当事人陈述的审查

审查当事人陈述,应当注重以下几个方面:(1)审查当事人陈述是否具备合法性,包括审查是否通过非法手段和违背法定程序来获取。(2)审查当事人陈述的动机和目的,基于案件的结果与当事人有直接的利害关系,因而当事人可能出于不同的动机和目的,而作出或真或伪的陈述。(3)审查当事人陈述的内容及来源,审查陈述的内容是来源于客观事实,还是出于主观推测甚至猜测;审查陈述内容自身是否存在矛盾。(4)审查当事人陈述前后之间、共同违法的当事人陈述之间是否存在矛盾,是否存在串通、勾结的情形等。(5)审查当事人陈述与被侵害人陈述之间是否存在矛盾。(6)审查当事人陈述与证人证言及其他证据之间是否存在矛盾。(7)审查当事人的日常表现和思想品质。日常表现与思想品质的好坏,往往对当事人陈述的真伪有深刻影响。

（六）对鉴定结论的审查

鉴定结论的审查内容包括:(1)审查鉴定结论是否具备合法性。(2)审查鉴定机构是否具备法定资质。(3)审查鉴定人员是否具备法定资格,是否具备鉴定所需的专门知识,是否故意作虚假鉴定,是否应当回避而没有回避。(4)审查鉴定程序是否合法。(5)审查委托人提供的有关检材和比对样本等原始材料是否充分、可靠。(6)审查鉴定使用的技术设备是否合适或先进,采用的方法是否科学,操作规程是否严格遵守。(7)审查鉴定结论是否存在依据,依据是否充分;审查结论是否合乎逻辑,论据和结论是否自相矛盾。(8)审查鉴定结论的形式要件是否完备,鉴定结论应当载明委托人、委托鉴定的事项、提交鉴定的相关材料、鉴定的时间、依据和结论性意见等内容,并由鉴定人签名或者盖章。通过分析得出鉴定结论的,应当有分析过程的说明。

（七）对勘验笔录、现场笔录的审查

勘验笔录、现场笔录的审查内容,主要包括:(1)审查勘验笔录、现场笔录制作者即执法人员是否具有法定身份,审查执法人员的业务水准、技术能力以及工作责任心。(2)审查勘验笔录、现场笔录的制作程序是否法定程序。(3)审查勘验笔录、现场笔录的形式是否符合法定形式。(4)审查勘验笔录、现场笔录的内容是否客观、全面、准确。(5)审查勘验笔录、现场笔录与其他证据之间是否存在矛盾。(6)审查勘验笔录、现场笔录的内容是否与案件事实之间存在关联性。

---

① 参见李国光:《行政处罚法及配套规定新释新解》,人民法院出版社2006年5月第2版,第547页。

第六章 林业行政违法行为的责任

林业行政处罚主要有荣誉罚、财产罚和行为罚3种类型。森林公安机关实施林业行政处罚，必须严格遵守行政处罚的基本原则，依法行使自由裁量权，以杜绝行政处罚中的错误和违法，确保林业行政处罚的合法性。

第一节 林业行政处罚的概念

一、林业行政处罚的概念和特征

（一）林业行政处罚的概念

作为行政处罚的重要组成部分以及行政处罚在森林及野生动植物资源管理领域的具体运用，林业行政处罚是林业行政主体为达到对违法者予以惩戒，有效实施林业行政管理，维护森林及野生动植物资源安全、生态安全等公共利益，保护公民、法人或者其他组织的合法权益的目的，依法对行政相对人给予各种形式法律制裁的具体行政行为。它是林业行政权力表达国家意志最明显，也是最具有"公权力"性质的行政行为。

（二）林业行政处罚的特征

1. 林业行政处罚的主体是行政主体

根据《行政处罚法》的相关规定，行政处罚只能由具有行政处罚权的行政机关在法定职权范围内实施。一方面，行政机关是否享有行政处罚权及享有何种类型的行政处罚权、在多大范围内享有行政处罚权，均取决于行政法律规范的规定。另一方面，经中央或者省级人民政府的决定、法律法规的授权或者行政机关的委托，行政处罚也可以由被决定的行政机关、法律法规授权的组织或者被委托的组织行使或者实施。根据《森林法》第20条、第39条至第45条、《林业行政处罚程序规定》第6条、《国家林业局关于授权森林公安机关代行行政处罚权的决定》以及《国家林业局关于森林公安机关查处林业行政案件有关问题的通知》的规定，行使林业行政处罚的行政主体包括：（1）林业行政机关，即县级以上林业主管部门；（2）法律、法规授权的组织，如森林公安机关等。

2. 林业行政处罚是针对有违反林业行政管理秩序行为的行政相对人的制裁

林业行政处罚的对象是针对外部相对人——公民、法人或其他组织，而非内部相对人——公务人员。这一点使之区别于林业行政主体基于行政隶属关系或监察机关依职权对其公务人员所作出的行政处分。

3. 林业行政处罚的直接目的在于对违法行为人予以惩戒和教育

林业行政处罚的最终目的是为了有效实施林业行政管理,维护森林及野生动植物资源安全、生态安全等公共利益,保护公民、法人或者其他组织的合法权益。这是林业行政处罚和其他林业行政行为所共有的目的。林业行政处罚的直接目的是通过对违法者的行为、财产、自由、名誉或者其他权益的限制或者剥夺,或者对违法者科以新的义务等方式,制裁、惩戒和教育违法行为人,以杜绝其再度违法。这一特征使得林业行政处罚区别于其他林业行政行为(如林业行政许可、林业行政奖励等)。

4. 林业行政处罚针对的是违反林业行政法律规范尚未构成犯罪的违法行为

这一特征意味着:(1)该行为必须违反林业行政义务,违反其他行政义务的行为不能实施林业行政处罚。所谓林业行政义务,是指林业行政法律规范所科以的行政上的义务。行政义务必须依据法律而创设,决定了行政处罚也必须由法律来设定。《行政处罚法》第9条至第14条即是明证。(2)该行为必须是对于公民过去违反行政义务的制裁,行政处罚属于广义的行政制裁。广义的行政制裁包括对行政处分和针对督促未来履行行政义务的行政执行罚;以及针对公民过去违反义务的行政秩序罚两种。行政处罚是指后者,称为"秩序罚",乃针对公民过去违反义务的制裁行为,有学者称此种制裁行为是"对过去违规行为的赎罪"。①《行政处罚法》第3条规定行政处罚的原因为"违反行政管理秩序的行为"便是针对过去的违法行为。(3)该行为尚未构成犯罪行为。如果行为人违反林业法律规范的同时触犯刑法,其行为已经构成犯罪,那么就不能仅对其实施林业行政处罚来取代刑事处罚,而应该交由司法机关追究其刑事责任。

二、林业行政处罚的种类

《行政处罚法》第8条采用列举和概括相结合的方式,对行政处罚的种类作出了规定。具体包括:(1)警告;(2)罚款;(3)没收违法所得、没收非法财物;(4)责令停产停业;(5)暂扣或者吊销许可证、暂扣或者吊销执照;(6)行政拘留;(7)法律、行政法规规定的其他行政处罚。目前,林业行政处罚的种类,主要由《森林法》、《野生动物保护法》、《野生植物保护条例》、《森林防火条例》等法律、行政法规予以设定。依据现有林业法律、行政法规的规定,我们从学理上将林业行政处罚的种类归纳为以下3种:

(一)荣誉罚

荣誉罚也称精神罚、申戒罚或影响声誉罚。其本质是对违反义务者的名誉予以侵犯。即行政机关向违法者发出警示和告诫,指出其有违法行为,通过对其名誉、荣誉、信誉、名声等施加影响,引起其精神或意识上的高度警惕,敦促其不再违法。学者认为,"荣誉是公民的第二生命,国家应该尊重公民人性尊严,以及其人格权,此为《宪法》第38条所明定。因此任何减损公民或其他法人、组织团体的荣誉,便是侵犯了《宪法》所保障的人格权。行政机关的处罚行为,容易影响被处罚人的荣誉。"②

---

① 陈新民:《中国行政法学原理》,中国政法大学出版社2002年10月,第208页。
② 参见陈新民:《中国行政法学原理》,中国政法大学出版社2002年10月,第212-213页。

荣誉罚一般有警告和通报批评两种。《行政处罚法》只规定了警告一种。警告,是行政主体对尚未构成犯罪的行政违法者予以谴责和告诫的处罚形式。其目的在于通过指出违法行为人破坏行政管理秩序的违法行为,对其仅仅予以精神上而非物质(如钱币及其他物质财产)及人身上的惩戒,告诫并警示其不得再行违法。就其惩罚力度而言,学者认为,警告属于要求被处罚人觉悟、唤起其荣誉心的一种最和缓的处罚手段。按照《行政处罚法》第5条规定:"实施行政处罚,纠正违法行为,应当坚持处罚与教育相结合,教育公民、法人或者其他组织自觉守法",警告也可以作为教育并激发违法者自觉守法的主要方式。同时,"基于比例原则,行政权应尽可能地给予轻度的处罚,故任何行政罚的科处,应该先考虑由给予警告着手,以符合法治国家的原则。"①因此,根据修订前的《森林防火条例》第32条的规定,对违反该条例规定擅自进入林区的行为人,林业行政主管部门可以对其"处10元至50元的罚款或者警告。"我们认为,受委托实施该类处罚的森林公安机关,可以优先选择后者,给擅自进入林区的行为人以警告处罚。

警告的方式,《行政处罚法》第33条、第34条及第40条等有明确规定。即必须以书面形式作出并送达当事人。"由于警告以唤起被处罚者的自觉为主,使其内心产生歉疚,而非利用外在压力促使其以后不再违反法规,故应维护其荣誉感及自尊心,尤其是中国人最注重面子,警告即应以针对个人而发的口头或是书面方式颁予之。应当避免采取公开与大庭广众可熟知的公告或通告方式。"②,我们认为,警告文书的送达范围应当仅限于当事人,做到"错责自知"即可,不宜采取公告或通告等超越当事人范围的公布方式。令人欣喜的是,行政处罚法这一"错责自知"的实施原则已经对各类单行行政处罚立法产生了良好效应。例如,根据1986年制定的《治安管理处罚条例》第34条,公安机关实施治安管理处罚时,必须制作治安管理处罚裁决书一式三份。除交给被裁决人一份外,其余两份分别交给被裁决人的所在单位和被裁决人的常住地公安派出所。换言之,除被裁决人自己知晓外,并非案件当事人的被裁决人所在单位及其常住地公安派出所,也都知晓了被裁决人遭受治安管理处罚的事实。而《治安管理处罚法》第97条则规定:"公安机关应当向被处罚人宣告治安管理处罚决定书,并当场交付被处罚人;无法当场向被处罚人宣告的,应当在2日内送达被处罚人。决定给予行政拘留处罚的,应当及时通知被处罚人的家属。有被侵害人的,公安机关应当将决定书副本抄送被侵害人"。在此,除被处罚人及其家属和被侵害人外,被处罚人所在单位及其常住地公安派出所,已经被排除在知晓范围之外。尊重人格、保障人权的立法趋向,表现得相当明显。

(二) 财产罚

财产罚,是享有行政处罚权的行政主体强迫违法行为人缴纳一定数额的金钱或一定数量的物品,或者限制、剥夺其某种财产权的处罚。依据《行政处罚法》第8条规定,财产罚可分为两种情形。

---

① 参见陈新民:《中国行政法学原理》,中国政法大学出版社2002年10月,第213页。
② 陈新民:《中国行政法学原理》,中国政法大学出版社2002年10月,第213页。

1. 罚款

罚款,是指享有行政处罚权的行政主体依法强制违法行为人,在一定期限内向国家缴纳一定数额的金钱的处罚形式。如修订后的《森林防火条例》第51条规定,"违反本条例规定,森林防火期内未经批准在森林防火区内进行实弹演习、爆破等活动的,由县级以上地方人民政府林业主管部门责令停止违法行为,给予警告,并处5万元以上10万元以下罚款。"

学者认为,罚款是最典型、也是各国行政处罚所采用的最普遍的手段。罚款与罚金均为针对财产的处罚,所不同的只是后者属于刑罚的附加刑(《刑法》第34条第1款)。与奥地利行政处罚法和德国秩序违反法明确规定罚款的下限与上限不同,我国《行政处罚法》未作同样规定。除法律可以规定外,行政处罚法授权由国务院或各省级(包括自治区、直辖市)人大常委会来决定罚款的限额(第12条第2款、第13条第2款)。由于罚款和罚金都是对公民财产权利的限制与剥夺,应该极为慎重。就刑法的附加刑罚金而言,是由法院到判决时决定,且必须依据法律,因而比罚款来得慎重。而罚款不仅可由法律以外的各种法规来设定,而且额度可由不同行政机关(国务院)或立法机关(各省级人大常委会)决定,因此,罚款制度极不统一。考虑到处罚法针对的对象是恶性不大的违法行为、且罚款是目前使用最频繁的处罚种类,作为统一规范行政处罚行为的《行政处罚法》应当规定一个明确的罚款额度,作为罚款的基准法,以统一全国罚款制度。当然,其他法律可以针对特殊的违反行政管理秩序的情形,设定不同的罚款额度。①

2. 没收

没收,是指享有处罚权的行政主体依法将违法行为人的违法所得和非法财物收归国有的处罚形式。包括没收违法所得和没收非法财物两种类型。违法所得是指违法行为人从事非法经营等所获得的利益;非法财物则指违法者用于从事违法活动的违法工具、物品或者违禁品等。

林业行政处罚中的没收违法所得,是指林业行政主体将违法行为人从事违反林业行政管理行为所获得的财物或金钱收归国有的处罚形式。如《森林法》第43条规定:"在林区非法收购明知是盗伐、滥伐的林木的,由林业主管部门责令停止违法行为,没收违法收购的盗伐、滥伐的林木或者变卖所得,可以并处违法收购林木的价款1倍以上3倍以下的罚款;构成犯罪的,依法追究刑事责任。"

林业行政处罚中的没收非法财物,是指林业行政主体将违法行为人实施违反林业行政管理行为所使用的工具、物品等收归国有的处罚形式。非法财物主要包括:作案工具、违禁品、违法证件等。如《森林法》第42条规定:"违反本法规定,买卖林木采伐许可证、木材运输证件、批准出口文件、允许进出口证明书的,由林业主管部门没收违法买卖的证件、文件和违法所得,并处违法买卖证件、文件的价款1倍以上3倍以下的罚款;构成犯罪的,依法追究刑事责任。"

作为行政处罚的没收,与"刑法附加刑的没收财产(《刑法》第34条第3款)并无不同,都是以非法获得的财产为对象,以防止违法行为人的不当所有。按《宪法》第13条第1款虽然

---

① 参见陈新民:《中国行政法学原理》,中国政法大学出版社2002年10月,第211页。

保障人民的财产权利,却只限于合法的财产权。因此,人民的财产,由单纯、实质的财产利益,转变为受到国家宪法与法律所保障的财产权,完全系于有无'合法'之上。因此,行政罚对于没收的对象,仅限于实质上由不法方式获得的财产,并且仅限于没收时仍存在的财产为限。倘若不法所得的财产已经灭失、不存在时,即不能够以其他等值的财产来抵充之"。①学者进一步指出,我国《刑法》的没收财产和罚金,均不限于犯罪人因犯罪所得的财产,带有惩罚性。《刑法》第53条规定,"对于不能全部缴纳罚金的,人民法院在任何时候发现被执行人有可以执行的财产,应当随时追缴";《刑法》第59条第1款规定,没收是指"没收犯罪分子个人所有财产的一部或者全部";第64条有关"犯罪分子违法所得的一切财物,应当予以追缴或者责令退赔"的规定,则意味着即使违法所得灭失,仍应责令犯罪分子以其他财产予以退赔。因此没收与罚金都是以犯罪分子的财产为处罚对象,与行政处罚上的没收性质上并不相同。因此,没收只是回复被处罚人"不法所有"前的财产状态而已,不同于罚款、更不同于刑法上的罚金和没收财产所具有的惩罚意味,《行政处罚法》并没有对违法所得已经灭失的予以追缴或者责令退赔等值财产的规定。②

（三）行为罚

行为罚也称能力罚,是限制或者剥夺或者取消行政违法行为人某些特定行为能力或者资格的处罚。林业行政处罚中的行为罚主要包括以下4种情况:

1. 责令停产停业

责令停产停业,是对违反林业行政法律规范的工商企业和个体工商户责令其停止生产、停止营业的一种处罚方式。责令停产停业不是直接限制或者剥夺违法者的财产权,而是责令其停止其所从事的生产经营活动,一旦违法者在限定期限内及时纠正违法行为,按期履行了法定义务,仍可继续从事曾被停止的原有生产经营活动,无须重新申请领取有关许可证和执照。为防止行政主体恣意妄为,《行政处罚法》对该种处罚规定了听证程序,以保护行政相对人的合法权益。

2. 暂扣或者吊销许可证、执照

许可证是证明特定的行政相对人拥有从事或者实施某种法律原本禁止或者限制的活动或者行为的权利或资格的书面法律文件。

暂扣林业许可证、执照,是指林业主管部门对于违法行为人拥有或者持有的有关许可证或者执照依法予以扣押,暂时停止其继续从事相关许可行为的处罚方式。《森林采伐更新管理办法》第22条规定:"国营企业事业单位和集体所有制单位有下列行为之一,自检查之日起1个月内未纠正的,发放林木采伐许可证的部门有权收缴林木采伐许可证,中止其采伐,直到纠正为止:（一）未按规定清理伐区的;（二）在采伐迹地上遗弃木材,每公顷超过半立方米的;（三）对容易引起水土冲刷的集材主道,未采取防护措施的"。显然,此条规定的"收缴林木采伐许可证,中止其采伐,直到纠正为止"的表述,本质上是一种暂扣许可证的处罚方式,既非吊销许可证的行政处罚方式,也非收缴许可证的行政强制措施。与"责令停产停业"

---

① 参见陈新民:《中国行政法学原理》,中国政法大学出版社2002年10月,第211－212页。
② 参见陈新民:《中国行政法学原理》,中国政法大学出版社2002年10月,第212页注释[1]。

类似,暂扣许可证是一种对权利的限制而非剥夺,当暂扣许可证的法定事由或者条件消失,被暂扣的许可证或者执照就应当发还当事人。

吊销林业许可证或执照,是指林业主管部门依法取消违法行为人拥有或者持有的有关许可证或者执照的处罚形式。作为行为罚中最为严厉的处罚方式,吊销林业许可证或执照意味着,被处罚者将被剥夺继续从事林业许可证或者执照所准许的行为的权利。吊销林业许可证或执照,通常只能由颁发该许可证或者执照的林业行政主体决定。例如,《野生动物保护法》第 37 条规定,"伪造、倒卖、转让特许猎捕证、狩猎证、驯养繁殖许可证或者允许进出口证明书的,由野生动物行政主管部门或者工商行政管理部门吊销证件,没收违法所得,可以并处罚款"。

3. 责令补种树木

责令补种树木,是指林业主管部门根据被毁坏的林木株数,责令盗伐、滥伐等破坏森林或其他林木的违法行为人补种一定数目林木的处罚形式。① 如《森林法》第 44 条规定,违法"进行开垦、采石、采砂、采土、采种、采脂和其他活动,致使森林、林木受到毁坏的,依法赔偿损失;由林业主管部门责令停止违法行为,补种毁坏株数 1 倍以上 3 倍以下的树木"。

4. 责令限期恢复原状

责令限期恢复原状,是指林业行政主管部门责令林业行政违法行为人在一定期限内恢复场所原貌的处罚形式。如《森林法实施条例》第 43 条第 1 款规定,"未经县级以上人民政府林业主管部门审核同意,擅自改变林地用途的,由县级以上人民政府林业主管部门责令限期恢复原状,并处非法改变用途林地每平方米 10 元至 30 元的罚款"。《野生动物保护法》第 34 条规定,"违反本法规定,在自然保护区、禁猎区破坏国家或者地方重点保护野生动物主要生息繁衍场所的,由野生动物行政主管部门责令停止破坏行为,限期恢复原状,处以罚款"。

此外,林业行政处罚中属于行为罚的还有责令限期更新造林、责令限期营造新林、责令限期除治等。

第二节 林业行政处罚的基本原则

《行政处罚法》是行政处罚的基本法,负责统一国家行政机关行使行政处罚权力程序,具有排除行政滥权和保护公民公法权利的功能和意义。《行政处罚法》的基本原则,是指行政处罚的设定、实施和适用所必须遵循的法定的基本准则,其功能和刑法的基本原则完全一致。正如特别刑法应适用刑法的基本原则,任何特别行政处罚如林业行政处罚,也必须适用《行政处罚法》的基本原则。但是,行政法学界对于何为行政处罚的基本原则,一直存在争

---

① 对"责令补种树木"的性质,究竟是行政强制还是行政处罚,学界存有争议。我们认为,其性质应认定为行政处罚。《国家林业局对广西壮族自治区林业局关于〈森林法实施细则〉有关问题的复函》(1998 年 12 月 21 日 林函策字〔1998〕239 号)也持有相同观点:"根据《森林法实施细则》第 22 条和第 26 条的规定,由林业主管部门责令滥伐森林或者其他林木的违法行为人补种滥伐林木 5 倍的树木,是对违法行为人的行政处罚。……"

议。在《行政处罚法》颁布之前,有关行政处罚基本原则的论述众多,不一而足。① 在《行政处罚法》颁布后,因概括、归纳的方法或角度的不同,不同学者对基本原则的表述也不相同。② 其实,行政处罚基本原则的归纳,除了必须考虑《行政处罚法》的规定和单行法中有关

---

① 有关行政处罚基本原则的论述,主要包括:(1)错罚相当原则、程序合法原则、代罚与两罚并用。参见梁书文:《行政法讲座》,中国卓越出版公司1990年5月版,第149-152页。(2)法治原则、国家追诉原则、公正原则和效率原则。参见叶必丰:《行政处罚概论》,武汉大学出版社1990年5月版,第12-17页。(3)动机端正原则、相对自由裁量原则、公平对待原则、符合伦理原则、罚种适当原则和社会效益原则。参见崔卓兰:《论显失公平行政处罚的不合法》,载《中国法学》1991年第1期,第23-24页。(4)处罚法定原则和一事不再罚原则。参见张树义:《行政法学新论》,时事出版社1991年版,第150页。(5)罚教结合原则、依法处罚原则、责罚相当原则、一事一罚与数事并罚原则。参见姜明安:《行政违法行为与行政处罚》,载《中国法学》1992年第6期,第44-45页。(6)行政处罚法定原则、一事不再罚与重罚吸收轻罚原则、合理原则、教育与处罚相结合原则、处罚的设定权与执行权分离原则、行政处罚不得和解原则。参见应松年:《行政法专题讲座》,东方出版社1992年7月版,第231页;应松年:《行政行为法——中国行政法制建设的理论与实践》,人民出版社1992年版,第467-471页。(7)合法原则、公正适当原则、程序及时性原则、程序民主化原则。参见杨海坤:《中国行政法基本理论》,南京大学出版社1992年版,第395-405页。(8)合法原则、处罚与教育相结合原则、及时原则、客观与公正执法原则、就地公开处罚原则。参见王连昌:《行政法学》,中国政法大学出版社1994年版,第208-210页。(9)充分尊重人权原则、公正原则、处罚法定原则、一事不再罚原则、处罚与违法行为相适应原则、处罚个别化原则、违法者与受罚者同一原则、处罚与教育相结合原则、处罚的裁决权与执行权相分离原则等。参见杨解君:《秩序·权力与法律控制——行政处罚法研究》,四川大学出版社1995年版,第199-217页。(10)合法原则、公正原则、公开原则、一事不再罚的原则、无救济便无处罚的原则。参见王克稳:《经济行政法论》,苏州大学出版社1995年版,第195-197页。(11)公开原则、自主原则、合法原则、公正原则、合理原则。参见何建贵:《行政处罚法律问题研究》,中国法制出版社1996年2月,第112-124页。

② 《行政处罚法》在起草过程中,对于行政处罚应当贯彻哪些基本原则,学者们存在不同看法。即便《行政处罚法》已经对行政处罚的基本原则作出明确规定,但由于解读视角和表述方式的不同,学者们在行政处罚基本原则的内容上的分歧依然存在。目前,主要有五原则说、六原则说、七原则说和八原则说等4种,但每一种说法的具体内容并不相同。(1)五原则说。表述一:处罚法定原则,公开、公正原则,处罚与教育相结合原则,处罚救济原则,处罚不相替代原则。参见叶必丰:《行政法与行政诉讼法》,中国人民大学出版社2007年5月第2版,第136-137页。表述二:处罚法定原则,公正原则,公开原则,过罚相当原则,处罚与教育相结合的原则。参见宋功德:《税务行政处罚》,武汉大学出版社2002年3月,第20-39页;李国光:《行政处罚法及配套规定新释新解》,人民法院出版社2006年5月第2版,第24-43页。表述三:处罚法定原则,处罚公开、公正原则,处罚与教育相结合原则,当事人权利保障原则,处罚权力分工制约原则。参见冯军:《行政处罚新论》,中国检察出版社2003年1月,第103-113页。表述四:处罚法定原则,处罚与教育相结合原则,公开、公正原则,一事不再罚原则,保障当事人权利原则。参见应松年、刘莘:《行政处罚法理论与实务》,中国社会出版社1996年6月,第24-37页。表述五:处罚法定原则,公开、公正原则,处罚与教育相结合原则,保障当事人合法权益原则,行政处罚责任不排他原则。参见徐继敏:《行政处罚法的理论与实务》,法律出版社1997年12月,第52-67页。(2)六原则说。表述一:处罚法定的原则,处罚公正、公开的原则,处罚与教育相结合的原则,保障相对人权利的原则,职能分离的原则,一事不再罚的原则。参见姜明安:《行政法与行政诉讼法》,北京大学出版社、高等教育出版社2005年1月第2版,第312-314页。表述二:处罚法定原则,处罚与教育相结合的原则,公开、公正原则,处罚救济原则(或称权益保障原则),一事不再罚原则,过罚相当原则。参见罗豪才、湛中乐:《行政法学》,北京大学出版社2006年1月第2版,第224-226页。表述三:行政处罚法定原则,行政处罚公正公开原则,行政处罚与教育相结合原则,保护当事人合法权益原则,行政处罚与民事责任及刑事责任的竞合适用原则,行政处罚权分离原则。参见胡锦光:《行政处罚研究》,法律出版社1998年4月,第19-30页。(3)七原则说。表述一:法定原则,比例原则,公开公正原则,一事不二罚,从新从轻,时效,有责性的规定。参见陈新民:《中国行政法学原理》,中国政法大学出版社2002年10月,第215-224页。表述二:处罚法定原则,处罚公正性原则,违法行为与处罚相适应原则,处罚与教育相结合原则,一事不再罚原则,无救济即无处罚原则,处罚不适用调解原则。参见杨琼鹏、周晓:《行政处罚法新释与例解》,同心出版社2000年8月,第6-28页。(4)八原则说。法定原则,公开、公正原则,处罚与教育相结合原则,一事不再罚原则,适应原则,权利保障原则,责任并用原则。参见杨小君:《行政处罚研究》,法律出版社2002年10月,第34-59页。

行政处罚的规定外,除了不能仅限于条文的具体规定而应当综合法的精神与实质外,还应当不断地关注鲜活生动的行政处罚实践,及时总结、提炼处罚实践中成功和失败的经验,从中抽象出一些适用较普遍、为人们较广泛认同的若干原则。基于此,笔者认为,林业行政处罚应遵循以下基本原则:

一、处罚法定原则

作为行政法的基本原则——依法行政原则在行政处罚领域中的具体体现,行政处罚的法定原则,是指受到行政处罚的行为,必须是法律规定的可罚行为,并由法律规定的主体依照法定程序予以实施。具体包括以下内容:

(一)处罚主体法定

行政处罚主体法定,包括行政处罚的设定主体法定和实施主体法定。

1. 设定主体法定

根据《行政处罚法》第9条至第14条以及《立法法》的相关规定,设定林业行政处罚的法定主体包括:(1)全国人民代表大会及其常务委员会;(2)国务院;(3)省、自治区、直辖市的人民代表大会及其常务委员会,以及较大的市(指省、自治区的人民政府所在地的市,经济特区所在地的市和经国务院批准的较大的市)的人民代表大会及其常务委员会;(4)国务院部、委员会及国务院授权的具有行政处罚权的直属机构;(5)省、自治区、直辖市人民政府和省、自治区人民政府所在地的市人民政府以及经国务院批准的较大的市人民政府。非法定主体制定的任何规范性文件,都不能作为林业行政处罚的法律依据。

2. 实施主体法定

根据《行政处罚法》第15条至第19条,实施林业行政处罚,应当由具有行政处罚权的林业行政主体在法定职权范围内实施。其具体要求包括:(1)除具有行政处罚权的林业主管部门、法律法规授权的组织,以及受林业主管部门委托的组织外,其他任何机关、组织和个人均不得实施行政处罚。(2)具有行政处罚权的林业主管部门应当"在法定职权范围内实施"行政处罚,法律法规授权的组织应当"在法定授权范围内实施行政处罚",受委托组织应当"在委托范围内,以委托行政机关名义实施行政处罚",且不得再委托其他任何组织或者个人实施行政处罚。(3)实施行政处罚的人员必须是林业行政主体所属的正式的工作人员,并具备相应的林业行政执法主体资格。

(二)违法行为法定

根据《行政处罚法》第3条,公民、法人或者其他组织违反行政管理秩序的行为,是否应当受到行政处罚,应视其是否符合有权设定林业行政处罚的法律、法规或者规章规定的林业行政违法行为的构成要件。法律、法规、规章没有规定可以给予行政处罚的行为,任何机关或者个人都无权给予行政处罚。例如,根据2008年《森林防火条例》第50条规定:"违反本条例规定,森林防火期内未经批准擅自在森林防火区内野外用火的,由县级以上地方人民政府林业主管部门责令停止违法行为,给予警告,对个人并处200元以上3 000元以下罚款,对单位并处1万元以上5万元以下罚款。"如果当事人在森林防火期内未经批准擅自在森林防火区外野外用火,县级以上地方人民政府林业主管部门即无权对其实施上述行政处罚。换言之,对林业行政主体而言,"法无明文不得罚";对行政相对人而言,"法无明文不受罚"。

(三) 处罚内容法定

林业行政处罚的内容必须符合法律规定。包括:(1) 处罚对象法定。一方面,林业行政处罚只能针对实施了林业行政违法行为的公民、法人或者其他组织,既不能株连受罚公民的未实施违法行为的亲朋好友,也不能株连受罚法人或者其他组织中无责任的工作人员;另一方面,法律只规定处罚单位而未规定处罚单位直接负责的主管人员和其他直接责任人员的,处罚对象只能是单位而不能是自然人;反之亦然。只有对法律明确规定实行"双罚制"的违法行为,才应当同时给予单位和相关人员以行政处罚。(2) 处罚种类、幅度法定。实施林业行政处罚,必须依照法定的处罚规则,在法律、法规和规章确定的处罚种类和幅度内严格进行,既不得法内乱罚,也不得法外施罚。

(四) 处罚程序法定

实施行政处罚,不仅要求实体合法,而且要求程序合法。作为规范行政处罚的设定和实施的基本法,《行政处罚法》关于处罚程序的规定,既是查处林业行政案件的程序保障,也是林业行政处罚目标得以实现的重要保证。林业行政主体实施行政处罚,必须严格依照法定程序进行,除《行政处罚法》规定的程序外,还必须严格遵守《林业行政处罚程序规定》、《林业行政处罚听证规则》以及地方法律规范中的程序性规范。不遵守法定程序的,林业行政处罚无效。

(五) 处罚时效法定

时效,是指超过法定期限,对行政违法即不得追诉或者对所作行政处罚不得执行的行政制度。时效可以分为"处罚时效"和"执行时效"两种。

1. 处罚时效

处罚时效是指依法对行政违法相对人追究行政责任的有效期限。在法定期限内,行政主体有权追究行政违法相对人的行政责任;超过这个期限,就不得再行追究其行政责任;已经追究的应当撤销案件或终止调查。根据《行政处罚法》第 29 条第 1 款有关"违法行为在 2 年内未被发现的,不再给予行政处罚。法律另有规定的除外"的规定,在森林法、野生动物保护法、防沙治沙法、水土保持法等林业法律没有"另有规定"的情况下,林业行政处罚的处罚时效为 2 年。换言之,在一个林业行政违法行为发生后的 2 年内,对该违法行为有管辖权的林业行政主体,未发现这一违法事实,在 2 年后,无论何时发现这一违法事实,对当时的林业行政违法行为人都不得再给予行政处罚。值得指出,因为"规章"无权而"法律"有权"另有规定",因而《林业行政处罚程序规定》第 13 条有关"违法行为在 2 年内未被发现的,不再给予林业行政处罚。法律另有规定的除外"的规定属于无效规定,《治安管理处罚法》第 22 条则属于有效规定:"违反治安管理行为在 6 个月内没有被公安机关发现的,不再处罚。前款规定的期限,从违反治安管理行为发生之日起计算;违反治安管理行为有连续或者继续状态的,从行为终了之日起计算。"因此,治安管理处罚的处罚时效不是 2 年,而是 6 个月。

2. 执行时效

执行时效是指法律规定对被处行政处罚的相对人执行处罚的有效期限。作出行政处罚而未执行,超过法定期限,行政处罚就不得再执行。在法律中明确规定执行时效,是法治国家和地区的通行做法,如台湾地区《社会秩序维护法》第 32 条即对"执行时效"作出明确规定:(1)停止营业、罚镀、没入、申诫,自裁处确定之日起,逾 3 个月未执行的,免于执行;(2)拘留、勒令歇业,自裁处确定之日起,逾 6 个月未执行的,免于执行;(3)罚镀易处拘留的,以拘留确定之日起,逾 3 个月未执行的,免于执行。瑞士等国也有类似规定。① 尽管我国第一部《治安管理处罚条例》②第 19 条第 3 款曾经规定过治安管理处罚的执行时效:"违反治安管理行为过了 3 个月没有追究的,免予处罚。前款期限从违反治安管理行为成立之日起计算,违反治安管理行为有连续或者继续状态的,从行为终了之日起计算。治安管理处罚,从裁决之日起,过了 3 个月没有执行的,免于执行。"但此后的治安管理处罚立法均未承继这一做法,《行政处罚法》也未就执行时效作任何规定。因此,在《行政处罚法》就此作出修改之前,包括林业行政处罚在内的任何行政处罚,都应当不受任何时间限制地得到执行。

二、处罚公开原则

行政公开原则是 20 世纪中叶以后迅速流行并被广泛认同的一项行政法的基本原则。我国《行政处罚法》第 4 条第 1 款明确规定了行政处罚公开原则。其基本含义是:行政处罚的依据应当依法公布;除依法应当保密的以外,行政处罚的实施包括处罚过程、结果等应当公开进行;处罚主体及其执法行为应当允许新闻媒体依法采访、报道和评论。林业行政处罚公开原则包括以下内容:

(一)处罚依据公开

从法理上说,处罚依据公开来自法治国家的"法律安定性原则",任何作为公权力法源的法律规定,都必须经过公告程序,才能产生法的拘束力,这也是形成"法明确性"的首要前提。所谓"法治国家无秘密法规"可作此理解。③ 根据《行政处罚法》第 4 条第 3 款,对林业违法行为给予行政处罚的规定必须公布;未经公布的,不得作为行政处罚的依据。尽管《行政处罚法》对处罚依据的公布形式没有作具体规定,但在目前法治条件下,任何可作为设定或规定林业行政处罚的法源——法律、法规和规章的公布,都必须依照《立法法》、《行政法规制定程序条例》以及《规章制定程序条例》等法律规范的规定,经过公布及刊登在相应行政区域的报纸上的公告程序,方可作为林业行政处罚的法律依据;未经上述法定公布程序任何规范性文件均不产生法律规范的拘束力,自然也不能成为林业行政处罚的法律依据。

(二)处罚程序公开

处罚程序的公开由法律规范构建的一系列行政制度予以保证,具体包括:

1. 表明身份制度

即身份公开。根据《行政处罚法》第 34 条、第 37 条,林业执法人员当场作出行政处罚决定的,应当向当事人出示林业行政执法身份证件;林业行政主体在调查或者进行检查时,执

---

① 瑞士《行政罚法》第 11 条第 1 款规定处罚时效为 2 年,第 4 款规定执行时效为 5 年。参见陈新民:《中国行政法学原理》,中国政法大学出版社 2002 年 10 月,第 223 页。

② 《治安管理处罚条例》(1957 年 10 月 22 日全国人民代表大会常务委员会第八十一次会议通过 自 1957 年 10 月 22 日起施行 已失效)。

③ 参见陈新民:《中国行政法学原理》,中国政法大学出版社 2002 年 10 月,第 218 页。

法人员不得少于两人,并应当向当事人或者有关人员出示证件。

2. 告知制度

即处罚事实、理由和依据公开。根据《行政处罚法》第31条,林业行政主体在作出行政处罚决定之前,应当告知当事人作出行政处罚决定的事实、理由及依据,并告知当事人依法享有的权利。为林业行政主体设置的法定的告知义务,即公开行政处罚决定的事实、理由及依据,主要在于力避林业行政主体单方面的"暗箱操作",同时也可为当事人的陈述权与申辩权的行使,提供必要的前提条件,也利于行政机关落实"兼听"原则。根据《行政处罚法》第41条,林业行政主体不执行告知制度所作出的林业行政处罚决定不成立。

3. 听取意见制度

根据《行政处罚法》第32条,当事人有权进行陈述和申辩。林业行政主体必须充分听取当事人的意见,对当事人提出的事实、理由和证据,应当进行复核;当事人提出的事实、理由或者证据成立的,林业行政主体应当采纳,并不得因当事人申辩而加重处罚。听取意见制度是具有强制力的强行规定,而非任意性或选择性规定。根据《行政处罚法》第41条,林业行政主体不执行听取意见制度所作出的行政处罚决定不成立。

4. 听证制度

听证作为一种特殊的调查处理程序,源于英国普通法上自然公正原则的规则之一,即"听取另一方证词"。"即任何参与裁判争端或裁判某人行为的个人或机构,都不应该只听取起诉人一方的说明,而且要听取另一方的陈述;在未听取另一方陈述的情况下,不得对其施行惩罚。"①。其在制定法上的渊源,最早可追溯到英国1215年的《自由大宪章》第39条②和1789年的《美国宪法》第5修正案③。听证的目的在于通过公开、合理的形式,广泛听取各方意见,以保证行政处罚决定的公正合理。根据《行政处罚法》第42条第1款第3项,依法应当举行听证,而当事人又要求举行听证的,除涉及国家秘密、商业秘密或者个人隐私外,听证应当公开举行。因此,除法定情形外,林业行政处罚的听证应当公开进行。

(三) 处罚结果公开

林业行政处罚结果公开,是指将林业行政处罚决定让当事人和社会公众知晓。根据《行政处罚法》第34条、第40条,林业行政执法人员当场作出行政处罚决定的,行政处罚决定书应当当场交付当事人。适用一般程序作出的行政处罚决定书应当在宣告后当场交付当事人;当事人不在场的,行政机关应当在7日内依照《民事诉讼法》的有关规定,将行政处罚决

---

① [英]戴维·M.沃克:《牛津法律大辞典》,北京社会与科技发展研究所组织翻译,光明日报出版社1988年8月,第69页。

② 《自由大宪章》第39条规定:"任何自由人,如未经其同级贵族之依法裁判,或经国法判决,皆不得被逮捕,监禁,没收财产,剥夺法律保护权,流放,或加以任何其他损害。"参见:http://law.hit.edu.cn/article/2006/03-14/03142837.htm,2012/4/13/16:14访问。

③ 《美国宪法》第5条修正案规定:"无论何人,除非根据大陪审团的报告或起诉,不得受判处死罪或其他不名誉罪行之审判,唯发生在陆、海军中或发生在战时或出现公共危险时服现役的民兵中的案件,不在此限。任何人不得因同一罪行而两次遭受生命或身体的危害;不得在任何刑事案件中被迫自证其罪;不经正当法律程序,不得被剥夺生命、自由或财产。不给予公平赔偿,私有财产不得充作公用。"参见http://kbs.cnki.net/forums/10170/ShowThread.aspx,2012/4/13/16:14访问。

定书送达当事人。处罚结果公开是否要求处罚的执行也应当公开？刑罚的执行大多不予公开,如《刑事诉讼法》第 252 条第 5 款规定"执行死刑应当公布,不应示众"。以此类推,行政处罚结果公开,也应当是行政处罚决定的公开而非执行的公开。如果涉及当事人的自尊心和荣誉感,更不应斤斤计较是否公开的原则。尤其应当杜绝的是无视乃至蔑视当事人尊严的"示众"性的公开执行。当然,法律明文规定公开执行的除外。

(四) 处罚信息公开

除了上述要求以外,另外一项要求就是新闻媒体依法对有关林业行政处罚信息的公开发布、报道和评论。此外,对于林业行政主体及其执法人员的执法水准、执法风貌、执法效率等执法情况,新闻媒体也有权依法公开报道和评论。我国舆论监督的经验表明,在林业行政处罚领域认真实行处罚公开原则,对促进林业行政主体及其执法人员勤政、廉洁,防止处罚权滥用与乱用,保护行政相对人合法权益,都非常必要。

三、处罚公正原则

公正就是公平、正义、正直、无偏私。《行政处罚法》第 4 条第 1 款明确规定了行政处罚公正原则。其基本精神是要求行政主体处罚公道,不徇私、不枉法,平等对待不同身份、性别、民族、宗教信仰的相对人。就此而言,处罚公正原则也可称为处罚平等原则,实质是平等权原则在行政处罚领域的具体化。[①] 这一原则制约并表现在行政处罚从设定到实施的各个环节。

(一) 处罚设定环节

公正原则在处罚设定环节主要表现为:林业行政处罚的设定机关仅负责依法设定,不负责依法执行。换言之,在林业行政处罚设定环节实行的是机构分离制度:林业行政处罚的设定机关和实施机关相互分离。

(二) 处罚调查环节

公正原则在调查环节主要体现在对行政执法人员法定义务的设定。

1. 执法人员必须全面调查并查明案件事实

根据《行政处罚法》第 30 条、第 36 条,林业行政执法人员负有"查明事实"的法定职责和"全面、客观、公正"调查取证的义务。只有在调查中全面履行上述法定职责和义务,才能做到案件事实清楚、证据确凿充分,这也是处罚公正得以实现的首要前提。

2. 执法人员应当"自己不做自己的法官"

这是处罚公正原则的核心内涵,不仅要求行政处罚的调查人员和决定人员应由不同的执法人员充任,而且要求林业行政处罚听证程序中的听证人员和听证案件的调查人员也必须实行分离,同时要求林业行政执法人员在调查处理林业行政处罚案件时与当事人有利害关系的,应当自行回避。

[①] 有关平等原则(也可以称为行政公平原则)的阐释,参见陈新民:《中国行政法学原理》,中国政法大学出版社 2002 年 10 月,第 40—41 页。

3. 执法人员必须履行告知义务

公正原则要求执法人员必须事先告知当事人依法享有的陈述权和申辩权,必须充分听取当事人的意见,对当事人提出的事实、理由和证据,应当进行复核;当事人提出的事实、理由或者证据成立的,林业行政主管部门应当采纳。

（三）处罚决定环节

1. 遵循处罚惯例[①]

林业行政主体在作出行政处罚时,如果没有正当的理由应当受到行政处罚惯例的拘束。这一规则的使用必须包括以下条件：(1) 有林业行政处罚惯例的存在；(2) 该林业行政处罚惯例必须合法。因为私人并不享有"不法的平等"权；(3) 林业行政主体必须具有自由裁量的余地,包括不确定法律概念的判断余地、处罚种类及幅度的选择余地等。至于羁束类的行政处罚,林业行政主体因受法律的严厉拘束,并无行政自由裁量的余地,自然也就没有这一规则的适用。

2. 禁止恣意处罚

林业行政主体作出行政处罚,必须基于正当的动机,合理考虑相关因素,不专断,禁止"行政权的恣意"。"相关因素","包括法律、法规规定的条件、政策的要求、社会公正的准则、相对人的个人情况、行为可能产生的正面或负面效果,等等"。"专断","就是不考虑应考虑的相关因素,凭自己的主观认识、推理、判断,任意地、武断地作出决定和实施行政行为"。[②] "恣意就是欠缺合理、充分的实质理由"。作为平等原则审查的一个标准,禁止恣意"实际上不仅禁止故意的恣意行为,而且禁止任何客观上违反宪法基本精神以及事物本质的行为"。[③] "行政权的恣意",实质上是违反平等权,并在没有"正当理由（即依照法律所定之判断标准,并以合理的方式来适用之）"情形下,给相同案件以不同对待。因此,林业行政处罚的决定,必须恪守《行政处罚法》第 4 条第 2 款规定的均衡原则,而不能畸轻畸重。

3. 处罚平等

处罚平等的核心要求是同等情况不得不同对待,不同情况不得同等对待。除非这样的对待能够得到"客观的证明"。换言之,处罚平等要求平等对待违法者,做到一视同仁,"同样的案件同样处理",而不得"同样的案件不同处理"。但是,应当注意的是,"平等原则不包含不法的平等"。[④] 作为有拘束行政处罚权效力的原则,相同个案的公民可以要求行政主体"援引前例"给予一定的处罚。当然,此类请求权必须基于一个前提：即前例的行政处罚必须合法方可作为援引依据。否则,不得援引。即无所谓"不法的平等"或者"违法的平等"问题。例如,盗伐林木的公民不能以林业行政主体没有处罚他人的盗伐行为,而要求自己也不受处

[①] 有学者称之为"行政自我拘束原则",详细内容参见姜明安：《行政执法研究》,北京大学出版社 2004 年 6 月,第 89-90 页。

[②] 姜明安：《行政法与行政诉讼法》,北京大学出版社、高等教育出版社 2005 年 1 月第 2 版,第 76 页。

[③] 姜明安：《行政执法研究》,北京大学出版社 2004 年 6 月,第 89 页。

[④] 参见陈新民：《平等原则拘束行政权的问题——论不法的平等》,载于台湾行政法学会主编：《行政法争议问题研究》,五南图书出版公司 2000 年版,第 57 页以下。转引自姜明安：《行政执法研究》,北京大学出版社 2004 年 6 月,第 90 页。

罚,或者主张自己遭受的处罚为违法的行政行为。这种抗辩是不受法律支持的。"这是因为:(1)依法行政原则要求,一个违法的事务不具有受法律秩序保护的价值,行政机关负有将其排除的义务。(2)改善社会秩序的要求。不法平等的许多问题是因为行政机关通过行政规则而持续实施后造成行政先例所产生的,在行政机关因此而造成不法的效果时,如果不容许行政机关改正——因为任何的改正都会产生一个不同于以前先例的新案例,如果坚持不法平等原则的适用,则行政权将永远没有改善现存法秩序的机会。(3)平等原则的内涵在于同等情况同等对待,不同情况不同对待,因此其适用必须要有一个'比较案例',而违法法律规定的个案并不能作为据以比较的案例。(4)从平等权原则追求的理想而言,平等原则应作为帮助法律秩序向上提升,而不是追求将整个法律秩序朝向劣质标准推进,因此不能认为已有其他不法性的存在而使自己的不法性消除;或是自己遭到公权力的不法侵害,也要求其他相同个案也一并不法地处理,平等原则应当具有更为积极的意义,也即表现在排除不法的区别对待。"①

(四)处罚执行环节

根据《行政处罚法》第46条第1款,作出罚款决定的机关必须和收缴罚款的机构相分离,执法人员无法定事由也不得自行收缴罚款。这是公正原则在处罚执行环节的重要体现。

四、处罚合理原则②

处罚法定的"法",除平等权外,制约行政处罚权,且作用更直接、意义更重大的原则为处罚平衡原则,通常也称为处罚合理原则。该原则包括处罚必要原则和处罚均衡原则两项子原则。

(一)处罚必要原则

该原则是比例原则中"必要性原则"在行政处罚领域的具体运用。它是指一个行政处罚权的行使,以达成行政管理的目的为限度,不可过度侵害公民权利。行政处罚权只能在必要限度内行使,使公民的权利尽可能遭受最小程度的侵害。在制约行政处罚的裁量方面,这一子原则具有更为直接的作用。当行政主体拥有超过一个以上且可选择适用的处罚种类的裁量权,或者拥有具备一定幅度的罚款的裁量权时,该原则即可以依照具体个案的不同情形,拘束行政处罚权的行使。例如,根据《森林法实施条例》第44条第1款,县级以上人民政府林业主管部门对无木材运输证运输木材的,应当依法作出没收非法运输的木材的处罚决定,对货主是否并处非法运输木材价款30%以下的罚款,以及在30%的幅度内按照多大比例给予罚款,则应当自觉接受处罚必要原则的制约和指引,根据具体案情予以确定。

(二)处罚均衡原则

该原则是比例原则中"均衡原则"(也称"狭义的比例原则")在行政处罚领域的具体运用。它是指一个行政处罚权的行使,虽然为达成行政管理目的所必要,但是不可给予公民超

---

① 参见姜明安:《行政执法研究》,北京大学出版社2004年6月,第90页。
② 参见陈新民:《中国行政法学原理》,中国政法大学出版社2002年10月,第42-45页。

过行政目的之价值的侵害。① 具言之,是将达到行政管理目的所获得的利益与侵害公民权利所造成的不利后果之间,作一个衡量,必须证明前者大于后者之后,才可以认为侵犯公民的权利。《行政处罚法》第 4 条第 2 款规定,实施行政处罚必须以事实为依据,与违法行为的事实、性质、情节以及社会危害程度相当。其中,特别强调行政处罚的"力度"与违法行为对社会的危害程度"相当"。这种行政处罚的权衡或衡量原则,正是狭义的比例原则即均衡原则的要求和体现,对林业行政处罚权运行的约束,具有重大意义。

第三节 林业行政处罚的裁量

一、林业行政处罚裁量的概念

林业行政处罚裁量,是指林业行政主体在定性的基础上,根据相对人的行政违法事实与林业法律规范,考量相对人应负行政责任之轻重,依法决定对相对人是否给予行政处罚,以及如何给予行政处罚的行政执法活动。林业行政处罚裁量具有以下特征:

(1) 林业行政处罚裁量的主体是法定的林业行政主体,即只有法定的林业行政主体才拥有行政处罚裁量的权限,其他行政机关、团体和个人都不得行使林业行政处罚权。

(2) 林业行政处罚裁量的对象是已经被认定违反林业行政法律规范的相对人,未经合法调查并被认定构成林业行政违法的人,不能成为处罚裁量的对象。

(3) 林业行政处罚裁量的内容是林业行政主体依法决定对相对人是否给予行政处罚,以及如何给予行政处罚。

二、林业行政处罚裁量的情节

(一) 林业行政处罚裁量情节的概念

林业行政处罚裁量情节,是指对林业行政主体决定违法相对人的行政处罚能够发生影响的一系列违法基本情况,它与定性并无关系,而与相对人的人身危险性及其违法行为密切相关——它是以揭示行政违法行为的社会危害程度和相对人的人身危险性为归依。所谓"对林业行政主体决定违法相对人的行政处罚能够发生影响",是指林业行政主体在行政处罚裁量过程中,依据这些情况,可以对相对人作出"从轻"或者"减轻"处罚以及"不予处罚"和"不再给予处罚"的决定。林业行政处罚裁量情节具有以下特征:

(1) 林业行政处罚裁量情节能够影响林业行政主体对相对人的行政处罚。

(2) 林业行政处罚裁量情节与定性并无关系。一种行为是否构成行政违法,是由该行为是否符合行政违法构成的 4 个构成要件决定的。而处罚裁量情节并不属于行政违法构成的范畴,因而,它对于说明某一行为是否构成行政违法并无关系。

---

① 换言之,考虑违法行为对行政管理秩序的不利影响和社会危害程度,实质是考量处罚违法者致其权利受损或遭致不利,与其所破坏的管理秩序之间,两者是否符合正比关系。

(3) 林业行政处罚裁量情节能够说明相对人的人身危险性和行政违法的社会危害程度。无论是法定情节或是酌定情节,都从不同侧面反映了相对人的人身危险性和违法的社会危害程度。

(二) 林业行政处罚裁量情节的分类

1. 法定情节与酌定情节

以处罚情节是否为法律所明确规定为标准,裁量情节可以分为"法定情节"与"酌定情节"。

法定情节,是指所有涉及行政处罚的法律规范明文规定、行政处罚裁量时必须予以考虑的各种违法事实情况。它既包括《行政处罚法》所规定的对各种行政违法共同适用的情节,也包括林业法律所规定的对林业违法单独适用的情节。主要有从轻处罚情节、减轻处罚情节以及不予(再)处罚情节等。

酌定情节,是指行政法律规范中虽然没有明文规定,但行政处罚实践中可能影响行政主体对违法相对人适用行政处罚的一些与违法事实和违法者有关的诸多因素。尽管酌定情节并不必然影响行政处罚的适用,但它们对公正地适用行政处罚却具有重大价值,因而在行政处罚裁量中,必须密切关注酌定情节。酌定情节主要包括:(1) 违法动机;(2) 相对人违法前的一贯表现;(3) 相对人违法后的表现;(4) 违法行为侵害的对象;(5) 违法手段(方法);(6) 违法时间;(7) 违法地点;(8) 违法造成的实际危害结果;(9) 其他情形。

2. 抽象情节与具体情节

以是否可以直接适用为标准,裁量情节又可分为"抽象情节"和"具体情节"。如《行政处罚法》第4条第2款规定:"设定和实施行政处罚必须以事实为依据,与违法行为的事实、性质、情节以及社会危害程度相当。"其中违法行为的"事实"、"性质"、"情节"以及"社会危害程度"四大事项,因为其无法在行政处罚裁量中直接加以适用,显然属于裁量情节中的"抽象"情节。如《行政处罚法》第25条规定,"不满14周岁的人有违法行为的,不予行政处罚,责令监护人加以管教;已满14周岁不满18周岁的人有违法行为的,从轻或者减轻行政处罚",即具有直接而明确的适用性,因而可以视为裁量情节中的"具体情节"。

3. 自由裁量情节与羁束情节

以是否给行政主体的适用提供自由空间为标准,裁量情节又可分为"自由裁量情节"和"羁束情节"。自由裁量情节是指行政主体对该情节的适用具有一定的自由空间或灵活性的情节。羁束情节是指行政主体对该情节的适用没有灵活性的情节。例如,《行政处罚法》第27条"当事人有下列情形之一的,应当依法从轻或者减轻行政处罚"的表述,即意味着行政主体对符合法定情形的当事人,具有给予从轻处罚和减轻处罚的选择权。因而,该条规定的四种情形就属于自由裁量情节。而《行政处罚法》第26条规定的情节则显然属于羁束情节。

这一分类,对分析和认定行政处罚的合法性和合理性有一定意义。在法律适用上,依据羁束情节作出的行政处罚只存在合法性的问题,而依据自由裁量情节作出的行政处罚,则不仅存在合法性问题,而且存在合理性问题。

4. 从宽情节与从严情节

以其影响违法者所受处罚的轻重或宽严为标准,可以将裁量情节分为从宽情节和从严情节。从宽情节,是指对违法者处罚较轻的情节。根据我国《行政处罚法》的规定,依据其具体影响量罚的幅度,从宽量罚的情节可分为从轻、减轻和免除三个等级。从严情节,是指对违法者处罚较重的情节,一般包括从重和加重两种情形。《行政处罚法》中并无从重或加重情节的规定。而有些单行行政处罚规范却有从重情节的规定。如《治安管理处罚法》第20条规定,"违反治安管理有下列情形之一的,从重处罚:① 有较严重后果的;② 教唆、胁迫、诱骗他人违反治安管理的;③ 对报案人、控告人、举报人、证人打击报复的;④ 6个月内曾受过治安管理处罚的。"

(三) 林业行政处罚裁量情节的内容

1. 不予(再)处罚情节

通常认为,不予(再)处罚,是指依照法律规定,不对违反行政管理秩序行为人给予行政处罚。换言之,不予处罚是指基于法律、法规所规定的事由存在,行政主体对某些形式上虽然违法但实质上不应承担违法责任的人不适用行政处罚。但是,不予处罚,并不意味着违法者或相关人员不承担其他法律责任。例如,根据《行政处罚法》第7条,违法行为对他人造成损害但依法不予处罚的当事人,应当依法承担民事责任。根据该法第25条,不受处罚的不满14周岁的人的监护人,负有对不满14周岁的人严加管教的法律义务。

林业行政处罚的不予(再)处罚的法定情节,根据《行政处罚法》的相关规定,主要有以下情形:(1) 不满14周岁的人有林业行政违法行为的;(2) 精神病人在不能辨认或者不能控制自己行为时有林业行政违法行为的,或者间歇性精神病人在精神不正常时有林业行政违法行为的;(3) 林业行政违法行为轻微并及时纠正,没有造成危害后果的;(4) 林业行政违法行为在2年内未被发现的。上述期限,从违法行为发生之日起计算;违法行为有连续或者继续状态的,从行为终了之日起计算。

林业行政处罚不予处罚的酌定情节,主要有以下情形:(1) 林业行政违法行为属于正当防卫的;(2) 林业行政违法行为属于紧急避险的;(3) 因意外事故而导致林业行政违法的;(4) 因林业行政主体的责任而造成违法行为的。

2. 从轻处罚与减轻处罚情节

从轻处罚,是指行政主体在法律规定的处罚限度(种类及幅度)内,对违法者适用相对较轻的处罚。就林业行政处罚而言,从轻处罚,就是对违法林业行政管理秩序行为,适用数种处罚种类中较轻的处罚种类或者单一处罚种类中较轻的处罚幅度。

减轻处罚,是指在法定处罚最低限度以下,确定具体的处罚种类和幅度。简而言之,就是科以违法者低于法定最低限的处罚。但是,作为基本法的《行政处罚法》中,并未就从轻处罚、减轻处罚(包括下文的从重处罚)的含义,作出明确的法律规定。而《刑法》第62条规定:"犯罪分子具有本法规定的从重处罚、从轻处罚情节的,应当在法定刑的限度以内判处刑罚。"第63条规定:"犯罪分子具有本法规定的减轻处罚情节的,应当在法定刑以下判处刑罚。犯罪分子虽然不具有本法规定的减轻处罚情节,但是根据案件的特殊情况,经最高人民法院核准,也可以在法定刑以下判处刑罚。"显而易见,较之于《刑法》的上述规定,《行政处罚法》的规定已经略显落后。因而,亟待于以后的法律修正中,就此作出明确规定。

根据《行政处罚法》的相关规定,林业行政处罚的从轻处罚或减轻处罚的法定情节,主要有以下情形:(1)已满14周岁不满18周岁的人有林业行政违法行为的;(2)主动消除或者减轻林业行政违法行为危害后果的;(3)受他人胁迫有林业行政违法行为的;(4)配合林业行政主体查处林业行政违法行为有立功表现的;(5)其他依法从轻或者减轻林业行政处罚的情形。另外,受他人诱骗、教唆实施违法行为,尽管不属于从轻或减轻处罚的法定情节,但是仍然可以作为酌定情节,在林业行政处罚的适用过程中予以考虑。

3. 从重处罚情节

从重处罚,是从轻处罚的对称。它是指行政主体在法定处罚限度内,对违法者在数种处罚方式中适用相对较重或较严厉的处罚方式,或者在某一处罚方式允许的幅度内适用上限或接近于上限的处罚。《行政处罚法》没有从重处罚的相关规定。因而,对林业行政处罚而言,不存在从重处罚的法定情节,只存在从重处罚的酌定情节。《行政处罚法》存在的这一缺陷,应当在修正时予以弥补。

借鉴其他单行政处罚法律中有关从重处罚法定情节的规定,结合林业行政处罚实践,从重处罚的酌定情节可以包括以下情形:(1)实施的林业行政违法行为有较严重后果的。(2)教唆、胁迫或者诱骗他人实施林业行政违法行为的。(3)对报案人、控告人、举报人、证人打击报复的。(4)受过林业行政处罚后2年内又实施林业行政违法行为的。(5)受过林业行政处罚后在1年内又实施同一林业行政违法行为的。(6)有其他可以从重处罚的情形,包括:① 不听劝阻,继续实施林业行政违法行为的;② 两人以上合伙实施林业行政违法行为中起主要作用的;③ 多次实施林业行政违法行为,屡教不改的;④ 逃避或者抵制林业行政执法人员查处其违法行为的;⑤ 在发生自然灾害或其他紧急情况下实施林业行政违法行为的;等等。

三、林业行政处罚裁量的实施

(一)"应当"处罚与"可以"处罚

1. "应当"处罚

"应当"处罚,是指依据法律,对行为人的违法行为的处罚具有必然性,即必然发生对违法者适用行政处罚(包括从轻、减轻、从重处罚等)。它是对行政主体行使行政处罚权的明确规定,是羁束裁量的具体表现。此类规定,一般采用义务性规范——规定人们必须依法作出一定行为的法律规范的立法形式,在法律条文中常用"应当"、"应该"、"须"、"必须"等词汇表述。有的条文虽没有出现上述字样,而是直接规定"处……"等,根据法理和立法精神,也应当理解为属于"应当"处罚的规范。如《野生动物保护法》第32条规定,"违反本法规定,在禁猎区、禁猎期或者使用禁用的工具、方法猎捕野生动物的,由野生动物行政主管部门没收猎获物、猎捕工具和违法所得,处以罚款;情节严重、构成犯罪的,依照刑法第一百三十条的规定追究刑事责任。"

2. "可以"处罚

"可以"处罚,是指依据法律,对行为人的违法行为的处罚具有或然性,既可以处罚,也可以不处罚;既可以从轻、减轻处罚、从重处罚,也可以不予从轻、减轻处罚、从重处罚。此类规定,一般采用授权性规范——规定人们必须可以作出一定行为,或要求他人作出或不作出某种行为的法律规范的立法形式,在法律条文中常用"可以"、"有……权利(力)"等词汇来表述。如《森林法》第43条规定,"在林区非法收购明知是盗伐、滥伐的林木的,由林业主管部门责令停止违法行为,没收违法收购的盗伐、滥伐的林木或者变卖所得,可以并处违法收购林木的价款1倍以上3倍以下的罚款;构成犯罪的,依法追究刑事责任。"

(二)单处与并处

1. 单处

单处,是指行政主体依据法律,对行为人的一种违法行为只适用一种处罚。它是处罚适用的最简单的形式。在法律没有明确规定可以并处的情形下,行政主体只能对违法者单独适用一项处罚,而不能同时适用几项处罚。例如,根据《森林法实施条例》第44条第2款有关"运输的木材数量超出木材运输证所准运的运输数量的,由县级以上人民政府林业主管部门没收超出部分的木材;运输的木材树种、材种、规格与木材运输证规定不符又无正当理由的,没收其不相符部分的木材"的规定,如果赵某运输的木材数量超出木材运输证所准运的运输数量,县级以上人民政府林业主管部门只能对赵某作出没收超出部分的木材的行政处罚;如果赵某运输的木材树种、材种、规格与木材运输证规定不符又无正当理由,只能对赵某作出没收不相符部分的木材的处罚。又如,根据《森林法》第44条第2款有关"违反本法规定,在幼林地和特种用途林内砍柴、放牧致使森林、林木受到毁坏的,依法赔偿损失;由林业主管部门责令停止违法行为,补种毁坏株数一倍以上三倍以下的树木"的规定,如果张某在幼林地和特种用途林内砍柴、放牧,致使森林、林木受到毁坏,林业主管部门对张某只能给予补种毁坏株数1倍以上3倍以下树木的处罚。

2. 并处

并处,是指行政主体对行为人的某一种违法行为依法同时给予两种或两种以上的处罚。它是相对于单处而言的,通常针对情节较为严重的情形,实质是对违法者的从重处罚。并处可分为"应当并处"和"可以并处"两种类型。《森林法》第42条第1款有关"违反本法规定,买卖林木采伐许可证、木材运输证件、批准出口文件、允许进出口证明书的,由林业主管部门没收违法买卖的证件、文件和违法所得,并处违法买卖证件、文件的价款1倍以上3倍以下的罚款"的规定,即属于行政处罚中"应当并处"的情形。该法第43条有关"在林区非法收购明知是盗伐、滥伐的林木的,由林业主管部门责令停止违法行为,没收违法收购的盗伐、滥伐的林木或者变卖所得,可以并处违法收购林木的价款1倍以上3倍以下的罚款"的规定,则属于行政处罚中"可以并处"的情形。

特别需要注意的是,并处必须在具备法定的条件下才能适用。从理论上说,不仅要有法律、法规明确规定"可以并处"或"应当并处",而且必须具备法定情节,否则不能适用并处。目前有些法律对并处只作笼统规定,如《食品卫生法》第37条第3款仅规定:"各项行政处罚可以单独处罚或合并适用",而不规定并处应当具备哪些条件,极易给人留下行政处罚过于随意的印象。

四、酌定情节在林业行政处罚裁量中的适用

酌定情节主要源自行政处罚的惯例和政策,因而有关酌定情节在处罚裁量中的适用,并

不存在明确的法律依据。这既给酌定情节在处罚裁量中的适用带来部分困难,也给正确适用酌定情节提出了更高的要求。适用酌定情节,林业行政主体必须认真对待以下问题:

1. 准确区分酌定情节

酌定情节可以分为从严处罚和从宽处罚两类性质的情节。这两类性质相异的情节对违法者而言,恰好具有相反的意义:从宽处罚的酌定情节将会使违法者承受较轻的行政处罚,从严处罚的酌定情节将会使违法者招致更重的行政处罚。因而,林业行政主体在实施处罚裁量时,准确区分特定案件的酌定情节及其性质,对于公正处罚具有重大意义。

2. 全面认定酌定情节

尽管并非所有的林业行政处罚案件都存在酌定情节,但很多案件可能存在酌定情节。林业行政主体在进行行政处罚裁量时,不仅应当关注特定案件中不利于违法者的酌定情节,而且应当注意有利于违法者的酌定情节,确实做到客观、全面地认定酌定情节,为公正处罚提供坚实基础。

3. 公正适用酌定情节

酌定处罚情节是行政自由裁量权的重要依据之一。因而,行政自由裁量权的行使是否公正,很大程度上取决于林业行政主体是否公正适用酌定处罚情节。总而言之,公正适用酌定情节,就是在客观、全面认定酌定情节的基础上,平等对待所有违法者,依据具体案件的具体酌定情节,对违法者作出或从宽或从严的公正处罚。即"同样情节的违法者获得同样处罚"。

4. 少用慎用酌定情节

处罚法定原则不仅要求行政处罚必须具有明确的法律依据,而且必然要求行政处罚的情节(如从重处罚的情节)也具有明确的法律依据。因此,在实施林业行政处罚过程中,应当少用和慎用酌定情节,以最大限度保护当事人的合法权益。

第四节 林业行政处罚的合法要件

具体行政行为的合法必须具备一定的条件,这种条件一般称之为具体行政行为的合法要件。有学者认为具体行政行为的合法要件有5个:行为主体合法;行为权限合法;行为程序合法;行为内容合法;行为形式合法。[①] 我们认为,除上述5个要件外,具体行政行为的合法要件,还应当包括行为的依据合法这一要件。因此,作为典型的具体行政行为,林业行政处罚的合法要件,必须具备6个要件。

一、林业行政处罚主体合法

处罚主体合法是林业行政处罚合法的首要条件。其具体要求为:(1)处罚主体应当具备行政主体资格。即只有具备法定资格的行政主体作出的行政处罚才可能是合法的行政处

---

① 参见姜明安:《行政法与行政诉讼法》,北京大学出版社、高等教育出版社2005年1月第2版,第229-230页。

罚。这里的资格是指能够以自己的名义实施行政处罚并能够对外独立承担相应的法律效果，即形式资格。处罚主体不合法，处罚决定自然不合法。(2)实施处罚的执法人员应当具有合法身份。即代表林业行政主体实施林业行政处罚的公职人员，必须是持有《林业行政执法证》的林业行政执法人员。

二、林业行政处罚权限合法

处罚权限合法是林业行政处罚合法的必备条件。其具体要求为：(1)林业行政处罚必须是在林业行政主体法定权限内所实施的行为。即县级以上人民政府林业主管部门必须在自己的事务管辖权、地域管辖权和级别管辖权的范围之内作出行政处罚，被授权和被委托的森林公安机关必须在授权范围和委托范围之内作出行政处罚。(2)行政处罚的实施不存在滥用职权、超越职权以及无处罚权的状况。

三、林业行政处罚依据合法

处罚依据合法是林业行政处罚合法的必备条件。其具体要求为：(1)林业行政处罚必须有法律依据，没有法定依据的行政处罚无效。(2)林业行政处罚必须以法律、法规或者规章为依据，其他形式的法律规范不得作为处罚依据。(3)作为林业行政处罚的依据必须合法，即该依据不得与宪法原则以及上位法相违背或者冲突。以与宪法原则及上位法相冲突的法律作为处罚依据，行政处罚无效。(4)林业行政处罚的依据必须已经公布，未经合法程序公布，不得作为林业行政处罚的依据。

四、林业行政处罚程序合法

处罚程序合法是林业行政处罚合法的必备条件。其具体要求包括：(1)林业行政处罚必须符合行政程序的基本原则，如先表明身份后实施调查、先调查后处罚的次序原则等。(2)林业行政处罚必须符合行政程序的基本制度，如听证制度、说明理由制度、告知制度等。(3)情节复杂或者重大违法行为给予较重的行政处罚，林业行政机关的负责人应当集体讨论决定。这是《行政处罚法》第38条第2款的明确要求。

五、林业行政处罚内容合法

处罚内容合法是林业行政处罚合法的必备条件。其具体要求为：(1)林业行政处罚必须具有事实根据。即必须做到事实清楚。(2)林业行政处罚必须具有确凿证据。即必须作到证据确凿、充分。(3)林业行政处罚必须正确适用法律依据。适用依据错误，该处罚将被确定为违法的具体行政行为，并被法定主体依法撤销或者变更。(4)林业行政处罚的内容无明显不当。即处罚的种类、幅度适当，符合处罚均衡原则。(5)实施林业行政处罚的目的符合林业法律的立法本意，不应当利用合法形式(如利用法律字面含义)来扭曲、曲解立法目的。

六、林业行政处罚形式合法

处罚形式合法是林业行政处罚合法的必备条件。其具体要求为:(1) 林业行政处罚必须具备法律所要求的形式,如处罚决定必须采取书面形式,口头作出的行政处罚无效。(2) 处罚决定书必须包含法定内容。如:当事人的姓名或者名称、地址,违反法律、法规或者规章的事实和证据,行政处罚的种类和依据,行政处罚的履行方式和期限,不服行政处罚决定的救济途径和期限,等等。(3) 处罚决定书必须加盖作出处罚决定的林业行政主体的印章,当场处罚决定书则必须由执法人员签名或者盖章。未签名或者未加盖公章,即属于形式违法。

综上所述,只有同时具备上述 6 个要件的林业行政处罚才是合法的具体行政行为。但是,必须指出,上述有关林业行政处罚的合法要件的论述,是为运用法律规范分析行政处罚的合法性提供理论框架和操作规则,对某一特定的林业行政处罚是否合法的分析和认定,仍应当以具体林业法律规定为最终归依,不能径直将上述要件作为判断根据。

第五节 林业行政处罚的错误和违法

一、林业行政处罚的错误

(一) 林业行政处罚错误的范围

林业行政处罚的错误,是指林业行政主体在行政处罚中所作的意思表示或者为外界理解的意思表示,与其真实意思存在明显矛盾。常见错误包括以下几种:

1. 误写和误算

较之其他行政处罚,林业行政处罚相对复杂。林业行政处罚不仅涉及林木材积、林地面积的测量和计算,而且关联到林木价值、罚款数额的换算。因而,书写错误和计算错误往往在所难免,这类错误也是林业行政处罚中常见的带有普遍性的错误。

误写当然是书面而非口头错误。主要表现为:错别字、笔误和遗漏 3 种。根据学者研究,误算有 3 种类型:(1) 数学计算类的误算。一般出现在乘数、倍数以及单项合计等方面。这类错误属于明显的表示错误,是真正的误算。因为根据法律文书一般人均可得出正确结论。(2) 事实不清类的误算。该类误算不属于表示错误,而是基于行政处罚事实认定错误(包括主要证据不足或者事实认定不清)所造成的错误计算。(3) 依据错误类的误算。该类误算也不属于表示错误,而是属于错误适用法律依据所导致的误算。① 例如,在处罚张某滥伐林木时,某森林公安机关依据《森林法》第 39 条,将法定的处罚幅度"责令补种滥伐株数五倍的树木",错用为"责令补种盗伐株数 10 倍的树木"。

误写和误算这类书面错误,在主观上均出自过失。非因过失所致的错误,不能认定为误

---

① 参见姜明安:《行政法与行政诉讼法》,北京大学出版社、高等教育出版社 2005 年 1 月第 2 版,第 232 页。

写和误算。① 例如,在一起无木材运输证运输木材案中,林业主管部门应当依法没收非法运输的木材,并可对货主赵某并处非法运输木材价款(1 000元)30%的罚款。但是,林业执法人员认为,近期非法运输活动十分猖獗,对赵某依法处以30%的罚款,不足以教育违法行为人,也难以震慑潜在的违法者。因而作出了没收非法运输的木材,并对赵某处以价款70%共计700元的罚款决定。显而易见,这700元罚款是该林业局故意实施的行为,而非因过失发生的误算,因而也就不属于表示错误。

2. 表述不明

表述不明,通常包括概念不明、用语不当及前后矛盾等几种情况。如果表述不明出自林业行政执法者的过失,并导致重大误解,也属于表示错误。(1)概念不明,是指林业行政主体用以表达其意志的概念的内涵和外延并未确定,或者与现有法律概念不一致,或者与公众所共识的内涵和外延不相一致。(2)用语不当,是指林业行政主体的表示行为使用了不能体现其真实意思的语言或者文字。(3)前后矛盾,是指前后所表示的意义不衔接或者不一致。②

(二)林业行政处罚错误的更正③

林业行政处罚错误的更正不属于法律补救和行政救济。错误的更正是为了消除林业行政处罚中存在的明显错误,使林业行政主体所表示的意思与真实意思相一致。

1. 更正的原则

林业行政处罚错误的更正,应当坚持以客观主义为主、以主观主义为补充的原则。更正机关应当以客观的表示行为为主要根据来解释其中的矛盾,但是又不能仅仅根据林业行政处罚中的各种文书中的字、词等文本来更正,更不能以林业行政主体的主观意思为更正的主要依据。因为林业行政主体的主观意思在表现于外界之前,并不为外界所了解。如果允许林业行政主体以其主观意思为主来更正,则难以避免事后的任意解释和行政意志的随意性,并使违法行为合法化。

2. 更正的机关

林业行政处罚的更正机关应当是作出该行政处罚的行政主体,主要是林业主管部门和森林公安机关。林业行政主体可以依职权也可以依申请(相对人或者第三人),对林业行政处罚中的公开错误随时进行更正。

3. 更正的方式

除非法律有特别规定外,林业行政主体对行政处罚的更正应当采用法律对行政处罚所规定的方式,即书面方式。

4. 更正的效力

林业行政处罚更正的直接效果在于,消除了所存在的意思表示错误,处罚的种类、幅度及具体数额等按照经过更正的行政处罚确定,相关争议按照经过更正的行政处罚审查、解

---

① 参见姜明安:《行政法与行政诉讼法》,北京大学出版社、高等教育出版社2005年1月第2版,第232页。
② 参见姜明安:《行政法与行政诉讼法》,北京大学出版社、高等教育出版社2005年1月第2版,第232-233页。
③ 本部分内容引自姜明安:《行政法与行政诉讼法》,北京大学出版社、高等教育出版社2005年1月第2版,第233-235页"具体行政行为错误的更正"。引用时略作修改。

决。更正行为本身并非新的林业行政处罚,也不具有独立的法律效果和法律效力,仅仅是对原林业行政处罚中所体现的真实行政意志的确定和阐明。因而,更正所确定的意思即具有溯及既往的法律效力,并非自更正之日起发生法律效力,而是自原具体行政行为生效之日起发生法律效力。但是,此类溯及既往的效力不得损害被处罚人的信赖利益。

二、林业行政处罚的违法

林业行政处罚的违法,就是林业行政处罚缺乏合法要件。按照违法程度,可以将林业行政处罚的违法分成轻微违法和重大违法两类。

（一）轻微违法

从立法、判例和学说角度看,判断轻微违法的林业行政处罚,可以采用以下标准:(1)处罚程序和形式的轻微违法。如果是处罚内容上的违法即实体违法,则不属于轻微违法。(2)处罚程序和形式违法,并未损害被处罚人实体权益。如果该违法已经影响到被处罚人的实体权益,无论该权益大小,该违法即不属于轻微违法。(3)同一行政处罚的重新作出被认为有损行政效率。一般而言,同时符合上述标准的程序和形式违法即属于轻微违法。[①]

从林业行政处罚实际来看,下列程序和形式违法可以认定为轻微违法:(1)告知错误的;(2)林业主管部门的内设机构（如林政科）、森林公安机关的派出机构（如森林公安派出所）以自己名义实施林业行政处罚的;(3)告知作出处罚决定的事实和依据但没有告知理由的,等等。

对轻微违法的林业行政处罚,林业行政主体可以依职权或者依申请予以补正。对应当予以补正的行政处罚未补正或行政主体拒绝补正的,在行政复议或者行政诉讼中,复议机关或者法院可以依法予以撤销。

（二）重大违法

林业行政处罚的重大违法,是指林业行政处罚的违法无论在内容上还是在形式上都相当明显,而且该违法非常严重。换言之,该种违法具备明显性和严重性的双重特性。但是,在具体的林业行政案件中,关于行政处罚是否明显并且严重违法,往往存在争议,因而,有必要采用列举式加概括式的立法模式,对重大违法作出明确规范。一般而言,林业行政处罚上存在的重大违法,主要有以下几类:

1. 处罚主体资格方面的重大违法

行政处罚决定书上没有加盖作出决定的林业行政主体的印章的,当场处罚决定书上没有林业行政执法人员签名的,实施行政处罚的林业行政执法人员未向相对人表明身份的,或者错误表示身份的,都应当属于主体方面的重大违法。例如:身着警服的森林人民警察查处林业行政案件时未向当事人表明林业执法身份（出示林业行政执法证件）的,或者向当事人出示人民警察证的。

2. 处罚权限方面的重大违法

处罚权限方面的重大违法包括:(1)超越事务管辖权的,如林业行政主体查处水生野生

---

① 参见姜明安:《行政法与行政诉讼法》,北京大学出版社、高等教育出版社 2005 年 1 月第 2 版,第 236 页。

动物案件;(2)超越地域管辖权的,如林业行政主体查处在集贸市场以内违法经营陆生野生动物或者其产品的行政案件,而这一类案件应当由工商行政管理部门负责查处;(3)超越法定的级别管辖权和时间管辖权的;(4)超越授权权限或者委托权限的,如森林公安机关以自己名义查处野生植物行政案件或者查处野生动物行政案件;等等。但是,超越林业行政规范性文件而非法律、法规和规章所规定的级别管辖权和时间管辖权的,可以不列为重大违法。

3. 处罚内容方面的重大违法

林业行政处罚的实施将导致犯罪的,相对人与林业行政执法人员恶意串通实施行政处罚的,受被侵害人胁迫或者欺诈而实施林业行政处罚的,事实不清、证据不足实施处罚的,以及林业行政处罚的内容不可能的,都属于行政处罚内容方面的重大违法。其中,"内容不可能,包括人的不可能、物的不可能和权利义务的不可能。人的不可能,是指相对人对具备行政行为所设定的法律效果不具有法律上的能力"。① 例如,某县林业局以盗伐林木名义,对不满14周岁的张某作出没收、补种树木、罚款的行政处罚决定,即属于人的不可能。因为不满14周岁的自然人尚未具备行政责任能力。

4. 处罚依据方面的重大违法

盗伐林木适用《治安管理处罚法》第49条按照盗窃实施治安管理处罚的,依据乡或者县人民政府的通知或者其他规范性文件对当事人实施林业行政处罚的,都属于处罚依据方面的重大违法。

5. 处罚程序和形式方面的重大违法

严重违反行政处罚的法定程序,属于重大违法。包括:(1) 在作出行政处罚决定之前,林业行政主体及其执法人员不依法向当事人告知给予行政处罚的事实、理由和依据的;(2) 在作出行政处罚决定之前,林业行政主体及其执法人员拒绝听取当事人的陈述、申辩的;(3) 林业行政主体不听取当事人的意见,对当事人提出的事实、理由和证据不进行复核的;(4) 当事人提出的事实、理由或者证据成立,林业行政主体不采纳的;等等。严重违反法定程序将导致行政处罚决定不能成立。

严重违反法定形式的,也属于重大违法。例如,口头作出林业行政处罚决定的,即是形式方面重大违法的典型事例。

---

① 姜明安:《行政法与行政诉讼法》,北京大学出版社、高等教育出版社2005年1月第2版,第238页。

第七章　森林公安行政执法的内容(一)

根据《森林法》第 20 条、《国家林业局关于授权森林公安机关代行行政处罚权的决定》、《国家林业局关于森林公安机关查处林业行政案件有关问题的通知》的规定,森林公安机关有权查处的林业行政案件共有 18 种:(1) 盗伐林木;(2) 滥伐林木;(3) 买卖林业证件、文件;(4) 非法收购盗伐、滥伐的林木;(5) 非法开垦、采石等毁坏林木;(6) 非法砍材、放牧毁坏林木;(7) 未完成更新造林任务;(8) 非法经营木材;(9) 非法采种、采脂等毁坏林木;(10) 非法开垦林地;(11) 非法改变林地用途;(12) 临时占用林地逾期不还;(13) 无木材运输证运输木材;(14) 不按照木材运输证运输木材;(15) 使用伪造、涂改的木材运输证运输木材;(16) 承运无木材运输证的木材;(17) 非法移动或毁坏林业服务标志;(18) 非法改变林种。其中,第(1)至第(6)所列案件,属于法律法规授权查处的案件,森林公安机关即森林公安局、森林公安分局和森林公安警察大队,可以以自己的名义实施查处;第(7)至第(18)所列案件,属于行政机关委托查处的案件,森林公安机关必须以委托的行政机关即林业主管部门的名义实施查处。

第一节　法律法规授权案件的查处

一、盗伐林木案的查处

(一) 盗伐林木的概念与构成要件

盗伐林木,是指行为人以非法占有为目的,擅自采伐非本人所有的林木,尚未达到刑事立案标准的行为。其构成要件为:

1. 主体

本行为的主体,既可以是具备行政责任能力的自然人,也可以是单位。

2. 主观方面

本行为主观方面出自故意,且具有非法占有森林或者林木的目的。至于行为人非法占有森林或者林木以后如何处置,是赠送他人、转送他人,还是自用,均不影响本违法行为的成立。

3. 客观方面

本行为在客观方面表现为擅自采伐非本人所有的林木,尚未达到刑事立案标准的行为。

(1) 擅自采伐非本人所有的林木。主要有 3 种表现形式:① 擅自采伐国家、集体、他人所有或者他人承包经营管理的森林或者其他林木的行为;② 擅自采伐本单位或者本人承包经营管理的森林或者其他林木的行为;③ 在林木采伐许可证规定的地点以外采伐国家、集体、他人所有或者他人承包经营管理的森林或者其他林木的行为。其中,"擅自"就是未经许可,或者虽经许可但违反许可事项。依据《森林法》第32条,任何采伐林木的主体,均负有以下法定义务:(1)行为人必须取得林木采伐许可证。即除农村居民采伐自留地和房前屋后个人所有的零星林木外,采伐林木包括采伐以生产竹材为主要目的的竹林,行为人必须申请并取得采伐许可证。(2)行为人必须严格按照许可证规定的采伐地点、时间、数量、树种和方式进行采伐。因此,未取得林木采伐许可证,或者取得林木采伐许可证但违反许可证规定事项,都属于这里所指的"擅自"。"采伐",包括采集、砍伐、移栽和挖掘等。根据《森林法实施条例》第2条,以及《森林法》第32条第1款和第6款的规定,"非本人所有的林木"中的"林木",仅是指必须持有林木采伐许可证方能采伐的林木,包括树木和竹子。农村居民自留地和房前屋后个人所有的零星林木,以及不以生产竹材为主要目的的竹林,均不属于这里所指的"林木"。

(2)尚未达到刑事立案标准。即指行为人盗伐林木的数量尚未达到《国家林业局公安部关于森林和陆生野生动物刑事案件管辖及立案标准》(2001年5月9日 林安发〔2001〕156号)(简称"林安发〔2001〕156号")第2条第1项规定的数量,即立木蓄积不足2至5立方米,或者幼树不足100至200株。

4. 客体

盗伐林木侵害的客体是复杂客体,具体包括:森林或者林木采伐许可管理制度和国家、集体或者公民个人的林木所有权。

(二)盗伐林木的行政认定

盗伐林木的行政认定,是指对盗伐林木行为的行政违法性质的确认。其关键是对盗伐林木的罪与非罪作出区分。

根据《刑法》第345条第1款,盗伐林木的罪与非罪的界限,在于被砍伐的林木是否达到"数量较大"。换言之,盗伐林木行为是构成行政违法还是刑事违法,完全取决于被砍伐的林木的数量。"数量较大"则立为刑事案件,反之,则立为行政案件。根据《最高人民法院关于审理破坏森林资源刑事案件具体应用法律若干问题的解释》(简称"法释〔2000〕36号")、"林安发〔2001〕156号"的规定,砍伐林木2立方米至5立方米,或者砍伐幼树100株至200株,就是"数量较大"。根据上述"林安发〔2001〕156号"第3条第8项至第10项的规定,各地盗伐林木的行政认定标准,可能因各省、自治区、直辖市在法定幅度内自行确定的盗伐林木刑事案件的立案起点的不同而呈现出较大差异,但完全可以确定的是,砍伐林木立木蓄积不足2立方米或者幼树不足100株的,不应当被确立为刑事案件,而只能作为林业行政案件立案查处。

(三)盗伐林木案的调查重点及证据收集

对盗伐林木的受案,应当注意以下问题:(1)详细了解案情,如行为人的基本情况,作案的地点、时间及工具,砍伐的树种、数量等;(2)如接报案件属于现行案件,应及时出警制止,依法查控行为人,并对需要作为证据的物品,如砍伐的林木、作案工具等,实施先行登记保存;(3)及时进行现场调查取证,收集其他相关证据。如作好询问笔录、现场勘验笔录和检查笔录等。

对盗伐林木案的调查,应当重点围绕其构成要件展开。林业行政执法人员应当依法收集和固定以下证据:

1. 关于盗伐林木主体的证据

收集盗伐林木主体的证据,就是收集有关违法嫌疑人行政责任能力的证据,关键是收集能够证明违法嫌疑人的年龄达到了行政责任年龄的证据。

可以证明行政责任年龄的证据包括:(1)居民身份证;(2)户口簿;(3)户籍底卡;(4)医院的出生证明或者接产人的证明;(5)出生地邻居或者同年月出生者的父母有关年龄的证词;(6)入学、入伍、入警等登记中及个人履历表中有关年龄的证明;(7)违法嫌疑人陈述及其亲属有关年龄的证言。

如果通过上述证据的收集和固定,能够证明违法嫌疑人系已满14周岁、精神状态正常的自然人,即可认定其具有行政责任能力,符合盗伐林木的主体要件。对涉及行政责任能力边缘年龄或者对年龄有争议的,上述证据中第④至⑦项应当提取。

2. 关于盗伐林木主观方面的证据

收集盗伐林木主观方面的证据,就是收集有关违法嫌疑人主观心理状态的证据,关键是收集能够证明违法嫌疑人具有"非法占有目的"的证据。主要包括:

(1)违法嫌疑人的陈述和申辩。违法嫌疑人的陈述和申辩,包括询问笔录和当事人自行书写笔录两种形式。这一证据中涉及"主观方面"的内容包括:① 对砍伐的林木所有权的认识。即是否明知被其砍伐的林木属于国家、集体或者他人所有。行为人无须确切知道林木所有权的主体,但必须明知砍伐的林木为非本人所有。② 砍伐林木的动机是什么,伐倒后的林木打算如何处理,是自用还是转售或者赠与。由此可以确认行为人是否具有非法占有林木的目的。

(2)其他证据。在违法嫌疑人陈述和申辩的基础上,还可以收集其他一些证据。如木材已经销赃的,除对赃物进行先行登记保存外,应当提取买赃人的证言,以进一步推定或验证违法嫌疑人是否具有非法占有木材的目的。

通过上述证据的收集和固定,如果能够证明行为人明知采伐的林木属于非本人所有的林木,仍以据为己有为目的而实施采伐,即可认定其具有非法占有的目的,符合盗伐林木的主观要件。

3. 关于盗伐林木客观方面的证据

收集盗伐林木客观方面的证据,关键在于收集能够证明砍伐行为的时间、地点、工具,以及树种、数量等方面的证据。主要包括:

(1)违法嫌疑人的陈述和申辩。这一证据中涉及"客观方面"的内容包括:① 实施砍伐行为的时间、地点。② 砍伐工具(如油锯、手锯或斧头等)、运输工具(如小板车、电动三轮车、手扶拖拉机等)的来源、数量、特征、下落。③ 实施砍伐的方式。如是亲自砍伐还是雇请他人。④ 砍伐林木的树种、数量、径级、材长、价值。⑤ 林木去向或者木材的处理情况。例如自用、赠与或者销售(包括销售时间、地点、对象、价格、数量、所获赃款及分赃情况)。⑥ 如果属于共同违法,则必须查明每一个违法嫌疑人在共同违法中的地位和作用,对起意、策划分工、组织实施、具体砍伐、窝赃、销赃、分赃等情况应详细询问。

(2)证人证言及其他相关证据。为全面印证违法嫌疑人的陈述和申辩,应当根据具体案情,依法收集以下证人证言及其他相关证据:① 现场目击证人、购赃人等证人的证言;② 抓获人的证言,包括抓获违法嫌疑人的地点、时间等详细过程;③ 报案人的证言,包括公安机关的接警记录等;④ 帮助倒运和装车人员以及窝藏赃物、转移赃物人员的证言;⑤ 现场勘验笔录、检查笔录、现场照片;⑥ 先行登记保存的木材检尺野账;⑦ 有关树种、原木材积、立木材积和木材价值的鉴定结论;⑧ 鉴定机构的资质证明、鉴定人员资格证明;⑨ 案发时当地木材销售价格证明;⑩ 其他相关证据。

如果通过收集和固定上述证据,能够形成统一、完整的证据链条,证明行为人采伐了数量尚未达到刑事立案标准的非本人所有的林木,即可证明其实施了非法砍伐林木的行为,符合盗伐林木的客观要件。

4. 关于盗伐林木客体的证据

收集盗伐林木客体的证据,关键在于收集砍伐林木的所有权性质以及林木所在地点等方面的证据。主要包括:(1) 有关砍伐林木的权属证明。如林权证,既能够证明山场的性质究竟是国有山场、集体山场还是个人山场,也能够证明林木是国家所有、集体所有还是个人所有。(2) 有关砍伐地点的证据。盗伐林木的地点一般都位于国有山场、集体山场,或是公路旁、铁道边等。

(四) 盗伐林木案的处理

根据《森林法》第 39 条第 1 款和《森林法实施条例》第 38 条,盗伐林木行为人应当承担的法律责任包括行政责任和民事责任两个部分。林业行政主体应当依照法律规定对盗伐林木行为人给予行政处罚,并告知当事人可以就民事争议依法向人民法院提起民事诉讼。

1. 行政责任

盗伐林木行为人应当承担的行政责任为:① 由森林公安机关责令补种盗伐株数 10 倍的树木;② 没收盗伐的林木或者变卖所得;③ 并处盗伐林木价值 3 倍以上 10 倍以下的罚款。罚款的具体幅度根据盗伐林木的数量确定。其中,以立木材积计算不足 0.5 立方米或者幼树不足 20 株的,并处盗伐林木价值 3 倍至 5 倍的罚款;以立木材积计算 0.5 立方米以上或者幼树 20 株以上的,并处盗伐林木价值 5 倍至 10 倍的罚款。

2. 民事责任

盗伐林木者应当承担的民事责任为:依法向林木被盗伐者(包括单位和个人)赔偿损失。根据《国家林业局关于如何计算盗伐、滥伐林木造成直接经济损失的复函》[①](1999 年 6 月 16 日 林函策字〔1999〕190 号)(简称"林函策字〔1999〕190 号")的规定,盗伐林木造成的直接经济损失,包括被盗伐林木的价值和重新恢复被盗伐林木的整地、种苗、造林、管护等有关费用。其中:① 被盗伐林木的价值。有国家规定价格的,按国家规定价格计算;没有国家规定价格的,按主管部门规定的价格计算;没有国家或者主管部门规定价格的,按市场价格计算;进入流通领域的,按实际销售价格计算;实际销售价格低于国家或者主管部门规定价格的,按国家或者主管部门规定的价格计算;实际销售价格低于市场价格,又没有国家或者主管部

---

① 《国家林业局关于如何计算盗伐、滥伐林木造成直接经济损失的复函》(1999 年 6 月 16 日 林函策字〔1999〕190 号)。

门规定价格的,按市场价格计算,但不能按违法行为销赃的价格计算。② 重新恢复被盗伐、滥伐林木的整地、种苗、造林、管护等有关费用。可按重新恢复被盗伐林木的实际支出确定,也可由县级以上林业主管部门根据本地实际情况确定。

值得指出的是,有些地方性法规或地方政府规章,对盗伐林木的价值计算有明确规定。如《新疆维吾尔自治区实施〈中华人民共和国森林法〉办法》①第36条规定,"盗伐、滥伐、毁坏林木的价值计算:乔木有林价的按林价计算,没有林价的参照当时、当地的木材市场价格折合计算;灌木和经济林按其恢复全过程的重置价格计算。具体办法由自治区林业主管部门会同价格主管部门制定。"再如,《山东省林业局关于烟台市林业局关于盗伐、滥伐死树是否与活树承担同样法律责任的请示的复函》②规定:"违法采伐林木的价值,应当根据林木的长势、生产能力以及种植培育的实际支出等情况,由当地县级以上林业主管部门会同有关部门予以认定。"在这种情形下,笔者认为,当地的森林公安机关在计算盗伐林木的价值时,应当优先适用本地方的法律规范。

(五) 相关问题研讨

1. 盗伐与盗窃

根据《治安管理处罚法》第49条③,作为违反治安管理行为,盗窃是指以非法占有为目的,秘密窃取公私财物的行为。盗伐和盗窃在主观上都具有非法占有公私财物的目的;客观上,都具有采取秘密手段取得非法占有的公私财物的形式。但两者仍有一些不同,表现在:

(1) 违法主体的不同。盗伐林木的主体自然人和单位均可构成;而盗窃的主体只能是自然人。

(2) 侵害客体与对象不同。盗伐林木侵犯的客体既包括森林资源管理制度,也包括国家、集体或者个人的林木所有权,属于复杂客体;盗窃侵犯的客体只是公私财物的所有权,属于单一客体。盗伐的侵害对象只限于被纳入采伐许可证管理的林木,既包括地面上正在处于生长过程中的林木,也包括枯死木、雪压木等因自然灾害损毁的林木。④ 因为只有纳入许可证管理中的林木才可能属于盗伐林木侵害的对象,擅自砍伐这样的林木才可能既侵害国家、集体或个人的林木所有权,又侵害国家的森林资源管理制度。而盗窃的对象则是公私财物。既包括国家、集体、他人所有并已经伐倒的树木,也包括地面上正在处于生长过程中的

---

① 《新疆维吾尔自治区实施〈中华人民共和国森林法〉办法》(2001年7月27日新疆维吾尔自治区第九届人民代表大会常务委员会第二十三次会议通过)。

② 《山东省林业局关于烟台市林业局关于盗伐、滥伐死树是否与活树承担同样法律责任的请示的复函》(2000年8月9日 鲁林函政字〔2000〕12号)。

③ 第49条盗窃、诈骗、哄抢、抢夺、敲诈勒索或者故意损毁公私财物的,处5日以上10日以下拘留,可以并处500元以下罚款;情节较重的,处10日以上15日以下拘留,可以并处1000元以下罚款。

④ "火烧枯死木"是否属于盗伐林木行为的侵害对象?《国家林业局关于未申请林木采伐许可证采伐"火烧枯死木"行为定性的复函》(2003年3月3日 林函策字〔2003〕15号)指出:"根据《森林法》的规定,除农村居民采伐自留地和房前屋后个人所有的零星林木外,凡采伐林木,包括采伐'火烧枯死木'等因自然灾害毁损的林木,都必须申请林木采伐许可证,并按照林木采伐许可证的规定进行采伐,未申请林木采伐许可证而擅自采伐的,应当按照《森林法》、《森林法实施条例》的有关规定,分别定性为盗伐或者滥伐林木行为。对情节显著轻微的,根据《行政处罚法》的规定,可以从轻、减轻或者免于处罚。"

林木。那么,如何在侵害对象上对盗伐和盗窃作出区分呢? ① 就国家、集体、他人所有并已经伐倒的树木而言,这些木材已成为普通性质的公私财产,体现的仅仅是公私财物的所有权。因此,秘密取得这种木材的行为,只侵害公私财物的所有权而不涉及对森林资源以及环境权益的损害,将其认定为盗窃理属当然。而处于生长中的树木,不仅体现公私财产的所有权,而且体现国家对森林资源的管理制度,甚至体现森林所具有的不可替代的生态效应,以及附着其上的人类的环境权益。因而,侵害这些林木,只能认定为盗伐。② 就正在处于生长过程中的林木而言,如农村居民自留地和房前屋后个人所有的零星林木,尽管这些林木也属于处于生长过程中的林木,但是因为没有被纳入许可证管理的范畴,它们只体现公私财物所有权,而不体现国家的森林资源管理制度。因而,对这些仅仅体现公私财物所有权,而不体现森林资源管理制度的林木的侵害,只能认定为盗窃。

(3) 行为方式不同。尽管从字面上看,两种行为均有"盗"的行为,即秘密地非法占有行为。但是,盗窃是行为人采取自以为不使财物所有者、保管者发觉的方法,暗中将财物取走的行为。其行为手段具有"秘密性"特征。而盗伐林木行为,由于其侵害对象的单一性和树木处于生长过程的特殊性,决定了其行为手段不一定是"秘密"进行的;尤其是擅自砍伐的林木数量较大时,采伐人员和设备数量的增加,必然影响其行为的私密性,从而使得其行为难以"秘密"进行。换言之,"秘密性"特征,构成盗伐林木行为方式之一种而非全部,但却构成盗窃行为的唯一方式。

(4) 两种行为的刑事立案标准也各不相同。盗伐以林木"数量较大"为刑事立案标准,起点标准为林木蓄积 2 至 5 立方米或者幼树 100 至 200 株。而盗窃以"数额较大或者多次盗窃"为刑事立案标准,具体标准应当依照 1998 年最高人民法院、最高人民检察院、公安部《关于盗窃罪数额认定标准问题的规定》执行。在执法过程中,森林公安机关应当严格依照上述标准,准确定性,依法实施林业行政处罚和治安管理处罚。

2. 盗伐之"伐"的含义:砍伐(采伐)与挖掘(移栽)

挖掘树根或者小巧树木,作成根艺或盆景,出卖牟利,古已有之,并非鲜见。① 问题在于,擅自挖掘非本人所有的林木,究竟构成什么违法行为(是盗伐或者是盗窃)?"盗挖"林木可否按"盗伐"林木予以处理,各地森林公安机关对此认识不一。《国家林业局关于挖掘他人林木据为己有如何定性的复函》认为,未经林业主管部门批准并取得林业采伐许可证,将他人所有的林木以挖掘方式移往异地,据为己有,属于盗伐行为,应当依法处理。② 值得指出的是,一方面,从文意上看,"挖掘"显然不同于"砍伐"或"采伐",但该复函将"盗挖"作为"盗伐"的一种行为方式。另一方面,我们应当正确解读该复函。显然,并非所有将他人所有的林木,以挖掘方式移往异地,据为己有的行为都属于盗伐行为。在现实中,这类案件包括两种情形:① 挖掘须经林业主管部门批准,并取得林业采伐许可证的非本人所有的林木,属于

---

① 《太平欢乐图——四十六》案:《西湖志》云:钱塘门外东西马塍,植奇巧花木。《癸辛杂志》云:马塍艺花如艺果。今橐驼之技犹相传习,四时担树翳于城市中,兼为人修植卉木,经其手皆欣欣向荣。马塍之名,今不著,俗呼为花园埂。参见王稼句:《三百六十行图集》(上册),古吴轩出版社 2002 年 12 月,第 56 页。

② 参见《国家林业局关于挖掘他人林木据为己有如何定性的复函》(1999 年 1 月 20 日 林函策字〔1999〕14 号)广东省林业厅:你厅《关于"盗挖"林木可否按"盗伐"林木予以处理的请示》收悉。经研究,现答复如下:未经林业主管部门批准并取得林业采伐许可证,将他人所有的林木以挖掘方式移往异地,据为己有,属于盗伐行为,应当依法处理。

盗伐行为。② 挖掘没有纳入采伐许可证管理的非本人所有的林木,则构成违反治安管理行为——盗窃,应当依照《治安管理处罚法》第 49 条予以处理。

3. 被雇请盗伐林木人员能否给予林业行政处罚

关于被雇请盗伐林木人员能否给予行政处罚,有观点认为:被雇请者明知是盗伐他人林木的,林业主管部门应根据《森林法》等林业法律、法规的规定,依法给予被雇者林业行政处罚。如果构成犯罪的,根据最高人民法院、最高人民检察院《关于盗伐滥伐林木案件几个问题的解答》(法研发〔1991〕31 号)的规定,应移送司法机关,依法追究其刑事责任。①

4. 林木数量如何计算

关于盗伐、滥伐林木、毁坏幼树数量的计算方法,先后有不同的法律文件作出过规定:

(1)《林业部、公安部关于森林案件管辖范围及森林刑事案件立案标准的暂行规定》②对林木数量的计算方法虽未提及,但规定了森林火灾损失的计算标准:"森林火灾经济损失,根据烧毁林木的立木蓄积数量,以每立方米 50 元折算。"

(2)《最高人民法院、最高人民检察院关于办理盗伐、滥伐林木案件应用法律的几个问题的解释》③规定:"关于如何认定盗伐、滥伐森林或其他林木'情节严重'的问题……林木数量,一般应以立木材积计算。超计划采伐而构成滥伐的林木数量,应根据伐区调查设计允许的误差额以上计算。"

(3)《林业部关于确定盗伐滥伐林木、毁坏幼树数量计算方法的意见》④则明确规定:"根据林业部〔82〕林资字第 10 号《关于颁布〈森林资源调查主要技术规定〉的通知》要求和测树学原理,提出如下意见:一、立木材积的计算。立木材积即为立木蓄积,计算方法是:原木材积除以该树种的出材率。如:某地区、某树种的出材率为 60%。即:立木材积(立木蓄积)=原木材积÷60%。二、幼树的概念和幼树数量计算。幼树是指生长在幼龄阶段的树木。在森林资源调查中,树木胸径在 5 厘米以下的视为幼树,以'株'为单位进行统计。"

(4)《最高人民法院、最高人民检察院关于盗伐、滥伐林木案件几个问题的解答》⑤规定:"立木材积的计算和幼树的概念及数量计算。一、立木材积的计算。立木材积即为立木蓄积。计算方法是:原木材积除以该树种的出材率。如:某地区、某树种的出材率为 60%,即:立木材积(立木蓄积)=原木材积÷60%。二、幼树的概念和幼树数量计算。幼树是指生长在幼龄阶段的树木。在森林资源调查中,树木胸径在 5 厘米以下的视为幼树,以'株'为单位进行统计。"

---

① 参见《林业部关于被雇请盗伐林木人员能否给予林业行政处罚的答复》(1995 年 12 月 18 日 林策监字〔1995〕44 号)。

② 《林业部、公安部关于森林案件管辖范围及森林刑事案件立案标准的暂行规定》(1986 年 8 月 20 日 林安字〔1986〕342 号 已废止)。

③ 《最高人民法院、最高人民检察院关于办理盗伐、滥伐林木案件应用法律的几个问题的解释》(1987 年 9 月 5 日 法研发〔1987〕23 号)。

④ 《林业部关于确定盗伐滥伐林木、毁坏幼树数量计算方法的意见》(1989 年 1 月 26 日 林检法〔1989〕1 号)。

⑤ 《最高人民法院、最高人民检察院关于盗伐、滥伐林木案件几个问题的解答》(1991 年 10 月 17 日 法研发〔1991〕31 号)。

(5)《最高人民法院关于审理破坏森林资源刑事案件具体应用法律若干问题的解释》①规定:"本解释规定的林木数量以立木蓄积计算,计算方法为:原木材积除以该树种的出材率。本解释所称'幼树',是指胸径5厘米以下的树木。滥伐林木的数量,应在伐区调查设计允许的误差额以上计算。"

(6)《国家林业局、公安部关于森林和陆生野生动物刑事案件管辖及立案标准》规定:"林木的数量,以立木蓄积计算。"

(7)《国家林业局关于盗伐、滥伐林木案件中有关违法事实认定问题的复函》②规定:"根据《中华人民共和国刑法》第3条、《中华人民共和国行政处罚法》第3条和《最高人民法院关于审理破坏森林资源刑事案件具体应用法律若干问题的解释》的有关规定,在盗伐或者滥伐林木案件中,盗伐或者滥伐林木的蓄积数量或者幼树的株数应当分别计算和认定。"

5. 如果被盗伐、滥伐的林木灭失,其林木数量如何计算

根据《国家林业局关于在查处盗伐、滥伐林木案件中测算立木蓄积有关问题的复函》③的规定:"在依法查处盗伐、滥伐林木案件中,如果被盗伐、滥伐的林木灭失,致使不能按照常规用测量林木胸径的方法计算立木蓄积的,可以采取勘查被盗伐、滥伐林木的现场伐桩,用测量林木根径等方法,确定被盗伐、滥伐林木的立木蓄积。具体计算公式,按照国家森林资源调查技术规程、标准的规定执行。"

6. 如果在被盗伐、滥伐林木的现场,伐桩也灭失了,其林木数量如何计算

目前,国家林业局对被盗伐、滥伐林木及其伐桩灭失的立木蓄积测算并无规定,但对毁林案件中被毁林木及其伐桩灭失的立木蓄积测算有明确规定,可以参考。《国家林业局关于毁林案件中被毁林木及其伐桩灭失的立木蓄积测算有关问题的复函》④规定:"在依法查处毁林案件中,如果被毁坏的林木及其伐桩灭失,致使不能按照常规方法计算被毁林木的立木蓄积的,可以根据相应的森林资源清查资料、森林资源档案资料等计算确定;没有森林资源清查或者森林资源档案资料的,可以采取选择与被毁坏林木相同起源、立地条件和林分生长状况相近似的其他林分样地,按照国家有关技术规程测量计算蓄积量的方式确定。"

7. 林木价值如何计算

目前,关于盗伐林木的价值计算,有两个文件有明确规定。一个是属于行政规则——《国家林业局关于如何计算盗伐滥伐林木造成直接经济损失的复函》⑤,一个是属于部门刑事规章——《国家林业局、公安部关于森林和陆生野生动物刑事案件管辖及立案标准》,两个文件规定的计算标准完全一致,只是在文字表述上略有不同。即被盗伐、滥伐林木的价值,有国家规定价格的,按国家规定价格计算;没有国家规定价格的,按主管部门规定的价格计算;没有国家或者主管部门规定价格的,按市场价格计算;进入流通领域的,按实际销售价格

---

① 《最高人民法院关于审理破坏森林资源刑事案件具体应用法律若干问题的解释》(法释〔2000〕36号)。
② 《国家林业局关于盗伐、滥伐林木案件中有关违法事实认定问题的复函》(2007年1月15日 林策发〔2007〕11号)。
③ 参见《国家林业局关于在查处盗伐、滥伐林木案件中测算立木蓄积有关问题的复函》(2001年3月21日 林函策字〔2001〕45号)。
④ 《国家林业局关于毁林案件中被毁林木及其伐桩灭失的立木蓄积测算有关问题的复函》(2004年7月1日 林函策字〔2004〕97号)。
⑤ 《国家林业局关于如何计算盗伐滥伐林木造成直接经济损失的复函》(1999年6月16日 林函策字〔1999〕190号)。

计算;实际销售价格低于国家或者主管部门规定价格的,按国家或者主管部门规定的价格计算;实际销售价格低于市场价格,又没有国家或者主管部门规定价格的,按市场价格计算,但不能按违法行为销赃的价格计算。

地方性法规对林木价值计算有规定的,应当按照其规定执行。例如,《新疆维吾尔自治区实施〈中华人民共和国森林法〉办法》第36条规定,"盗伐、滥伐、毁坏林木的价值计算:乔木有林价的按林价计算,没有林价的参照当时、当地的木材市场价格折合计算;灌木和经济林按其恢复全过程的重置价格计算。具体办法由自治区林业主管部门会同价格主管部门制定。"

8. "责令补种树木"的计算与执行

(1) "责令补种树木"的计算。根据《森林采伐更新管理办法》第20条,盗伐林木数量较大,不便计算补种株数的,可按盗伐木材数量折算面积,并根据《森林法》第39条规定的处罚原则,责令限期营造相应面积的新林。

(2) "责令补种树木"的执行。"责令补种树木"究竟如何执行,是林业行政处罚执行中较为棘手的问题。根据《国家林业局对广西壮族自治区林业局关于〈森林法实施细则〉有关问题的复函》①的精神,被责令补种树木的违法行为人因原林地上已种植树木不能在原林地上补种,或者因其他原因不能执行补种的,可以由林业主管部门收取造林费代为补种;补种树木可以由林业主管部门在当地辖区内指定的林地上进行。当然,如果地方性法规对此另行规定的,按照其规定执行。

9. 支付补种树木款是否属于行政处罚

《森林法》第44条规定:"……违反本法规定,在幼林地和特种用途林内砍柴、放牧致使森林、林木受到毁坏的,依法赔偿损失;由林业主管部门责令停止违法行为,补种毁坏株数1倍以上3倍以下的树木。拒不补种树木或者补种树木不符合国家有关规定的,由林业主管部门代为补种,所需费用由违法者支付"。有研究者认为,"支付补种树木款是指林业行政主管部门对于破坏森林或其他林木的违法行为人责令补种树木,而违法行为人拒不补种树木或者补种的树木不符合国家有关规定,这时要由林业行政主管部门代为补种,然后责令由违法行为人支付代为补种所需费用的处罚形式"。② 我们认为,"支付补种树木款"并非林业行政处罚形式,而是"责令补种树木"处罚的执行方式,属于行政强制执行方式中的间接强制——代执行。

代执行,是指行政主体请人或者自身代替法定义务人履行义务,再由法定义务人负担费用的办法。代执行的要件一般为:(1) 代执行的义务一般是作为义务,是可以请人或自身代为执行的义务;(2) 须先有合法的行政处罚决定,在法定义务人不履行或者履行不符合要求时,才能代为执行;(3) 执行结束,由行政机关向不履行义务或者履行义务不符合规定条件的个人或者组织收取执行中所支出的费用。"责令补种树木"的行政处罚决定为违法者设定了"补种树木"的法定义务,而"补种树木"又属于作为义务并能够由他人代为执行。因此,在违法者"拒不补种树木或者补种树木不符合国家有关规定"时,林业主管部门代为补种并向

---

① 《国家林业局对广西壮族自治区林业局关于〈森林法实施细则〉有关问题的复函》(1998年12月21日 林函策字〔1998〕239号)。

② 王杰:《保护森林资源行政执法通论》,中国经济出版社2000年5月,第62页。

违法者收取"补种树木款"是代执行而非行政处罚。

10. 责令赔偿损失是否属于行政处罚

有学者认为,"责令赔偿损失是指林业行政处罚主体责令林业行政违法行为者对其造成的损害予以适当赔偿的处罚形式"。① 也有学者认为"责令赔偿损失"是林业行政处罚的种类之一,"是指林业行政主管部门根据违反林业法规的事实和保护森林资源法律、法规和规章的有关规定,责令违法行为人向受害人赔偿其违法行为给受害人所造成的经济损失"。② 在早期立法中,部分林业法律规范确实存在"责令赔偿损失"的表述,如 1979 年《森林法(试行)》第 39 条规定:"违反森林法,有下列行为之一,情节较轻的,责令赔偿损失,或者处以罚款,并追回非法所得的财物;情节严重的,予以法律制裁"。1984 年《森林法》第 34 条、第 37 条也有"责令赔偿损失"的规定。但是后期立法一般都不再使用这一表述,如 1998 年《森林法》"法律责任"一章中,通篇使用的都是"依法赔偿损失"。因此,即使认为特定历史时期的"责令赔偿损失"确实具有行政处罚的功能,也不能将其与现行法律中规定的"依法赔偿损失"相混同。我们认为,"依法赔偿损失"并非林业行政处罚种类,而是《民法通则》第 134 条第 1 款第 7 项所规定的民事责任承担方式,应当依据民事法律规范予以处理。

二、滥伐林木案的查处

(一)滥伐林木的概念与构成要件

滥伐林木,是指行为人任意采伐本单位或者本人所有的林木,或者超过许可证规定的数量采伐他人所有的林木,尚未达到刑事立案标准的行为。其构成要件为:

1. 主体

本行为的主体,既可以是具备行政责任能力的自然人,也可以是单位。林木所有权人以及经林木所有权人许可进行采伐的单位或者个人,均可构成主体。

2. 主观方面

本行为主观方面只能由故意构成。

3. 客观方面

本行为客观方面表现为任意采伐本单位或者本人所有的林木或者超过许可证规定的数量采伐他人所有的林木,尚未达到刑事立案标准的行为。

(1)任意采伐本单位或者本人所有的林木,或者超过许可证规定数量采伐他人所有的林木。依据《森林法》第 32 条,行为人负有取得采伐许可证并按许可证的规定进行采伐的法定义务。因此,行为人不履行法定义务的"任意采伐"行为,就是未经法定主管部门批准并取得林木采伐许可证,或者违反已经取得的林木采伐许可证规定的时间、数量、树种或者方式,而对本单位或者本人所有的林木实施采伐;或者超过许可证规定的数量对他人所有的林木实施采伐。这里的"他人所有"的本意是指"非本人所有",包括国家、集体和他人所有,并非仅指作为自然人的"他人所有"。"林木",与盗伐林木中的"林木"一样,都是指纳入林木采伐

---

① 黄柏祯、宋元喜:《林业行政处罚通解》,江西人民出版社 2003 年 8 月,第 16 页。
② 王杰:《保护森林资源行政执法通论》,中国经济出版社 2000 年 5 月,第 61 页。

许可证管理范畴的林木。"任意采伐"的表现形式主要有：① 未经林业行政主管部门及法律规定的其他主管部门批准并核发林木采伐许可证，任意采伐本单位所有或者本人所有的森林或者其他林木；② 虽持有林木采伐许可证，但违反林木采伐许可证规定的时间、数量、树种或者方式，任意采伐本单位所有或者本人所有的森林或者其他林木；③ 超过林木采伐许可证规定的数量采伐他人所有的森林或者其他林木。另外，下列两种行为也以滥伐林木论处：① 林木权属争议一方在林木权属确权之前，擅自砍伐森林或者其他林木[①]；② 超过木材生产计划采伐森林或者其他林木[②]。

（2）尚未达到刑事立案标准。尚未达到刑事立案标准，是指行为人滥伐林木的数量尚未达到"林安发〔2001〕156号"第2条第2项规定的数量，即立木蓄积不足10至20立方米，或者幼树不足500至1 000株。

4. 客体

本行为侵害的客体是森林或者林木采伐许可管理制度。

（二）滥伐林木的行政认定

滥伐林木的行政认定，是指对滥伐林木行为的行政违法性质的确认。其本质是滥伐林木的罪与非罪。

滥伐林木行为的罪与非罪的界限，在于滥伐林木的数量是否达到《刑法》第345条第2款所要求的"数量较大"。换言之，滥伐林木行为是构成行政违法还是刑事违法，完全取决于被采伐的林木的数量。"数量较大"则立为刑事案件，反之，则立为行政案件。根据"法释〔2000〕36号"、"林安发〔2001〕156号"的规定，砍伐林木立木蓄积10至20立方米或者幼树500至1 000株，就是"数量较大"。根据"林安发〔2001〕156号"第3条第8项至第10项的规定，各地滥伐林木的行政认定标准，可能因各省、自治区、直辖市在法定幅度内自行确定的滥伐林木刑事案件的立案起点的不同而呈现出较大差异，但完全可以确定的是，砍伐林木立木蓄积不足10立方米或者幼树不足500株的，不应当被确立为刑事案件，而只能作为林业行政案件立案查处。

[①] 《森林法》以及《森林法实施条例》对何为"滥伐"均无解释，也没有明确规定林木权属争议一方在林木权属确权之前，擅自砍伐森林或者其他林木的行为属于滥伐。实践中，行政执法者往往依据刑事司法解释的规定，将本行为以滥伐林木论处。

《最高人民法院关于审理破坏森林资源刑事案件具体应用法律若干问题的解释》第5条

违反《森林法》的规定，具有下列情形之一，数量较大的，依照《刑法》第345条第2款的规定，以滥伐林木罪定罪处罚：

（一）未经林业行政主管部门及法律规定的其他主管部门批准并核发林木采伐许可证，或者虽持有林木采伐许可证，但违反林木采伐许可证规定的时间、数量、树种或者方式，任意采伐本单位所有或者本人所有的森林或者其他林木的；

（二）超过林木采伐许可证规定的数量采伐他人所有的森林或者其他林木的。

林木权属争议一方在林木权属确权之前，擅自砍伐森林或者其他林木，数量较大的，以滥伐林木罪论处。

[②] 《森林法实施条例》第39条

滥伐森林或者其他林木，以立木材积计算不足2立方米或者幼树不足50株的，由县级以上人民政府林业主管部门责令补种滥伐株数5倍的树木，并处滥伐林木价值2倍至3倍的罚款。

滥伐森林或者其他林木，以立木材积计算2立方米以上或者幼树50株以上的，由县级以上人民政府林业主管部门责令补种滥伐株数5倍的树木，并处滥伐林木价值3倍至5倍的罚款。

超过木材生产计划采伐森林或者其他林木的，依照前两款规定处罚。

（三）滥伐林木案的调查重点及证据收集

对滥伐林木的受案，应当注意以下问题：① 详细了解案情，如行为人的基本情况，作案的地点、时间及工具，砍伐的树种、数量等；② 如接报案件属于现行案件，应及时出警制止，依法查控行为人，并对需要作为证据的物品，如砍伐的林木、作案工具等，实施先行登记保存；③ 及时进行现场调查取证，收集其他相关证据，如作好询问笔录、现场勘验笔录和检查笔录等。

对滥伐林木案的调查，应当重点围绕其构成要件展开。林业行政执法人员应当收集和固定的证据主要包括：

（1）物证。一般包括：砍伐的林木、砍伐林木的工具、运输木材的工具等，可以照片形式归卷。

（2）书证。一般包括：① 证明所有权归属的书证。如林权证书或者执照，租赁、拍卖、或者承包合同、公证书以及相关证明材料等。② 采伐许可证，伐区作业设计，木材运输证，码单等。③ 采伐协议，采伐民工出勤记录簿、采伐人员工资结算依据、收条等。④ 鉴定人员资质证明。⑤ 证明行为主体行政责任能力的书证。如居民身份证的复印件，户口簿或户籍底卡的复印件等。

（3）勘验、检查笔录。一般包括：现场勘验笔录、检查笔录、现场照片或者手绘现场图。其中，没有原木数量的，需要检量伐蔸或者进行面积测算。

（4）鉴定结论。如果进行分类鉴定，则鉴定结论一般包括：树种鉴定（是否珍贵树木），木材数量（即立木材积）鉴定，木材价值鉴定等。如果进行整体鉴定，则主要是专业技术人员对采伐现场的全面鉴定，包括实际采伐时间、树种、数量、方式和许可证允许采伐情况，实际砍伐林木的数量和超数量、超树种、超时间、超方式的鉴定。

（5）当事人的陈述。即违法嫌疑人的陈述和申辩，通常有两种表现形式：违法嫌疑人自行书写的材料和执法人员通过询问获取的询问笔录。执法实践中，如何询问违法嫌疑人，包括应当问明哪些情况以及如何询问，是执法人员较为关注的问题，往往也是案件突破的关键。对滥伐林木嫌疑人的询问，通常包括以下内容：① 首次询问应当表明执法身份，出示林业执法证件，告知嫌疑人享有的权利义务。② 首次询问应当问明违法嫌疑人的姓名、性别、出生日期、户籍所在地、现住址、身份证件种类及号码，是否曾受过刑事处罚或者行政拘留、劳动教养、收容教育、强制戒毒、收容教养等情况。必要时，还应当问明其家庭主要成员、工作单位、文化程度等情况。③ 问明山场的性质或者林木所有权的归属。是国有、集体所有，还是租赁、承包、个人所有（自留山）。④ 问明有无采伐许可证。许可证允许采伐的时间、数量、树种、地点、面积和方式等。⑤ 问明实际采伐的情况。是否按照许可证实施采伐，有无超时间、数量、树种、方式、地点等。特别是采伐的数量，包括现场已经采伐的数量、实际销售的数量等。⑥ 问明林木的去向。是自用、赠与、加工还是外销；有无办理木材运输证件，使用的运输工具，承运人情况；木材销售价格及其销售所得数额等。⑦ 问明采伐人员情况。采伐林木是本人亲自实施还是雇请他人。若是雇请他人，则需问明被雇请人员是否明知采伐证规定的采伐要求，是否具备滥伐的主观故意。双方有无采伐协议、工资支付方式等。⑧ 问明负责管理采伐作业的林业工作人员及监督管理的情况。⑨ 问明嫌疑人对滥伐林木行为的认识，造成滥伐的主客观原因等。

(6) 证人证言。包括护林员、报案人、值勤民警、采伐工人以及其他了解案情的人员所作的相关陈述。

除上述证据外,还应收集其他证据,如视听资料等,以充分证明违法嫌疑人构成滥伐林木行为。

(四) 滥伐林木案的处理

根据《森林法》第39条第2款,以及《森林法实施条例》第39条第1款和第2款,滥伐林木者应当承担的法律责任仅限于行政责任。即滥伐森林或者其他林木,由森林公安局机关责令补种滥伐株数5倍的树木,并处滥伐林木价值2倍以上5倍以下的罚款。具体分为两种情形:① 滥伐森林或者其他林木,以立木材积计算不足2立方米或者幼树不足50株的,由森林公安局机关责令补种滥伐株数5倍的树木,并处滥伐林木价值2倍至3倍的罚款。② 滥伐森林或者其他林木,以立木材积计算2立方米以上或者幼树50株以上的,由森林公安局机关责令补种滥伐株数5倍的树木,并处滥伐林木价值3倍至5倍的罚款。

滥伐林木价值的计算标准,根据"林函策字〔1999〕190号"的规定,应当按照以下规则进行:有国家规定价格的,按国家规定价格计算;没有国家规定价格的,按主管部门规定的价格计算;没有国家或者主管部门规定价格的,按市场价格计算;进入流通领域的,按实际销售价格计算;实际销售价格低于国家或者主管部门规定价格的,按国家或者主管部门规定价格计算;实际销售价格低于市场价格,又没有国家或者主管部门规定价格的,按市场价格计算,但不能按违法行为销赃的价格计算。值得指出的是,有些地方性法规或地方政府规章,对滥伐林木的价值计算有明确规定。如《新疆维吾尔自治区实施〈中华人民共和国森林法〉办法》第36条规定,"盗伐、滥伐、毁坏林木的价值计算:乔木有林价的按林价计算,没有林价的参照当时、当地的木材市场价格折合计算;灌木和经济林按其恢复全过程的重置价格计算。具体办法由自治区林业主管部门会同价格主管部门制定。"在这种情形下,我们认为,当地的森林公安机关在计算滥伐林木的价值时,应当优先适用本地方的法律规范。

另外,根据《森林采伐更新管理办法》第21条,无证采伐或者超过林木采伐许可证规定数量的木材,应当从下年度木材生产计划或者采伐指标中扣除。

(五) 相关问题研讨

1. 盗伐与滥伐

同样没有许可证,为什么有的认定为盗伐,有的认定为滥伐? 同样没有许可证,区分盗伐与滥伐的标准有两个:(1) 林木所有权的归属;(2) 采伐者的目的。当采伐的森林或者其他林木的所有权属于采伐者本人时,则非法占有为目的即无从谈起。因而其无证采伐的行为必定是滥伐林木。当采伐的森林或者其他林木的所有权属于他人时,如果当事人以非法占有为目的实施采伐,则出现两种情形:(1) 其砍伐的林木是需要取得采伐许可证的林木,该行为既触犯了林业行政管理秩序,又侵犯了公私财产所有权,应当认定为盗伐林木;(2) 其砍伐的林木是无需取得采伐许可证的林木,侵犯的仅是公私财产所有权,该行为应当认定为盗窃。

同样持有许可证,为什么有的认定为盗伐,有的认定为滥伐? 这个问题必须分为两种情形考察:

(1) 在同样持有许可证,被采伐林木的所有权的归属相同,即均非本人所有时,区分盗伐与滥伐的标准有两个：① 采伐行为违反采伐许可证规定的具体事项；② 采伐者的目的。就第一项标准而言，盗伐林木对许可证的违反是地点，即在林木采伐许可证规定的地点以外，采伐国家、集体、他人所有或者他人承包经营管理的森林或者其他林木；而滥伐林木对许可证的违反则是数量，即超过林木采伐许可证规定的数量，采伐他人所有的森林或者其他林木。就第二项标准而言，采伐者主观上是否以非法占有为目的，则是区分盗伐与滥伐两种行为的核心标准。

（2）在同样持有许可证，但是采伐林木的所有权的归属不同时，区分盗伐与滥伐的标准只有一个：采伐者的目的。当采伐的是本单位所有或者本人所有的森林或者其他林木时，采伐者不可能产生非法占有的目的。当采伐的是非本人所有的林木，即采伐国家、集体、他人所有或者他人承包经营管理的森林或者其他林木时，采伐者则可能产生非法占有的目的。如果采伐者以非法占有为目的，则构成盗伐林木。

盗伐与滥伐还有一个行为方式的区别，就是盗伐一般采用秘密窃取的方式，而滥伐则没有这一特征。按照刑法"盗窃罪"中对"盗窃"的理解，盗伐行为通常被理解为采取秘密方式，即采取不使森林或者林木所有人或承包者发觉的方法，暗中采伐森林或者林木。但是，由于盗伐林木行为侵犯客体和对象的特殊性决定着客观表现形式的特征，所以，对采伐林木的手段的"秘密窃取"性也不能绝对化。

综上所述，在采伐非本人所有的林木时，主观上是否具有非法占有的目的，是认定盗伐林木和滥伐林木的核心标准。在许可证问题上，盗伐林木可称之为"无证擅伐"，是对《森林法》第32条法定义务的根本或完全不履行，即未经主管部门批准并核发许可证即行采伐。但是，"无证并非全是盗伐"。无证采伐本单位或者本人所有的森林或者其他林木的，只可能构成滥伐林木，而非盗伐林木。滥伐林木可称之为"有证滥伐"，是对《森林法》第32条法定义务的部分或者局部不履行，即业经主管部门批准并核发许可证却滥行采伐。但是，"有证并非全是滥伐"。以非法占有为目的，在林木采伐许可证规定的地点以外采伐国家、集体、他人所有或者他人承包经营管理的森林或者其他林木的，仍然构成盗伐林木，而非滥伐林木。《国家林业局关于在林木采伐许可证规定的地点以外采伐林木行为定性的复函》①指出："持有林木采伐许可证，但未按林木采伐许可证批准的地点采伐森林或者其他林木的，属于无证采伐。其中，在林木采伐许可证规定的地点以外采伐国家、集体、他人所有或者他人承包经营管理的森林或者其他林木的，应当定性为盗伐林木行为；在林木采伐许可证规定的地点以外采伐本单位所有或者本人所有的森林或者其他林木的，应当定性为滥伐林木行为。"

另外，林木权属争议一方在林木权属确权之前，擅自砍伐森林或者其他林木的行为，以及超过木材生产计划采伐森林或者其他林木的行为，均以滥伐林木行为论处，不属于盗伐林木范畴。

2. 架设输变电线单位未经许可，强迫其管理的线路通道内的林木所有者采伐林木，如何定性处理②

（1）根据《森林法》第32条规定，采伐林木必须申请采伐许可证，按许可证的规定进行

---

① 《国家林业局关于在林木采伐许可证规定的地点以外采伐林木行为定性的复函》（2003年3月7日　林函策字〔2003〕17号）。

② 参考《林业部关于林业执法中有关问题的复函》（1995年7月28日　林函策字〔1995〕149号）的相关解答。

采伐;农村居民采伐自留地和房前屋后个人所有的零星林木除外。《森林法实施条例》第 30 条第 2 款规定,"因扑救森林火灾、防洪抢险等紧急情况需要采伐林木的,组织抢险的单位或者部门应当自紧急情况结束之日起 30 日内,将采伐林木的情况报告当地县级以上人民政府林业主管部门。"[1]非因扑救森林火灾、防洪抢险等紧急情况架设输变电线需采伐线路通道的林木,应当由输变电线建设单位按照国家有关法律法规办理采伐许可证。输变电线建设单位未依法办理林木采伐许可证,擅自在其管理的线路通道内自行采伐或者强迫林木所有者采伐林木,其性质属于滥伐林木的行为;被处罚主体应当确定为线路建设单位。

(2) 除上述情形外,其他诸如架设通讯线路、旅游索道、铺设管道和修(扩)建道路等单位,在施工时也经常遇到采伐林木的问题。有些地方性法规对此类行为有专门规定。例如,《新疆维吾尔自治区实施〈中华人民共和国森林法〉办法》第 17 条第 1 款规定:"架设输电线路、通讯线路、旅游索道、铺设管道和修(扩)建道路应当避开林木。确实无法避开的,需采伐整条林带或者整片林木的,建设单位应当事先向州(地、市)林业主管部门提出申请,需零星采伐林木的,向县(市)林业主管部门提出申请,经批准依法办理采伐手续后实施采伐,并对林木所有者给予经济补偿。"如果建设单位未经许可即任意采伐林木,则应由林业主管部门依法予以查处。

3. 城市发生的毁林案件应该由何部门查处[2]

(1) 根据《森林法》第 32 条第 3 款规定,"……城镇林木的更新采伐,由有关主管部门依照有关规定审核发放采伐许可证。"条款中的"有关主管部门"包括林业主管部门。

(2) 根据《森林法》第 32 条第 2 款[3]、第 39 条和《森林法实施条例》第 32 条[4]、第 38 条、第 39 条以及有关法律法规的规定,国有林业企业事业单位、机关、团体、部队、学校和其他国

---

[1] 原《森林法实施细则》第 19 条第 3 款规定:"遇有紧急抢险情况,必须就地采伐林木的,可以免申请林木采伐许可证,但事后组织抢险的单位和部门应将采伐情况报当地县级以上林业主管部门备案"。

[2] 参考《林业部对林业行政执法有关问题的请示的复函》(1994 年 7 月 6 日 林函策字〔1994〕155 号)的相关解答。

[3] 《森林法》第 32 条
采伐林木必须申请采伐许可证,按许可证的规定进行采伐;农村居民采伐自留地和房前屋后个人所有的零星林木除外。
国有林业企业事业单位、机关、团体、部队、学校和其他国有企业事业单位采伐林木,由所在地县级以上林业主管部门依照有关规定审核发放采伐许可证。
铁路、公路的护路林和城镇林木的更新采伐,由有关主管部门依照有关规定审核发放采伐许可证。
农村集体经济组织采伐林木,由县级林业主管部门依照有关规定审核发放采伐许可证。
农村居民采伐自留山和个人承包集体的林木,由县级林业主管部门或者其委托的乡、镇人民政府依照有关规定审核发放采伐许可证。
采伐以生产竹材为主要目的的竹林,适用以上各款规定。

[4] 《森林法实施条例》第 32 条
除《森林法》已有明确规定的外,林木采伐许可证按照下列规定权限核发:
(一) 县属国有林场,由所在地的县级人民政府林业主管部门核发;
(二) 省、自治区、直辖市和设区的市、自治州所属的国有林业企业事业单位、其他国有企业事业单位,所在地的省、自治区、直辖市人民政府林业主管部门核发;
(三) 重点林区的国有林业企业事业单位,由国务院林业主管部门核发。

有企业事业单位采伐林木,由所在地县级以上林业主管部门依照有关规定审核发放采伐许可证。违反森林法采伐林木的行为,应由县级以上林业主管部门或者其授权的单位处罚。地方性法规另有具体规定的,可以按照地方性法规执行。

4. 责任田四周的林木是否属于《森林法》调整的对象、是否需要办理林木采伐许可证及农民采伐责任田的林木如何处理①

（1）根据《森林法》第2条"在中华人民共和国领域内从事森林、林木的培育种植、采伐利用和森林、林木、林地的经营管理活动,都必须遵守本法"的规定,责任田四周的林木当然属于林业法律规范调整的对象。

（2）根据《森林法》第32条"采伐林木必须申请采伐许可证,按许可证的规定进行采伐;农村居民采伐自留地和房前屋后个人所有的零星林木除外"的规定,采伐责任田四周的林木当然也不例外,必须依法向林业主管部门申请林木采伐许可证。否则即为违法行为,应依法受到查处。

（3）对无证采伐责任田的林木究竟应当定性为盗伐、滥伐或者其他违法行为,应当根据具体情况确定。对不构成犯罪应当给予林业行政处罚的,应当根据《森林法》、《森林法实施条例》等法律规范规定的具体处罚标准作出决定。例如,因统一调整土地,需要砍伐林木,在未依法申请林木采伐许可证的情况下,村委会将村民在责任田四周栽植的林木强行砍伐,并将所伐树木全部归栽植树木的村民个人所有,应当定性为滥伐林木,按照《森林法》及其《森林法实施条例》的有关规定依法查处。

5. 盗伐、滥伐死树、活树是否承担同样的法律责任②

（1）根据《森林法》等法律法规的规定,除农村居民自留地和房前屋后个人所有的零星林木外,采伐其他林木（不分死树、活树）都必须申请林木采伐许可证,按采伐许可证规定进行采伐。因此,只要符合相应的违法构成要件,与采伐活树一样,采伐死树同样也可能构成盗伐、滥伐林木。

（2）至于违法行为的法律责任的确定,可结合违法采伐的林木的价值、主观恶性等因素予以确定。违法采伐林木的价值,应当根据林木的长势、生产能力以及种植培育的实际支出等情况,由当地县级林业主管部门会同有关部门予以认定。

6. 未经许可,擅自采伐堤防树木如何处理③

（1）根据《森林法》第2条"在中华人民共和国领域内从事森林、林木的培育种植、采伐利用和森林、林木、林地的经营管理活动,都必须遵守本法"的规定,堤防树木当然属于林业法律规范调整的对象。根据《森林法》第32条"采伐林木必须申请采伐许可证,按许可证的规定进行采伐;农村居民采伐自留地和房前屋后个人所有的零星林木除外"的规定,采伐堤防树木同样应按照《森林法》有关规定申请林木采伐许可证。

---

① 《林业部关于非法采伐责任田的林木如何处罚的答复》(1993年1月12日 林策律〔1993〕01号)以及《林业部关于采伐责任田林木是否需要办理林木采伐许可证的答复》(1993年9月23日 林策律〔1993〕22号)的相关解答。

② 参考《山东省林业局关于烟台市林业局关于盗伐、滥伐死树是否与活树承担同样法律责任的请示的复函》(2008年8月9日 鲁林函政字〔2000〕12号)的相关解答。

③ 参考《林业部对水利部门堤防树木采伐审核等问题的复函》(1985年6月19日 林函〔1985〕134号)的相关解答。

(2) 采伐堤防树木是否适用《森林法》第 32 条第 3 款。《森林法》第 32 条第 3 款规定,仅适用于"铁路、公路的护路林和城镇林木的更新采伐",堤防树木更新采伐是否参照该款执行,根据《立法法》第 42 条,①必须由全国人民代表大会常务委员会对法律条文本身作出法律解释。

(3) 根据《森林法》第 32 条林木采伐许可证发放的规定精神,采伐堤防树木,应依法向所在地县级林业主管部门申请林木采伐许可证。未经许可,擅自采伐堤防树木,则构成违法行为,应当依法查处。是否构成滥伐、盗伐或其他违法行为,应视具体情况而定。

7. 未经许可,擅自采伐公路护路林如何处理②

(1) 公路护路林的采伐是否需要审批。根据《森林法》第 32 条"采伐林木必须申请采伐许可证,按许可证的规定进行采伐;农村居民采伐自留地和房前屋后个人所有的零星林木除外"的规定,采伐公路护路林应按照《森林法》有关规定申请林木采伐许可证。

(2) 公路护路林的采伐审批权限。《森林法》第 32 条第 3 款规定,"铁路、公路的护路林和城镇林木的更新采伐,由有关主管部门依照有关规定审核发放采伐许可证",上述规定中的"有关主管部门"包括林业主管部门、铁路主管部门和公路主管部门。公路护路林的林木存在多种权属关系,经营管理也存在不同情况,有的是由公路主管部门营造管护的,有的是由林业主管部门营造管护的,还有的是由集体经济组织单独营造或者与林业主管部门联合营造的。正是基于这种状况,《森林法》第 32 条第 3 款才作出上述规定。因此,公路护路林的更新采伐由哪一个主管部门审核发放林木采伐许可证,应当本着有利于保护森林资源、有利于调动林木所有者积极性的原则,根据林木权属和经营管理的不同情况以及地方性法规、规章以及单行条例的规定来确定。一般而言,国道、省道的护路林主要是由公路部门营造的,县道的护路林除少数为公路部门营造外主要是由林业主管部门或者当地政府组织营造的,乡道的护路林基本上都不是由公路主管部门营造的。如果县道、乡道属于农村集体经济组织的护路林,就应当由县级林业主管部门审核发放采伐许可证。《国家林业局关于公路护路林采伐审批有关问题的复函》③也认为,对公路主管部门组织营造管护的公路用地上的林木,其更新采伐由公路主管部门依照有关规定审核发放采伐许可证;对非公路主管部门组织营造管护、林木权属不属于路政单位、不是公路用地上的护路林,其更新采伐由林业主管部门依照有关规定审核发放采伐许可证。值得探讨的是,公路改建采伐行道树,是否可以在年森林采伐限额之外进行审批?凭借公路部门自己印制的采伐许可证,是否即可进行更新采

---

① 《立法法》第 42 条
法律解释权属于全国人民代表大会常务委员会。
法律有以下情况之一的,由全国人民代表大会常务委员会解释:
(一) 法律的规定需要进一步明确具体含义的;
(二) 法律制定后出现新的情况,需要明确适用法律依据的。

② 可参阅《林业部关于护路林管理中有关问题的复函》(1994 年 5 月 9 日 林函策字〔1994〕11 号)、《林业部关于公路护路林采伐审批权限问题的复函》(1995 年 2 月 5 日 林函监字〔1995〕04 号)以及《国家林业局关于公路护路林更新采伐有关问题的复函》(1999 年 8 月 30 日 林策发〔1999〕297 号)等文件的解答。

③ 《国家林业局关于公路护路林采伐审批有关问题的复函》(2007 年 8 月 29 日 林函发〔2007〕184 号)。

伐?《国家林业局关于采伐公路护路林执行法律法规有关问题的复函》[1]规定,"① 根据《森林法实施条例》第 31 条的规定,林木采伐许可证由国务院林业主管部门规定式样,省、自治区、直辖市人民政府林业主管部门印制。违反以上规定印制或者印制的林木采伐许可证,不具有法律效力,不得作为采伐林木的合法凭证。② 因公路改建需要采伐行道树,不属于公路护路林的更新采伐管理范围,应当由林业主管部门核发林木采伐许可证。③ 依法制定的年森林采伐限额,包括公路护路林采伐限额。依法批准采伐公路护路林,应当严格执行采伐限额管理的有关规定。"

但在现实中,各地及各部门法律规范有关公路护路林的采伐审批权限的规定并不相同。例如,福建省人民政府曾根据国务院《森林采伐更新管理办法》,于 1987 年 11 月 29 日公布施行《关于执行〈森林采伐更新管理办法〉的补充规定》。该规定的第 5 条明确规定"……公路的护路林的更新采伐,属于本部门营造的,由其主管部门审核发放采伐许可证,并报当地县市林业主管部门备案"。而《贵州省森林采伐更新管理规定》[2]第 3 条第 5 项则规定:"铁路、公路的护路林和城镇绿化林木的更新采伐,由县以上有关主管部门提出意见,由同级林业主管部门核发林木采伐许可证。"又如,《本溪市森林采伐更新管理条例》[3]第 3 款第 4 项规定:"采伐铁路、公路护路林和城镇绿化树木,由其主管部门审批、发证,并将每年的采伐量于当年 9 月末报当地市、自治县(区)林业主管部门备案。"再如,《江苏省实施〈中华人民共和国森林法〉办法》[4]第 35 条规定:"铁路、县级以上公路两侧的护路林、城市和建制镇林木的更新采伐,由其主管部门按照省人民政府的规定核发林木采伐许可证。"《铁路林业技术管理规则》[5]第 5 条,对铁路护路林的更新采伐也有明确规定,"铁路护路林和位于城镇的铁路林木的更新采伐,以及各项工程伐树,由铁路林业主管部门审核发放采伐许可证。砍伐树木百株以下由分局林业管理所批准,千株以下由铁路局批准,千株以上由铁道部批准"。

(3) 根据《森林法》第 10 条、第 39 条等规定,违反森林法行为的行政处罚由县级以上人民政府林业主管部门或者其授权的单位决定,对构成盗伐、滥伐或者其他破坏公路护路林行为的行政处罚,应由县级以上林业主管部门或者其授权的单位决定。

8. 滥伐自己有所有权的林木其林木如何处理

(1) 根据《森林法》第 39 条第 1 款,盗伐的林木应当没收。但滥伐的林木如何处理,《森林法》第 39 条第 2 款、《森林法实施条例》第 39 条均未作规定。依照行政处罚的基本原

---

[1] 《国家林业局关于采伐公路护路林执行法律法规有关问题的复函》(2004 年 5 月 18 日　林策发〔2004〕85 号)。
[2] 《贵州省森林采伐更新管理规定》(1989 年 7 月 7 日施行　贵州省林业厅)。
[3] 《本溪市森林采伐更新管理条例》(1995 年 9 月 28 日辽宁省本溪市第十一届人民代表大会常务委员会第二十一次会议通过　1995 年 11 月 25 日辽宁省第八届人民代表大会常务委员会第十八次会议批准)。
[4] 《江苏省实施〈中华人民共和国森林法〉办法》(1992 年 10 月 27 日江苏省第七届人民代表大会常务委员会第三十次会议通过　根据 1997 年 7 月 31 日江苏省第八届人民代表大会常务委员会第二十九次会议关于修改《江苏省实施〈中华人民共和国森林法〉办法》的决定第一次修正　根据 2000 年 10 月 17 日江苏省第九届人民代表大会常务委员会第十九次会议关于修改《江苏省实施〈中华人民共和国森林法〉办法》的决定第二次修正　根据 2003 年 6 月 24 日江苏省第十届人民代表大会常务委员会第三次会议关于修改《江苏省实施〈中华人民共和国森林法〉办法》的决定第三次修正　根据 2004 年 6 月 17 日江苏省第十届人民代表大会常务委员会第十次会议关于修改《江苏省实施〈中华人民共和国森林法〉办法》的决定第四次修正)。
[5] 《铁路林业技术管理规则》(1989 年 7 月 27 日　铁道部)。

则——处罚法定原则,对林业行政主体而言,"法无明文规定不得罚";对滥伐林木者而言,"法无明文规定不受罚"。即无论滥伐自己有所有权的林木,或是滥伐他人所有的林木,森林公安机关均无权对滥伐林木者作出没收滥伐的林木的林业行政处罚决定。

(2) 根据《行政处罚法》第11条第2款,"法律、行政法规对违法行为已经作出行政处罚规定,地方性法规需要作出具体规定的,必须在法律、行政法规规定的给予行政处罚的行为、种类和幅度的范围内规定。"但是,有些地方性法规为滥伐林木者设定的行政处罚,明显超出了《森林法》、《森林法实施条例》设定的处罚种类和幅度,直接违背了《行政处罚法》的上述规定。笔者认为,这类条款不能作为林业行政处罚的执法依据。2004年9月1日修订施行的《海南省森林保护管理条例》第30条第1款第2项规定即为一例:"滥伐森林或者林木的,没收其木材或者违法所得,补种滥伐株数5倍的树木,并处以木材价值或者违法所得2至5倍的罚款。"实际上,在森林法及其实施条例中,为滥伐林木者设定的行政处罚种类中,根本没有"没收其木材或者违法所得"这一种类。

(3) 对滥伐林木构成犯罪的,滥伐自己有所有权的林木,其林木应当如何处理?相关刑事司法解释[①]曾有明确规定:属于个人所有的林木,也是国家森林资源的一部分。被告人滥伐属于自己所有权的林木,构成滥伐林木罪的,其行为已违反国家保护森林法规,破坏了国家的森林资源,所滥伐的林木即不再是个人的合法财产,而应当作为犯罪分子违法所得的财物,依照《刑法》第60条[②]的规定予以追缴。笔者认为,在该解释未被废止前,司法机关应当遵照执行。

三、买卖林业证件、文件案的查处

(一) 买卖林业证件、文件的概念与构成要件

买卖林业证件、文件,是指行为人违反森林法规定,买卖林业证件、文件,尚未构成犯罪的行为。其构成要件为:

1. 主体

本行为的主体,既可以是具备行政责任能力的自然人,也可以是单位。

2. 主观方面

本行为主观方面表现为故意。

3. 客观方面

本行为在客观方面表现为违反森林法规定,买卖林业证件、文件,尚未构成犯罪的行为。包括:

(1) 出售或者购买林业证件、文件。"林业证件、文件"特指《森林法》规定的林木采伐许可证、木材运输证件、批准出口文件和允许进出口证明书。这里仅以林木采伐许可证为例,

---

① 参考《最高人民法院关于滥伐自己所有权的林木其林木应如何处理的问题的批复》(1993年7月24日)。
② 这里指的是1979年《刑法》的第60条。在1997年《刑法》中,应当依照第64条:"犯罪分子违法所得的一切财物,应当予以追缴或者责令退赔;对被害人的合法财产,应当及时返还;违禁品和供犯罪所用的本人财物,应当予以没收。没收的财物和罚金,一律上缴国库,不得挪用和自行处理。"

稍加论述。林木采伐许可证,是国家核准或者准许申请人,以特定采伐方式在特定的时间和地点,针对特定树种,采伐特定数量的林木的书面法律文件。根据《森林法》第32条第2款至第4款,一方面,有权审核发放林木采伐许可证的主体是法定的。即县级以上(含县级)林业主管部门,有关主管部门以及县级林业主管部门委托的乡、镇人民政府。除此以外,任何主体均不具有发放林木采伐许可证的法定权力。另一方面,获取许可证的方式是法定的,即只能采取向法定主体提出申请的方式。因此,采伐林木的任何主体,均负有向上述法定主体提出申请并只能从上述主体获得林木采伐许可证的法定义务。从法定主体以外的任何主体处获取许可证,以及采用法定方式(即提出申请)以外的方式获得许可证,均属违法行为(如从非法定主体的他人手中采用购买的方式获取许可证)。同时,法定主体必须以法定方式发放许可证。如果其以非法定方式,如向当事人出售许可证,同样构成违法行为。

(2) 尚未构成犯罪。《森林法》第42条第1款规定:"买卖林木采伐许可证、木材运输证件、批准出口文件、允许进出口证明书的,由林业主管部门没收违法买卖的证件、文件和违法所得,并处违法买卖证件、文件的价款1倍以上3倍以下的罚款;构成犯罪的,依法追究刑事责任"。因此,只有行为尚未构成犯罪,才应当受到林业行政处罚。

4. 客体

本行为侵害的客体,是林木的采伐、运输、进出口许可管理制度和国家林业行政机关的信誉。行为侵犯的对象则是特定的林业证件、文件:林木采伐许可证、木材运输证件、批准出口文件、允许进出口证明书。

(二)买卖林业证件、文件案的处理

根据《森林法》第42条第1款,买卖林木证件、文件行为人承担的法律责任仅限于行政责任。即由森林公安机关没收违法买卖的许可证件和违法所得,并处违法买卖许可证件的价款1倍以上3倍以下的罚款。

(三)相关问题研讨

1. 买卖林业证件、文件是否只构成刑事案件而不构成行政案件

对这一问题,国务院林业主管部门认为,买卖林业证件、文件的行为,应当作为刑事案件立案查处,而不应当作为行政案件立案查处。"林安发〔2001〕146号"第1条对这一观点作了明确而正式的表述。该文件将森林公安机关依照法律授权查处的林业行政案件的范围,从《森林法》第20条规定的4条缩减为3条——第39条、第43条和第44条,说明该文件的制定机关认为,被删除的第42条所涉及的行为,已经构成刑事违法而非行政违法。[①] 基于两个

---

① 《国家林业局关于森林公安机关查处林业行政案件有关问题的通知》(林安发〔2001〕146号)第1条规定:"森林公安机关可以以其归属的林业行政主管部门的名义查处各类林业行政案件,在《林业行政处罚决定书》上盖林业主管部门的印章。森林公安局、森林公安分局、森林公安警察大队查处《森林法》第39条、第43条、第44条规定的林业行政案件,应以自己的名义查处,在《林业行政处罚决定书》上盖森林公安局、森林公安分局、森林公安警察大队的印章;森林公安局、森林公安分局所属的派出所以森林公安局、森林公安分局的名义作出林业行政处罚,在《林业行政处罚决定书》上盖森林公安局、森林公安分局的印章。"

原因,笔者认为,国务院林业主管部门的观点有失偏颇。① 根据《刑法》第280条第1款①规定,只要行为人客观上实施了伪造、变造、买卖或者盗窃、抢夺、毁灭国家机关的公文、证件、印章的行为,即已构成犯罪嫌疑,森林公安机关即应以刑事案件立案查处。但是,根据《森林法》第42条规定,"违反本法规定,买卖林木采伐许可证、木材运输证件、批准出口文件、允许进出口证明书的,由林业主管部门没收违法买卖的证件、文件和违法所得,并处违法买卖证件、文件的价款1倍以上3倍以下的罚款;构成犯罪的,依法追究刑事责任。伪造林木采伐许可证、木材运输证件、批准出口文件、允许进出口证明书的,依法追究刑事责任。"换言之,买卖林木采伐许可证等国家林业机关公文、证件,只有"构成犯罪的",才"依法追究刑事责任",而非一旦实施买卖行为即已构成犯罪。《森林法》的这一规定,实际上将买卖林木采伐许可证等国家林业机关文件、证件这种行为从伪造、变造、盗窃、抢夺、毁灭等行为中分离出来,实行"行政—刑事层级化"处理。即将买卖行为分成行政违法和刑事违法两个层级。只有达到刑事违法这一层级时,才追究其刑事责任。"行政—刑事层级化"意味着,实施买卖林木采伐许可证等国家林业机关文件、证件必然构成行政违法,但不必然构成刑事违法,只有构成犯罪的,才依法追究刑事责任。尽管这种"行政—刑事层级化"规定,看上去与现行《刑法》的规定不一致,但立法者并不认为两者之间存在冲突。一方面,在《森林法》的两次修订中,立法者都没有对作为附属刑法规范的第42条作出修正,间接表明立法者对这种立法模式的认同;另一方面,在《森林法》之后的其他法律中,继续沿用这种立法模式,则直接表明了立法者对此模式的肯定和赞同。例如,同样面对《刑法》第280条,《治安管理处罚法》第52条第1项和第2项,除明确将"买卖"国家机关公文、证件、证明文件及印章的行为"行政—刑事层级化"外,更明确将"伪造"、"变造"行为也纳入"行政—刑事层级化"范围。如此看来,"林安发〔2001〕146号"将《森林法》第42条从第20条的授权条款中剔除既无必要,也无法律依据,也不符合当下的立法趋势。因此,行为人买卖林业证件、文件并非只能构成刑事违法,完全有可能构成林业行政违法。② 基于行政责任和刑事责任对年龄的要求不同,在特定情形下,买卖林业证件、文件的行为,只能构成行政违法,而不构成犯罪。根据《行政处罚法》规定,行政责任年龄为14周岁;根据《刑法》规定,除故意杀人、故意伤害致人重伤或者死亡、强奸、抢劫、贩卖毒品、放火、爆炸、投毒罪外,刑事责任年龄为16周岁。因此,已满14周岁不满16周岁的人,实施买卖林业证件、文件的行为,只可能构成行政违法,而不构成犯罪。

2. 对买卖林业证件、文件实施林业行政处罚是否属于"以罚代刑"

在执法实践中,对买卖林业证件、文件实施林业行政处罚并非罕见。这种做法是否属于"以罚代刑",关键要看此类行为罪与非罪的分界线(或者说此类案件的立案标准)。《森林法》并未规定行政违法的立案标准。刑事司法解释——"法释〔2000〕36号"第13条虽然秉承了《森林法》第42条的"行政—刑事两级化"精神,规定"伪造、变造、买卖林木采伐许可证、木

---

① 《刑法》第280条

伪造、变造、买卖或者盗窃、抢夺、毁灭国家机关的公文、证件、印章的,处3年以下有期徒刑、拘役、管制或者剥夺政治权利;情节严重的,处3年以上10年以下有期徒刑。

伪造公司、企业、事业单位、人民团体的印章的,处3年以下有期徒刑、拘役、管制或者剥夺政治权利。

伪造、变造居民身份证的,处3年以下有期徒刑、拘役、管制或者剥夺政治权利;情节严重的,处3年以上7年以下有期徒刑。

材运输证件,森林、林木、林地权属证书,占用或者征用林地审核同意书、育林基金等缴费收据以及其他国家机关批准的林业证件构成犯罪的,依照《刑法》第280条第1款的规定,以伪造、变造、买卖国家机关公文、证件罪定罪处罚",但对罪与非罪的分界线——何种程度才构成犯罪,依然保持沉默。就刑事立案标准而言,"林安发〔2001〕156号"第2条第12项规定,"盗窃、抢夺、抢劫案、窝藏、转移、收购、销售赃物案、破坏生产经营案、聚众哄抢案、非法经营案、伪造变造买卖国家机关公文、证件案,执行相应的立案标准"。但"相应的立案标准"至今也未现身。例如:如果当事人虽买了10张林木采伐许可证,但并未发生严重后果(如林木未遭采伐,案件即已告破),是否仅予行政处罚即可结案,或者仅买了1张林木采伐许可证,但后果十分严重(如导致立木蓄积100立方米的林木被砍伐),是否可以作为刑事案件立案查处?笔者认为,买卖林业证件、文件行为一旦发生,森林公安机关应当依法将其作为刑事案件立案侦查,如果行为人不具备刑事责任能力但具备行政责任能力,或者被认为情节显著轻微危害不大不认为是犯罪,则应当撤销刑事立案改立行政案件,依法给予当事人林业行政处罚;如果行为人具备刑事责任能力,则应当将案件移送检察机关提请公诉。

3. 买卖其他林业证件、文件的处理

"其他林业证件、文件"是指除林木采伐许可证、木材运输证件、批准出口文件、允许进出口证明书4种林业证件、文件以外的林业证件、文件。其他林业证件、文件可分为两类:一是其他林业行政类公文、证件,二是非林业行政类公文、证件。

从立法史的角度来看,在行政管理领域,最早将买卖国家机关证件、文件纳入行政处罚范畴的法律,就是1984年《森林法》第36条规定:"伪造或者倒卖林木采伐许可证的,由林业主管部门没收违法所得,处以罚款;情节严重的,比照《刑法》第120条的规定追究刑事责任。"尽管新中国成立以来,曾先后颁布过3部治安管理处罚法律。但是,直到第3部即《治安管理处罚法》生效,才对此类行为给予治安管理处罚。《治安管理处罚法》第52条规定:"有下列行为之一的,处10日以上15日以下拘留,可以并处1000元以下罚款;情节较轻的,处5日以上10日以下拘留,可以并处500元以下罚款:(1)伪造、变造或者买卖国家机关、人民团体、企业、事业单位或者其他组织的公文、证件、证明文件、印章的;(2)买卖或者使用伪造、变造的国家机关、人民团体、企业、事业单位或者其他组织的公文、证件、证明文件的;(3)伪造、变造、倒卖车票、船票、航空客票、文艺演出票、体育比赛入场券或者其他有价票证、凭证的;(4)伪造、变造船舶户牌,买卖或者使用伪造、变造的船舶户牌,或者涂改船舶发动机号码的。"根据现行《森林法》第42条,买卖林木采伐许可证、木材运输证件、批准出口文件、允许进出口证明书4种林业证件、文件,应当给予林业行政处罚,而不应当给予治安管理处罚。问题是:买卖其他林业证件、文件究竟应当如何处理?根据其他林业证件、文件的分类,笔者认为,可以有两种处理方式:第一,如果买卖的是其他林业行政类公文、证件,森林公安机关应当依法将其作为刑事案件立案侦查,如果行为人不具备刑事责任能力但具备行政责任能力,或者被认为情节显著轻微危害不大不认为是犯罪,则应当撤销刑事立案改立行政案件。根据《森林法》第42条,只有买卖4种林业证件、文件的行为,才能受到林业行政处罚。因此,对买卖其他林业行政类证件、文件的行为不得给予林业行政处罚,而应当给予治安管理处罚。如果行为人具备刑事责任能力,则应当将案件移送检察机关提请公诉。第二,如果买卖的是非林业行政类公文、证件,则应当作为治安案件立案查处。

4. 伪造、变造林业类证件、文件如何处理

伪造、变造证件、文件的处罚，最早出现于1957年《治安管理处罚条例》第6条第4项[①]，1987年《治安管理处罚条例》取消，2006年《治安管理处罚法》第52条重新作出规定。在现行法律下，伪造、变造林业类证件、文件的，应当作如下处理：(1)根据《森林法》第42条第2款、《刑法》第280条第1款，伪造、变造林木采伐许可证、木材运输证件、批准出口文件、允许进出口证明书，以及其他林业行政类证件、文件的，森林公安机关应当依法将其作为刑事案件立案侦查，如果行为人不具备刑事责任能力但具备行政责任能力，或者被认为情节显著轻微危害不大不认为是犯罪，则应当撤销刑事立案改立行政案件，依法给予治安管理处罚。如果行为人具备刑事责任能力，则应当将案件移送检察机关提请公诉。(2)伪造、变造非林业行政类证件、文件的，应当适用《治安管理处罚法》第52条，追究其治安管理处罚责任。

5. 买卖伪造、变造的林业类证件、文件的处理

《森林法》没有对买卖伪造、变造的林业证件、文件实施行政处罚的规定。尽管1987年《治安管理处罚条例》第24条第2项，曾经有过禁止买卖票证的规定。[②] 但是，只有《治安管理处罚法》第52条，就买卖伪造、变造的公文、证件、证明文件、印章作出明确规定。因此，买卖下列伪造、变造的林业类公文、证件的行为，都应当适用《治安管理处罚法》第52条，给予相应的治安管理处罚：(1)林木采伐许可证、木材运输证、批准出口文件、允许进出口证明书；(2)伪造、变造的木材经营许可证；(3)伪造、变造的森林、林木、林地权属证书；(4)伪造、变造的征用或者占用林地审核同意书；(5)伪造、变造的育林基金等缴费收据；(6)伪造、变造的由国家机关批准的其他关于林业的公文、证件、证明文件，等等。

6. 使用伪造、变造的林业类证件、文件的处理

使用伪造、涂改的木材运输证运输木材的，根据《森林法实施条例》第44条第3款规定："使用伪造、涂改的木材运输证运输木材的，由县级以上人民政府林业主管部门没收非法运输的木材，并处没收木材价款10%至50%的罚款。"除伪造、涂改的木材运输证以外，使用伪造、变造的其他林业类公文、证件，应当适用《治安管理处罚法》第52条，给予相应的治安管

---

① 1957年《治安管理处罚条例》第6条
有下列扰乱公共秩序行为之一的，处7日以下拘留、14元以下罚款或者警告：
一、赌博财物，经教育不改的；
二、用抽签、设彩或者其他方法变相赌博，经教育不改的；
三、造谣生事，骗取少量财物或者影响生产，经教育不改的；
四、私刻公章，伪造、变造证件，情节轻微的；
五、印铸刻字业承制公章或者其他证件，违反管理规定的；
六、出售假药，骗取少量钱财的。

② 1987年《治安管理处罚条例》第24条
有下列妨害社会管理秩序行为之一的，处15日以下拘留、200元以下罚款或者警告：
(一)明知是赃物而购买的；
(二)倒卖车票、船票、文艺演出或者体育比赛入场票券及其他票证，尚不够刑事处罚的；
(三)违反政府禁令，吸食鸦片、注射吗啡等毒品的；
(四)利用封建迷信手段，扰乱社会秩序或者骗取财物，尚不够刑事处罚的；
(五)偷开他人机动车辆的。

理处罚。

7. 私自填写"出省使用木材运输证"如何处理

木材运输证是林业主管部门许可运输木材的法律凭证。《森林法》第 37 条规定"从林区运出木材,必须持有林业主管部门发给的运输证件",除该法规定的林业主管部门外,其他任何单位和个人不得擅自制发木材运输证。根据《林业部办公厅关于对私自填写使用木材运输证行为如何定性问题的复函》①的观点,凡以营利为目的,伪造的木材运输证或私自填写的木材运输证,均应视为林业部《木材运输检查监督办法》第 7 条所指的伪造证件。问题在于:私自填写"出省使用木材运输证"的行为被认定为伪造证件,根据法律规定,森林公安机关即应当将其作为刑事案件立案侦查。如果行为人不具备刑事责任能力但具备行政责任能力,或者被认为情节显著轻微危害不大不认为是犯罪,则撤销刑事立案改立行政案件,依法给予当事人治安管理处罚;如果行为人具备刑事责任能力,则应当将案件移送检察机关提请公诉。

四、非法收购盗伐、滥伐林木案的查处

(一)非法收购盗伐、滥伐林木的概念与构成要件

非法收购盗伐、滥伐林木,是指行为人在林区非法收购明知是盗伐、滥伐的林木,尚未达到刑事立案标准的行为。其构成要件为:

1. 主体

本行为的主体,既可以是具有行政责任能力的自然人,也可以是单位。

2. 主观方面

行为人主观上必须出自故意。是否带有牟利的目的,不是该行为的必备要件。② 其故意的内容为行为人明知是他人盗伐、滥伐的林木仍然予以收购。如何认定"明知",《森林法》未见答案。一般认为,明知,是指知道或者应当知道。除有证据证明确属被蒙骗的以外,具有下列情形之一的,可以视为应当知道:(1) 在非法的木材交易场所或者销售单位收购木材的;(2) 收购以明显低于市场价格出售的木材的;(3) 收购违反规定出售的木材的。

3. 客观方面

本行为在客观方面表现为在林区实施非法收购盗伐、滥伐的林木,尚未达到刑事立案标准的行为。该行为直接违反《森林法实施条例》第 34 条第 2 款,即在林区的木材收购单位和个人不得收购没有林木采伐许可证或者其他合法来源证明的木材。

---

① 《林业部办公厅关于对私自填写使用木材运输证行为如何定性问题的复函》(1996 年 8 月 29 日　林函策字〔1996〕37 号)。

② 但是,"以牟利为目的",曾经是非法收购盗伐、滥伐林木罪的主观必备要件。《刑法》原第 345 条第 3 款即规定:"以牟利为目的,在林区非法收购明知是盗伐、滥伐的林木,情节严重的,处 3 年以下有期徒刑、拘役或者管制,并处或者单处罚金;情节特别严重的,处 3 年以上 7 年以下有期徒刑,并处罚金"。但是,2002 年 12 月 28 日生效的《中华人民共和国刑法修正案(四)》删除了"目的"要件和"地点"要件,并将运输行为增设为犯罪行为。现行《刑法》第 345 条第 3 款规定:"非法收购、运输明知是盗伐、滥伐的林木,情节严重的,处 3 年以下有期徒刑、拘役或者管制,并处或者单处罚金;情节特别严重的,处 3 年以上 7 年以下有期徒刑,并处罚金"。

(1) 在林区对盗伐、滥伐的林木实施了非法收购。包括三个要素：① 收购的对象必须是盗伐、滥伐的林木。只要收购的林木无法被确认为来自于盗伐或者滥伐,该行为即不构成。② 必须进行非法收购。所谓非法收购,是指明知是盗伐、滥伐的林木仍然实施收购行为。收购木材,除必须取得县级以上人民政府林业主管部门批准外,木材收购单位和个人不得收购没有林木采伐许可证或者其他合法来源证明的木材。而当事人明知是盗伐、滥伐的林木,仍然实施收购,其行为必然违反法律规定。当然,在持有木材经营许可证的条件下,经过许可的收购盗伐、滥伐林木的行为除外。例如,经过县级以上林业主管部门或者物价部门的同意或者许可,行为人对盗伐、滥伐的林木实施收购,就不构成非法收购。尽管从表面上看,其合法收购和非法收购具有同样效果,但合法收购是在获得行政机关同意或者许可的情况下发生,本质上并未破坏国家在林区的管理秩序,因其不具有违法性。③ 非法收购必须发生在林区。否则,根据《森林法》第43条,即使具备上述三个条件,非法收购盗伐、滥伐林木仍然不能构成。因此,林区的划定成为认定本行为的一个关键。目前状况下,在办理林业行政案件需要划分、认定"林区"时,有两个文件可以参考。首先,《林业部对关于如何适用〈木材运输检查监督办法〉等有关问题的请示的复函》①规定："一、根据《森林法》第2条、第11条的规定,凡在中华人民共和国领域内从事森林的采伐利用、培育种植、经营管理活动,不分林区与非林区,都必须遵守本法。二、《森林法》第33条和《木材运输检查监督办法》第2条规定,从林区运出木材,必须持有运输证件,并接受林业主管部门的监督检查。至于哪些地区是'林区',根据现行林业法律法规的规定,由各省、自治区、直辖市人民政府划定。内蒙古自治区人民政府根据《森林法》、《内蒙古自治区森林管理条例》和林业部的有关规定发布的《关于进一步加强木材运输管理的通知》中规定：'凡运输木材、木制品和木制半成品,都必须申请办理木材运输证。木材运输证分为出区木材运输证和区内木材运输证两种'。我们认为,以上规定是内蒙古自治区人民政府在木材运输管理上将内蒙古自治区范围都作为'林区'对待。因此,对内蒙古自治区范围内违法运输木材的行为,都应当按《森林法》第33条和《木材运输检查监督办法》的规定处理。"其次,《国家林业局关于确定"林区"有关问题的复函》②规定："根据《森林法》、《森林法实施条例》和《森林防火条例》等有关法律、法规的规定,'林区'可以以省级行政区域为单位划定,也可以以县(市)、设区的市或者自治州级行政区域为单位划定,具体工作由省、自治区、直辖市人民政府根据当地的实际情况划定；地方性法规对'林区'范围有明确规定的应当执行,但依法由国务院确定的国家所有的'重点林区'按照国务院的有关规定执行。中共中央、国务院关于'南方集体林区'等有关政策规定,应当作为划定'林区'的依据。"以山东省为例,《山东省森林资源管理条例》③第5条规定："根据林地条件和森林资源分布状况,全省划分为渤海平原林区、鲁西平原林区、鲁中南山地丘陵林区、鲁东丘陵林区。"《山东省林业局关于公布我省林区区界的通知》④规定："根据《山东省森林资源管

---

① 《林业部对关于如何适用〈木材运输检查监督办法〉等有关问题的请示的复函》(1995年7月11日　林函策字〔1995〕137号)。
② 《国家林业局关于确定"林区"有关问题的复函》(2001年3月21日　林函策字〔2001〕44号)。
③ 《山东省森林资源管理条例》(2000年6月30日山东省第九届人民代表大会常务委员会第15次会议审议通过)。
④ 《山东省林业局关于公布我省林区区界的通知》(2001年2月15日　鲁林政字〔2001〕2号)。

理条例》和《山东省林区区划》,现将我省林区区界公布如下:一、渤海平原林区。包括东营市、潍坊市和滨州市,以市级行政划为区界。二、鲁西平原林区。包括德州市、聊城市、菏泽市,以市级行政区划为区界。三、鲁中南山地丘陵林区。包括济南市、淄博市、枣庄市、济宁市、泰安市、莱芜市、临沂市,以市级行政区划为区界。四、鲁东丘陵林区。包括青岛市、烟台市、威海市、日照市,以市级行政区划为区界。"

(2) 本行为尚未达到刑事立案标准。尚未达到刑事立案标准,是指行为人非法收购盗伐、滥伐林木的数量尚未达到"林安发〔2001〕156号"第2条第3项规定的数量,即立木蓄积不足20立方米或者幼树不足1 000株,以及非法收购盗伐、滥伐的珍贵树木立木蓄积不足2立方米或者幼树不足5株。

4. 客体

本行为侵害的客体是木材经营管理制度。侵害的对象是被盗伐或者滥伐的林木。

(二) 非法收购盗伐、滥伐林木的行政认定

1. 非法收购盗伐、滥伐林木与非法收购盗伐、滥伐林木罪的区别

以2002年12月28日《中华人民共和国刑法修正案(四)》(简称《刑法修正案(四)》)生效为界,非法收购盗伐、滥伐林木与非法收购盗伐、滥伐林木罪的区别在于:(1) 在《刑法修正案(四)》生效前,即1997年10月1日至2002年12月27日期间,在具备非法收购盗伐、滥伐林木所有要件的基础上,构成非法收购盗伐、滥伐林木罪还必须具备两个要件:一是主观方面具有"以牟利为目的";二是客观方面非法收购盗伐、滥伐的林木达到"情节严重"。(2)《刑法修正案(四)》生效以后,非法收购盗伐、滥伐林木罪的犯罪构成已经取消"以牟利为目的"的主观要件和"在林区"的客观要件。

2. 非法收购盗伐、滥伐林木与收购赃物、有赃物嫌疑的物品的区别

非法收购盗伐、滥伐林木属于林业行政违法行为,收购赃物、有赃物嫌疑的物品属于违反治安管理行为。两种行为的区别主要在于客观方面的构成要件不同,即收购行为是否发生在林区。如果收购行为发生在林区,符合非法收购盗伐、滥伐林木的构成要件,应当依照《森林法》第43条给予林业行政处罚;如果发生在非林区,符合收购赃物、有赃物嫌疑的物品的构成要件,应当依据《治安管理处罚法》第59条第3款[①]依法给予治安管理处罚。

(三) 非法收购盗伐、滥伐林木案的处理

根据《森林法》第43条,对非法收购盗伐、滥伐林木的行为人,由森林公安机关作出以下处罚:(1) 责令停止违法行为;(2) 没收违法收购的盗伐、滥伐林木或者变卖所得;(3) 可以

[①] 《治安管理处罚法》第59条

有下列行为之一的,处500元以上1 000元以下罚款;情节严重的,处5日以上10日以下拘留,并处500元以上1 000元以下罚款:

(一) 典当业工作人员承接典当的物品,不查验有关证明、不履行登记手续,或者明知是违法犯罪嫌疑人、赃物,不向公安机关报告的;

(二) 违反国家规定,收购铁路、油田、供电、电信、矿山、水利、测量和城市公用设施等废旧专用器材的;

(三) 收购公安机关通报寻查的赃物或者有赃物嫌疑的物品的;

(四) 收购国家禁止收购的其他物品的。

并处违法收购林木的价款1倍以上3倍以下的罚款。

五、非法开垦、采石等毁坏林木案的查处

(一) 非法开垦、采石等毁坏林木的概念与构成要件

非法开垦、采石等毁坏林木,是指行为人违反森林法的规定,实施开垦、采石、采砂、采土、采种、采脂和其他活动,致使林木毁坏的行为。其构成要件为:

1. 主体

本行为的主体,既可以是具备行政责任能力的自然人,也可以是单位。

2. 主观方面

本行为在主观方面表现为故意。

3. 客观方面

本行为在客观方面表现为违反森林法的规定,实施开垦、采石、采砂、采土、采种、采脂和其他活动,致使林木毁坏的行为。

(1) 违反《森林法》的规定。该行为违反了《森林法》第23条第1款所规定的"禁止毁林开垦和毁林采石、采砂、采土以及其他毁林行为"的法定义务。

(2) 实施开垦、采石等活动。这些活动包括为《森林法》明令禁止的开垦、采石、采砂、采土、采种和采脂行为,也包括除上述活动以外的"其他活动"。

(3) 致使森林、林木受到毁坏。具体包括:① 森林、林木必须受到毁坏。即发生森林或者林木死亡或其正常生长受到严重影响的结果或者事实。② 就森林资源的管理性质而言,受到毁坏的森林、林木必须是纳入林木采伐许可证管理范畴的森林或者林木,而不包括农村居民房前屋后和自留地个人所有的零星林木。③ 就森林资源的所有权性质而言,受到毁坏的森林或者林木只能是非本人所有的森林或者林木,本人所有的森林或者林木不能成为该违法行为的侵害对象。

4. 客体

本行为侵犯的客体是森林或者林木保护管理制度。

(二) 非法开垦、采石等毁坏林木的行政认定

基于《刑法》并无毁坏林木罪,非法开垦、采石等毁坏林木本身并不可能构成犯罪,但有可能引发相关犯罪。包括:(1) 如果非法开垦、采石等毁坏本人所有的林木,且"数量较大的",则可能构成《刑法》第345条第2款规定的滥伐林木罪;(2) 如果非法开垦、采石等毁坏非本人所有的林木,具有非法占有目的且"数量较大的",则可能构成《刑法》第345条第1款规定的盗伐林木罪;(3) 如果非法开垦、采石等毁坏非本人所有的林木,"数额较大或者有其他严重情节的",则可能构成《刑法》第275条规定的故意毁坏财物罪;(4) "由于泄愤报复或者其他个人目的",以非法开垦、采石等毁坏林木的方法,"破坏生产经营的",则可能构成《刑法》第276条规定的破坏生产经营罪;(5) 如果非法开垦、采石等毁坏的林木是珍贵树木,则

可能构成《刑法》第344条规定的非法采伐、毁坏国家重点保护植物罪;①(6)如果非法开垦、采石等毁坏林木所开垦的土地,达到《刑法》第342条所规定的"数量较大,造成耕地、林地等农用地大量毁坏"的,则可能构成非法占用农用地罪。②

（三）非法开垦、采石等毁坏林木案的处理

根据《森林法》第44条,该行为应当承担民事和行政责任。民事责任为依法赔偿损失;行政责任为:由森林公安机关责令停止违法行为,补种毁坏株数1倍以上3倍以下的树木,可以处毁坏林木价值1倍以上5倍以下的罚款。拒不补种树木或者补种不符合国家有关规定的,由森林公安机关组织代为补种,所需费用由违法者支付。

（四）相关问题研讨

1. 非法开垦、采石等毁坏林木与故意损毁财物的区别

在行政违法范畴内,非法开垦、采石等毁坏林木属于林业行政违法行为,故意损毁财物属于违反治安管理行为。两种行为的区别在于其侵害对象不同。前者侵害的对象是纳入林木采伐许可证管理范畴的森林或者林木,后者侵害的对象则是没有纳入林木采伐许可证管理范畴的森林或者林木。因此,如果非法开垦、采石等毁坏林木行为的损害对象,是农村居民房前屋后和自留地个人所有的零星林木,则此类行为应当依照《治安管理处罚法》第49条,以违反治安管理行为——"故意损毁财物"定性处罚,而不应当以林业行政违法行为论处。

2. 非法开垦、采石等毁坏林木与盗伐林木的区别

在行政违法范畴内,两类行为的共同之处在于,其对象都是非本人所有的森林或者林木,且都发生森林或者林木受到毁坏的结果。不同之处在于,在盗伐林木案中,被盗伐的森林或者林木本身是行为人意图占有的对象。在非法开垦、采石等毁林案中,被毁坏的森林或者林木并非行为人占有的对象,而是其采石、采砂、采土、采种、采脂和其他活动的客观结果之一,其意图占有的对象则为石、砂、土,以及树种、树脂等。简言之,两者的区别在于是否具有非法占有森林或者林木的目的。如果行为人在实施毁林后,又"临时起意",对被毁林木实施非法占有,则应再以违反治安管理行为——"盗窃"定性处罚。

3. 非法开垦、采石等毁坏林木与非法开垦、采石等毁坏自己所有的林木的区别

在行政违法范畴内,当非法开垦、采石等毁坏的林木属于自己所有的林木时,该行为并不构成非法开垦、采石等毁坏林木,而应当被认定为构成滥伐林木。两种行为的相同点在于,其侵害对象都是纳入林木采伐许可证管理范畴的森林或者林木。两种行为的区别在于,

---

① 《中华人民共和国刑法修正案（四）》（2002年12月28日第九届全国人民代表大会常务委员会第三十一次会议通过　2002年12月28日中华人民共和国主席令第83号）已将《刑法》第344条修改为:"违反国家规定,非法采伐、毁坏珍贵树木或者国家重点保护的其他植物的,或者非法收购、运输、加工、出售珍贵树木或者国家重点保护的其他植物及其制品的,处3年以下有期徒刑、拘役或者管制,并处罚金;情节严重的,处3年以上7年以下有期徒刑,并处罚金。"

② 《中华人民共和国刑法修正案（二）》（2001年8月31日第九届全国人民代表大会常务委员会第二十三次会议通过　2001年8月31日中华人民共和国主席令第五十六号公布）已将《刑法》第342条修改为:"违反土地管理法规,非法占用耕地、林地等农用地,改变被占用土地用途,数量较大,造成耕地、林地等农用地大量毁坏的,处5年以下有期徒刑或者拘役,并处或者单处罚金。"

其侵害对象的所有权不同。非法开垦、采石等毁坏林木的对象,其所有权属于他人,即非本人所有;而非法开垦、采石等毁坏自己所有的林木的对象,其所有权属于本人,即本人所有。另外,两种行为的目的也略有不同。前者的目的在于开垦土地、采石、采砂、采土、采种、采脂,林木仅仅是其行为的附带结果,并非其追求的目标;而后者的目的并不确定,或许其目的与前者相同,或许其目的在于得到林木,又或许两种目的兼而有之。

六、非法砍柴、放牧毁坏林木案的查处

(一)非法砍柴、放牧毁坏林木案的概念与构成要件

非法砍柴、放牧毁坏林木,是指行为人违反森林法的规定,在幼林地和特种用途林内砍柴、放牧,致使林木毁坏的行为。其构成要件为:

1. 主体

本行为的主体,既可以是具备行政责任能力的自然人,也可以是单位。

2. 主观方面

本行为在主观方面只能表现为故意。

3. 客观方面

本行为在客观方面表现为违反森林法的规定,在幼林地和特种用途林内砍柴、放牧,致使林木毁坏的行为。

(1)违反森林法的规定。《森林法》第23条第2款明确规定:"禁止在幼林地和特种用途林内砍柴、放牧"。

(2)在幼林地和特种用途林内实施砍柴、放牧。一方面行为人必须实施了砍柴或者放牧的行为;另一方面该行为的发生地点必须处于幼林地和特种用途林内。

(3)致使森林、林木受到毁坏。即指发生森林或者林木死亡或者其正常生长受到严重影响的结果或者事实。

4. 客体

本行为侵犯的客体是森林或者林木保护管理制度。

(二)非法砍柴、放牧毁坏林木的行政认定

基于《刑法》并无毁坏林木罪,非法砍柴、放牧毁坏林木本身并不可能构成犯罪,但可能引发相关犯罪。例如,在刑事违法领域,如果非法砍柴、放牧等毁坏的是珍贵树木或者国家重点保护的其他植物,则可能构成《刑法》第344条规定的非法采伐、毁坏国家重点保护植物罪。

(三)非法砍柴、放牧毁坏林木案的处理

根据《森林法》第44条,该行为应当承担民事责任和行政责任。民事责任为依法赔偿损失。行政责任为:由森林公安机关责令停止违法行为,补种毁坏株数1倍以上3倍以下的树木。拒不补种树木或者补种不符合国家有关规定的,由森林公安机关代为补种,所需费用由违法者支付。

第二节　行政机关委托案件的查处

一、非法经营(含加工)木材案的查处

(一)非法经营木材的概念和构成要件

非法经营木材,是指违反法律规定,未经批准,擅自在林区经营木材的行为。该行为具体包括擅自经营木材和擅自加工木材两种行为。其构成要件为：

1. 主体

本行为的主体,既可以是具备行政责任能力的自然人,也可以是单位。

2. 主观方面

本行为在主观方面表现为故意。其故意的内容为：行为人明知在林区经营木材,必须经县级以上人民政府林业主管部门批准,却不经批准实施木材经营行为。过失不构成本违法行为。

3. 客观方面

本行为在客观方面表现为违反法律规定,未经批准,擅自在林区经营木材的行为。

(1)擅自经营木材。根据《森林法》第36条有关"林区木材的经营和监督管理办法,由国务院另行规定"的精神,国务院颁发的《森林法实施条例》第34条第1款规定,"在林区经营(含加工)木材,必须经县级以上人民政府林业主管部门批准"。换言之,在林区经营木材者必须申请并获得县级以上人民政府林业主管部门批准,方可经营木材。当事人未经批准进行木材的经营或者加工,属于擅自经营木材。

(2)在林区经营木材。经营行为必须发生在林区,在非林区发生的经营行为不构成本违法行为。有关"林区"的认定,参见前文所述。这里的"经营"包括经营和加工。前者是指以牟利为目的的木材购销行为,包括木材的批发、销售(包括代购代销)等；后者是指以牟利为目的,利用一定的技术设备将木材加工成制成品或者半制成品的行为。这里的"木材",既包括有合法来源的木材,也包括没有林木采伐许可证或者其他合法来源的木材[1],但都必须是《森林法实施条例》第34条第3款规定的"木材"："原木、锯材、竹材、木片和省、自治区、直辖市规定的其他木材"。但各省、自治区、直辖市规定的其他木材的种类并不相同。例如,《四川省木材运输管理条例》[2]第2条规定："本条例所称木材,包括：① 国家标准和行业标准

---

[1] 参见《国家林业局关于对非法经营木材有关问题的复函》(2000年11月7日　林函策字〔2000〕275号)。安徽省林业厅：你厅《关于适用〈森林法实施条例〉第40条有关问题的请示》(林函策字〔2000〕20号)收悉。经研究,根据《国务院办公厅关于行政法规解释权限和程序问题的通知》(国办发〔1999〕43号)的有关规定,现answering复如下：未经县级以上林业主管部门批准,在林区经营(含加工)木材,不论其木材来源是否合法,均应由县级以上人民政府林业主管部门按照《森林法实施条例》第40条的规定没收其非法经营的木材和违法所得,并处违法所得2倍以下的罚款。

[2] 《四川省木材运输管理条例》(1997年10月17日四川省第八届代表大会常务委员会公告　自1998年1月1日起施行)。

所列全部木材;② 大宗木制成品和半成品;③ 从林区向外运的旧房料和薪材;④ 大宗竹材及竹制成品和半成品;⑤ 活立木。"《广西壮族自治区木材运输管理条例》①第2条规定:"本条例所称木材,包括:① 原木、原条、薪柴(含柴炭)、木片、木制半成品(含木制人造板、包装箱板);② 大宗木制成品、树蔸及其制品;③ 商品竹材及其半成品和大宗竹制成品。"第22条规定:"本条例第2条规定的大宗木制成品、树蔸及其制品、大宗竹制成品的具体标准,由自治区人民政府另行规定。"

4. 客体

侵犯的客体是林区木材经营许可管理制度。

(二)非法经营木材案的处理

根据《森林法实施条例》第40条,该行为应当承担的行政责任为:由县级以上人民政府林业主管部门没收非法经营的木材和违法所得,并处违法所得2倍以下的罚款。

二、非法采种、采脂等毁坏林木案的查处

(一)非法采种、采脂等毁坏林木的概念与构成要件

非法采种、采脂等毁坏林木,是指行为人违反森林法实施条例的规定,实施采种、采脂、挖笋、掘根、剥树皮及过度修枝,致使林木毁坏的行为。其构成要件为:

1. 主体

本行为的主体,既可以是具备行政责任能力的自然人,也可以是单位。

2. 主观方面

本行为在主观方面表现为故意。

3. 客观方面

本行为在客观方面表现为违反森林法实施条例的规定,实施采种、采脂、挖笋、掘根、剥树皮及过度修枝,致使林木毁坏的行为。

(1)行为违反了森林法实施条例的规定。即违背了《森林法实施条例》第21条所规定的"禁止毁林开垦、毁林采种和违反操作技术规程采脂、挖笋、掘根、剥树皮及过度修枝的毁林行为"的法定义务。

(2)实施采种、采脂、挖笋、掘根、剥树皮及过度修枝行为。

(3)致使森林、林木受到毁坏。具体包括:① 森林、林木必须受到毁坏。即发生森林或者林木死亡或者其正常生长受到严重影响的结果或者事实。② 就森林资源的管理性质而言,受到毁坏的森林、林木必须是纳入林木采伐许可证管理范畴的森林或者林木,而不包括农村居民房前屋后和自留地个人所有的零星林木。③ 就森林资源的所有权性质而言,受到

---

① 《广西壮族自治区木材运输管理条例》(1997年7月25日广西壮族自治区第八届人民代表大会常务委员会第二十九次会议通过 现予公布 自公布之日起施行)。

毁坏的森林或者林木只能是非本人所有,而不能是本人所有。①

4. 客体

本行为侵犯的客体是森林或者林木的保护管理制度。

(二)非法采种、采脂等毁坏林木的行政认定

近年来,在执法实践中,常常遇到因非法采种、采脂、挖笋、掘根、剥树皮及过度修枝,而践踏、毁坏林木、苗木或者毁坏成片林木、生长中的林木的案件。例如,行为人为了采集药材而活剥树皮、刨断树根;或者为了采集树种而砍掉树冠;或者为营利而直接在活树干上凿眼种植木耳、蘑菇等菌类植物;更有甚者,为了泄愤报复而故意毁坏国家、集体或林木承包户以及个人自留山上的苗圃里的大量苗木、树木等;还有一些地方基于民俗风情,采摘柏树枝等。这些行为破坏了林木的生存条件,有些还造成大量林木的枯萎和死亡。由于这些行为尚不构成盗伐林木罪,实践中这种破坏行为所造成的危害程度又足以达到应当给予刑事处罚的程度。如何给此类行为定性、处罚?新刑法施行前,有学者认为对此类现象可以考虑两种选择,要么根据1979年《刑法》第125条的规定,按破坏集体生产罪定罪处罚;要么根据类推原则,依照1979年《刑法》第128条的规定,类推定为故意毁坏林木罪。② 新刑法施行后,有学者认为上述两种定罪量刑方法均有不妥,故意毁坏苗木或林木行为与盗伐林木罪在特征上明显不同,却与故意毁坏公私财物罪在某种程度是相同的。因为故意毁坏苗木或林木行为与故意毁坏公私财物罪的行为均出于主观故意,都侵犯了公私财物所有权,并实施了使公私财物受到损害和破坏,使该财物的价值和使用价值全部或部分地丧失,且数量较大的行为。由于两者在诸多方面的一致性,因此,对采种、采脂、挖笋、掘根、剥树皮及过度修枝等行为,导致苗木或林木被毁坏,数量较大构成犯罪的,应当以故意毁坏财物罪论处。③

根据刑法理论以及"法释〔2000〕36号"第15条④,笔者认为,对上述行为的定性,应当具体问题具体分析。① 以非法占有为目的,非法实施采种、采脂、挖笋、掘根、剥树皮等行为,牟取经济利益数额较大的,应当依照《刑法》第264条的规定,以盗窃罪定罪处罚;同时构成其他犯罪的,依照处罚较重的规定定罪处罚。数量不大的,则应当按照《治安管理处罚法》第49条的规定,以违反治安管理行为——盗窃定性处罚。② 无非法占有目的,非法实施采种、采脂、挖笋、掘根、剥树皮等行为,导致非本人所有的苗木或林木被毁坏,数量较大构成犯罪

---

① 笔者先前认为,"受到毁坏的森林或者林木既可以是非本人所有的森林或者林木,也可以是本人所有的森林或者林木。"参见张崇波、赵文清:《森林公安执法理论与实践》,中国林业出版社2011年4月,第273页。后来笔者注意到,《森林法实施条例》第41条既然已经规定,当事人应当承担"依法赔偿损失"的民事法律责任,说明立法者已将当事人享有所有权的森林或者林木,排除出非法采种、采脂等毁坏林木行为的侵害对象。

② 赵秉志:《刑法各论问题研究》,中国法制出版社1996年版,第158-159页。

③ 王秀梅:《破坏环境资源保护罪》,中国人民公安大学出版社2003年2月,第263页。

④ 有人建议,可以将"法释〔2000〕36号"第15条"非法实施采种、采脂、挖笋、掘根、剥树皮等行为,牟取经济利益数额较大的,依照《刑法》第264条的规定,以盗窃罪定罪处罚"的表述,修改为:"非法实施采种、采脂、挖笋、掘根、剥树皮等行为牟取经济利益,数额较大的,依照《刑法》第264条的规定,以盗窃罪定罪处罚。"建议者认为,这样修改更有利于打击非法实施采种、采脂、挖笋、掘根、剥树皮等行为的违法犯罪。因为修改后的表述,可以理解为行为人非法实施采种、采脂、挖笋、掘根、剥树皮等行为,不是以行为人实际卖出价取得的经济利益来计算数额的标准,而应以所实施非法采种、采脂、挖笋、掘根、剥树皮等当时的市场价格计算或按物价部门的评估价格来计算行为人应牟取的经济利益。详细内容参见梁民权:《逗号移个位表述更明了》,载于2005年4月19日《中国绿色时报》。

的,应当以故意毁坏财物罪论处;数量不大的,则应当以非法采种、采脂等毁坏林木行为定性处罚。

(三)非法采种、采脂等毁坏林木案的处理

根据《森林法实施条例》第41条,该行为应当承担民事和行政责任。民事责任为依法赔偿损失。行政责任为:由县级以上人民政府林业主管部门责令停止违法行为,补种毁坏株数1倍至3倍的树木,可以处毁坏林木价值1倍至5倍的罚款。拒不补种树木或者补种不符合国家有关规定的,由县级以上人民政府林业主管部门组织代为补种,所需费用由违法者支付。

(四)相关问题研讨

1. 非法采种、采脂等毁坏林木与盗伐林木的区别

在行政违法范畴内,两类行为的共同之处在于,都发生森林或者林木受到毁坏的结果,行为所针对的都是纳入林木采伐许可证管理的林木。不同之处在于,在盗伐林木案中,被盗伐的森林或者林木本身是行为人占有的对象。在非法采种、采脂等毁坏林木中,被毁坏的森林或者林木并非行为人占有的对象,而是其采种、采脂、挖笋、掘根、剥树皮及过度修枝等各种行为的客观结果之一,其占有的对象则为树种、树脂、树根、树皮、树枝和笋等。简言之,两者的区别在于是否具有非法占有森林或者林木的目的。如果行为人在毁林后,又"顺手牵羊",非法占有被毁林木,则应再以违反治安管理行为——盗窃定性处罚。

2. 非法采种、采脂等毁坏自己所有的林木,是否构成非法采种、采脂等毁坏林木

在行政违法范畴内,当非法采种、采脂等毁坏的林木属于自己所有时,这种行为是否构成非法采种、采脂等毁坏林木?笔者认为,非法采种、采脂等毁坏的林木属于自己所有时,这种行为应当认定为滥伐林木,而不应认定为非法采种、采脂等毁坏林木。尽管这两类行为极为相似,但仍存在对象上的区别:非法采种等毁坏林木所针对的对象是非本人所有的森林或林木,而滥伐林木所针对的对象则是本人所有的森林或林木。

三、非法开垦林地案的查处

(一)非法开垦林地案的概念与构成要件

非法开垦林地,是指行为人违反森林法的规定开垦林地,未造成森林、林木毁坏或被开垦的林地上没有森林、林木的行为。其构成要件为:

1. 主体

本行为的主体,既可以是具备行政责任能力的自然人,也可以是单位。

2. 主观方面

本行为在主观方面表现为故意。

3. 客观方面

本行为在客观方面表现为行为人违反森林法规定,擅自开垦林地未造成林木毁坏的行为。

(1)违反森林法规定。即违反《森林法实施条例》第15条至第18条所规定的有关林地

使用必须遵循的法定义务。如勘查、开采矿藏和修建道路、水利、电力、通讯等工程,需要占用或者征用林地的,必须依法经过批准或者许可。

(2) 实施开垦林地的行为。林地包括有林木的林地和无林木的林地。

(3) 未造成法定后果。即未出现以下两种结果之一:① 未造成森林、林木毁坏;② 被开垦的林地上没有森林、林木。

4. 客体

本行为侵犯的客体是林地保护制度。

(二) 非法开垦林地的行政认定

非法开垦林地,达到《刑法》第342条所规定的"数量较大,造成耕地、林地等农用地大量毁坏"的,则可能构成非法占用农用地罪。

(三) 非法开垦林地案的处理

根据《森林法实施条例》第41条第2款,行为人应当承担的行政责任为:由县级以上人民政府林业主管部门责令停止违法行为,限期恢复原状,可以处非法开垦林地每平方米10元以下的罚款。

四、未完成更新造林任务案的查处

(一) 未完成更新造林任务的概念和构成要件

未完成更新造林任务,是指采伐林木的单位和个人或者植树造林责任单位,违反森林法的规定,未完成造林绿化任务的行为。其构成要件为:

1. 主体

本行为的主体,由采伐林木的单位和个人、植树造林责任单位构成。

2. 主观方面

本行为主观方面出于行为人的故意。

3. 客观方面

本行为的客观方面表现为违反森林法规定,未完成更新造林任务。

(1) 违反森林法规定。根据《森林法》第26条、第35条以及《森林法实施条例》第25条、第26条的规定,采伐林木的单位或者个人、植树造林责任单位负有一系列的法定义务。如采伐林木的单位或者个人必须履行以下法定义务:必须按照采伐许可证规定的面积、株数、树种、期限完成更新造林任务,更新造林的面积和株数不得少于采伐的面积和株数等。

(2) 未完成造林绿化任务。未完成更新造林任务的具体表现包括:① 连续两年未完成更新造林任务;② 当年更新造林面积未达到应更新造林面积50%;③ 除国家特别规定的干旱、半干旱地区外,更新造林当年成活率未达到85%;④ 植树造林责任单位未按照所在地县级人民政府的要求按时完成造林任务。

4. 客体

本行为侵害的客体是造林绿化行政管理制度。造林绿化制度的内容包括植树造林和更新造林两个方面。

(二) 未完成更新造林任务案的处理

根据《森林法》第 45 条及《森林法实施条例》第 42 条,未完成更新造林任务的单位和个人,应当承担的法律责任包括:① 对没有按照规定完成更新造林任务的采伐林木的单位或者个人,发放采伐许可证的部门有权不再发给采伐许可证,直到完成更新造林任务为止;② 对没有按照规定完成更新造林任务的采伐林木单位和个人、未完成造林绿化任务的植树造林责任单位,由县级以上人民政府林业主管部门责令限期完成造林任务;③ 逾期未完成的,可以处应完成而未完成造林任务所需费用 2 倍以下的罚款;④ 由县级以上人民政府林业主管部门对直接负责的主管人员和其他直接责任人员,依法给予行政处分。

五、非法改变林地用途案的查处

(一) 非法改变林地用途的概念与构成要件

非法改变林地用途,是指违反森林法规定,擅自改变林地用途,尚未达到刑事立案标准的行为。其构成要件为:

1. 主体

本行为的主体,既可以是具备行政责任能力的自然人,也可以是单位。

2. 主观方面

本行为主观方面为故意。

3. 客观方面

本行为客观方面表现为违反森林法规定,改变林地用途,尚未达到刑事立案标准的行为。具体包括:

(1) 违反森林法规定。《森林法》第 15 条、第 18 条以及《森林法实施条例》第 16 条、第 17 条和第 18 条对林地的占用或者征用原则、条件、批准程序以及其他要求作出明确而详细的规定。行为人未经法定主体的批准,即自行改变林地用途,显然违反森林法的规定。

(2) 改变林地用途。一方面,改变用途的对象必须是林地。根据《森林法实施条例》第 2 条,林地包括:郁闭度 0.2 以上的乔木林地以及竹林地、灌木林地、疏林地、采伐迹地、火烧迹地、未成林造林地、苗圃地和县级以上人民政府规划的宜林地。另一方面,必须改变林地用途。有下列行为之一的,均视为改变林地用途:① 在林地上实施建窑、建坟、建房;② 在林地上挖砂、采石、采矿、取土;③ 在林地上种植农作物、堆放或排泄废弃物等;④ 在林地上进行其他非林业生产、建设。

(3) 尚未达到刑事立案标准。根据"法释〔2005〕15 号"第 1 条,非法改变林地用途,没有达到《中华人民共和国刑法修正案(二)》规定的"数量较大,造成林地大量毁坏",不构成犯罪,应当作为林业行政案件立案查处。第一,未达到"数量较大"。具体情形包括:① 非法占用并毁坏防护林地、特种用途林地数量分别或者合计未达到 5 亩;② 非法占用并毁坏其他林地数量未达到 10 亩;③ 非法占用并毁坏本条第①项、第②项规定的林地,数量分别未达到相应规定的数量标准的 50%;④ 非法占用并毁坏本条第①项、第②项规定的林地,其中一项数量达到相应规定的数量标准的 50% 以上,但两项数量合计未达到该项规定的数量标准。另外,多次实施非法改变林地用途的行为依法应当追诉且未经处理的,应当按照累计的数量、数额处罚。第二,未"造成林地大量毁坏"。即未造成林地的原有植被或林业种植条件严重毁坏或者严重污染等。

4. 客体

侵害的客体是林地保护管理制度。

(二)非法改变林地用途案的处理

根据《森林法实施条例》第 43 条第 1 款规定,非法改变林地用途的,由县级以上人民政府林业主管部门责令限期恢复原状,并处非法改变用途林地每平方米 10 元至 30 元的罚款。

六、临时占用林地逾期不还案的查处

(一)临时占用林地逾期不还的概念与构成要件

临时占用林地逾期不还,是指违反森林法规定,逾期不归还林地的行为。其构成要件为:

1. 主体

本行为的主体,既可以是具备行政责任能力的自然人,也可以是单位。

2. 主观方面

本行为主观方面为故意。

3. 客观方面

本行为客观方面表现为违反森林法规定,逾期不归还林地的行为。具体包括:

(1)违反森林法规定。临时占用林地必须履行《森林法实施条例》第 17 条规定的法定义务:"需要临时占用林地的,应当经县级以上人民政府林业主管部门批准。临时占用林地的期限不得超过 2 年,并不得在临时占用的林地上修筑永久性建筑物;占用期满后,用地单位必须恢复林业生产条件。"

(2)逾期不归还林地。即逾越林业主管部门批准临时占用林地的法定期限不归还林地。

4. 客体

侵害的客体是林地保护管理制度。

(二)临时占用林地逾期不还案的处理

根据《森林法实施条例》第 43 条第 2 款,临时占用林地,逾期不归还的,由县级以上人民政府林业主管部门责令限期恢复原状,并处临时占用林地每平方米 10 元至 30 元的罚款。

七、无木材运输证运输木材案的查处

(一)无木材运输证运输木材的概念与构成要件

无木材运输证运输木材,是指违反森林法规定,无木材运输证运输木材的行为。其构成要件为:

1. 主体

本行为的主体,既可以是具备行政责任能力的自然人,也可以是单位。

2. 主观方面

行为人主观方面出自故意。

3. 客观方面

本行为客观方面表现为违反森林法规定,无木材运输证运输木材。

(1) 违反森林法的规定。《森林法》第37条、《森林法实施条例》第35条至第37条,对木材运输均有明确规定。即任何从林区运出木材的主体,均负有下列法定义务:从林区运出非国家统一调拨的木材,必须持有县级以上人民政府林业主管部门核发的木材运输证;运输国家统一调拨的木材必须持有物资主管部门发给的调拨通知书。一言以蔽之,从林区运出木材者,必须持有合法有效的木材运输证件。

(2) 无木材运输证运输木材。即在无县级以上人民政府林业主管部门核发的木材运输证,或者无物资主管部门签发的木材调拨通知书的情形下,行为人实施了运输木材的行为。

4. 客体

本行为侵害的客体是林区木材运输许可管理制度。

(二) 无木材运输证运输木材案的处理

根据《森林法实施条例》第44条第1款,无木材运输证运输木材的,由县级以上人民政府林业主管部门没收非法运输的木材,对货主[①]可以并处非法运输木材价款30%以下的罚款。

(三) 相关问题研讨

问题:当事人补办木材运输证件后,能否没收木材?

根据《木材运输检查监督办法》[②]第5条第1款规定,无木材运输证运输木材的,责令货主限期补办木材运输证件;逾期不补办又无正当理由的,没收所运输的全部木材,并可处以相当于没收木材价款的10%至30%的罚款。基于《木材运输检查监督办法》制定的法律依据是1984年《森林法》及其《森林法实施细则》。笔者认为,对无木材运输证运输木材的行为,可以作如下处理:(1) 如果行为发生在《森林法实施条例》生效之前,则根据上述办法处理。(2) 如果行为发生在《森林法实施条例》生效之后,根据后法优于前法的适用规则,该行为应当适用《森林法实施条例》第44条第1款,即"由县级以上人民政府林业主管部门没收非法运输的木材,对货主可以并处非法运输木材价款30%以下的罚款",而不能适用《木材运输检查监督办法》第5条第1款,更不可将两者同时适用。国家林业局的相关答复亦持同样

---

① 在执法实践中,如何确定货主,往往成为影响处罚决定作出和执行的关键因素。有些地方法律对此有明确规定,可以供其他地方的立法者和执法者参考。如《江西省木材运输监督管理办法》(2004年4月20日江西省人民政府第17次常务会议讨论通过 省人民政府令第129号公布 2004年7月1日起施行)第29条第3项规定:"货主,是指木材的所有者。运输的木材已交付的,收货方为货主;未交付的,发货方为货主。"

② 《林业部关于颁发〈木材运输检查监督办法〉和〈木材检查站管理办法〉的通知》(1990年11月1日 林策字〔1990〕436号)。

八、不按照木材运输证运输木材案的查处

（一）不按照木材运输证运输木材的概念与构成要件

不按照木材运输证运输木材，即通常所说的运输木材"证"、"货"不符，是指违反森林法规定，不按照木材运输证运输木材的行为。其构成要件为：

1. 主体

本行为的主体，既可以是具备行政责任能力的自然人，也可以是单位。

2. 主观方面

行为人主观方面出自故意。

3. 客观方面

本行为客观方面表现为违反森林法规定，不按照木材运输证运输木材。

（1）违反森林法规定。依据《森林法实施条例》第44条的精神，任何从林区运出木材的主体，除持有法定主体核准签发的木材运输证件外，仍负有严格按照木材运输证件实施运输的法定义务。即实际运输的木材必须符合运输证件载明的数量、树种、材种和规格要求。

（2）不按照木材运输证运输木材。行为人违反木材运输证件载明的数量、树种、材种或者规格，实施木材运输。

4. 客体

本行为侵害的客体是林区木材运输许可管理制度。

（二）不按照木材运输证运输木材案的处理

根据《森林法》第44条第2款，对本行为应当实施以下处罚：运输的木材数量超出木材运输证所准运的运输数量的，由县级以上人民政府林业主管部门没收超出部分的木材；运输的木材树种、材种、规格与木材运输证规定不符又无正当理由的，没收其不相符部分的木材。

九、使用伪造、涂改的木材运输证运输木材案的查处

（一）使用伪造、涂改的木材运输证运输木材的概念与构成要件

使用伪造、涂改的木材运输证运输木材，是指违反森林法规定，使用伪造、涂改的木材运输证运输木材的行为。其构成要件为：

1. 主体

本行为的主体，既可以是具备行政责任能力的自然人，也可以是单位。

---

① 参见《国家林业局关于对木材运输有关问题的复函》（2000年8月29日 林函策字〔2000〕208号）。原文如下：福建省林业厅：你厅《关于请求对〈森林法实施条例〉第35条作出应用解释的请示函》（闽林策〔2000〕35号）收悉。经研究，现答复如下：根据《森林法实施条例》第35条以及国家林业局关于木材运输管理的有关规定，从重点林区运出木材必须持有林业主管部门核发的木材运输证，并必须随货同行。《森林法实施条例》实施后，如行为人没有木材运输证运输木材的，即使补办了木材运输证，也属于非法运输木材，应当依法处理。

2. 主观方面

行为人主观方面出自故意。

3. 客观方面

本行为客观方面表现为违反森林法规定,使用伪造、涂改的木材运输证运输木材的行为。

(1) 违反森林法规定。根据《森林法》第37条、《森林法实施条例》第35条以及《木材运输检查监督办法》第4条的规定,从林区运出木材者,必须持有合法有效的木材运输证件。而伪造、涂改的木材运输证属非法证件,当事人使用这类证件运输木材,显然违反了运输木材应当使用合法有效的运输证件的法定义务。

(2) 行为人使用伪造、涂改的木材运输证,实施木材运输。伪造的木材运输证,是指非法定主体违法制作的假木材运输证件;涂改的木材运输证,是指对合法有效的木材运输证所记载的真实事项进行私自改动或者擅自篡改后获得的木材运输证件。

4. 客体

本行为侵害的客体是林区木材运输许可管理制度。

(二) 使用伪造、涂改的木材运输证运输木材案的处理

根据《森林法实施条例》第44条第3款,对本违法行为应当实施以下处罚:由县级以上人民政府林业主管部门没收非法运输的木材,并处没收木材价款10%至50%的罚款。

(三) 相关问题研讨

1. 使用倒卖的木材运输证运输木材的,如何处理

倒卖的木材运输证,是指不通过法定的申请方式而用买卖的方式获取的木材运输证件。根据《木材运输检查监督办法》第7条和第12条的规定,对上述行为可以由县级以上林业行政主管部门或者其授权、委托的单位收缴其运输证件,没收所运输的全部木材,并对货主处以相当于木材价款的10%至50%的罚款。

根据现行法律,笔者认为,使用倒卖的木材运输证运输木材的,应当由森林公安机关将其倒卖而非使用国家机关公文、证件的行为,作为刑事案件立案查处。如果情节显著轻微危害不大不认为是犯罪的,可改立为行政案件进行调查处理:① 如果该木材运输证件本身属于真实的证件,根据《治安管理处罚法》第52条①,应当将其倒卖行为认定为违反治安管理行为——买卖公文、证件、证明文件,给予相应的治安管理处罚。同时,因行为人获取木材运输证的方式(倒卖),不属于法律规定的方式(申请),通过非法途径获得的木材运输证件不具有法律效力,因此其行为触犯《森林法实施条例》第44条第1款,构成无木材运输证运输木材

---

① 《治安管理处罚法》第52条

有下列行为之一的,处10日以上15日以下拘留,可以并处1 000元以下罚款;情节较轻的,处5日以上10日以下拘留,可以并处500元以下罚款:

(一) 伪造、变造或者买卖国家机关、人民团体、企业、事业单位或者其他组织的公文、证件、证明文件、印章的;

(二) 买卖或者使用伪造、变造的国家机关、人民团体、企业、事业单位或者其他组织的公文、证件、证明文件的;

(三) 伪造、变造、倒卖车票、船票、航空客票、文艺演出票、体育比赛入场券或者其他有价票证、凭证的;

(四) 伪造、变造船舶户牌,买卖或者使用伪造、变造的船舶户牌,或者涂改船舶发动机号码的。

的行为。② 如果该木材运输证件属于伪造或变造的证件,依据《森林法实施条例》第 44 条第 3 款,应当将其认定为林业行政违法行为——使用伪造、涂改的木材运输证运输木材,而不应当认定为违反治安管理行为——使用伪造、变造的公文、证件、证明文件,追究其治安管理处罚责任。但其倒卖木材运输证的行为,仍然构成违反治安管理行为——买卖伪造、变造的公文、证件、证明文件,应当依法惩处。

2. 使用过期的木材运输证件运输木材的,如何处理

过期的木材运输证件,是指已经超过有效使用期限,仅具形式合法性的木材运输证件。根据《木材运输检查监督办法》第 8 条和第 12 条的规定,能够提供木材合法来源证明的,由县级以上林业行政主管部门或者其授权、委托的单位责令限期补办木材运输证件后放行;逾期未提供木材运输证件和木材合法来源证明的,没收所运输的全部木材。但是,2001 年 1 月 29 日《森林法实施条例》施行,《木材运输检查监督办法》的上述规定则不应适用。

笔者认为,尽管在《森林法实施条例》中,并无使用过期的木材运输证件运输木材的处罚规定。但是,过期的木材运输证本质上属于无效的木材运输证,使用过期的木材运输证件运输木材的行为,应当认定为无木材运输证运输木材的情形之一。因此,对使用过期的木材运输证件运输木材的行为,应当依据《森林法实施条例》第 44 条第 1 款实施林业行政处罚。

十、承运无木材运输证的木材案的查处

(一) 承运无木材运输证木材的概念与构成要件

承运无木材运输证的木材,是指木材承运人违反森林法规定,对无木材运输证件的木材予以承运的行为。其构成要件为:

1. 主体

本行为主体由承运木材的单位和个人构成。

2. 主观方面

行为人主观方面出自故意。

3. 客观方面

本行为客观方面表现为违反森林法规定,对无木材运输证件的木材予以承运的行为。

(1) 违反森林法规定。承运人的法定义务来自《森林法实施条例》第 35 条第 3 款:"没有木材运输证的,承运单位和个人不得承运。"承运单位和个人对没有木材运输证的木材实施承运,其行为违反了森林法规定。

(2) 承运行为必须是有偿行为。即承运人有以提供运输服务来获取报酬的事实和行为。无偿提供帮助的运输行为不构成该违法行为。

4. 客体

本行为侵犯客体是木材运输许可管理制度。

(二) 承运无木材运输证的木材案的处理

《森林法实施条例》第 44 条第 4 款,承运无木材运输证的木材的,由县级以上人民政府林业主管部门没收运费,并处运费 1 倍至 3 倍的罚款。

(三) 相关问题研讨

问题：以伪装等方式逃避木材检查站检查，如何处理？

为保护森林资源，方便流通，维护木材经营的正常秩序，制止非法运输木材的行为，原林业部根据《森林法》及其实施细则，制定了《木材运输检查监督办法》。第4条规定："木材检查站由县级以上地方林业行政主管部门领导，县级以上林业行政主管部门根据需要，可以设立专门机构或确定专职人员，统一归口管理本行政区内的木材检查站工作。木材检查站是林业基层行政执法单位，依照法律、法规、规章的规定，负责检查木材运输。"第5条规定："木材检查站的职责是：（1）宣传、执行《中华人民共和国森林法》和国家其他有关木材运输检查监督的法规、政策。（2）依法查验木材运输证件，制止违法运输木材。（3）根据县级以上林业行政主管部门或其有关单位的依法授权或委托，履行相应的职责。"因此，任何从林区运出的木材，都必须接受依法设立的木材检查站的检查监督。

在实践中，行为人逃避木材检查站检查的方式各异，并不限于伪装等和平方式，也包括强行冲关等暴力方式。逃避检查的原因也各不相同，有的是因为行为人无木材运输证件，有的是实际运输的木材（数量、树种、材种以及规格）与木材运输证件的内容不相吻合，等等。根据《木材运输检查监督办法》第5条第2款和第12条的规定，运输木材逃避检查的，由县级以上林业行政主管部门或者其授权、委托的单位没收非法运输的木材，并对行为人处以相当于没收木材价款的10%至50%的罚款。笔者认为，以伪装等方式逃避木材检查站检查，应当根据案件的具体情况作出相应的处理。如果行为人无木材运输证逃避检查的，则应当依据《森林法实施条例》第44条第1款定性处罚；如果因"证"、"货"不符逃避检查的，则应当依据《森林法实施条例》第44条第2款定性处罚；如果行为人因使用伪造、变造的木材运输证逃避检查的，则应当依据《森林法实施条例》第44条第3款定性处罚；如果在逃避检查的过程中，行为人采用暴力冲卡或围殴执法人员的方式，则可能另行构成违反治安管理行为——阻碍执行职务，按照《治安管理处罚法》第50条第1款第2项，①应当给予相应的治安管理处罚。

十一、非法移动或者毁坏林业服务标志案的查处

(一) 非法移动或毁坏林业服务标志的概念与构成要件

非法移动或毁坏林业服务标志，是指违反森林法规定，擅自移动或者损坏林业服务标志的行为。其构成要件为：

---

① 《治安管理处罚法》第50条

有下列行为之一的，处警告或者200元以下罚款；情节严重的，处5日以上10日以下拘留，可以并处500元以下罚款：

（一）拒不执行人民政府在紧急状态情况下依法发布的决定、命令的；

（二）阻碍国家机关工作人员依法执行职务的；

（三）阻碍执行紧急任务的消防车、救护车、工程抢险车、警车等车辆通行的；

（四）强行冲闯公安机关设置的警戒带、警戒区的。

阻碍人民警察依法执行职务的，从重处罚。

1. 主体

本行为由具备行政责任能力自然人——"进入森林和森林边缘地区的人员"构成。

2. 主观方面

行为人主观方面出自故意。

3. 客观方面

本行为客观方面表现为违反森林法规定,擅自移动或者毁坏林业服务标志的行为。

(1) 违反森林法规定。任何进入森林和森林边缘地区的人员,必须遵循《森林法》第23条第3款规定的法定义务:"进入森林和森林边缘地区的人员,不得擅自移动或者损坏为林业服务的标志。"

(2) 擅自移动或者毁坏林业服务标志。擅自移动,是指不经林业服务标志设立者的同意,采用公开或秘密的手段私自将林业服务标志挪离原所在位置或者地点。毁坏,是指采用石砸、火烧、刀砍、油漆涂抹等各种手段将林业服务标志加以破坏以使其失去原有功能。侵害的对象是林业服务标志。"林业服务标志,是指在森林或者森林边缘地区,为了进行调查区划、确定权属、保护森林资源等需要而设立的固定标志。它具体包括森林资源调查样地的永久性标志,调查区划的界桩,森林铁路林区公路的标志以及造林、护林、育林等各种与林业有关的标志、布告牌等。"①

4. 客体

本行为侵害的客体是林业服务标志维护管理制度。

(二) 非法移动或毁坏林业服务标志案的处理

根据《森林法实施条例》第45条,擅自移动或者毁坏林业服务标志应当受到以下处罚:由县级以上人民政府林业主管部门责令限期恢复原状;逾期不恢复原状的,由县级以上人民政府林业主管部门代为恢复,所需费用由违法者支付。

十二、非法改变林种案的查处

(一) 非法改变林种的概念与构成要件

非法改变林种,是指违反森林法规定,擅自将防护林和特种用途林改变为其他用途林的行为。其构成要件为:

1. 主体

本行为的主体只能由防护林和特种用途林的经营者构成。

2. 主观方面

行为人主观方面出自故意。

3. 客观方面

本行为客观方面表现为违反森林法规定,擅自将防护林和特种用途林改变为其他用途林的行为。

(1) 违反森林法规定。基于防护林和特种用途林的良好生态效应,为进一步加大保护

---

① 黄柏桢、宋元喜:《林业行政处罚通解》,江西人民出版社2003年8月,第316页。

力度,《森林法实施条例》第8条对这两类森林的确定、改变及相应的批准公布程序作出明确规范:"国家重点防护林和特种用途林,由国务院林业主管部门提出意见,报国务院批准公布;地方重点防护林和特种用途林,由省、自治区、直辖市人民政府林业主管部门提出意见,报本级人民政府批准公布;其他防护林、用材林、特种用途林以及经济林、薪炭林,由县级人民政府林业主管部门根据国家关于林种划分的规定和本级人民政府的部署组织划定,报本级人民政府批准公布。省、自治区、直辖市行政区域内的重点防护林和特种用途林的面积,不得少于本行政区域森林总面积的30%。经批准公布的林种改变为其他林种的,应当报原批准公布机关批准"。因此,经营者未经原批准公布机关批准,将其经营、管理的防护林和特种用途林改变为其他林种,显然违反了森林法的规定。

(2)擅自将防护林和特种用途林改变为其他用途林。擅自将防护林和特种用途林改变为其他用途林,是指行为人未经批准将防护林和特种用途林改变为其他用途林。根据《森林法》第4条第1项和第5项,防护林,是指以防护为主要目的的森林、林木和灌木丛,包括水源涵养林,水土保持林,防风固沙林,农田、牧场防护林,护岸林,护路林;特种用途林,是指以国防、环境保护、科学实验等为主要目的的森林和林木,包括国防林、实验林、母树林、环境保护林、风景林,名胜古迹和革命纪念地的林木,自然保护区的森林。

4. 客体

本行为侵害的客体是防护林和特种用途林保护管理制度。

(二)非法改变林种案的处理

根据《森林法实施条例》第46条,非法改变林种应当受到以下处罚:由县级以上人民政府林业主管部门收回经营者所获取的森林生态效益补偿,并处所获取森林生态效益补偿3倍以下的罚款。

第八章 森林公安行政执法的内容(二)

根据法律规定,对违反野生动物保护法和违反森林防火条例的案件,县级以上地方人民政府林业主管部门有权依法实施调查和处理。只有在受到县级以上地方人民政府林业主管部门的行政委托后,森林公安机关才能且应当以林业主管部门的名义,对上述案件依法实施查处。没有林业主管部门的行政委托,森林公安机关不得查处上述案件。

第一节 违反野生动物保护法案件的查处

根据《野生动物保护法》及《陆生野生动物保护实施条例》,县级以上地方人民政府林业主管部门有权对以下违反野生动物保护法案件实施调查和处理:(1)非法捕杀国家重点保护陆生野生动物;(2)非法狩猎;(3)乱捕滥猎;(4)破坏陆生野生动物主要生息繁衍场所;(5)非法经营国家或者地方重点保护陆生野生动物或者其产品;(6)伪造、倒卖、转让陆生野生动物许可证件;(7)非法驯养繁殖国家重点保护陆生野生动物;(8)外国人非法考察国家重点保护陆生野生动物;(9)擅自放生或管理不当使引进动物逃至野外;(10)取得驯养繁殖资格却未从事驯养繁殖活动。依据《行政处罚法》第18条,只有受到县级以上地方人民政府林业主管部门的行政委托,森林公安机关才能且应当以林业主管部门的名义,依法查处上述案件。没有林业主管部门的行政委托,森林公安机关不得查处上述案件。

一、非法捕杀国家重点保护陆生野生动物案的查处

(一)非法捕杀国家重点保护陆生野生动物的概念与构成要件

非法捕杀国家重点保护陆生野生动物,是指违反野生动物保护法律规范,非法猎捕、杀害国家重点保护陆生野生动物,尚未构成犯罪的行为。其构成要件为:

1. 主体

本行为的主体,既可以是具备行政责任能力的自然人,也可以是单位。

2. 主观方面

本行为主观方面出自故意。

3. 客观方面

本行为客观方面表现为违反野生动物保护法律规范,非法猎捕、杀害国家重点保护的珍贵、濒危陆生野生动物,尚未达到刑事立案标准的行为。

(1)违反野生动物保护法律规范

《野生动物保护法》第16条规定,"禁止猎捕、杀害国家重点保护野生动物。因科学研

究、驯养繁殖、展览或者其他特殊情况,需要捕捉、捕捞国家一级保护野生动物的,必须向国务院野生动物行政主管部门申请特许猎捕证;猎捕国家二级保护野生动物的,必须向省、自治区、直辖市政府野生动物行政主管部门申请特许猎捕证。"第19条规定:"猎捕者应当按照特许猎捕证、狩猎证规定的种类、数量、地点和期限进行猎捕。"《陆生野生动物保护实施条例》第11条、第14条对国家重点保护野生动物的猎捕有更加细致的规定。因此,实施非法捕杀(包括猎捕、杀害)国家重点保护陆生野生动物的行为,违反了野生动物保护法律规范。这里的"非法捕杀"包括两种情形:一是未依法取得特许猎捕证,擅自猎捕、杀害国家重点保护陆生野生动物;二是虽取得特许猎捕证但违反特许猎捕证所规定的种类、数量、地点、期限、工具或者方法,猎捕、杀害国家重点保护陆生野生动物。

(2) 非法捕杀的对象必须是国家重点保护陆生野生动物

本行为的侵害对象具有特定性,必须是国家重点保护陆生野生动物。① 必须是野生动物。我国《野生动物保护法》未对野生动物的概念作出定义。从理论上说,野生动物是指那些生存在天然自由状态下,或者来源于天然自由状态下虽经多代人工驯养繁殖但尚未产生明显进化变异的各种动物。② 必须是陆生而非水生野生动物。陆生野生动物主要是指依靠陆地(包括水面)生存、繁衍的野生动物,包括各种兽类、鸟类、爬行类、大部分两栖类和部分无脊椎动物。水生野生动物主要是指终生生活在水中的野生动物,包括鱼类、个别两栖类和部分无脊椎动物。对国家重点保护水生野生动物实施捕杀,不能构成本行为。③ 必须是国家重点保护野生动物。根据《野生动物保护法》第9条,国家对珍贵、濒危的野生动物实行重点保护。国家重点保护的野生动物分为一级保护野生动物和二级保护野生动物。国家重点保护的野生动物名录及其调整,由国务院野生动物行政主管部门制定,报国务院批准公布。对非国家重点保护野生动物实施捕杀,不能构成本行为。值得注意的是,根据《最高人民法院关于审理破坏野生动物资源刑事案件具体应用法律若干问题的解释》(2000年12月11日起施行简称"法释〔2000〕37号")第1条的规定,《刑法》第341条第1款规定的"珍贵、濒危野生动物"包括:① 列入国家重点保护野生动物名录的国家一、二级保护野生动物;② 列入《濒危野生动植物种国际贸易公约》附录一、附录二的野生动物;③ 驯养繁殖的上述①、② 中包括的物种。这一规定表明,驯养繁殖的物种也是《刑法》的保护对象。

(3) 尚未构成犯罪

根据"林安发〔2001〕156号"第2条第8项,"凡非法猎捕、杀害国家重点保护的珍贵、濒危陆生野生动物的应当立案"。据此,此类案件应当首先作为刑事案件立案侦查,只有情节显著轻微危害不大,不构成犯罪时,方可作为行政案件立案查处。

4. 客体

非法捕杀国家重点保护陆生野生动物侵害的客体是复杂客体,包括国家保护野生动物资源的管理制度和野生动物资源的国家所有权。作为宝贵的自然资源,珍贵、濒危野生动物不仅具有重要的经济价值,而且具有重要的文化价值、社会价值乃至政治价值。因此,国家制定颁布了一系列保护野生动物的法律规范,确立了保护珍贵、濒危野生动物资源的行政管理制度,对珍贵、濒危野生动物予以重点保护。《野生动物保护法》第3条第1款、第8条以及第9条明确规定,野生动物资源属于国家所有,国家保护野生动物及其生存环境,禁止任何单位和个人非法猎捕或者破坏,国家对珍贵、濒危的野生动物实行重点保护。《陆生野生动物保护实施条例》第8条第2款以及《水生动物保护实施条例》第7条第2款禁止任何单位和个人破坏国家和地方重点保护野生动物的生息繁衍场所和生存条件。因此，非法捕杀国家重点保护陆生野生动物，致使国家重点保护的陆生野生动物濒临灭绝，必然严重侵犯国家保护野生动物资源的行政管理制度和国家所有权，应当依法予以惩处。

（二）非法捕杀国家重点保护陆生野生动物的行政认定

非法捕杀国家重点保护陆生野生动物的行政认定，是指对非法捕杀国家重点保护陆生野生动物行为的行政违法性质的确认。其本质是非法捕杀国家重点保护陆生野生动物行为的罪与非罪。根据《刑法》第341条第1款规定，非法猎捕、杀害珍贵、濒危野生动物罪属于行为犯。行为人只要实施非法猎捕、杀害珍贵、濒危野生动物行为，不管其数量多少、是否得逞、结果如何，原则上均可构成犯罪。但并非所有的非法猎捕、杀害珍贵、濒危野生动物行为都以犯罪论处。根据《陆生野生动物保护实施条例》第33条规定，非法捕杀国家重点保护野生动物，情节显著轻微危害不大不认为是犯罪的，应由野生动物行政主管部门将其作为林业行政案件依法查处。另外，已满14周岁不满16周岁的人实施该行为的，只能构成林业行政违法行为，而不构成犯罪。

（三）非法捕杀国家重点保护陆生野生动物案的调查重点及证据收集

对非法捕杀国家重点保护陆生野生动物的受案，应当注意以下问题：(1)详细了解案情；(2)如接报案件属于现行案件，应及时出警制止现行捕杀行为，并依法查控行为人和赃物（捕杀的动物及其猎捕工具等），收集其他相关证据；(3)及时进行现场调查取证，作好现场勘验笔录和检查笔录。

对非法捕杀国家重点保护陆生野生动物案的调查，应当重点围绕其构成要件展开。林业行政执法人员应当收集和固定的证据主要包括：

（1）物证

物证一般包括：猎获物、猎捕工具（猎枪、气枪、毒药、炸药、地枪、排铳、非人为直接操作并危害人畜安全的狩猎装置等）、运输工具等实物，可以照片形式归卷。

（2）书证

书证一般包括：① 有关前科劣迹的证明。包括：判决书、劳动教养决定书、刑事拘留证、治安管理处罚决定书等。② 特许猎捕证、狩猎证等。③ 有关案发的证明。包括：投案记录、报案记录、举报信或者举报电话记录，以及其他证明材料。④ 鉴定人员资质证明。⑤ 证明行为人行政责任能力的书证。包括居民身份证的复印件，户口簿或户籍底卡的复印件等。

（3）勘验、检查笔录

勘验、检查笔录一般包括：现场勘验笔录、检查笔录，现场照片或者手绘现场图。其中，勘验现场的范围包括：猎捕现场、捕杀现场、交易现场、查获现场等。

（4）鉴定结论

鉴定结论一般包括：① 猎获物的价值鉴定。② 技术鉴定。包括猎获物的物种名称、保护级别、数量等鉴定。

（5）当事人的陈述

当事人的陈述在此类案件中主要是违法嫌疑人的陈述。通常载明以下内容：① 违法嫌疑人的基本情况。包括姓名、性别、出生日期、户籍所在地、现住址、身份证件种类及号码等。② 前科劣迹。是否曾受过刑事处罚或者行政拘留、劳动教养、收容教育、强制戒毒、收容教养等。③ 捕杀行为及后果。包括行为时间、地点、手段（猎捕、杀害）、过程、后果以及危害等。④ 行为动机与目的。是送人、自用、食用、营利或是无聊、娱乐等。⑤ 销售获利情况。销售价格及其销售所得数额。⑥ 悔过态度。⑦ 对行为非法性的认识。嫌疑人对非法捕杀国家重点保护陆生野生动物行为的认识，造成非法捕杀的主客观原因等。

（6）证人证言。包括：① 目击者证言。如护林员、林管员等所作陈述。② 知情者的证言。③ 其他证人证言。其他了解案情的人员所作的相关陈述。

除收集能够充分证明违法嫌疑人构成非法捕杀国家重点保护陆生野生动物行为的各种证据外，还应收集其他有关处罚裁量情节的各种证据，如有关违法嫌疑人的经济状况、日常表现等。

（四）非法捕杀国家重点保护陆生野生动物案的处理

根据《陆生野生动物保护实施条例》第33条，非法捕杀国家重点保护陆生野生动物行为人承担的法律责任包括：（1）由野生动物行政主管部门没收猎获物、猎捕工具和违法所得，吊销特许猎捕证，并处以相当于猎获物价值10倍以下的罚款，没有猎获物的处1万元以下罚款。（2）由野生动物行政主管部门按照《陆生野生动物资源保护管理费收费办法》第6条，①依照《捕捉、猎捕国家重点保护野生动物资源保护管理费收费标准》，向违法行为人补收相应收费标准的2倍至5倍陆生野生动物资源保护管理费。

依法没收的猎获物，按照《林业部关于妥善处理非正常来源的陆生野生动物及其产品的通知》的规定，由野生动物行政主管部门作出相应的处理。

（五）相关问题研讨

1. 当事人非法捕杀了一种新发现的珍贵野生动物，该种动物正在申报增列为国家重点保护野生动物，尚未被批准，对该案应当如何处理

（1）应当确定珍贵、濒危野生动物的范围。作为国务院野生动物行政主管部门制定，国务院批准公布的行政法规，《国家重点保护野生动物名录》是界定国家重点保护野生动物范围的第一项法定标准，也是界定本行为侵害对象的第一项法定标准。只有列入名录中的野生动物才属于国家重点保护野生动物。行为人猎杀该名录以外的其他珍贵、濒危动物，通常不构成本违法行为。《国家重点保护野生动物名录》如有调整，应当以国务院批准公布的为准。目前，《国家重点保护野生动物名录》中，属于国家重点保护的珍贵、濒危野生动物共计12纲、55目、106科、222属、389种。其中，国家一级保护动物为96种，如大熊猫、金丝猴、虎、扭角羚、亚洲象、朱鹮、扬子鳄、中华鲟等；国家二级保护动物有162种，如小熊猫、穿山甲、金猫、天鹅、大鲵、猕猴等。

（2）作为我国参加的与保护野生动物有关的国际条约，《濒危野生动植物种国际贸易公约》（简称《公约》）是界定国家重点保护野生动物范围的第二项法定依据，也是界定本行为侵

---

① 参见《林业部、财政部、国家物价局关于发布〈陆生野生动物资源保护管理费收费办法〉的通知》（1992年12月17日 林护字〔1992〕72号）。

害对象的第二项法定依据。该《公约》附录一、附录二和附录三所列濒危野生动物共计12纲、63目、178科、850属种。① 《公约》第2条"基本原则"规定:"(一)附录一应包括所有受到和可能受到贸易的影响而有灭绝危险的物种。这种物种的标本的贸易必须加以特别严格的管理,以防止进一步危害其生存,并且只有在特殊的情况下才能允许进行贸易。(二)附录二应包括:1. 所有那些目前虽未濒临灭绝,但如对其贸易不严加管理,以防止不利其生存的利用,就可能变成有灭绝危险的物种;2. 为了使本款第1项中指明的某些物种标本的贸易能得到有效的控制,而必须加以管理的其他物种。(三)附录三应包括任一成员国认为属其管辖范围内,应进行管理以防止或限制开发利用,而需要其他成员国合作控制贸易的物种。(四)除遵守本《公约》各项规定外,各成员国均不允许就附录一、附录二、附录三所列物种标本进行贸易。"除非内容另有所指,就公约而言,"'物种'指任何的种、亚种,或其地理上隔离的种群;'标本'指:(1) 任何活的或死的动物,或植物;(2) 如系动物,指附录一和附录二所列物种,或其任何可辨认的部分,或其衍生物和附录三所列物种及与附录三所指有关物种的任何可辨认的部分,或其衍生物;(3) 如系植物,指附录一所列物种,或其任何可辨认的部分,或其衍生物和附录二、附录三所列物种及与附录二、附录三所指有关物种的任何可辨认的部分,或其衍生物。……"

根据《林业部关于核准部分濒危野生动物为国家重点保护野生动物的通知》②,我国将该《公约》附录一和附录二所列非原产我国的所有野生动物(如犀牛、食蟹猴、袋鼠、鸵鸟、非洲象、斑马等),分别核准为国家一级和国家二级保护野生动物。对这些野生动物及其产品(包括任何可辨认部分或其衍生物)的管理,同原产我国的国家一级和国家二级野生动物一样,按照国家现行法律、法规和规章的规定实施管理;对违反有关规定的,同样依法查处。③因此,该《公约》所列非原产我国的所有野生动物,均为本行为侵害的对象。

因此,有些陆生野生动物在未列入《国家重点保护野生动物名录》之前,又不属于《濒危野生动植物种国际贸易公约》保护的动物,即不可能成为本行为的侵害对象。行为人非法捕杀此类动物,则不构成本行为。如果在被增列为国家重点保护野生动物之后被非法捕杀的,则应当以本行为定性处罚。

2. 行为人非法捕杀地方重点保护野生动物,能否构成非法捕杀国家重点保护陆生野生动物行为

地方重点保护野生动物,是指国家重点保护野生动物以外,由省、自治区、直辖市重点保护的野生动物。根据《野生动物保护法》第9条规定,地方重点保护的野生动物名录,由省、自治区、直辖市政府制定并公布,报国务院备案。显然,地方重点保护的野生动物名录,与国

---

① 《濒危野生动植物种国际贸易公约》附录一、附录二和附录三名录,由成员国大会通过,附录一和附录二于1993年4月16日生效,附录三于1992年6月11日生效。参见:中华人民共和国林业部野生动物和森林植物保护司:《中国野生动物保护管理法规文件汇编》,中国林业出版社1994年7月,第156页。

② 《林业部关于核准部分濒危野生动物为国家重点保护野生动物的通知》(1993年4月14日 林护通字〔1993〕48号)。

③ 如金带喙凤蝶虽未列入《国家重点保护野生动物名录》,但原产地在我国,并已列入《濒危野生动植物种国际贸易公约》附录二,我国是该《公约》的成员国,因此,金带喙凤蝶属于国家重点保护的野生动物,同样是本违法行为侵害的对象。参见林业部1995年12月18日《关于对"申城蝴蝶案"有关问题请示的复函》。

家重点保护的野生动物名录并无交叉。因此,行为人非法捕杀地方重点保护野生动物,不能构成非法捕杀国家重点保护陆生野生动物行为,但可能构成非法狩猎或乱捕滥猎等林业行政违法行为,甚至构成非法狩猎罪。

3. 行为人捕杀从国外引进的珍贵、濒危野生动物,如何处理

《陆生野生动物保护实施条例》第24条规定,"从国外引进的珍贵、濒危野生动物,经国务院林业行政主管部门核准,可以视为国家重点保护野生动物;从国外引进的其他野生动物,经省、自治区、直辖市人民政府林业行政主管部门核准,可以视为地方重点保护野生动物。"因此,如果从国外引进的珍贵、濒危野生动物,经过国务院林业行政主管部门核准,则行为人非法捕杀即构成非法捕杀国家重点保护陆生野生动物行为,应当作为刑事案件立案查处。如果从国外引进的珍贵、濒危野生动物,经过省、自治区、直辖市人民政府林业行政主管部门核准,则行为人非法捕杀即不构成非法捕杀国家重点保护陆生野生动物行为。

4. 行为人捕杀未定名或者虽定名,但未列入《国家重点保护野生动物名录》的野生动物,如何处理

任何新发现的野生动物种类,在没有经权威机构鉴定并予定名或者虽已定名,但未列入《国家重点保护野生动物名录》的,均不属于非法捕杀国家重点保护陆生野生动物行为的侵害对象;只有经定名并增补入《国家重点保护野生动物名录》的,才属于本行为的侵害对象。如果新发现的野生动物种类,被列入地方重点保护野生动物名录,或被列入地方保护的"三有动物"名录,行为人捕杀此动物的行为,则构成相应的林业行政违法或犯罪行为,如非法狩猎、非法狩猎罪等。

5. 行为人捕杀了《国家重点保护野生动物名录》中所列野生动物,但该动物的中文学名与拉丁文学名不相一致,如何处理

1995年8月30日,林业部在对三尾褐凤蝶问题所作的答复①中指出,《国家重点保护野生动物名录》中所列三尾褐凤蝶的中文学名与拉丁文学名不相一致。但是,中文是我国法定文字,在《国家重点保护野生动物名录》施行以后的有关野生动物管理文件中,均是以中文学名为准。因此,当《国家重点保护野生动物名录》所列野生动物的中文学名与拉丁文学名不相一致时,应当以野生动物的中文学名为准。因此,凡是《国家重点保护野生动物名录》已确定中文学名的野生动物,均是国家重点保护野生动物。据此,行为人捕杀《国家重点保护野生动物名录》中所列野生动物,即使该动物的中文学名与拉丁文学名不相一致,该野生动物仍然属于国家重点保护野生动物,该行为应当作为刑事案件,由森林公安机关立案查处。

6. 国家重点保护陆生野生动物的价值标准如何计算

根据《林业部关于在野生动物案件中如何确定国家重点保护野生动物及其产品价值标准的通知》②的规定,国家重点保护野生动物的价值标准应当按照以下标准执行:(1)国家一级保护陆生野生动物的价值标准,按照该种动物资源保护管理费的12.5倍执行;国家二级保护陆生野生动物的价值标准,按照该种动物资源保护管理费的16.7倍执行。(2)国家重

---

① 林业部1995年8月30日《关于对〈关于"申城蝴蝶案"有关情况的报告〉中有关问题的答复》。
② 《林业部关于在野生动物案件中如何确定国家重点保护野生动物及其产品价值标准的通知》(1996年1月15日 林策通字〔1996〕8号)。

点保护陆生野生动物具有特殊利用价值或者导致野生动物死亡的主要部分,其价值标准按照该种动物价值标准的 80% 予以折算;其他部分,其价值标准按照该种动物价值标准的 20% 予以折算。此处所称"具有特殊利用价值或导致野生动物死亡的主要部分",由省、自治区、直辖市陆生野生动物行政主管部门根据实际情况予以确定。(3)国家重点保护陆生野生动物产品(不包括标本)的价值标准,有国家定价的按国家定价执行;无国家定价的按市场价格执行,国家定价低于实际销售价的按销售价格执行;既无国家定价又无市场价格的,由案件发生地的省、自治区、直辖市陆生野生动物行政主管部门根据实际情况,参照上述通知第(1)条规定的价值标准予以确定,并报林业部备案。(4)国家重点保护陆生野生动物标本的价值标准,按照第(1)条规定的价值标准适当予以增减,但最大增减幅度不应超过 50%。具体标准由省、自治区、直辖市陆生野生动物行政主管部门或者授权的单位根据实际情况予以确定。

7. 通过依法没收、收缴等途径获得的陆生野生动物及其产品应当如何处理

根据《林业部、濒危物种进出口管理办公室转发〈国务院关于林业部、濒危物种进出口管理办公室妥善处理大熊猫皮张报告的批复〉》[①]的规定:(1)收缴有大熊猫皮张,可分别由省林业主管部门和动物园负责安排制成标本,供给国内有关单位,用于科研教学和展览宣传,并妥善加以保存。制作标本后边角皮块,要尽可能利用。确无利用、保存价值的,经省林业部门核准后予以销毁。林业部门收缴大熊猫皮张和制作标本的费用,可在抢救大熊猫的专项经费中开支。提供标本收回的费用,仍用于大熊猫抢救工作。(2)大熊猫是我国和国际濒危野生动植物保护组织重点保护的动物,其活体、皮张、标本和任何部分在国际上均禁止买卖。因此,大熊猫标本及其他制作品禁止用于对外出口贸易。

近几年来,各地非正常来源的陆生野生动物(简称野生动物)及其产品日益增多。这些野生动物及其产品包括:在查处野生动物案件中没收的及在市场检查中收缴的;在查私中截获的;一些单位和个人未按规定收存、拣拾的;以及其他非正常来源的,如受伤、病残、迷途的活体、自然死亡的尸体,脱落或散落的角、骨、毛皮等。为加强对非正常来源野生动物及其产品的管理并加以妥善处理,林业部(现国家林业局)根据《野生动物保护法》和《陆生野生动物保护实施条例》的有关规定,发布了《关于妥善处理非正常来源陆生野生动物及其产品的通知》[②],具体规定如下:

(1)非正常来源的野生动物及其产品是野生动物资源的重要组成部分,属于国家所有,任何单位和个人不得非法占有和私自处理。

(2)获得非正常来源野生动物及其产品的单位和个人,应当妥善照管,防止伤亡、损坏或变质,并及时送交当地林业行政主管部门或其授权单位。林业行政主管部门或其授权单位应如实出具接收证明。

(3)林业行政主管部门对接收的非正常来源野生动物及其产品,应遵循以下原则处理:

---

① 《林业部、濒危物种进出口管理办公室转发〈国务院关于林业部、濒危物种进出口管理办公室妥善处理大熊猫皮张报告的批复〉》(1985年5月18日 林护〔1985〕193号)。
② 《林业部关于妥善处理非正常来源陆生野生动物及其产品的通知》(1992年9月9日 林护通字〔1992〕118号)。

① 对野生动物活体,凡适宜在原产地生存的,应在原产地选择适当地点放生;无放生条件或有伤病的,应及时救护并安排饲养,待体况恢复后,根据情况放生或按规定分配、调拨给有关科研、生产、养殖等单位,用于驯养繁殖、科学研究等。对繁殖的后代,可以按有关规定出售或交换。② 对办案中收缴、截获或没收的野生动物产品,在作出处理之前需要作为证据保存的,办案单位应当妥善保存;若属新鲜易腐,可以采取适当措施在原地封存或委托有关单位保管。解除保存后,办案单位应及时送交当地林业行政主管部门。③ 对野生动物毛皮或药用产品,可由省、自治区、直辖市人民政府林业行政主管部门指定单位收购,经加工后按规定出口或在国内指定单位出售。其中,不适于加工出口或在国内销售的种类,如大熊猫、金丝猴等野生动物的皮张或产品,一是要妥为保存,二是可制作标本提供给科研、教学等单位,用于教学、研究、展览;未经批准,不得转卖、销毁。④ 新鲜易腐的食用野生动物产品,对数量较多的可由省、自治区、直辖市人民政府林业行政主管部门指定有经营出口权的单位按规定申请外销;零星或不宜出口的,可以安排在指定的单位按规定加工和利用。灵长类、鸟类和其他珍稀种类死亡的整体,一般应制作标本,不得按食用动物处理。

(4) 处理非正常来源野生动物及其产品,必须按以下规定履行审批手续:① 属于无放生条件的国家一级保护野生动物的活体,由省、自治区、直辖市人民政府林业行政主管部门安排护养并提出具体处理意见,报林业部或其授权单位批准处理;对死体及其产品,由省、自治区、直辖市人民政府林业行政主管部门根据本通知规定的原则审批,报林业部备案。② 属于国家二级保护野生动物及其产品,由县级以上地方人民政府野生动物主管部门根据本通知规定的处理原则提出具体处理意见,报省、自治区、直辖市人民政府林业行政主管部门批准处理。省、自治区、直辖市人民政府林业行政主管部门也可以根据需要和可能,授权给下级野生动物行政主管部门审批处理。③ 属于非国家重点保护的野生动物及其产品,按省、自治区、直辖市人民政府林业行政主管部门的规定履行审批手续。④ 安排出口的野生动物及其产品,必须按规定报林业部审批,经国家濒危物种进出口管理机构核准并发给《允许出口证明书》后方可出口。

(5) 省、自治区、直辖市人民政府林业行政主管部门要建立健全处理非正常来源野生动物及其产品的规章、制度,加强对所指定的单位和处理后的野生动物及其产品的监督管理。

(6) 林业行政主管部门处理非正常来源野生动物及其产品取得的收入,应当用于野生动物保护管理事业,不得挪作他用。其中,属于没收的收入及所需的费用,应按有关规定处理。

特别指出,根据《国家林业局关于加强野生动物外来物种管理的通知》[①]的规定,在查处野生动物案件中,依法没收的外来物种,由县级以上人民政府林业行政主管部门按下列规定处理:① 经国家有关检疫部门确认没有携带疫病的外来物种,其来自国内且来源清楚的,可运回原生地交由原生地县级以上人民政府林业行政主管部门依法处理;来源不清的,可由当地县级以上人民政府林业主管部门依法处理;来自国外的,可由国家林业局或其授权的单位依照《濒危野生动植物种国际贸易公约》的有关规定处理。② 经国家有关检疫部门确认存

---

① 《国家林业局关于加强野生动物外来物种管理的通知》(2001年8月20日 林护发〔2001〕345号)。

在危险性疫病的,由查处地县级以上人民政府林业行政主管部门依法就地销毁。

二、非法狩猎案的查处

(一)非法狩猎的概念与构成要件

非法狩猎,是指违反野生动物保护法律规范,在禁猎区、禁猎期或者使用禁用工具、方法猎捕非国家重点保护陆生野生动物,尚未达到刑事立案标准的行为。其构成要件为:

1. 主体

本行为的主体,既可以是具备行政责任能力的自然人,也可以是单位。

2. 主观方面

本行为主观方面出自故意。过失不构成本行为。至于行为人是为了出卖牟利、自用或是送人等,均不影响本行为的构成。

3. 客观方面

本行为客观方面表现为违反野生动物保护法律规范,在禁猎区、禁猎期或者使用禁用工具、方法猎捕非国家重点保护陆生野生动物,尚未达到刑事案件立案标准的行为。

1) 违反野生动物保护法律规范

行为人必须履行的法定义务来自《野生动物保护法》第20条、第21条的规定。即在自然保护区、禁猎区和禁猎期内,禁止猎捕和其他妨碍野生动物生息繁衍的活动。禁止使用军用武器、毒药、炸药进行猎捕。行为人在禁猎区、禁猎期或者使用禁用工具、方法猎捕非国家重点保护野生动物,违反了上述法律规定。

2) 侵害对象必须是非国家重点保护陆生野生动物

作为我国《野生动物保护法》保护的对象之一,非国家重点保护陆生野生动物是指国家重点保护野生动物以外但仍受各类法律规范保护的野生动物。具体包括:

(1) 地方重点保护陆生野生动物

根据《野生动物保护法》第9条规定,地方重点保护野生动物,是指国家重点保护野生动物以外,由省、自治区、直辖市重点保护的野生动物。地方重点保护的野生动物名录,由省、自治区、直辖市政府制定并公布,报国务院备案。如《山东省重点保护野生动物名录》[①]、《山东省林业厅关于核准部分野生动物为省重点保护野生动物的通知》[②]等。

(2) 视为地方重点保护陆生野生动物的动物

《天津市野生动物保护条例》(2006年5月24日天津市第十四届人民代表大会常务委员会第二十八次会议通过)第37条规定,"《濒危野生动植物种国际贸易公约》附录所列野生动物物种,未列入国家重点保护野生动物范围的,视为市重点保护野生动物予以保护"。

(3) 国家保护的有益的或者有重要经济、科学研究价值的野生动物

---

① 《山东省重点保护野生动物名录》(1991年12月11日山东省人民政府批准 1992年1月17日山东省林业厅、水产局公布施行)。

② 《山东省林业厅关于核准部分野生动物为省重点保护野生动物的通知》(1994年1月14日 鲁林保字〔1994〕2号)。

国家保护的有益的或者有重要经济、科学研究价值的陆生野生动物名录及其调整,由国务院野生动物行政主管部门制定并公布。根据法律规定,国家林业局发布了《国家保护的有益的或者有重要经济、科学研究价值的陆生野生动物名录》[①]:兽纲6目14科88种,鸟纲18目61科707种,两栖纲3目10科291种,爬行纲2目20科395种,昆虫纲17目72科120属另110种。

(4)地方保护的有益的或者有重要经济、科学研究价值的陆生野生动物

具体包括两种情形:① 省级(包括自治区、直辖市)保护的有益的或者有重要经济、科学研究价值的陆生野生动物。如《重庆市实施〈中华人民共和国野生动物保护法〉办法》[②]第3条规定,"本办法规定保护的野生动物,是指国家和市重点保护的陆生、水生野生动物;国家和市保护的有益的或者有重要经济、科学研究价值的陆生野生动物"。第55条规定,"市保护的有益的或者有重要经济、科学研究价值的陆生野生动物,是指由市人民政府林业行政主管部门公布的《重庆市保护的有益的或者有重要经济、科学研究价值的陆生野生动物名录》所列的野生动物"。② 民族自治地方保护的有益的或者有重要经济、科学研究价值的陆生野生动物。在民族自治地方,除自治区外,自治州、自治县也有可能立法保护本自治区域内的野生动物。如《甘肃省甘南藏族自治州保护野生动物若干规定》[③]第3条规定,"本规定保护的野生动物是指:(1)国务院批准公布的国家重点保护珍贵、濒危的陆生和水生野生动物。(2)省、自治州人民政府公布的省、州重点保护野生动物。(3)国家、省和自治州野生动物行政主管部门公布的有益的或者有重要经济、科学研究价值的陆生野生动物"。

3)在禁猎区、禁猎期实施或者使用禁用工具、方法

(1)禁猎区

根据法律规定,禁猎区是指由县级以上政府或者其野生动物行政主管部门划定的禁止猎捕的区域。自然保护区是法定的禁猎区,以下地区一般都可以划定为禁猎区:① 陆生野生动物破坏严重的地区;② 陆生野生动物主要生息繁衍地区;③ 陆生野生动物资源极度贫乏的地区;④ 风景名胜区等地区。

(2)禁猎期

禁猎期是指由县级以上政府或者其野生动物行政主管部门规定的禁止猎捕的期间。以下时期一般划定为禁猎期:① 陆生野生动物繁殖期间;② 陆生野生动物皮毛尚未成熟的季节;③ 陆生野生动物的肉食尚未成熟的季节;④ 陆生野生动物作为药材的部分组织或者器官尚未成熟的季节。

(3)禁止使用的猎捕工具和方法

禁止使用的猎捕工具(简称"禁用工具"),是指法律规范明确禁止使用的猎捕工具,以及

---

① 《国家保护的有益的或者有重要经济、科学研究价值的陆生野生动物名录》(2000年8月1日国家林业局第7号令发布施行)

② 《重庆市实施〈中华人民共和国野生动物保护法〉办法》(1998年3月28日重庆市第一届人民代表大会常务委员会第八次会议通过 根据2005年5月27日重庆市第二届人民代表大会常务委员会第十七次会议《重庆市人民代表大会常务委员会关于修改〈重庆市实施＜中华人民共和国野生动物保护法＞办法〉的决定》修正)

③ 《甘肃省甘南藏族自治州保护野生动物若干规定》(1996年4月6日甘肃省甘南藏族自治州第十一届人民代表大会常务委员会第四次会议通过 1997年9月29日甘肃省第八届人民代表大会常务委员会第二十九次会议批准)

县级以上政府或者其野生动物行政主管部门规定禁止使用的猎捕工具。禁用工具一般是指具有极大杀伤力的狩猎器械。禁止使用的猎捕方法(简称"禁用方法"),是指法律规范明确禁止使用的猎捕方法,以及县级以上政府或者其野生动物行政主管部门规定禁止使用的猎捕方法。根据《陆生野生动物保护实施条例》第18条,下列猎捕工具、方法禁止使用:军用武器、气枪、毒药、炸药、地枪、排铳、非人为直接操作并危害人畜安全的狩猎装置、夜间照明行猎、歼灭性围猎、火攻、烟熏等。

特别指出:① 哪些区域或范围属于禁猎区,哪些季节或时间属于禁猎期,哪些工具或方法属于禁用工具、方法,完全取决于法律的明确规定。以天津市为例,《天津市野生动物保护条例》第15条规定:"市野生动物主管部门根据本市野生动物资源状况,确定禁猎(捕)区和禁猎(捕)期,经市人民政府批准后公布"。因此,凡未经法定主体——天津市野生动物主管部门,根据该市野生动物资源状况,依照法定程序予以规定和公布,任何区域和时期都不能认定为禁猎区、禁猎期。② 根据《陆生野生动物保护实施条例》第34条,是否取得猎获物只是行政处罚的适用情节,而非非法狩猎行为构成的必备要件。

(4) 尚未达到刑事案件立案标准

根据"林安发〔2001〕156号"第2条第10项,具有下列情形之一者,应当作为刑事案件立案侦查:① 非法狩猎陆生野生动物20只以上的;② 在禁猎区或者禁猎期使用禁用的工具、方法狩猎的;③ 具有其他严重破坏野生动物资源情节的。因此,未达到上述刑事案件立案标准的非法狩猎行为,均应作为行政案件立案查处。

4. 客体

本行为侵害的客体是复杂客体,包括非国家重点保护陆生野生动物的猎捕管理制度和野生动物资源的国家所有权。

(二) 非法狩猎的行政认定

非法狩猎的行政认定,即本行为的罪与非罪,取决于其是否达到"情节严重"的程度。根据《刑法》第341条第2款,违反狩猎法规,在禁猎区、禁猎期或者使用禁用工具、方法进行狩猎,破坏野生动物资源,情节严重的,处3年以下有期徒刑、拘役、管制或者罚金。根据"法释〔2000〕37号"第6条,非法狩猎"情节严重"的情形包括:(1) 非法狩猎野生动物20只以上的;(2) 违反狩猎法规,在禁猎区或者禁猎期使用禁用工具、方法狩猎的;(3) 具有其他严重情节的。因此,非法狩猎未达到"情节严重"时,应当认定为行政违法行为而非刑事违法。

(三) 非法狩猎案的处理

根据《野生动物保护法》第32条及《陆生野生动物保护实施条例》第34条的规定,非法狩猎行为人承担的法律责任包括:(1) 由野生动物行政主管部门没收猎获物、猎捕工具和违法所得,处以罚款。有猎获物的,处以相当于猎获物价值8倍以下的罚款;没有猎获物的,处2 000元以下罚款。(2) 由野生动物行政主管部门按照《陆生野生动物资源保护管理费收费办法》第6条,依照《捕捉、猎捕国家重点保护野生动物资源保护管理费收费标准》,向违法行为人补收相应收费标准的2倍至5倍陆生野生动物资源保护管理费。

对依法没收的野生动物的处理,应当由野生动物行政主管部门按照《林业部关于妥善处理非正常来源的陆生野生动物及其产品的通知》的规定作出处理。

三、乱捕滥猎案的查处①

（一）乱捕滥猎的概念与构成要件

乱捕滥猎，是指违反野生动物保护法律规范，未取得狩猎证或者未按照狩猎证的规定，猎捕非国家重点保护陆生野生动物的行为。其构成要件为：

1. 主体

本行为的主体，既可以是具备行政责任能力的自然人，也可以是单位。

2. 主观方面

本行为主观方面出自故意。过失不构成本行为。至于行为人是为了出卖牟利、自用或是送人等，均不影响本行为的构成。

3. 客观方面

本行为客观方面表现为违反野生动物保护法律规范，未取得狩猎证或者未按照狩猎证的规定，猎捕非国家重点保护陆生野生动物的行为。

（1）违反野生动物保护法律规范

行为人必须履行的法定义务来自《野生动物保护法》第18条、第19条。具体包括：① 猎捕非国家重点保护野生动物的，必须取得狩猎证，并且服从猎捕量限额管理。② 猎捕者应当按照特许猎捕证、狩猎证规定的种类、数量、地点和期限进行猎捕。因此，行为人无狩猎证或者不按照狩猎证猎捕野生动物，违反了野生动物保护法律规范。

（2）侵害对象必须是非国家重点保护陆生野生动物

本行为的侵害对象与非法狩猎侵害对象相同，具体内容可以参照非法狩猎的相关部分。

（3）未取得狩猎证即行猎捕，或者未按照狩猎证的规定实施猎捕

具体包括：① 未取得狩猎证猎捕非国家重点保护陆生野生动物。狩猎证，是由省、自治区、直辖市人民政府林业行政主管部门按照国务院林业行政主管部门的规定印制，县级以上地方人民政府野生动物行政主管部门或者其授权的单位核发的，允许证件持有者猎捕非国家重点保护野生动物的法律文件。狩猎证每年必须验证一次。"未取得狩猎证"，即指行为人未取得上述法律文件。② 未按照狩猎证的规定猎捕非国家重点保护野生动物。未按照狩猎证的规定猎捕，是指未按照狩猎证规定的种类、数量、地点、期限、工具和方法进行猎捕。另外，根据《陆生野生动物保护实施条例》第34条规定，是否取得猎捕物，不影响行为定性，只影响行政处罚的轻重。

4. 客体

本行为侵害的客体为国家对非国家重点保护野生动物的猎捕管理制度；侵犯对象为非国家重点保护野生动物。

（二）乱捕滥猎案的处理

根据《野生动物保护法》第33条和《陆生野生动物保护实施条例》第35条的规定，乱捕

---

① 有学者将违反狩猎法规，在禁猎区、禁猎期或者使用禁用工具、方法猎捕非国家重点保护野生动物，定性为非法狩猎行为；而将未取得狩猎证或者未按照狩猎证的规定猎捕非国家重点保护野生动物，定性为乱捕乱猎陆生野生动物行为。参见王志新：《森林司法》，中国林业出版社2002年11月，第332-334页。

滥猎行为人应当承担的法律责任包括:(1)乱捕滥猎有猎获物的,由野生动物行政主管部门没收猎获物和违法所得,处以相当于猎获物价值5倍以下的罚款,并可以没收猎捕工具,吊销狩猎证。乱捕滥猎没有猎获物的,处以1000元以下罚款,并可以没收猎捕工具,吊销狩猎证。(2)由野生动物行政主管部门按照《陆生野生动物资源保护管理费收费办法》第6条,依照《捕捉、猎捕国家重点保护野生动物资源保护管理费收费标准》,向违法行为人补收相应收费标准的2倍至5倍陆生野生动物资源保护管理费。

对依法没收的野生动物,应当由野生动物行政主管部门按照《林业部关于妥善处理非正常来源的陆生野生动物及其产品的通知》的规定作出处理。

四、破坏陆生野生动物主要生息繁衍场所案的查处

(一)破坏陆生野生动物主要生息繁衍场所的概念与构成要件

破坏陆生野生动物主要生息繁衍场所,是指违反野生动物保护法律规范,在自然保护区、禁猎区破坏陆生野生动物主要生息繁衍场所的行为。其构成要件为:

1. 主体

本行为的主体,既可以是具备行政责任能力的自然人,也可以是单位。

2. 主观方面

本行为主观方面出自故意。

3. 客观方面

本行为客观方面表现为违反野生动物保护法律规范,在自然保护区、禁猎区破坏陆生野生动物主要生息繁衍场所的行为。

(1)违反野生动物保护法律规范

行为人必须履行的法定义务来自《野生动物保护法》第20条第1款,以及《陆生野生动物保护实施条例》第8条第2款。具体包括:在自然保护区、禁猎区和禁猎期内,禁止猎捕和其他妨碍野生动物生息繁衍的活动;禁止任何单位和个人破坏国家和地方重点保护野生动物的生息繁衍场所和生存条件;等等。行为人在自然保护区、禁猎区实施破坏国家或者地方重点保护野生动物主要生息繁衍场所的行为,显然违反野生动物保护法律规范。

(2)侵害对象必须是自然保护区或者禁猎区内的陆生野生动物的主要生息繁衍场所

这里的陆生野生动物生息繁衍场所,是指陆生野生动物生存、栖息和繁殖的主要活动场所。主要包括野生动物的主要栖息地、觅食地、繁衍地,候鸟的主要越冬地、停歇地等。这里的陆生野生动物,不仅包括国家和地方重点保护陆生野生动物,也包括非国家和地方重点保护野生动物。

(3)实施了破坏野生动物主要生息繁衍场所的行为

实践中,破坏行为的方式主要包括:捣毁陆生野生动物的巢穴,在主要生息繁衍场所实施爆破作业、排放有毒有害气体、倾倒危及野生动物生存安全的废弃物或者垃圾,以及使用禁用农药或者超标准使用农药,甚至投放有毒物质,等等。

4. 客体

本行为侵害的客体为国家对陆生野生动物生息繁衍场所的保护制度。

(二) 破坏野生动物主要生息繁衍场所案的处理

根据《野生动物保护法》第 34 条及《陆生野生动物保护实施条例》第 36 条,破坏野生动物主要生息繁衍场所行为人应当承担的法律责任包括:① 在自然保护区、禁猎区破坏国家或者地方重点保护野生动物主要生息繁衍场所的,由野生动物行政主管部门责令停止破坏行为,限期恢复原状,处以相当于恢复原状所需费用 3 倍以下的罚款。② 在自然保护区、禁猎区破坏非国家或者地方重点保护野生动物主要生息繁衍场所的,由野生动物行政主管部门责令停止破坏行为,限期恢复原状,并处以恢复原状所需费用 2 倍以下的罚款。

五、非法经营国家或者地方重点保护陆生野生动物或者其产品案的查处

(一) 非法经营国家或者地方重点保护陆生野生动物或者其产品的概念与构成要件

非法经营国家或者地方重点保护陆生野生动物或者其产品,是指违反野生动物保护法律规范,非法经营国家或者地方重点保护陆生野生动物或者其产品,尚未构成犯罪的行为。其构成要件为:

1. 主体

本行为的主体,既可以是具备行政责任能力的自然人,也可以是单位。

2. 主观方面

本行为主观方面出自故意。如果行为人确实不知道是国家或者地方重点保护陆生野生动物或者其产品或者出于过失而非法收购、运输的,则不应当认定为本行为。

3. 客观方面

本行为客观方面表现为违反野生动物保护法律规范,非法经营国家或者地方重点保护陆生野生动物或者其产品,尚未构成犯罪的行为。

(1) 违反野生动物保护法律规范

行为人必须履行的法定义务来自《野生动物保护法》第 22 条第 1 款和第 2 款、第 23 条和《陆生野生动物保护实施条例》第 25 条、第 26 条、第 27 条以及第 29 条。

涉及国家重点保护野生动物或者其产品的法定义务,主要包括:① 禁止出售、收购国家重点保护野生动物或者其产品。因科学研究、驯养繁殖、展览等特殊情况,需要出售、收购、利用国家一级保护野生动物或者其产品的,必须经国务院野生动物行政主管部门或者其授权的单位批准;需要出售、收购、利用国家二级保护野生动物或者其产品的,必须经省、自治区、直辖市政府野生动物行政主管部门或者其授权的单位批准。② 驯养繁殖国家重点保护野生动物的单位和个人可以凭驯养繁殖许可证向政府指定的收购单位,按照规定出售国家重点保护野生动物或者其产品。收购驯养繁殖的国家重点保护野生动物或者其产品的单位,由省、自治区、直辖市人民政府林业行政主管部门向有关部门提出,经同级人民政府或者其授权的单位批准,凭批准文件向工商行政管理部门申请登记注册。经核准登记的单位,不得收购未经批准出售重点保护野生动物或者其产品。③ 运输、携带国家重点保护野生动物或者其产品出县境的,应当凭特许猎捕证、驯养繁殖许可证,向县级人民政府野生动物行政主管部门提出申请,报省、自治区、直辖市人民政府林业行政主管部门或者其授权的单位批准。动物园之间因繁殖动物,需要运输国家重点保护野生动物,可以由省、自治区、直辖市人

民政府林业行政主管部门授权同级建设行政主管部门审批。

涉及地方重点保护野生动物或者其产品的法定义务,主要包括:① 经营利用非国家重点保护野生动物或者其产品的,应当向工商行政管理部门申请登记注册。经核准登记经营利用非国家重点保护野生动物或者其产品的单位和个人,必须在省、自治区、直辖市人民政府林业行政主管部门或者其授权单位核定的年度经营利用限额指标内,从事经营利用活动。② 持有狩猎证的单位和个人需要出售依法获得的非国家重点保护野生动物或者其产品的,应当按照狩猎证规定的种类、数量向经核准登记的单位出售,或者在当地人民政府有关部门指定的集贸市场出售。

因此,未履行上述法定义务,经营国家或地方重点保护野生动物或者其产品,属于违反野生动物保护法律规范的行为。

(2) 侵害对象为国家和地方重点保护陆生野生动物或者其产品

① 国家重点保护陆生野生动物。包括:a. 列入国家重点保护野生动物名录的国家一、二级保护野生动物,即列入由国务院野生动物行政主管部门制定报国务院批准公布的国家重点保护的野生动物名录中的所有动物;b. 列入《濒危野生动植物种国际贸易公约》附录一、附录二的野生动物;c. 驯养繁殖的上述 a、b 中包括的物种;d. 从国外引进的珍贵、濒危野生动物,经国务院林业行政主管部门核准,可以视为国家重点保护野生动物。

② 地方重点保护陆生野生动物。包括:a. 列入由省、自治区、直辖市政府制定并公布报国务院备案的地方重点保护的野生动物名录中的所有动物;b. 驯养繁殖的上述 a 中包括的物种;c. 从国外引进的其他野生动物,经省、自治区、直辖市人民政府林业行政主管部门核准,可以视为地方重点保护野生动物;d. 地方性法规规定的视为本地方重点保护野生动物的其他动物。

③ 国家或者地方重点保护陆生野生动物产品。野生动物产品,是指国家和地方重点保护陆生野生动物的"任何可辨认的部分,或其衍生物"[①],如野生动物的死体、毛皮、羽毛、内脏、血、骨、肉、角、卵、精液、胚胎、标本、药用部分。[②] 具体而言,野生动物的部分是指野生动物的组织或者器官,如心、脏、肺、肾、皮、骨、壳、角、牙、羽毛、卵、肉等。野生动物的衍生物是指野生动物的分泌物或者提取物,以及由野生动物或其部分加工而成的产品,如紫杉醇、树脂、麝香、皮革制品、毛皮制品、传统医药、保健品、香水、乐器、标本、家具、血液、肉制品等。[③]

(3) 非法经营国家或者地方重点保护陆生野生动物或者其产品

非法经营,是指未经许可或者批准的出售、收购、运输行为。① 非法出售国家或者地方重点保护陆生野生动物或者其产品的。出售,是指出卖和以营利为目的的加工利用行为。具体表现为:a. 未经批准,擅自出卖国家或者地方重点保护陆生野生动物或者其产品。行为出于何种目的与动机,不影响本行为成立;b. 以营利为目的,擅自加工利用国家或者地方

---

① 《濒危野生动植物种国际贸易公约》第1条第2款第2项。参见国际经济贸易规范研究科题组:《国际经济贸易规则、惯例通编》,厦门大学出版社1993年5月,第311页。
② 参见《商业部关于严禁收购、经营珍贵稀有野生动物及其产品的通知》(1986年3月17日 部发〔86〕科字第15号)。
③ 参见万自明、孟宪林,等:《野生动植物执法》,中国林业出版社2004年9月,第3页。

重点保护陆生野生动物或者其产品。② 非法收购国家或者地方重点保护陆生野生动物或者其产品的。收购,是指以营利、自用等为目的的购买行为。③ 非法运输国家重点保护陆生野生动物或者其产品出县境的。运输,是指采用携带(包括亲自"携带"以及利用他人"携带")、邮寄、利用他人、使用交通工具等方法进行运送的行为。非法运输国家重点保护陆生野生动物或者其产品行为有两点值得注意:a. 必须以"出县境"为必要条件,未运输出县境的不构成本行为。b. 运输的动物必须是国家重点保护陆生野生动物或者其产品,才构成本行为。运输地方重点保护陆生野生动物或者其产品,以及运输"三有动物"或者其产品,不构成本行为。

(4) 尚未构成犯罪

① 根据《刑法》第341条第1款规定,非法收购、运输、出售珍贵、濒危野生动物、珍贵、濒危野生动物制品罪属于行为犯。只要行为人实施了非法收购、运输、出售国家重点保护的珍贵、濒危野生动物及其制品的行为,即可构成犯罪。根据"法释〔2001〕156号"第2条第9项规定,无论是非法收购、运输、出售国家重点保护的珍贵、濒危陆生野生动物,还是非法收购、运输、出售国家重点保护的珍贵、濒危陆生野生动物制品,都应当立案。因此,就非法经营国家重点保护陆生野生动物或者其产品的行为而言,只有当该行为属于《刑法》第13条规定的"情节显著轻微危害不大",不认为是犯罪时,方可作为行政案件立案查处。

② 根据《刑法》第225条①,以及《国家林业局森林公安局关于转发公安部法制局〈关于对非法收购出售非国家重点保护野生动物行为如何定性问题的意见的函〉的通知》(林公刑〔2008〕63号)的规定,非法经营地方重点保护陆生野生动物或者其产品"情节严重的",可能构成非法经营罪。因此,就非法经营地方重点保护陆生野生动物或者其产品的行为而言,只要该行为没有达到"情节严重"构成犯罪的程度,即可作为行政案件立案查处。

4. 客体

本行为侵害的客体是国家对野生动物资源实施重点保护的管理制度。

(二) 非法经营国家或者地方重点保护陆生野生动物或者其产品案的调查重点及证据收集

对非法经营国家或者地方重点保护陆生野生动物或者其产品的受案,应当注意以下问题:(1)详细了解案情;(2)如接报案件属于现行案件,应及时出警制止经营行为,并依法查控行为人和赃物(经营的动物或者其产品等),收集其他相关证据;(3)及时进行现场调查取证,作好现场勘验笔录和检查笔录。

对非法经营国家或者地方重点保护陆生野生动物或者其产品案的调查,应当重点围绕其构成要件展开。林业行政执法人员应当收集和固定的证据主要包括:

---

① 《刑法》第225条

违反国家规定,有下列非法经营行为之一,扰乱市场秩序,情节严重的,处5年以下有期徒刑或者拘役,并处或者单处违法所得1倍以上5倍以下罚金;情节特别严重的,处5年以上有期徒刑,并处违法所得1倍以上5倍以下罚金或者没收财产:

(一) 未经许可经营法律、行政法规规定的专营、专卖物品或者其他限制买卖的物品的;

(二) 买卖进出口许可证、进出口原产地证明以及其他法律、行政法规规定的经营许可证或者批准文件的;

(三) 未经国家有关主管部门批准,非法经营证券、期货或者保险业务的;

(四) 其他严重扰乱市场秩序的非法经营行为。

(1) 物证

物证一般包括:国家或者地方重点保护陆生野生动物或者其产品、运输工具、盛装物等实物,可以照片形式归卷。

(2) 书证

书证一般包括:① 有关前科劣迹的证明。包括:判决书、劳动教养决定书、刑事拘留证、治安管理处罚决定书等。② 运输证、经营许可证等。③ 有关案发的证明。包括:投案记录、报案记录、举报信或者举报电话记录,以及其他证明材料。④ 鉴定人员资质证明。⑤ 证明行为人行政责任能力的书证。包括:居民身份证的复印件,户口簿或户籍底卡的复印件等。

(3) 勘验、检查笔录

勘验、检查笔录一般包括:现场勘验笔录、检查笔录,现场照片或者手绘现场图。其中,勘验现场的范围包括:查获现场、交易现场等。

(4) 鉴定结论

鉴定结论一般包括:① 野生动物或者其产品的价值鉴定。② 技术鉴定。内容包括野生动物或者其产品的名称、保护级别、数量或者重量等。

(5) 当事人的陈述

当事人的陈述在此类案件中主要是违法嫌疑人的陈述。通常载明以下内容:① 违法嫌疑人的基本情况。包括姓名、性别、出生日期、户籍所在地、现住址、身份证件种类及号码等。② 前科劣迹。是否曾受过刑事处罚或者行政拘留、劳动教养、收容教育、强制戒毒、收容教养等。③ 经营行为及后果。包括行为时间、地点、手段、过程、后果以及危害等。④ 行为动机和目的。⑤ 经营及获利情况。运输工具、运输人及运输路线等;出售收购的对象、价格及其所得、支出数额等。⑥ 悔过态度。⑦ 嫌疑人对行为非法性的认识。即对未经许可而实施出售、收购、运输国家或者地方重点保护陆生野生动物或者其产品的非法经营行为的认识等。

(6) 证人证言

证人证言包括:① 目击者证言。如护林员、林管员、木材检查站及野生动物保护站工作人员等所作陈述。② 知情者的证言。③ 其他证人证言。其他了解案情的人员所作的相关陈述。

除收集能够充分证明违法嫌疑人构成非法经营国家或者地方重点保护陆生野生动物或者其产品行为的各种证据外,还应收集其他有关处罚裁量情节的各种证据,如有关违法嫌疑人的经济状况、日常表现及群众反映等。

(三) 非法经营国家或者地方重点保护陆生野生动物或者其产品案的处理

根据《野生动物保护法》第 35 条、《陆生野生动物保护实施条例》第 37 条以及相关法律规范①,自 1994 年 7 月 1 日起,县级以上人民政府林业主管部门已经依法取得对在集贸市场以外违法出售、收购、运输、携带国家或者地方重点保护野生动物或者其产品的行为行使行政处罚权。因此,出售、收购、运输、携带国家或者地方重点保护野生动物或者其产品的,由

---

① 相关法律规范包括:1.《国务院办公厅关于陆生野生动物行政主管部门依法行使处罚权有关问题的函》(1994 年 4 月 8 日 国办函〔1994〕35 号);2.《国家工商行政管理局关于授予县级以上陆生野生动物行政主管部门行政处罚权的函》(1994 年 6 月 28 日 工商市字〔1994〕134 号);3.《林业部关于县级以上林业行政主管部门依法行使保护管理陆生野生动物行政处罚权有关问题的通知》(1994 年 8 月 1 日 林护通字〔1994〕109 号)。

县级以上人民政府林业主管部门没收实物和违法所得,可以并处相当于实物价值10倍以下的罚款。

另外,由野生动物行政主管部门按照《陆生野生动物资源保护管理费收费办法》第6条,依照《捕捉、猎捕国家重点保护野生动物资源保护管理费收费标准》,向违法行为人补收相应收费标准的2至5倍陆生野生动物资源保护管理费。根据《国家计委、财政部关于陆生野生动物资源保护管理费收取范围有关问题的通知》[①]的规定,陆生野生动物资源保护管理费由省级以上林业主管部门向经批准出售、收购、利用的国家一、二级保护野生动物或其产品的供货方收取。因此,陆生野生动物资源保护管理费的收费对象不仅包括生产环节的供货方,还包括流通环节的供货方。但是,对同一动物或其产品,只能在一个环节上收取一次费用,不得重复收费,不得对出售、收购和利用的每一个环节的供货方都收取费用。

对依法没收的野生动物或者其产品,应当由县级以上人民政府林业主管部门按照《林业部关于妥善处理非正常来源的陆生野生动物及其产品的通知》的规定作出处理。

六、伪造、倒卖、转让陆生野生动物许可证件案的查处

(一)伪造、倒卖、转让陆生野生动物许可证件的概念与构成要件

伪造、倒卖、转让陆生野生动物许可证件,是指违反野生动物保护法律规范,伪造、倒卖、转让陆生野生动物许可证件,尚未构成犯罪的行为。其构成要件为:

1. 主体

本行为的主体,既可以是具备行政责任能力的自然人,也可以是单位。

2. 主观方面

本行为主观方面出自故意。

3. 客观方面

本行为客观方面表现为违反野生动物保护法律规范,伪造、倒卖、转让陆生野生动物许可证件,尚未构成犯罪的行为。

(1)违反野生动物保护法律规范

行为人必须履行的法定义务来自《野生动物保护法》第25条。即禁止伪造、倒卖、转让特许猎捕、狩猎证、驯养繁殖许可证和允许进出口证明书。

(2)侵害对象为陆生野生动物许可证件

这里的陆生野生动物的许可证件,仅指狩猎证、特许猎捕证、驯养繁殖许可证以及允许进出口证明书。① 狩猎证,是指县级以上人民政府野生动物行政主管部门或者其授权的单位依法核发(即核准发放)的准许猎捕非国家重点保护野生动物的书面法律文件。② 特许猎捕证,是指国家法定主体依法准许猎捕国家重点保护野生动物的书面法律文件。包括由国务院林业主管部门依法核发的国家一级保护野生动物特许猎捕证和省级林业行政主管部门依法核发的国家二级保护野生动物特许猎捕证。③ 驯养繁殖许可证,是指法定机关允许

---

① 《国家计委、财政部关于陆生野生动物资源保护管理费收取范围有关问题的通知》(2002年4月9日 计价格〔2002〕599号)。

单位或者个人驯养繁殖国家重点保护野生动物的书面法律文件。包括由国务院林业主管部门依法核发的国家一级保护野生动物驯养繁殖许可证和省级林业行政主管部门依法核发的国家二级保护野生动物驯养繁殖许可证。④允许进出口证明书,是指国家濒危物种进出口管理机构依法核发的允许出口国家重点保护野生动物或者其产品的,以及进出口中国参加的国际公约所限制进出口的野生动物或者其产品的书面法律文件。

(3) 伪造、倒卖、转让陆生野生动物许可证件

伪造,是指非法定主体仿照真实证件的式样,私自制作上述证件的行为,包括采取涂改、拼接等手法对上述证件的真实内容进行改变的"变造"行为。倒卖,实质即为买卖,是指贩卖或者以贩卖牟利为目的而收买真实证件的行为。转让,是指行为人将自己所持有的真实证件非法转让他人使用的行为。如果有偿转让则构成买卖之一面——出卖;无偿转让则属于赠与。

(4) 尚未构成犯罪

根据《刑法》第280条第1款①,伪造、变造、买卖国家机关的公文、证件、印章,构成伪造、变造、买卖国家机关公文、证件、印章罪。此罪属于行为犯。因此,根据"林安发〔2001〕156号"第2条第12项②,在"相应的立案标准"尚未出台之前,只有情节显著轻微危害不大,不构成犯罪时,本行为方可作为行政案件处理。森林公安机关既不可宽纵犯罪——"以罚(行政处罚)代刑(刑事处罚)",亦不可故入人罪而枉法追诉——"以刑代罚"。

4. 客体

本行为侵害的客体为国家对野生动物资源的猎捕、驯养、经营等活动实施许可的管理制度以及国家机关的信誉。

(二) 伪造、倒卖、转让陆生野生动物许可证件案的处理

根据《野生动物保护法》第37条第1款、《陆生野生动物保护实施条例》第38条,伪造、倒卖、转让特许猎捕证、狩猎证、驯养繁殖许可证或者允许进出口证明书的,由野生动物行政主管部门吊销证件,没收违法所得,可以并处罚款。其中,伪造、倒卖、转让狩猎证或者驯养繁殖许可证的,罚款数额按照5 000元以下的标准执行;伪造、倒卖、转让特许猎捕证或者允许进出口证明书的,罚款数额按照5万元以下的标准执行。

此外,对于伪造、涂改、转让或者倒卖驯养繁殖许可证的,除按照上述规定实施处罚外,还可以依照《国家重点保护野生动物驯养繁殖许可证管理办法》第12条第1款第3项以及第2款的规定,建议工商行政管理部门吊销其《企业法人营业执照》或者《营业执照》。被注销驯养繁殖许可证的单位和个人,应立即停止驯养活动,其驯养繁殖的野生动物,由县级以上人民政府野生动物行政主管部门或其授权单位按有关规定处理。

---

① 《刑法》第280条

伪造、变造、买卖或者盗窃、抢夺、毁灭国家机关的公文、证件、印章的,处3年以下有期徒刑、拘役、管制或者剥夺政治权利;情节严重的,处3年以上10年以下有期徒刑。

伪造公司、企业、事业单位、人民团体的印章的,处3年以下有期徒刑、拘役、管制或者剥夺政治权利。

伪造、变造居民身份证的,处3年以下有期徒刑、拘役、管制或者剥夺政治权利;情节严重的,处3年以上7年以下有期徒刑。

② 第12项 盗窃、抢夺、抢劫案,窝藏、转移、收购、销售赃物案,破坏生产经营案,聚众哄抢案,非法经营案,伪造、变造、买卖国家机关公文、证件案,执行相应的立案标准。

七、非法驯养繁殖国家重点保护陆生野生动物案的查处

（一）非法驯养繁殖国家重点保护陆生野生动物的概念与构成要件

非法驯养繁殖国家重点保护陆生野生动物，是指违反野生动物保护法律规范，驯养繁殖国家重点保护陆生野生动物的行为。其构成要件为：

1. 主体

本行为的主体，既可以是具备行政责任能力的自然人，也可以是单位。

2. 主观方面

本行为主观方面出自故意。

3. 客观方面

本行为客观方面表现为违反野生动物保护法律规范，非法驯养繁殖国家重点保护陆生野生动物的行为。

（1）违反野生动物保护法律规范

行为人必须履行的法定义务来自《野生动物保护法》第17条第2款、《陆生野生动物保护实施条例》第22条第1款及《林业部关于发布〈国家重点保护野生动物驯养繁殖许可证管理办法〉的通知》第8条。① 即驯养繁殖国家重点保护野生动物的，应当持有驯养繁殖许可证。以生产经营为主要目的驯养繁殖国家重点保护野生动物的，必须凭驯养繁殖许可证向工商行政管理部门申请登记注册。驯养繁殖野生动物的单位和个人，必须按照驯养繁殖许可证规定的种类进行驯养繁殖活动。需要变更驯养繁殖动物种类的，应当依法在2个月内向原批准机关申请办理变更手续。

（2）非法驯养繁殖国家重点保护陆生野生动物

① 未取得驯养繁殖许可证驯养繁殖国家重点保护陆生野生动物

未取得驯养繁殖许可证，是指行为人未能依法从法定主体手中取得国家重点保护陆生野生动物驯养繁殖许可证。法律规定，驯养繁殖国家重点保护野生动物的，包括以生产经营为主要目的驯养繁殖国家重点保护野生动物的，均应持有驯养繁殖许可证；且作为后者，还必须凭驯养繁殖许可证向工商行政管理部门申请登记注册。为明确颁发许可证的法定主体，《陆生野生动物保护实施条例》第22条第2款及《国家重点保护野生动物驯养繁殖许可证管理办法》第5条第1款和第2款规定：国务院林业行政主管部门和省、自治区、直辖市人民政府林业行政主管部门可以根据实际情况和工作需要，委托同级有关部门审批或者核发国家重点保护野生动物驯养繁殖许可证。动物园驯养繁殖国家重点保护野生动物的，林业行政主管部门可以委托同级建设行政主管部门核发驯养繁殖许可证。凡驯养繁殖国家一级保护野生动物的，由省、自治区、直辖市政府林业行政主管部门报林业部审批；凡驯养繁殖国

---

① 《林业部关于发布〈国家重点保护野生动物驯养繁殖许可证管理办法〉的通知》(1991年1月9日 林策字〔1991〕6号)第8条："驯养繁殖野生动物的单位和个人，必须按照《驯养繁殖许可证》规定的种类进行驯养繁殖活动。需要变更驯养繁殖野生动物种类的，应当比照本办法第5条的规定，在2个月内向原批准机关申请办理变更手续；需要终止驯养繁殖野生动物活动的，应当在2个月内向原批准机关办理终止手续，并交回原《驯养繁殖许可证》。"

家二级保护野生动物的,由省、自治区、直辖市政府林业行政主管部门审批。经批准驯养繁殖野生动物的单位和个人,其驯养繁殖许可证由省、自治区、直辖市政府林业行政主管部门核发。

② 非法取得驯养繁殖许可证驯养繁殖国家重点保护陆生野生动物

行为人凭借以隐瞒、虚报或者其他非法手段取得的驯养繁殖许可证,实施驯养繁殖国家重点保护陆生野生动物的行为。

③ 超越驯养繁殖许可证范围驯养繁殖国家重点保护陆生野生动物

行为人虽取得驯养繁殖许可证却超越许可证规定的范围,即超越许可证规定的国家重点保护陆生野生动物的种类,实施驯养繁殖行为。

4. 客体

本行为侵害的客体是国家有关重点保护野生动物驯养繁殖的管理制度。侵害对象是国家重点保护陆生野生动物。

(二)非法驯养繁殖国家重点保护陆生野生动物案的处理

根据《陆生野生动物保护实施条例》第39条、第44条以及"林策字〔1991〕6号"第12条第1款第1项、第2项,①非法驯养繁殖国家重点保护陆生野生动物行为人应当承担的法律责任包括:(1)由野生动物行政主管部门没收违法所得,处3000元以下罚款,可以并处没收野生动物、吊销驯养繁殖许可证;批准驯养繁殖陆生野生动物或者核发驯养繁殖许可证的机关并可建议工商行政管理部门吊销其《企业法人营业执照》或者《营业执照》。(2)由野生动物行政主管部门按照《陆生野生动物资源保护管理费收费办法》第6条,依照《捕捉、猎捕国家重点保护野生动物资源保护管理费收费标准》,向违法行为人补收相应收费标准的2倍至5倍陆生野生动物资源保护管理费。

对依法没收的野生动物,应当由野生动物行政主管部门按照《林业部关于妥善处理非正常来源的陆生野生动物及其产品的通知》的规定作出处理。

(三)相关问题研讨

问题:当事人驯养非原产我国的野生动物(如鳄类资源)如何处理?

鳄类(含鳄目所有种)是保护价值、经济价值较高的陆生野生动物,其所有种类均已列入《濒危野生动植物种国际贸易公约》附录,规范鳄类的驯养繁殖、经营利用和进出口的管理,是我国保护野生鳄类种群应履行的国际义务。

---

① 第12条 取得《驯养繁殖许可证》的单位和个人,有下列情况之一的,除按野生动物保护法律、法规的有关规定处理外,批准驯养繁殖野生动物或核发《驯养繁殖许可证》的机关可以注销其《驯养繁殖许可证》,并可建议工商行政管理部门吊销其《企业法人营业执照》或《营业执照》。

(一)超出《驯养繁殖许可证》的规定驯养繁殖野生动物种类的;

(二)隐瞒、虚报或以其他非法手段取得《驯养繁殖许可证》的;

(三)伪造、涂改、转让或倒卖《驯养繁殖许可证》的;

(四)非法出售、利用其驯养繁殖的野生动物及其产品的;

(五)取得《驯养繁殖许可证》以后在1年内未从事驯养繁殖活动的。

被注销《驯养繁殖许可证》的单位和个人,应立即停止驯养繁殖野生动物活动,其驯养繁殖的野生动物由县级以上政府野生动物行政主管部门或其授权单位按有关规定处理。

根据《国家林业局关于加强鳄类管理的通知》[①]关于"凡属非原产我国的鳄类资源，(1)一律按国家一级保护陆生野生动物进行管理"的规定，当事人驯养非原产我国的野生动物(如鳄类资源)，必须申请并取得《国家重点保护野生动物驯养繁殖许可证》。(2)对已取得《国家重点保护野生动物驯养繁殖许可证》(简称《许可证》)的养殖单位依照《国家重点保护野生动物驯养繁殖许可证管理办法》(简称《办法》)进行年检，对不符合规定的，责令其限期整改；在规定的限期内仍未能达到要求的，取消其驯养繁殖资格。对走私进口或未取得省级林业行政主管部门核发的《许可证》的，坚决予以取缔，并按《办法》规定进行处理。(3)对免税进口的鳄类，禁止进行出售、交换、转让、出租和展览等活动。(4)为加强监管力度，对在我国境内养殖的鳄类活体将实行标记管理，各省级林业行政主管部门要认真组织实施本辖区范围内的标记工作。国家林业局委托全国野生动植物研究与发展中心(设在中国林科院)负责标记工作的技术咨询和服务。标记所用的标签(或标卡、芯片)由国家林业局统一安排制作。(5)各级林业行政主管部门要加强对鳄类养殖、经营利用和进出口活动的行业指导，建立健全鳄类管理制度，切实加强监管力度，保证我国鳄类养殖业的健康发展。

八、外国人非法考察国家重点保护陆生野生动物案的查处

(一)外国人非法考察国家重点保护陆生野生动物的概念与构成要件

外国人非法考察国家重点保护陆生野生动物，是指外国人违反野生动物保护法律，在我国境内对国家重点保护野生动物进行野外考察的行为。其构成要件为：

1. 主体

本行为的主体只能由外国人构成。

2. 主观方面

本行为主观方面出自故意。

3. 客观方面

本行为客观方面表现为外国人违反野生动物保护法律规范，在我国境内对国家重点保护野生动物进行野外考察的行为。

(1)违反野生动物保护法律规范

外国人应当遵循《野生动物保护法》第26条和《陆生野生动物保护实施条例》第20条规定的法定义务。即在中国境内对国家重点保护野生动物进行野外考察或者在野外拍摄电影、录像，必须经国务院野生动物行政主管部门或者其授权的单位批准。具体而言，在中国境内对国家重点保护野生动物进行野外考察、标本采集或者在野外拍摄电影、录像的外国人，必须向国家重点保护野生动物所在地的省、自治区、直辖市人民政府林业行政主管部门提出申请，经其审核后，报国务院林业行政主管部门或者其授权的单位批准。外国人未经上述法定部门同意或者批准，即实施上述各种考察行为，违反了野生动物保护法律规范。

---

① 《国家林业局关于加强鳄类管理的通知》(2001年6月4日　林护发〔2001〕215号)。

(2) 在中国境内对国家重点保护陆生野生动物实施野外考察

考察行为的地点必须在中国境内的野外。考察行为的方式包括野外考察、标本采集以及拍摄电影、录像。考察的对象必须是国家重点保护陆生野生动物。

4. 客体

本行为侵害的客体为国家对外国人在中国境内考察国家重点保护野生动物的管理制度。侵害对象是国家重点保护陆生野生动物。

(二) 外国人非法考察国家重点保护陆生野生动物案的处理

根据《陆生野生动物保护实施条例》第40条，非法考察国家重点保护陆生野生动物的外国人应当承担的法律责任包括：(1) 由野生动物行政主管部门没收考察、拍摄的资料以及所获标本；(2) 可以并处5万元以下罚款。

对依法没收的标本，应当由野生动物行政主管部门按照《林业部关于妥善处理非正常来源的陆生野生动物及其产品的通知》的规定作出处理。

九、擅自放生或管理不当使引进动物逃至野外案的查处

(一) 擅自放生或管理不当使引进动物逃至野外的概念与构成要件

擅自放生或管理不当使引进动物逃至野外，是指违反野生动物保护法律规范，未经批准，将引进野生动物放生于野外或者因管理不当使其逃至野外的行为。其构成要件为：

1. 主体

本行为的主体由从国外或者从外省、自治区、直辖市引进野生动物进行驯养繁殖的单位或者个人构成。

2. 主观方面

本行为主观方面故意或者过失均可构成。

3. 客观方面

本行为客观方面表现为违反野生动物保护法律规范，未经批准，将引进野生动物放生于野外或者因管理不当使其逃至野外的行为。

(1) 违反野生动物保护法律规范

行为人必须履行的法定义务来自《陆生野生动物保护实施条例》第23条第1款。即从国外或者外省、自治区、直辖市引进野生动物进行驯养繁殖的，应当采取适当措施，防止其逃至野外；需要将其放生于野外的，放生单位应当向所在省、自治区、直辖市人民政府林业行政主管部门提出申请，经省级以上人民政府林业行政主管部门指定的科研机构进行科学论证后，报国务院林业行政主管部门或者其授权的单位批准。行为人违反上述法定义务，未经批准，将引进野生动物放生于野外，或者因管理不当致使引进的野生动物逃至野外，属于违反野生动物保护法律规范的行为。

(2) 侵害的对象具有特定性

侵害的对象必须是引进的野生动物，包括从国外以及从外省、自治区、直辖市引进的野生动物。如擅自放生或者逃至野外的并非引进的野生动物，则不构成本违法行为。

4. 客体

本行为侵害的客体是国家有关驯养繁殖的法律制度。侵害的对象是引进的野生动物，包括从国外以及从外省、自治区、直辖市引进的野生动物。

(二) 擅自放生或管理不当使引进动物逃至野外案的处理

根据《陆生野生动物保护实施条例》第 23 条第 2 款、第 42 条，擅自将引进的野生动物放生于野外或者因管理不当使其逃至野外的，由野生动物行政主管部门责令限期捕回或者采取其他补救措施；被责令限期捕回而不捕的，被责令限期恢复原状而不恢复的，野生动物行政主管部门或者其授权的单位可以代为捕回或者恢复原状，由被责令限期捕回者或者被责令限期恢复原状者承担全部捕回或者恢复原状所需的费用。

十、取得驯养繁殖资格却未从事驯养繁殖活动案的查处

(一) 取得驯养繁殖资格却未从事驯养繁殖活动的概念与构成要件

取得驯养繁殖资格却未从事驯养繁殖活动，是指取得国家重点保护野生动物驯养繁殖许可证的单位和个人，在 1 年内未从事驯养繁殖活动的行为。其构成要件为：

1. 主体

本行为的主体只能由具有驯养繁殖资格的单位或者个人构成。即已经取得国家重点保护野生动物驯养繁殖许可证的单位和个人。

2. 主观方面

本行为人主观方面出自故意。

3. 客观方面

本行为客观方面表现为取得国家重点保护野生动物驯养繁殖许可证的单位和个人，在 1 年内未从事驯养繁殖活动的行为。

(1) 行为人必须履行的法定义务来自于《国家重点保护野生动物驯养繁殖许可证管理办法》第 8 条。即驯养繁殖野生动物的单位和个人，需要终止驯养繁殖野生动物活动的，应当在 2 个月内向原批准机关办理终止手续，并交回驯养繁殖许可证。

(2) 行为人具有不履行法定义务的行为。不在法定期间（2 个月）内向原批准机关办理驯养繁殖终止手续，在 1 年内未实际从事驯养繁殖活动。

4. 客体

本行为侵犯的客体是野生动物驯养繁殖的正常管理制度。

(二) 取得驯养繁殖资格却未从事驯养繁殖活动案的处理

根据《国家重点保护野生动物驯养繁殖许可证管理办法》第 12 条，取得驯养繁殖许可证以后在 1 年内未从事驯养繁殖活动的，批准驯养繁殖陆生野生动物或者核发驯养繁殖许可证的机关可以注销其驯养繁殖许可证，并可建议工商行政管理部门吊销其《企业法人营业执照》或者《营业执照》。

第二节 违反森林防火条例案件的查处

根据《森林防火条例》,县级以上地方人民政府林业主管部门有权对以下违反森林防火条例案件实施调查和处理:(1) 不履行森林防火责任;(2) 拒绝接受森林防火检查;(3) 逾期不消除火灾隐患;(4) 非法野外用火;(5) 非法进行实弹演习、爆破等活动;(6) 不设置森林防火警示宣传标志;(7) 机动车辆不安装森林防火装置;(8) 非法进入森林高火险区活动;(9) 森林失火。依据《行政处罚法》第18条,只有受到县级以上地方人民政府林业主管部门的行政委托,森林公安机关才能且应当以林业主管部门的名义,依法查处上述违反《森林防火条例》案件。没有林业主管部门的行政委托,森林公安机关不得查处上述案件。

一、不履行森林防火责任案的查处

(一) 不履行森林防火责任的概念与构成要件

不履行森林防火责任,是指违反森林防火法律规范,森林、林木、林地的经营单位或者个人不履行森林防火责任的行为。其构成要件为:

1. 主体

本行为的主体由森林、林木、林地的经营单位或者个人构成。

2. 主观方面

本行为主观方面出自故意。

3. 客观方面

本行为客观方面表现为违反森林防火法律规范,森林、林木、林地的经营单位或者个人不履行森林防火责任的行为。

(1) 行为人负有法定义务

行为人必须履行的法定义务来自于《森林防火条例》第6条、第20条、第23条第2款与第26条第1款。具体包括:① 森林、林木、林地的经营单位和个人,在其经营范围内承担森林防火责任;② 森林、林木、林地的经营单位和个人应当按照林业主管部门的规定,建立森林防火责任制,划定森林防火责任区,确定森林防火责任人,并配备森林防火设施和设备;③ 森林防火期内,森林、林木、林地的经营单位和个人,应当根据森林火险预报,采取相应的预防和应急准备措施;④ 森林防火期内,森林、林木、林地的经营单位应当对进入其经营范围的人员进行森林防火安全宣传。

(2) 行为人具有不履行法定义务的行为

行为人不履行森林防火责任的行为主要包括:① 森林、林木、林地的经营单位和个人,承担森林防火责任;② 森林、林木、林地的经营单位和个人无视林业主管部门的规定,在其经营范围内未建立森林防火责任制、未划定森林防火责任区、未确定森林防火责任人或者未配备森林防火设施和设备;③ 森林防火期内,森林、林木、林地的经营单位和个人无视森林火险预报,在其经营范围内未采取相应的预防和应急准备措施;④ 森林防火期内,森林、林木、林地的经营单位对进入其经营范围的人员未进行森林防火安全宣传。

4. 客体

本行为侵害的客体为森林防火责任制度。

(二) 不履行森林防火责任案的处理

根据《森林防火条例》第48条、第53条,不履行森林防火责任行为人应当承担以下法律责任:① 由县级以上地方人民政府林业主管部门责令改正,对个人处500元以上5000元以下罚款,对单位处1万元以上5万元以下罚款;② 造成森林火灾尚不构成犯罪的,县级以上地方人民政府林业主管部门可以责令责任人补种树木。

二、拒绝接受森林防火检查案的查处

(一) 拒绝接受森林防火检查的概念与构成要件

拒绝接受森林防火检查,是指违反森林防火法律规范,森林防火区内的有关单位或者个人拒绝接受森林防火检查的行为。其构成要件为:

1. 主体

本行为的主体由森林防火区内的有关单位或者个人构成。

2. 主观方面

本行为主观方面出自故意。

3. 客观方面

本行为客观方面表现为违反森林防火法律规范,森林防火区内的有关单位或者个人,拒绝接受森林防火检查的行为。

(1) 行为人负有法定义务

行为人必须履行的法定义务来自于《森林防火条例》第24条。具体包括:① 县级以上人民政府森林防火指挥机构,应当组织有关部门对森林防火区内有关单位的森林防火组织建设、森林防火责任制落实、森林防火设施建设等情况进行检查;② 被检查单位应当积极配合,不得阻挠、妨碍检查活动。

(2) 行为人具有不履行法定义务的行为

行为人不履行法定义务表现为拒绝接受森林防火检查。

4. 客体

本行为侵害的客体为国家预防森林火灾的行政检查制度。

(二) 拒绝接受森林防火检查案的处理

根据《森林防火条例》第49条、第53条,拒绝接受森林防火检查行为人应当承担以下法律责任:(1) 由县级以上地方人民政府林业主管部门责令改正,给予警告,对个人并处200元以上2000元以下罚款,对单位并处5000元以上1万元以下罚款;(2) 造成森林火灾尚不构成犯罪的,县级以上地方人民政府林业主管部门可以责令责任人补种树木。

三、逾期不消除火灾隐患案的查处

（一）逾期不消除火灾隐患的概念与构成要件

逾期不消除火灾隐患，是指违反森林防火法律规范，森林防火区内的有关单位或者个人接到森林火灾隐患整改通知书，逾期不消除火灾隐患的行为。其构成要件为：

1. 主体

本行为的主体由森林防火区内的有关单位或者个人构成。

2. 主观方面

本行为主观方面出自故意。

3. 客观方面

本行为客观方面表现为违反森林防火法律规范，森林防火区内的有关单位或者个人接到森林火灾隐患整改通知书，逾期不消除火灾隐患的行为。

（1）行为人负有法定义务

根据《森林防火条例》第24条，县级以上人民政府森林防火指挥机构，负有组织森林防火安全检查，消除火灾隐患的法定职责。有权组织有关部门对森林防火区内有关单位的森林防火组织建设、森林防火责任制落实、森林防火设施建设等情况进行检查；对检查中发现的森林火灾隐患，县级以上地方人民政府林业主管部门有权向有关单位下达森林火灾隐患整改通知书，责令限期整改，消除隐患。被责令限期整改的单位或者个人，负有按期消除可能引发森林火灾的各种隐患的法定义务。

（2）行为人具有不履行法定义务的行为

行为人不履行法定义务表现为接到森林火灾隐患整改通知书，逾期不消除火灾隐患。"森林火灾隐患"，是指随时都有可能引发森林火灾的潜在或者内在因素，它可能是物质上的危险因素或者是森林防火管理上的严重缺陷。

4. 客体

本行为侵害的客体为国家预防森林火灾的行政执法制度。

（二）逾期不消除火灾隐患案的处理

根据《森林防火条例》第49条、第53条，逾期不消除火灾隐患行为人应当承担以下法律责任：（1）由县级以上地方人民政府林业主管部门责令改正，给予警告，对个人并处200元以上2 000元以下罚款，对单位并处5 000元以上1万元以下罚款；（2）造成森林火灾尚不构成犯罪的，县级以上地方人民政府林业主管部门可以责令责任人补种树木。

四、非法野外用火案的查处

（一）非法野外用火的概念与构成要件

非法野外用火，是指违反森林防火法律规范，森林防火期内未经批准擅自在森林防火区内野外用火的行为。其构成要件为：

1. 主体

本行为的主体,既可以是具有行政责任能力的自然人,也可以是单位。

2. 主观方面

本行为主观方面出自故意。

3. 客观方面

本行为客观方面表现为违反森林防火法律规范,森林防火期内未经批准擅自在森林防火区内野外用火的行为。

(1) 行为人负有法定义务

行为人必须履行的法定义务来自于《森林防火条例》第25条和第28条。具体内容包括:① 森林防火期内,禁止在森林防火区野外用火。② 因防治病虫鼠害、冻害等特殊情况确需野外用火的,应当经县级人民政府批准,并按照要求采取防火措施,严防失火。③ 森林防火期内,预报有高温、干旱、大风等高火险天气的,县级以上地方人民政府应当划定森林高火险区,规定森林高火险期。必要时,县级以上地方人民政府可以根据需要发布命令,严禁一切野外用火;对可能引起森林火灾的居民生活用火应当严格管理。

(2) 行为人具有不履行法定义务的行为

行为人不履行法定义务表现为在森林防火期内,未经批准擅自在森林防火区内野外用火。具体包括3个要素:① 时间要素。行为必须发生在森林防火期内,发生在防火期外的行为不构成本行为。根据《森林防火条例》第23条第1款,森林防火期,是指县级以上地方人民政府根据本行政区域内森林资源分布状况和森林火灾发生规律,规定的必须重点防范的森林火灾发生危险时期。② 行为要素。即未经批准野外用火。③ 地点要素。本行为必须发生在森林防火区。森林防火区,是指县级以上地方人民政府根据本行政区域内森林资源分布状况和森林火灾发生规律,划定的必须重点防范的森林火灾发生危险区域。

4. 客体

本行为侵害的客体为有关森林防火区野外用火许可的行政管理制度。

(二) 非法野外用火案的处理

根据《森林防火条例》第50条、第53条,非法野外用火行为人应当承担以下法律责任:(1) 由县级以上地方人民政府林业主管部门责令停止违法行为,给予警告,对个人并处200元以上3 000元以下罚款,对单位并处1万元以上5万元以下罚款;(2) 造成森林火灾尚不构成犯罪的,县级以上地方人民政府林业主管部门可以责令责任人补种树木。

五、非法进行实弹演习、爆破等活动案的查处

(一) 非法进行实弹演习、爆破等活动的概念与构成要件

非法进行实弹演习、爆破等活动,是指违反森林防火法律规范,森林防火期内未经批准在森林防火区内进行实弹演习、爆破等活动的行为。其构成要件为:

1. 主体

本行为的主体由进行实弹演习、爆破等活动的单位或者个人构成。

2. 主观方面

本行为主观方面出自故意。

3. 客观方面

本行为客观方面表现为违反森林防火法律规范,森林防火期内未经批准,在森林防火区内进行实弹演习、爆破等活动的行为。

(1) 行为人负有法定义务

行为人必须履行的法定义务来自于《森林防火条例》第25条:需要进入森林防火区进行实弹演习、爆破等活动的,应当经省、自治区、直辖市人民政府林业主管部门批准,并采取必要的防火措施。

(2) 行为人具有不履行法定义务的行为

行为人不履行法定义务表现为在森林防火期内未经批准,在森林防火区内进行实弹演习、爆破等活动。具体包括3个要素:① 时间要素。行为必须发生在森林防火期内,发生在防火期外的行为不构成本行为。② 行为要素。未经省、自治区、直辖市人民政府林业主管部门批准,进行实弹演习、爆破等活动。③ 地点要素。行为必须发生在森林防火区内。

4. 客体

本行为侵害的客体为有关森林防火区野外用火许可的行政管理制度。

(二) 非法进行实弹演习、爆破等活动案的处理

根据《森林防火条例》第51条、第53条,非法进行实弹演习、爆破等活动行为人应当承担以下法律责任:(1) 由县级以上地方人民政府林业主管部门责令停止违法行为,给予警告,并处5万元以上10万元以下罚款;(2) 造成森林火灾尚不构成犯罪的,县级以上地方人民政府林业主管部门可以责令责任人补种树木。

六、不设置森林防火警示宣传标志案的查处

(一) 不设置森林防火警示宣传标志的概念与构成要件

不设置森林防火警示宣传标志,是指违反森林防火法律规范,在森林防火期内,森林、林木、林地的经营单位未设置森林防火警示宣传标志的行为。其构成要件为:

1. 主体

本行为的主体只能由森林、林木、林地的经营单位构成。森林、林木、林地的经营个人不是本行为的适格主体。

2. 主观方面

本行为主观方面出自故意。

3. 客观方面

本行为客观方面表现为违反森林防火法律规范,森林防火期内,森林、林木、林地的经营单位未设置森林防火警示宣传标志的行为。

(1) 行为人负有法定义务

行为人必须履行的法定义务来自于《森林防火条例》第26条第1款:森林防火期内,森林、林木、林地的经营单位应当设置森林防火警示宣传标志,并对进入其经营范围的人员进

行森林防火安全宣传。

(2) 行为人具有不履行法定义务的行为

行为人不履行法定义务表现为在森林防火期内,森林、林木、林地的经营单位没有设置森林防火警示宣传标志。

4. 客体

本行为侵害的客体为有关森林防火警示宣传标志设置的行政管理制度。

(二) 不设置森林防火警示宣传标志案的处理

根据《森林防火条例》第52条第1项、第53条,不设置森林防火警示宣传标志行为人应当承担以下法律责任:(1) 由县级以上地方人民政府林业主管部门责令改正,给予警告,对个人并处200元以上2 000元以下罚款,对单位并处2 000元以上5 000元以下罚款;(2) 造成森林火灾尚不构成犯罪的,县级以上地方人民政府林业主管部门可以责令责任人补种树木。

七、机动车辆不安装森林防火装置案的查处

(一) 机动车辆不安装森林防火装置的概念与构成要件

机动车辆不安装森林防火装置,是指违反森林防火法律规范,在森林防火期内,进入森林防火区的机动车辆未安装森林防火装置的行为。其构成要件为:

1. 主体

本行为的主体,既可以是具有行政责任能力的自然人,也可以是单位。

2. 主观方面

本行为主观方面出自故意。

3. 客观方面

本行为客观方面表现为违反森林防火法律规范,森林防火期内,进入森林防火区的机动车辆未安装森林防火装置的行为。

(1) 行为人负有法定义务

行为人必须履行的法定义务来自于《森林防火条例》第26条第2款:森林防火期内,进入森林防火区的各种机动车辆应当按照规定安装防火装置,配备灭火器材。

(2) 行为人具有不履行法定义务的行为

行为人不履行法定义务表现为在森林防火期内,进入森林防火区的机动车辆未安装森林防火装置。

4. 客体

本行为侵害的客体为有关进入森林防火区的机动车辆防火装置安装的行政管理制度。

(二) 机动车辆不安装森林防火装置案的处理

根据《森林防火条例》第52条第2项、第53条,机动车辆不安装森林防火装置行为人应当承担以下法律责任:(1) 由县级以上地方人民政府林业主管部门责令改正,给予警告,对个人并处200元以上2 000元以下罚款,对单位并处2 000元以上5 000元以下罚款;(2) 造成森林火灾尚不构成犯罪的,县级以上地方人民政府林业主管部门可以责令责任人补种树木。

八、非法进入森林高火险区活动案的查处

(一) 非法进入森林高火险区活动的概念与构成要件

非法进入森林高火险区活动,是指违反森林防火法律规范,在森林高火险期内,未经批准擅自进入森林高火险区活动的行为。其构成要件为:

1. 主体

本行为的主体,既可以是具有行政责任能力的自然人,也可以是单位。

2. 主观方面

本行为主观方面出自故意。

3. 客观方面

本行为客观方面表现为违反森林防火法律规范,在森林高火险期内,未经批准擅自进入森林高火险区活动的行为。

(1) 行为人负有法定义务

行为人必须履行的法定义务来自《森林防火条例》第 29 条:森林高火险期内,进入森林高火险区的,应当经县级以上地方人民政府批准,严格按照批准的时间、地点、范围活动,并接受县级以上地方人民政府林业主管部门的监督管理。

(2) 行为人具有不履行法定义务的行为

行为人不履行法定义务表现为在森林高火险期内,未经批准擅自进入森林高火险区活动。具体包括 3 个要素:① 时间要素。行为必须发生在森林高火险期内,发生在森林高火险期外的行为不构成本行为。根据《森林防火条例》第 28 条,森林高火险期,是指森林防火期内,预报有高温、干旱、大风等高火险天气时,由县级以上地方人民政府规定的必须重点防范的森林火灾发生高度危险时期。② 行为要素。即未经批准进入森林高火险区活动。③ 地点要素。本行为必须发生在森林高火险区。森林高火险区,是指森林防火期内,预报有高温、干旱、大风等高火险天气时,由县级以上地方人民政府规定的必须重点防范的森林火灾发生高度危险区域。

4. 客体

本行为侵害的客体为有关森林高火险区进入许可的行政管理制度。

(二) 非法进入森林高火险区活动案的处理

根据《森林防火条例》第 52 条第 3 项、第 53 条,非法进入森林高火险区活动的行为人,应当承担以下法律责任:(1) 由县级以上地方人民政府林业主管部门责令改正,给予警告,对个人并处 200 元以上 2 000 元以下罚款,对单位并处 2 000 元以上 5 000 元以下罚款;(2) 造成森林火灾尚不构成犯罪的,县级以上地方人民政府林业主管部门可以责令责任人补种树木。

九、森林失火案的查处

(一) 森林失火的概念与构成要件

森林失火,是指违反森林防火法律规范,过失造成森林火灾,尚不构成犯罪的行为。其

构成要件为:

1. 主体

本行为的主体,既可以是具有行政责任能力的自然人,也可以是单位。

2. 主观方面

本行为主观方面只能是出自过失。

3. 客观方面

本行为客观方面表现为违反森林防火法律规范,过失造成森林火灾,尚不构成犯罪的行为。根据"林安发〔2001〕156号"第2条第7项,尚不构成犯罪是指失火造成森林火灾,过火有林地面积不足2公顷或者未致人重伤、死亡。

4. 客体

本行为侵害的客体为有关森林防火的行政管理制度。

(二) 森林失火案的处理

根据《森林防火条例》第53条,森林失火的行为人,应当承担以下法律责任:除依照《森林防火条例》第48条、第49条、第50条、第51条、第52条的规定追究法律责任外,县级以上地方人民政府林业主管部门可以责令责任人补种树木。

十、相关问题研讨

1. 违反森林防火管理行为如何适用法律[①]

根据《森林防火条例》[②]第32条、第33条和第34条,违反森林防火管理行为可能招致两种性质的行政处罚——林业行政处罚和治安管理处罚。其中,违反第32条的行为,应当给予林业行政处罚,由县级以上林业主管部门或者其授权的单位决定。违反森林防火管理应当处以拘留的,由公安机关依照《中华人民共和国治安管理处罚条例》[③](简称1986年《治安管理处罚条例》)第26条决定。但是,《治安管理处罚法》[④]删除了第26条。这一立法变化导致森林公安机关认为,对违反森林防火管理行为,实施治安处罚已经失去法律依据。通过梳理《森林防火条例》生效前后,违反森林防火管理行为治安处罚的法律依据的适用情况,结合消防管理(包括森林防火管理)和治安管理处罚立法史的简要回顾和分析,笔者认为,在现阶段,对违反森林防火管理行为实施治安处罚的实体法律依据是《中华人民共和国消防法》[⑤](简称《消防法》)第47条,程序法律依据则是《治安管理处罚法》第4章"处罚程序"的程序性条款。

---

① 参见赵文清:《违反森林防火管理行为的法律适用》,载《森林公安》2008年第5期,第20-22页。

② 这里是指修订前的《森林防火条例》(1988年1月16日国务院发布 自1988年3月15日起施行)。

③ 《中华人民共和国治安管理处罚条例》(1986年9月5日第六届全国人民代表大会常务委员会第十七次会议通过 1986年9月5日中华人民共和国主席令第43号公布 自1987年月1日起施行 已废止)。

④ 《中华人民共和国治安管理处罚法》(2005年8月28日中华人民共和国第十届全国人民代表大会常务委员会第十七次会议通过 2005年8月28日中华人民共和国主席令第38号公布 自2006年3月1日起施行)。

⑤ 《中华人民共和国消防法》(1998年4月29日中华人民共和国第九届全国人民代表大会常务委员会第二次会议通过 1998年4月29日中华人民共和国主席令第4号公布 自1998年9月1日起施行)。

(1)《森林防火条例》生效之前的法律适用

尽管1988年3月15日施行的《森林防火条例》是截至目前我国唯一一部有关森林防火管理的法规。但是,这并不意味着1988年3月15日之后才对违反森林防火管理的行为实施处罚。从1957年开始,人民政府先后颁布3部有关消防管理的法律。这3部法律都对森林防火管理作出明确规定,违反这些规定同样将受到相应的处罚。以下即为1957年11月29日至1988年3月14日期间,违反森林防火管理行为的处罚依据的适用情况。

第一阶段(1957年11月29日至1984年9月30日)的法律适用:

《中华人民共和国消防监督条例》①(简称《消防监督条例》)是我国第一部消防管理法律。该法第2条即指明消防工作包含森林消防工作。即"消防监督工作,由各级公安机关实施。国防部及其所属单位,林业部门的森林,交通运输部门的火车、飞机、船舶以及矿井地下的消防监督工作,由各该主管部门负责,公安机关予以协助"。该法第11条规定的处罚条款当然也适用于违反森林消防监督的行为,即"对于违反消防规则、办法和技术规范造成火灾损失的人,或者虽未造成火灾损失但经消防监督机关通知采取防火措施而拒绝执行的人,情节轻微的,由公安机关给以治安管理处罚;构成犯罪的,由司法机关依法追究刑事责任"。而当时已经生效的第一部治安管理处罚法律即《中华人民共和国治安管理处罚条例》②(简称1957年《治安管理处罚条例》)第8条的规定为,"有下列妨害公共安全行为之一的,处七日以下拘留、十四元以下罚款或者警告……七、违反消防规则,经提出改善要求,拒绝执行的;八、损毁消防设备或者消防工具的;九、擅自将公用的消防设备、消防工具移作他用的;十、未经当地政府许可,烧山、烧荒,尚未造成灾害的;十一、失火烧毁国家财物、合作社财物或者他人财物,尚未造成严重损失的"。可见,在第一阶段,违反森林消防监督行为的处罚的实体依据是1957年《治安管理处罚条例》第8条,程序依据是该条例的程序性条款。

第二阶段(1984年10月1日至1988年3月14日)的法律适用:

《中华人民共和国消防条例》③(简称《消防条例》)是我国第二部消防管理法律。该法不仅与《消防监督条例》类似,在第3条指明消防工作包括森林消防工作,即"消防工作由公安机关实施监督。人民解放军各单位、国有森林、矿井地下部分的消防工作,由其主管部门实施监督,公安机关协助",而且在第7条对森林消防中特有的野外用火的许可管理作出明确规定,"在森林、草原防火期间,禁止在林区、草原野外用火,因特殊情况需要用火的时候,必须经县级人民政府或者县级人民政府授权的机关批准,并按照有关规定采取严密的防范措施"。违反第7条的行为即违反森林防火管理的行为,当然适用该法第30条规定。即"违反本条例规定,经消防监督机构通知采取改正措施而拒绝执行,情节严重的,对有关责任人员由公安机关依照治安管理处罚条例给予处罚,或者由其主管机关给予行政处分。违反本条例规定,造成火灾的,对有关责任人员依法追究刑事责任;情节较轻的,由公安机关依照治安

---

① 《中华人民共和国消防监督条例》(1957年11月29日全国人民代表大会常务委员会第86次会议批准 1957年11月29日生效 已废止)。

② 《中华人民共和国治安管理处罚条例》(1957年10月22日全国人民代表大会常务委员会第八十一次会议通过 11月29日生效 已废止)。

③ 《中华人民共和国消防条例》(1984年5月11日第六届全国人民代表大会常务委员会第五次会议批准 1984年5月13日国务院公布 自1984年10月1日起施行 已废止)。

管理处罚条例给予处罚,或者由其主管机关给予行政处分"。第二部治安管理法律即1987年《治安管理处罚条例》第26条的规定为,"违反消防管理,有下列第一项至第四项行为之一的,处十日以下拘留、一百元以下罚款或者警告;有第五项至第八项行为之一的,处一百元以下罚款或者警告:(一)在有易燃易爆物品的地方,违反禁令,吸烟、使用明火的;(二)故意阻碍消防车、消防艇通行或者扰乱火灾现场秩序,尚不构成刑事处罚的;(三)拒不执行火场指挥员指挥,影响灭火救灾的;(四)过失引起火灾,尚未造成严重损失的;(五)指使或者强令他人违反消防安全规定,冒险作业,尚未造成严重后果的;(六)违反消防安全规定,占用防火间距,或者搭棚、盖房、挖沟、砌墙堵塞消防车通道的;(七)埋压、圈占或者损毁消火栓、水泵、水塔、蓄水池等消防设施或者将消防器材、设备挪作他用,经公安机关通知不加改正的;(八)有重大火灾隐患,经公安机关通知不加改正的"。可见,在第二阶段,违反森林防火管理行为的实体处罚依据是1987年《治安管理处罚条例》第26条,程序依据是该条例的程序性条款。当然,1987年《治安管理处罚条例》生效之前即1987年1月1日之前,违反森林防火管理行为的处罚,仍然应当适用1957年的《治安管理处罚条例》的相关规定。

(2)《森林防火条例》生效以后的法律适用

第一阶段(1988年3月15日至2006年2月28日)的法律适用:

1988年3月15日《森林防火条例》生效,意味着森林消防工作从消防工作中相对独立出来,不再适用原有的消防法律,对违反森林防火管理行为则直接适用《森林防火条例》,实施林业行政处罚和治安管理处罚。需要指出的是,《森林防火条例》生效时,当时仍然有效的消防法律是《消防条例》,仍然有效的治安管理处罚法律是1987年《治安管理处罚条例》。因而,在这一阶段,违反森林防火管理行为的治安处罚的实体依据,仍然是1987年《治安管理处罚条例》第26条,程序依据是该条例的程序性条款。而违反森林防火管理行为的林业行政处罚的实体依据,则是《森林防火条例》第32条,程序依据暂付阙如(1996年10月1日起适用《林业行政处罚程序规定》)。

第二阶段(2006年3月1日至现在)①的法律适用:

首先,违反森林防火管理行为的治安处罚的实体法律依据是《消防法》第47条。与前两部消防法律不同,第三部消防法律即《消防法》不仅设定了多个处罚主体,而且设置了多达11个条文的独立处罚条款(第40条至第50条)。特别是其中的第47条和第48条,不仅吸收、整合并完全取代了1987年《治安管理处罚条例》第26条,而且第47条还进一步扩大了应受拘留处罚的违法行为的种类:违法使用明火作业以及阻拦报火警或者谎报火警。第47条规定为,"违反本法的规定,有下列行为之一的,处警告、罚款或者十日以下拘留:(一)违反消防安全规定进入生产、储存易燃易爆危险物品场所的;(二)违法使用明火作业或者在具有火灾、爆炸危险的场所违反禁令,吸烟、使用明火的;(三)阻拦报火警或者谎报火警的;(四)故意阻碍消防车、消防艇赶赴火灾现场或者扰乱火灾现场秩序的;(五)拒不执行火场指挥员指挥,影响灭火救灾的;(六)过失引起火灾,尚未造成严重损失的"。第48条规定:"违反本法的规定,有下列行为之一的,处警告或者罚款:(一)指使或者强令他人违反消防

---

① 本篇文章发表时,《森林防火条例》尚未修订。修订后的《森林防火条例》于2009年1月1日开始生效。因此,这里所指的"现在"截至2008年12月31日。

安全规定,冒险作业,尚未造成严重后果的;(二)埋压、圈占消火栓或者占用防火间距、堵塞消防通道的,或者损坏和擅自挪用、拆除、停用消防设施、器材的;(三)有重大火灾隐患,经公安消防机构通知逾期不改正的。单位有前款行为的,依照前款的规定处罚,并对其直接负责的主管人员和其他直接责任人员处警告或者罚款"。因此,就处罚的实体依据而言,《消防法》的相关规定,不仅完全取代了1987年《治安管理处罚条例》第26条,而且形成了独立的处罚体系。换言之,从《消防法》生效之日即1998年9月1日起,不仅公安消防机构可以依据《消防法》第40条至第50条作出警告、罚款等裁决,而且当地人民政府也可以依照该法作出责令停产停业的处罚决定。同时,地方公安机关应当直接根据《消防法》第47条而非1987年《治安管理处罚条例》第26条,对违反消防管理行为作出行政拘留的处罚决定。考虑到上述变化,2004年10月22日,在第十届全国人民代表大会常务委员会第十二次会议上,公安部副部长田期玉作了《关于〈中华人民共和国治安管理处罚法(草案)〉的说明》,在谈及"草案对《条例》所作的主要修改"时指出,"消防法、道路交通安全法、居民身份证法等法律对相应的违法行为及处罚已有系统规定的,草案不再重复规定"。最终获得通过并生效的《治安管理处罚法》也确实没有再设置消防违法的处罚条款。这既不是立法者的疏漏,也不意味着对违反森林消防管理行为从此不再实施治安管理处罚,而是因为业已存在专门惩治消防违法行为的治安处罚的单行法——《消防法》。因此,在这一阶段,即从2006年3月1日起,违反森林防火管理行为的治安处罚的实体依据是《消防法》第47条,而不再是1987年《治安管理处罚条例》第26条。森林公安机关应当直接依据第47条,对违反森林防火管理行为作出行政拘留的治安管理处罚决定。

其次,违反森林防火管理行为治安处罚的程序法律依据是《治安管理处罚法》的程序性条款。《森林防火条例》第34条规定:"违反森林防火管理,依照《中华人民共和国治安管理处罚条例》的规定应当处以拘留的,由公安机关决定"。《消防法》第51条第1款规定:"对违反本法规定行为的处罚,由公安消防机构裁决。对给予拘留的处罚,由公安机关依照治安管理处罚条例的规定裁决"。但是,两部法律规范所依照的治安管理处罚条例的规定,均已被《治安管理处罚法》所删除。那么,应当如何理解两部法律规范中的这种表述?从规范属性来看,《森林防火条例》和《消防法》均属于实体法规范,而非程序法规范。《森林防火条例》总共38个条文,《消防法》总共54个条文,均未涉及行政程序。仅仅依据两部法律的实体性处罚规范,不仅无法作出林业行政处罚,而且无法作出消防行政处罚,更无法作出行政拘留的治安管理处罚。因此,实施上述两部法律的处罚条款,必须依据其他法律的程序性规范。就程序规范而言,县级以上林业主管部门或者其授权的单位,对违反森林防火管理行为,作出林业行政处罚决定所依据的程序规范,主要是《林业行政处罚程序规定》。公安消防机构、公安机关以及当地人民政府,对违反消防管理行为,作出行政处罚所依赖的程序,主要是《治安管理处罚法》的程序规定。因此,就地方公安机关对违反消防管理行为作出拘留处罚的裁决而言,"依照治安管理处罚条例的规定裁决",在1998年9月1日至2006年2月28日,是指依照1987年《治安管理处罚条例》第26条和该条例的程序性条款裁决;自2006年3月1日起,则是指依照《消防法》第47条和《治安管理处罚法》第4章"处罚程序"的程序性条款裁决。就森林公安机关对违反森林防火管理行为作出拘留处罚的裁决而言,"依照《中华人民共和国治安管理处罚条例》的规定"裁决,在1988年3月15日至2006年2月28日,是指依照 1987 年《治安管理处罚条例》第 26 条和该条例的程序性条款裁决;自 2006 年 3 月 1 日起,则是指依照《消防法》第 47 条和《治安管理处罚法》第 4 章"处罚程序"的程序性条款裁决。

(3) 立法建议

值得关注的是,《浙江省森林消防条例》①对《消防法》在森林消防管理中的适用作出明确规定。该条例第 47 条规定:"过失引起森林火灾的,由林业行政主管部门责令赔偿损失,限期更新造林,并可对个人处 200 元以上 2 000 元以下的罚款,对单位处 1 000 元以上 1 万元以下的罚款;应当给予拘留等治安管理处罚的,由公安机关依照《中华人民共和国治安管理处罚法》、《中华人民共和国消防法》的规定依法决定;构成犯罪的,由司法机关依法追究刑事责任"。作为全国第一部率先规定违反森林防火管理行为应当适用《消防法》的地方性法规,该条例第 47 条直接印证并支持了本文的论点。就此,笔者提议将《森林防火条例》第 34 条修改为:违反森林消防管理,依照《中华人民共和国消防法》的规定应当处以行政拘留的,由森林公安机关依照《中华人民共和国治安管理处罚法》规定的程序决定;没有森林公安机关的,由地方公安机关决定;构成犯罪的,由司法机关依法追究刑事责任。如此修改,不仅能够实现三大法律——《森林防火条例》、《消防法》和《治安管理处罚法》之间的顺利衔接,能够明确地方公安机关和森林公安机关实施治安管理处罚的职责分工,而且有利于森林公安机关的职能作用的充分发挥,有利于森林资源和生态安全的全面维护。

2. 在消防法视角下,森林失火行为应当如何适用法律②

森林火灾是当今世界上八大自然灾害之一,③"天灾"(自然火源)和"人祸"(人为火源)则是致灾的两个原因。在"引发森林火灾的主要火源是人为火源"情况下,④如何科学配置法律责任以有效调控自然人的用火行为,不仅是立法机关必须面对的紧迫课题,而且是森林火灾分区分类施治理论研究中的应有之意。⑤ 而梳理森林失火行为在不同时期的法律适用情况,考察消防立法和森林防火立法的历史沿革,无论是对当下的森林防火执法实践,还是对森林防火立法的进一步完善,以及深化森林火灾分区分类施治的理论研究,都具有重要的意义。

过失引起森林火灾尚未构成犯罪的失火行为(简称"森林失火行为"),应当承担何种行政责任,《森林防火条例》(1988 年 1 月 16 日国务院发布)(简称旧《条例》)曾有明确规定,并在实践中形成了分类定性、分别处罚的行政责任模式。即将森林失火行为分成两种类型,并分别予以处罚。第一种类型是由违法行为引起的森林失火行为(简称"第一类行为"),如森林防火期内未经许可擅自在防火区内用火引起森林失火的行为;该类行为的行政责任为治安管理处罚,处罚主体为公安机关(包括森林公安机关)。第二种类型是由未违法行为引起

---

① 《浙江省森林消防条例》(2007 年 7 月 26 日浙江省十届人大常委会第三十三次会议通过 2007 年 7 月 26 日浙江省人民代表大会常务委员会公告第 75 号公布 自 2007 年 10 月 1 日起施行)。

② 参见赵文清:《浅谈森林失火案件的法律适用》,载《森林公安》2009 年第 5 期,第 28 - 30 页。编入本书时,观点基本未变,但视角与文字表述有所改动。

③ 张思玉、张惠莲:《森林火灾预防》,中国林业出版社 2006 年。

④ 张思玉:《森林火灾分区分类施治理论的灾害学基础》,载《防灾科技学院学报》2009 年第 2 期,第 1 页。

⑤ 张思玉:《浅析森林火灾分区分类施治》,载《森林防火》2008 年第 1 期,第 32 - 33 页、第 36 页。

的森林失火行为(简称"第二类行为"),如森林防火期外野外用火引起森林失火的行为;该类行为的行政责任为林业行政处罚,处罚主体为林业主管部门。但是,《森林防火条例》(2009年1月1日生效)(简称新《条例》)的正式施行,却使这一责任模式面临激烈争议和空前挑战。相当多的行政机关及执法人员坚称新《条例》并未改变原有的执法模式,并在实践中继续沿用以前的做法以维护其行政效能;持反对意见者则声称新《条例》业已对上述执法模式作出根本改造(第一类行为适用林业行政处罚,第二类行为被正式取消),继续沿用以前做法即为违法之行政,从而侵犯人权。上述观点孰是孰非,既事关人权之保障,又关乎行政效能之维护,理应获得充分研讨。

鉴于森林防火管理天然且历史地属于消防管理之重要组成部分(尽管旧、新《条例》均在第一条中极力回避《消防法》,并试图另建自身"法统"),上述有关森林失火行为的法律适用之争议,只有在消防法的视角下,并参酌森林防火的立法沿革,才能获得一种历史和法理的双重透视,并由此而获得一种更为透彻的观察和讨论。森林防火的立法史表明,旧《条例》所享有的"我国第一件有关森林防火管理的行政法规"的开山地位,既不意味着森林失火行为仅在其生效之后才首次获得行政处罚,也不意味着森林失火行为最初遭致的处罚即属于林业行政处罚。其实,从1957年至现在,我国先后制定颁布了4部有关消防管理的法律。其中,前3部法律都对森林失火行为及其行政责任有明确规定。

(1)《消防监督条例》生效期间(1957年11月29日至1984年9月30日)森林失火行为的法律适用

在《消防监督条例》生效期间,国家先后颁发了3部有关森林保护的法律法规。其中前两部法律规范均有关于第一类行为的责任条款。以下即以《森林法(试行)》生效之日(1979年2月23日)为界,分段讨论森林失火行为的法律适用。

第一阶段,1957年11月29日至1979年2月22日,第一类行为承担的行政责任是治安管理处罚。1957年11月29日起生效的《消防监督条例》是我国第1部消防管理法律。基于该法第2条已明确指出,森林消防监督工作属于消防监督工作的重要组成部分,即"消防监督工作,由各级公安机关实施。国防部及其所属单位,林业部门的森林,交通运输部门的火车、飞机、船舶以及矿井地下的消防监督工作,由各该主管部门负责,公安机关予以协助。"因此,第一类行为应当适用《消防监督条例》第11条,即"对于违反消防规则、办法和技术规范造成火灾损失的人……情节轻微的,由公安机关给以治安管理处罚……"。考察第一部治安管理处罚法律——《治安管理处罚条例》(简称1957年《治安管理处罚条例》),可以看出该条例第8条是最为适切的条款:"有下列妨害公共安全行为之一的,处七日以下拘留、十四元以下罚款或者警告……十、未经当地政府许可,烧山、烧荒,尚未造成灾害的;十一、失火烧毁国家财物、合作社财物或者他人财物,尚未造成严重损失的"。必须指出的是,真正对第一类行为作出明确规定的,是我国第一部有关森林保护的行政法规——《森林保护条例》。该条例第38条第1款第2项规定:"违反本条例,有下列情形之一的,给予行政处分、治安管理处罚。但是,情节轻微的,经过批评教育以后,可以免予处分……(二)不遵守林区野外用火规定,引起火灾的……"。尽管该条款中并无"过失"字样,但鉴于第39条对故意放火及法律责任设有专门规定:"凡有前条第一款各项行为之一,情节严重,使森林遭受重大损失或者造成人身伤亡重大事故的,送交司法机关处理。蓄意或者唆使纵火烧山,或者聚众破坏森林,由司法机关从严惩处"。因此,第38条第1款第2项所指向的违法行为即为第一类行为应无疑义。

第二阶段,1979年2月23日至1984年9月30日,情节较轻的第一类行为给予林业行政处罚,情节严重的则给予治安管理处罚。十一届三中全会以后,我国制定了第1部有关森林保护的法律——《森林法(试行)》。模仿《森林保护条例》的立法条例,《森林法(试行)》也使用了两个条文(第39条和第40条),对第一类行为和故意放火行为及法律责任分别作出规定。其中,第39条是关于第一类行为的规定:"违反森林法,有下列行为之一,情节较轻的,责令赔偿损失,或者处以罚款,并追回非法所得的财物;情节严重的,予以法律制裁:(一)引起森林火灾的……"尽管"法律制裁"究竟何指并无明文,但是考虑到当时的法制状况及随后发布的相关司法解释,大体可以推断"法律制裁"的内容,虽非独指但应当包含"治安管理处罚"在内。根据《最高人民法院、最高人民检察院、公安部、林业部、国家工商行政管理局关于查处森林案件的管辖问题的联合通知》①的相关表述,治安管理处罚也是森林案件应当适用的"法律制裁"手段之一。

综上所述,在《消防监督条例》生效期间,森林失火行为的设置及法律适用具有以下特点:① 第一类行为在森林法律中首次出现。② 1957年11月29日至1979年2月22日,第一类行为承担的行政责任应当是治安管理处罚;1979年2月23日至1984年9月30日,情节较轻的第一类行为接受林业行政处罚,情节严重的则给予治安管理处罚。③ 第一类行为接受治安管理处罚的实体法律依据,是《消防监督条例》第11条和1957年《治安管理处罚条例》第8条,程序法律依据是《治安管理处罚条例》的程序性条款;第一类行为接受林业行政处罚的实体法律依据,是《森林法(试行)》第39条第1项,程序性法律依据暂付阙如。

(2)《消防条例》生效期间(1984年10月1日至1998年8月31日)森林失火行为的法律适用

在《消防条例》生效期间,旧《条例》于1988年3月15日开始生效。以下即以旧《条例》生效之日为界,分段讨论森林失火行为的法律适用。

第一阶段,1984年10月1日至1986年5月9日,第一类行为应当受到治安管理处罚。1984年10月1日起施行的《消防条例》是我国第2部消防管理法律。该法不仅与《消防监督条例》类似,在第3条指明消防工作包括森林消防工作,即"消防工作由公安机关实施监督。人民解放军各单位、国有森林、矿井地下部分的消防工作,由其主管部门实施监督,公安机关协助",而且在第7条对森林消防中特有的野外用火的许可管理作出明确规定:"在森林、草原防火期间,禁止在林区、草原野外用火,因特殊情况需要用火的时候,必须经县级人民政府或者县级人民政府授权的机关批准,并按照有关规定采取严密的防范措施"。因此,违反第7条过失引起森林火灾的行为,如非法野外用火过失引起森林火灾的行为,即属于第一类行为,应当依法适用《消防条例》第30条第2款。即"违反本条例规定,造成火灾的,对有关责任人员依法追究刑事责任;情节较轻的,由公安机关依照治安管理处罚条例给予处罚,或者由其主管机关给予行政处分"。而第2部治安管理法律——《治安管理处罚条例》(简称1987年《治安管理处罚条例》)第26条则明文规定:"违反消防管理,有下列第一项至第四项行为

---

① 《最高人民法院、最高人民检察院、公安部、林业部、国家工商行政管理局关于查处森林案件的管辖问题的联合通知》(1982年3月29日 已废止)。

之一的,处十日以下拘留、一百元以下罚款或者警告;有第五项至第八项行为之一的,处一百元以下罚款或者警告……(四)过失引起火灾,尚未造成严重损失的……"尽管,我国第 2 部森林保护的法律——《森林法》对森林防火管理有详尽规定,但对违反森林防火管理行为的法律责任却未予置喙。

第二阶段,1986 年 5 月 10 日至 1988 年 3 月 14 日,第一类行为应当受到林业行政处罚。为填塞漏洞,《森林法实施细则》①迅即在第 22 条对第一类行为作出反应:"对违反森林法行为的行政处罚规定如下……(四)在森林防火期违反规定用火的,处以十元至五十元的罚款;违反规定用火引起森林火灾的,责令限期更新造林,赔偿损失,并处以五十元至五百元的罚款"。

第三阶段,1988 年 3 月 15 日至 1998 年 8 月 31 日,第一类行为给予治安管理处罚,第二类行为给予林业行政处罚②。一反前述散在型的立法模式,旧《条例》对森林失火行为及法律责任进行了集中规范。不仅保留了第一类行为,增设了第二类行为,而且在一部而非两部法律中构建了分类定性、分别处罚的行政责任模式。旧《条例》第 32 条第 1 款第 6 项增设了第二类行为——未违法行为引起的森林失火行为及其法律责任:"有下列第一项至四项行为之一的,处十元至五十元的罚款或者警告;有第五项行为的,处五十元至一百元的罚款或者警告;有第六项行为的,责令限期更新造林,赔偿损失,可以并处五十元至五百元的罚款……(六)过失引起森林火灾,尚未造成重大损失的"。第 34 条则延续了以治安管理处罚惩治第一类行为的立法惯例:"违反森林防火管理,依照《中华人民共和国治安管理处罚条例》的规定应当处以拘留的,由公安机关决定;情节和危害后果严重,构成犯罪的,由司法机关依法追究刑事责任"。简言之,根据第 34 条,第一类行为继续接受治安管理处罚的制裁;根据第 32 条,第二类行为则承受林业行政处罚的惩治。需要指出的是,旧《条例》生效时,《消防条例》与 1987 年《治安管理处罚条例》仍然有效。

总之,在《消防条例》生效期间,森林失火行为的设置及法律适用具有以下特点:① 第二类行为开始出现,并与第一类行为同时出现在旧《条例》中。② 在 1984 年 10 月 1 日至 1986 年 5 月 9 日,第一类行为应当受到治安管理处罚。处罚的实体法律依据,是《消防条例》第 30 条和 1957 年《治安管理处罚条例》第 8 条,程序法律依据是 1957 年《治安管理处罚条例》的程序性条款。③ 在 1986 年 5 月 10 日至 1988 年 3 月 14 日,第一类行为应当受到林业行政处罚。③ 处罚的实体法律依据,是《森林法实施细则》第 22 条,程序法律依据仍付阙如。④ 在1988 年 3 月 15 日至 1998 年 8 月 31 日,分类定性,分别处罚的行政责任模式开始形成:第一类行为适用 1987 年《治安管理处罚条例》第 26 条及相关程序规范;处罚第二类行为的实体法律依据是旧《条例》第 32 条,程序法律依据的适用则包括两种情况:1988 年 3 月 15 日至 1996 年 9 月 30 日,无法可依;1996 年 10 月 1 日至 1998 年 8 月 31 日,适用《林业行政

---

① 《森林法实施细则》(1986 年 4 月 28 日国务院批准 1986 年 5 月 10 日林业部发布施行)。
② 参见赵文清:《浅谈森林失火案件的法律适用》,载《森林公安》2009 年第 5 期,第 28-30 页。
③ 在本时段的执法实践中,也有些地方对第一类行为继续实施治安管理处罚。略有不同的是,治安管理处罚的依据发生了变化。即从 1987 年 1 月 1 日开始,治安管理处罚的实体法律依据,是《消防条例》第 30 条和 1987 年《治安管理处罚条例》第 26 条,程序法律依据是 1987 年《治安管理处罚条例》的程序性条款。

处罚程序规定》。

(3) 旧《消防法》生效期间(1998年9月1日至2009年4月30日)森林失火行为的法律适用

在旧《消防法》生效期间,新《条例》于2009年1月1日开始生效。以下即以新《条例》生效之日为界,分段讨论森林失火行为的法律适用。

第一阶段,1998年9月1日至2008年12月31日,第一类行为给予治安管理处罚,第二类行为给予林业行政处罚。与前两部消防法律不同,而与旧《条例》相同的是,第3部消防法律——《消防法》(1998年4月29日中华人民共和国第九届全国人民代表大会常务委员会第二次会议通过 1998年9月1日起施行)(简称旧《消防法》),打破了自身没有独立的处罚主体和处罚条款的格局,不仅较为科学地设定了包括公安消防机构、公安机关和人民政府在内的、具有层级性的处罚主体系统,而且在吸收、整合和完全取代1987年《治安管理处罚条例》第26条的基础上,创设了多达11个条文的独立处罚条款(第40条至第50条),建立了统属于治安管理处罚而又独具特色的消防行政处罚体系。换言之,旧《消防法》的生效之日(1998年9月1日),即是1987年《治安管理处罚条例》第26条成为具文之时。① 取代第26条的是旧《消防法》第47条。其规定为:"违反本法的规定,有下列行为之一的,处警告、罚款或者十日以下拘留:(一)违反消防安全规定进入生产、储存易燃易爆危险物品场所的;(二)违法使用明火作业或者在具有火灾、爆炸危险的场所违反禁令,吸烟、使用明火的;(三)阻拦报火警或者谎报火警的;(四)故意阻碍消防车、消防艇赶赴火灾现场或者扰乱火灾现场秩序的;(五)拒不执行火场指挥员指挥,影响灭火救灾的;(六)过失引起火灾,尚未造成严重损失的"。2004年10月22日,在第十届全国人民代表大会常务委员会第十二次会议上,公安部副部长田期玉作《关于〈中华人民共和国治安管理处罚法(草案)〉的说明》。他不仅对旧《消防法》业已发生的上述法律变迁作出明确肯定,而且对消防违法行为由旧《消防法》统一调控的立法思路作出明确阐释。如他在谈及"草案对《条例》所作的主要修改"时明确指出,"消防法、道路交通安全法、居民身份证法等法律对相应的违法行为及处罚已有系统规定的,草案不再重复规定"。② 因此,《治安管理处罚法》在删除1987年《治安管理处罚条例》第26条后,再也没有设置任何有关违反消防管理行为的处罚条款。总之,在本时段,森林失火行为的设置及法律适用具有以下特点:① 第二类行为及处罚依据均维持不变,继续适用《森林防火条例》第32条和《林业行政处罚程序规定》的相关条款。② 第一类行为的处罚依据则有所变化:实体法律依据由原来的1987年《治安管理处罚条例》第26条,被替换成旧《消防法》第47条。处罚的程序法律依据也因《治安管理处罚法》的生效而有所不同:1998年9月1日至2006年2月28日,适用1987年《治安管理处罚条例》的程序性条款;2006年3月1日至2008年12月31日,适用《治安管理处罚法》的程序性条款。

第二阶段,2009年1月1日至2009年4月30日,第一类行为给予林业行政处罚,第二类行为取消。对森林失火行为的制裁,旧《条例》使用了两个条文(第32条第1款第6项和第34条),设定了两种法律责任——林业行政处罚和治安管理处罚。而2009年1月1日生

---

① 参见赵文清:《违反森林防火管理行为的法律适用》,载《森林公安》2008年第5期,第20-22页。
② 柯良栋、吴明山:《治安管理处罚法释义与实务指南》,中国人民公安大学出版社2005年9月。

效的新《条例》仅使用了一个条文(第53条),仅配置了一种法律责任——林业行政处罚。即"违反本条例规定,造成森林火灾,构成犯罪的,依法追究刑事责任;尚不构成犯罪的,除依照本条例第48条、第49条、第50条、第51条、第52条的规定追究法律责任外,县级以上地方人民政府林业主管部门可以责令责任人补种树木"。从内容来看,该条规定具有两个特点:一是缩减了惩处范围。只规定了第一类行为应当受到林业行政处罚,而没有规定第二类行为应当受到法律制裁。二是改变了处罚类型。将第一类行为一直承受的治安管理处罚转换为林业行政处罚。总之,在本时段,无论是森林失火行为的类型,还是违法责任的配置,都发生了相应的变化:① 第一类行为保留,第二类行为消失;② 第一类行为的处罚变成纯粹的林业行政处罚,处罚的实体依据是新《条例》第53条,程序法律依据依然是《林业行政处罚程序规定》。

(4) 新《消防法》生效之后(2009年5月1日至现在)森林失火行为的法律适用

第二类行为,因其不再受到新《条例》的规制而不受其制裁。但是这并不意味着,当第二类行为符合其他法律规定的违法行为的构成要件时,仍然可以不受处罚。正如新《条例》并无条款指明,阻碍林业行政机关工作人员依法执行职务的行为,应当受到何种法律制裁,但当该行为符合"阻碍执行职务"这一违反治安管理行为的构成要件时,当事人依然会受到公安机关依据《治安管理处罚法》所作出的治安管理处罚。因此,人们必然会问,2009年5月1日生效的第4部消防法律——《中华人民共和国消防法》①(简称新《消防法》)中,是否有涉及第二类行为的处罚规定呢?新《消防法》第64条规定:"违反本法规定,有下列行为之一,尚不构成犯罪的,处十日以上十五日以下拘留,可以并处五百元以下罚款;情节较轻的,处警告或者五百元以下罚款……(二)过失引起火灾的……"。可以看到,第64条确有"过失引起火灾"字样,且森林火灾属于火灾,但该条款依然不能成为第二类行为的处罚依据。原因在于,第二类行为虽属过失引起了森林火灾的行为,但其既未违反森林防火管理规定,又未违反消防法律规定,并不具备第64条所要求的"违反本法规定"的违法性前提。因而,该行为不可能受到消防行政处罚。另外,尽管第一类行为具备新《消防法》第64条所要求的违法性前提,但是,新《条例》第53条对第一类行为的处罚已"另有规定"。根据新《消防法》第4条第3款——"法律、行政法规对森林、草原的消防工作另有规定的,从其规定"明确指令,第一类行为不应适用第64条。总之,新《条例》下森林失火行为的法律适用,并未因新《消防法》的生效而发生任何改变。

(5) 余论

为避免抵触《立法法》第8条第5项的强制性规定,新《条例》主动修改旧《条例》中的拘留条款的举动值得推崇,但从根本上改变原有的行政责任模式的做法却值得商榷。实际上,

---

① 《中华人民共和国消防法》(1998年4月29日中华人民共和国第九届全国人民代表大会常务委员会第二次会议通过 2008年10月28日第十一届全国人民代表大会常务委员会第五次会议修订通过 2008年10月28日中华人民共和国主席令第6号公布 自2009年5月1日起施行)。

原有执法模式的中断,已经带来一些不良后果。① 由新《条例》所带来的立法变迁及执法争议,揭示了任何一部法律的废、改、立都必须面对的核心问题,即在坚持保障人权的宪法原则的前提下,如何从立法上理顺上下、新旧法律之间的关系,如何在改变旧制度创造新制度的同时,充分利用已有的执法资源和守法资源,兼顾行政执法传统的延续和公众法律预期的稳定,以最终达到立法低成本、执法高效益和守法才获益的全赢效果。

---

① 为了解集体林权改革下的行政执法的走向,同时为森林公安基层执法提供法律服务,南京森林公安高等专科学校于2009年8月组织了"森林公安工作服务队"。服务队分设东北、西南和东南三个小组,各由5~6名教师组成。笔者所在的东南组对南方3省森林公安的执法状况进行了为期13天(8月8日至8月20日)的实地调研,获得了许多有关林业行政执法和刑事执法的第一手资料。调查表明:在一些地方,存在这样的做法:执法者基于维护森林资源的合法目的,在森林高火险期火灾频发、上级首长屡施高压的情境下,往往利用民众在旧《条例》时期形成的法律预期(失火即被拘留),继续采用过去合法现在违法的手段——行政拘留,以打击、威慑并遏制日渐增长、趋于失控的失火行为。这种目的合法而形式违法的行为,显然背离了依法行政的法治理念。在另一些地方,有些违法者则在获知森林失火不能拘留只能罚款的法律规定后,在"要钱没有要命有一条"的法盲逻辑的支撑下,往往为一己之利而不顾公益坚持违法用火,其他群众则盲目攀比纷纷仿效,因而造成大灾没有、小灾不断的尴尬局面。无论是违法行政,还是火灾失控,都在某种程度上表明,新《条例》的实施可能在某种程度上减弱了森林防火管理的工作力度。

第九章　森林公安行政执法的内容(三)

根据法律规定,对违反自然保护区、野生植物保护条例、野生药材资源保护管理条例、种子法、防沙治沙法的案件,县级以上地方人民政府林业主管部门有权依法实施调查和处理。只有在受到县级以上地方人民政府林业主管部门的行政委托后,森林公安机关才能以且应当以林业主管部门的名义,对上述案件依法实施查处。没有林业主管部门的行政委托,森林公安机关不得查处上述案件。

第一节　违反自然保护区条例案件的查处

根据《自然保护区条例》第4章"法律责任"的相关条款,违反自然保护区法行为包括以下6类:(1)非法移动、破坏自然保护区界标;(2)非法进入自然保护区;(3)拒不服从自然保护区管理机构管理;(4)不向自然保护区管理机构提交活动成果副本;(5)破坏自然保护区资源;(6)妨害对自然保护区的监督检查。根据《自然保护条例》第8条、第35条、第36条和第39条的规定,有权查处自然保护区行政案件的法定主体,主要有以下行政机关:(1)自然保护区管理机构;(2)县级以上人民政府有关自然保护区行政主管部门;(3)县级以上人民政府环境保护行政主管部门;(4)公安机关。依据《行政处罚法》第18条,只有受到环境保护行政主管部门、自然保护区行政主管部门或者自然保护区管理机构的行政委托,森林公安机关才能以且应当以环境保护行政主管部门、自然保护区行政主管部门或者自然保护区管理机构的名义,依法查处上述案件。没有环境保护行政主管部门、自然保护区行政主管部门或者自然保护区管理机构的行政委托,森林公安机关不得查处上述案件。另外,根据《自然保护区条例》、《森林法》以及《野生动物保护法》规定,森林公安机关以自己的名义或者以林业主管部门的名义,查处《自然保护区条例》第35条①指明的"依照有关法律、行政法规规定给予处罚"的行政案件。依据《自然保护区条例》第39条②,森林公安机关有权查处相关治安案件。

---

① 《自然保护区条例》第35条
违反本条例规定,在自然保护区进行砍伐、放牧、狩猎、捕捞、采药、开垦、烧荒、开矿、采石、挖沙等活动的单位和个人,除可以依照有关法律、行政法规规定给予处罚的以外,由县级以上人民政府有关自然保护区行政主管部门或者其授权的自然保护区管理机构没收违法所得,责令停止违法行为,限期恢复原状或者采取其他补救措施;对自然保护区造成破坏的,可以处以300元以上1万元以下的罚款。

② 《自然保护区条例》第39条
妨碍自然保护区管理人员执行公务的,由公安机关依照《中华人民共和国治安管理处罚法》的规定给予处罚;情节严重,构成犯罪的,依法追究刑事责任。

一、非法移动、破坏自然保护区界标案的查处

(一)非法移动、破坏自然保护区界标的概念与构成要件

非法移动、破坏自然保护区界标,是指违反自然保护区法律规范,擅自移动、破坏自然保护区界标的行为。其构成要件为:

1. 主体

本行为的主体,既可以是具有行政责任能力的自然人,也可以是单位。

2. 主观方面

本行为主观方面出自故意。

3. 客观方面

本行为客观方面表现为违反自然保护区法律规范,擅自移动、破坏自然保护区界标的行为。

(1)行为人负有法定义务

行为人的法定义务来自《自然保护区条例》第 15 条第 2 款:任何单位和个人,不得擅自移动自然保护区的界标。

(2)行为人具有不履行法定义务的行为

行为人不履行法定义务表现为擅自实施移动、破坏自然保护区界标的行为。根据《自然保护区条例》第 14 条、第 15 条,自然保护区的范围和界线,在兼顾保护对象的完整性和适度性,以及当地经济建设和居民生产、生活需要的基础上,由批准建立自然保护区的人民政府确定,并标明区界,予以公告。因此,这里的"自然保护区界标",是指为确定自然保护区的范围和界线,由批准建立自然保护区的人民政府公开设置,用以标明自然保护区区界的标志性建筑物或者设施。擅自移动,是指未经法定主体的同意,私自挪移自然保护区的界标。其行为必然致使其原有自然保护区的法定界限发生混淆(扩大或者缩小),减弱界标的原有功能,从而影响自然保护区的保护力度。破坏,则是行为人通过砸毁、拆除、焚烧、盗走、砍辟等行为,对自然保护区的界标实施损毁。其行为必然导致自然保护区界标的(标示)功能完全丧失,从而严重影响自然保护区的保护力度。

4. 客体

本行为侵害的客体为国家有关自然保护区界标的保护、管理制度。

(二)非法移动、破坏自然保护区界标案的处理

依据《自然保护区条例》第 34 条第 1 项、第 38 条,非法移动、破坏自然保护区界标行为人应当承担的法律责任包括:(1)由自然保护区管理机构责令其改正,并可以根据不同情节处以 100 元以上 5 000 元以下的罚款。(2)给自然保护区造成损失的,由县级以上人民政府有关自然保护区行政主管部门责令赔偿损失。

二、非法进入自然保护区案的查处

(一)非法进入自然保护区的概念与构成要件

非法进入自然保护区,是指违反自然保护区法律规范,未经批准进入自然保护区的行

为。其构成要件为：

1. 主体

本行为的主体，既可以是具有行政责任能力的自然人（包括外国人），也可以是单位。

2. 主观方面

本行为主观方面出自故意。

3. 客观方面

本行为客观方面表现为违反自然保护区法律规范，未经批准进入自然保护区的行为。

（1）行为人负有法定义务

行为人的法定义务来自《自然保护区条例》第18条、第27条至第29条和第31条的规定。

（2）行为人具有不履行法定义务的行为

《自然保护区条例》将自然保护区划分为核心区、缓冲区和实验区三种区域，并为每种区域设置了相应的批准手续。因此，行为人不履行法定义务的行为具体包括以下情形：

① 未经省级以上人民政府有关自然保护区行政主管部门批准，进入自然保护区的核心区；未经国务院有关自然保护区行政主管部门批准，进入国家级自然保护区核心区。

② 未经自然保护区管理机构批准，进入自然保护区的缓冲区从事非破坏性的科学研究、教学实习和标本采集活动。

③ 未经省、自治区、直辖市人民政府有关自然保护区行政主管部门审核并报国务院有关自然保护区行政主管部门批准，在国家级自然保护区的实验区开展参观、旅游活动；未经省、自治区、直辖市人民政府有关自然保护区行政主管部门批准，在地方级自然保护区的实验区开展参观、旅游活动。

④ 接待单位事先未报经省、自治区、直辖市人民政府有关自然保护区行政主管部门批准，允许外国人进入地方级自然保护；接待单位未报经国务院有关自然保护区行政主管部门批准，允许外国人进入国家级自然保护区。

4. 客体

本行为侵害的客体为自然保护区进入许可的行政管理制度。

（二）非法进入自然保护区案的处理

依据《自然保护区条例》第34条第2项、第38条，非法进入自然保护区行为人应当承担的法律责任包括：（1）由自然保护区管理机构责令其改正，并可以根据不同情节处以100元以上5 000元以下的罚款。（2）给自然保护区造成损失的，由县级以上人民政府有关自然保护区行政主管部门责令赔偿损失。

三、拒不服从自然保护区管理机构管理案的查处

（一）拒不服从自然保护区管理机构管理的概念与构成要件

拒不服从自然保护区管理机构管理，是指违反自然保护区法律规范，在自然保护区内不服从自然保护区管理机构管理的行为。

1. 主体

本行为的主体,既可以是具有行政责任能力的自然人,也可以是单位。

2. 主观方面

本行为主观方面出自故意。

3. 客观方面

本行为客观方面表现为违反自然保护区法律规范,在自然保护区内不服从自然保护区管理机构管理的行为。

(1) 行为人负有法定义务

行为人的法定义务来自《自然保护区条例》第 25 条,即在自然保护区内的单位、居民和经批准进入自然保护区的人员,必须遵守自然保护区的各项管理制度,接受自然保护区管理机构的管理。

(2) 行为人具有不履行法定义务的行为

行为人不履行法定义务表现为在自然保护区内不服从自然保护区管理机构的管理。根据《自然保护区条例》的规定,自然保护区管理机构,是由各级自然保护区行政主管部门在自然保护区内设立的配备专业技术人员的专门管理机构,负责自然保护区的具体管理工作。其中,国家级自然保护区管理机构,由其所在地的省、自治区、直辖市人民政府有关自然保护区行政主管部门或者国务院有关自然保护区行政主管部门依法设立;地方级自然保护区管理机构,由其所在地的县级以上地方人民政府有关自然保护区行政主管部门依法设立。

4. 客体

本行为侵害的客体为自然保护区的行政管理制度。

(二) 拒不服从自然保护区管理机构管理案的处理

依据《自然保护区条例》第 34 条第 2 项、第 38 条,拒不服从自然保护区管理机构管理的行为人,应当承担以下法律责任:(1) 由自然保护区管理机构责令其改正,并可以根据不同情节处以 100 元以上 5 000 元以下的罚款。(2) 给自然保护区造成损失的,由县级以上人民政府有关自然保护区行政主管部门责令赔偿损失。

四、不向自然保护区管理机构提交活动成果副本案的查处

(一) 不向自然保护区管理机构提交活动成果副本的概念与构成要件

不向自然保护区管理机构提交活动成果副本,是指获准在自然保护区的缓冲区从事非破坏性的科学研究、教学实习和标本采集活动的单位或者个人,违反自然保护区法律规范,不向自然保护区管理机构提交活动成果副本的行为。

1. 主体

本行为由获准在自然保护区的缓冲区从事非破坏性的科学研究、教学实习和标本采集活动的单位或者个人构成。

2. 主观方面

本行为主观方面出自故意。

3. 客观方面

本行为客观方面表现为获准在自然保护区的缓冲区从事非破坏性的科学研究、教学实习和标本采集活动的单位或者个人,违反自然保护区法律规范,不向自然保护区管理机构提交活动成果副本的行为。

(1) 行为人负有法定义务

行为人的法定义务来自《自然保护区条例》第28条第2款,即从事非破坏性的科学研究、教学实习和标本采集活动的单位和个人,应当将其活动成果的副本提交自然保护区管理机构。

(2) 行为人具有不履行法定义务的行为

获准在自然保护区的缓冲区从事非破坏性的科学研究、教学实习和标本采集活动的单位或者个人,不向自然保护区管理机构提交活动成果副本。

4. 客体

本行为侵害的客体为自然保护区的行政管理制度。

(二) 不向自然保护区管理机构提交活动成果副本案的处理

依据《自然保护区条例》第34条第3项、第38条,不向自然保护区管理机构提交活动成果副本的行为人,应当承担以下法律责任:(1) 由自然保护区管理机构责令其改正,并可以根据不同情节处以100元以上5 000元以下的罚款。(2) 给自然保护区造成损失的,由县级以上人民政府有关自然保护区行政主管部门责令赔偿损失。

五、破坏自然保护区资源案的查处

(一) 破坏自然保护区资源的概念与构成要件

破坏自然保护区资源,是指行为人违反自然保护区法律规范,在自然保护区实施相应破坏活动的行为。其构成要件为:

1. 主体

本行为的主体,既可以是具有行政责任能力的自然人,也可以是单位。

2. 主观方面

本行为主观方面出自故意。

3. 客观方面

本行为客观方面表现为行为人违反自然保护区法律规范,在自然保护区实施相应破坏活动的行为。

(1) 行为人负有法定义务

行为人的法定义务来自《自然保护区条例》第26条,即禁止在自然保护区内进行砍伐、放牧、狩猎、捕捞、采药、开垦、烧荒、开矿、采石、挖沙等活动;但是,法律、行政法规另有规定的除外。

(2) 行为人具有不履行法定义务的行为

行为人不履行法定义务表现为在自然保护区内实施破坏自然保护区资源的各种活动。具体包括砍伐、放牧、狩猎、捕捞、采药、开垦、烧荒、开矿、采石、挖沙等。

4. 客体

本行为侵害的客体为自然保护区资源保护管理制度。

(二) 破坏自然保护区资源案的处理

依据《自然保护区条例》第35条、第38条,破坏自然保护区资源行为人应当承担的法律责任包括:(1) 在自然保护区进行砍伐、放牧、狩猎、捕捞、采药、开垦、烧荒、开矿、采石、挖沙等活动的单位和个人,除可以依照有关法律、行政法规规定给予处罚的以外;(2) 由县级以上人民政府有关自然保护区行政主管部门或者其授权的自然保护区管理机构没收违法所得,责令停止违法行为,限期恢复原状或者采取其他补救措施;(3) 对自然保护区造成破坏的,可以处以300元以上10 000元以下的罚款;(4) 给自然保护区造成损失的,由县级以上人民政府有关自然保护区行政主管部门责令赔偿损失。

六、妨害对自然保护区的监督检查案的查处

(一) 妨害对自然保护区的监督检查的概念与构成要件

妨害对自然保护区的监督检查,是指自然保护区管理机构违反自然保护区法律规范,拒绝自然保护区行政主管部门依法对自然保护区的监督检查或者在被检查时弄虚作假的行为。其构成要件为:

1. 主体

本行为的主体只能由自然保护区管理机构构成。

2. 主观方面

本行为主观方面出自故意。

3. 客观方面

本行为在客观方面表现为自然保护区管理机构违反自然保护区法律规范,拒绝自然保护区行政主管部门依法对自然保护区的监督检查或者在被检查时弄虚作假的行为。

(1) 行为人负有法定义务

行为人的法定义务来自《自然保护区条例》第20条:即县级以上人民政府环境保护行政主管部门有权对本行政区域内各类自然保护区的管理进行监督检查;县级以上人民政府有关自然保护区行政主管部门有权对其主管的自然保护区的管理进行监督检查。被检查的单位应当如实反映情况,提供必要的资料。检查者应当为被检查的单位保守技术秘密和业务秘密。

(2) 行为人具有不履行法定义务的行为

行为人不履行法定义务表现为拒绝自然保护区行政主管部门依法对自然保护区的监督检查,或者在被检查时弄虚作假。

4. 客体

本行为侵害的客体为国家对自然保护区实施监督检查的管理制度。

(二) 妨害对自然保护区的监督检查案的处理

依据《自然保护区条例》第36条,妨害对自然保护区的监督检查行为人应当承担的法律

责任为,由县级以上人民政府环境保护行政主管部门或者有关自然保护区行政主管部门给予300元以上3 000元以下的罚款。

第二节 违反野生植物保护条例案件的查处

根据《野生植物保护条例》第4章"法律责任"的相关条款,违反野生植物保护法行为主要有以下5种:(1)非法采集国家重点保护野生植物;(2)非法出售、收购国家重点保护野生植物;(3)伪造、倒卖、转让国家重点保护野生植物证件;(4)外国人非法采集、收购国家重点保护野生植物;(5)外国人非法考察国家重点保护野生植物。根据《野生植物保护条例》第8条及第23条至第27条规定,有权查处野生植物行政案件的法定主体,主要有以下3类。第一类是野生植物行政主管部门。具体包括:(1)林业行政主管部门;(2)农业行政主管部门;(3)建设行政部门;(4)环境保护部门;(5)依照职务分工负责有关的野生植物保护工作的其他有关部门;(6)省、自治区、直辖市人民政府根据当地具体情况规定的县级以上地方人民政府负责野生植物管理工作的部门。第二类是工商行政管理部门。第三类是海关。这里介绍的违反野生植物保护法案件,均属林业行政主管部门有权查处的案件。依据《行政处罚法》第18条,只有受到县级以上地方人民政府林业主管部门的行政委托,森林公安机关才能以且应当以林业主管部门的名义,依法查处上述案件。没有林业主管部门的行政委托,森林公安机关不得查处上述案件。

一、非法采集国家重点保护野生植物案的查处

(一)非法采集国家重点保护野生植物的概念与构成要件

非法采集国家重点保护野生植物,是指违反野生植物保护法律规范,未取得采集证或者未按照采集证的规定采集国家重点保护野生植物,尚未达到刑事立案标准的行为。其构成要件为:

1. 主体

本行为的主体,既可以是具有行政责任能力的自然人,也可以是单位。

2. 主观方面

本行为主观方面出自故意。

3. 客观方面

本行为在客观方面表现为违反野生植物保护法律规范,未取得采集证或者未按照采集证的规定采集国家重点保护野生植物,尚未达到刑事立案标准的行为。

(1)行为人负有法定义务

行为人必须履行的法定义务来自《野生植物保护条例》第16条、第17条。具体包括:① 禁止采集国家一级保护野生植物。因科学研究、人工培育、文化交流等特殊需要,采集国家一级保护野生植物的,必须经采集地的省、自治区、直辖市人民政府野生植物行政主管部门签署意见后,向国务院野生植物行政主管部门或者其授权的机构申请采集证。② 采集国

家二级保护野生植物的,必须经采集地的县级人民政府野生植物行政主管部门签署意见后,向省、自治区、直辖市人民政府野生植物行政主管部门或者其授权的机构申请采集证。③ 采集城市园林或者风景名胜区内的国家一级或者二级保护野生植物的,须先征得城市园林或者风景名胜区管理机构同意,分别依照前述①、②两项的规定申请采集证。采集珍贵野生树木或者林区内、草原上的野生植物的,依照《森林法》、《草原法》的规定办理。④ 采集国家重点保护野生植物的单位和个人,必须按照采集证规定的种类、数量、地点、期限和方法进行采集。

(2) 行为人具有不履行法定义务的行为

不履行法定义务的行为表现为对国家重点保护野生植物实施非法采集。"非法采集"有两种情形:① 未依法取得采集证,采集国家重点保护野生植物;② 虽依法取得采集证,但未按照采集证规定的种类、数量、地点、期限和方法采集国家重点保护野生植物。采集的方式包括行为人使用油锯、斧头、推土车、挖掘机、铁锹(铲、棍、镐)等各种工具,对国家重点保护植物实施推、压、挖、刨、掘、砍、锯等各种活动。这里的"国家重点保护野生植物",即《野生植物保护条例》所保护的野生植物,是指原生地天然生长的珍贵植物和原生地天然生长并具有重要经济、科学研究、文化价值的濒危、稀有植物。国家重点保护野生植物,分为国家一级保护野生植物和国家二级保护野生植物。国家重点保护野生植物名录,由国务院林业行政主管部门、农业行政主管部门商国务院环境保护、建设等有关部门制定,报国务院批准公布。早在1992年10月8日,林业部就公布了《国家珍贵树种名录》,其中一级珍贵树种37种,二级珍贵树种95种。① 根据《国务院关于〈国家重点保护野生植物名录(第一批)〉的批复》,② 国家林业局、农业部联合发布了《国家重点保护野生植物名录(第一批)》。③ 其中,"一级48种,另3属(所有种);二级198种,另2科(所有种)、3属(所有种)。总数为246种另6属(所有种),2科(所有种)。"④

(3) 尚未达到刑事立案标准

根据"林安发〔2001〕156号"第2条第4项,"非法采伐、毁坏珍贵树木的应当立案"。据此,此类案件应当首先作为刑事案件由森林公安机关立案侦查,没有森林公安机关的地方,由地方公安机关立案查处。只有情节显著轻微危害不大,不构成犯罪时,方可作为行政案件处理。

4. 客体

本行为侵害的客体为国家有关野生植物资源采集的行政许可管理制度。

(二) 非法采集国家重点保护野生植物的行政认定

非法采集国家重点保护野生植物的行政认定,是指对非法采集国家重点保护野生植物行为的行政违法性质的确认。其本质是非法采集国家重点保护野生植物行为的罪与非罪。《中华人民共和国刑法修正案(四)》已经将刑法第344条修改为"违反国家规定,非法采伐、

---

① 参见叶胜荣、杨幼平、陈龙你、周剑:《森林公安办案指南》,中国林业出版社2004年1月,第114页。
② 《国务院关于〈国家重点保护野生植物名录(第一批)〉的批复》(国函〔1999〕92号1999年8月4日)。
③ 《国家重点保护野生植物名录(第一批)》(1999年9月9日起施行 国家林业局、农业部令第4号)。
④ 李炳凯:《正确归纳"国家重点保护野生植物(第一批)"种类》,《华东森林经理》2006年第1期,第44-45页。

毁坏珍贵树木或者国家重点保护的其他植物的,或者非法收购、运输、加工、出售珍贵树木或者国家重点保护的其他植物及其制品的,处3年以下有期徒刑、拘役或者管制,并处罚金;情节严重的,处3年以上7年以下有期徒刑,并处罚金"。① 其中,"珍贵树木"是指国家重点保护的野生植物中的木本植物。根据"法释〔2000〕36号",珍贵树木包括:(1)由省级以上林业主管部门或者其他部门确定的具有重大历史纪念意义、科学研究价值或者年代久远的古树名木;(2)国家禁止、限制出口的珍贵树木;(3)列入国家重点保护野生植物名录的树木。"国家重点保护的其他植物"是指除珍贵树木以外的受国家重点保护的野生植物。根据《最高人民检察院、公安部关于公安机关管辖的刑事案件立案追诉标准的规定(一)》②的规定,"国家重点保护的其他植物"是指列入《国家重点保护野生植物名录》的树木以外的其他植物。③

刑法第344条规定之罪属于行为犯。行为人一旦实施非法采伐、毁坏珍贵树木或者国家重点保护的其他植物的行为,即可构成犯罪。"采伐"、"毁坏"属于选择性行为,可分别构成非法采伐国家重点保护植物罪、非法毁坏国家重点保护植物罪;同时实施两个行为时,方才构成非法采伐、毁坏国家重点保护植物罪。"林安发〔2001〕156号"第2条第4项规定,"非法采伐、毁坏珍贵树木的应当立案"。"公通字〔2008〕36号"第70条第1款也规定,"非法采伐、毁坏珍贵树木或者国家重点保护的其他植物的,应予立案追诉。"据此,非法采集国家重点保护野生植物案件应当首先作为刑事案件立案侦查,只有属于《刑法》第13条规定的"情节显著轻微危害不大不认为是犯罪"的情形,方可作为行政案件立案查处,特别指出,这里的行政案件可能会因采集对象的不同,而分为各种类型,处理的方式当然也不相同。例如,采集的对象是"由省级以上林业主管部门或者其他部门确定的具有重大历史纪念意义、科学研

---

① 《刑法》第344条未修改前的规定为"违反森林法的规定,非法采伐、毁坏珍贵树木的,处3年以下有期徒刑、拘役或者管制,并处罚金;情节严重的,处3年以上7年以下有期徒刑,并处罚金"。《刑法修正案(四)》修改有3点:一是将"违反森林法的规定"修改为"违反国家规定"。据此,行为人采集国家重点保护植物时,除应当遵守森林法以外,还应当遵守其他法律和行政法规的规定。如《草原法》、《野生植物保护条例》、《野生药材资源保护管理条例》等;二是在"采伐、毁坏"的基础上,增加了"收购、运输、加工、出售"4种行为方式;三是将采伐、毁坏的犯罪对象由"珍贵树木"扩大到"国家重点保护的其他植物",将"收购、运输、加工、出售"的犯罪对象设定为"珍贵树木或者国家重点保护的其他植物及其制品"。

② 《最高人民检察院、公安部关于公安机关管辖的刑事案件立案追诉标准的规定(一)》(2008年6月25日公通字〔2008〕36号公布 自公布之日起施行)。
第70条 非法采伐、毁坏国家重点保护植物案(刑法第344条)
违反国家规定,非法采伐、毁坏珍贵树木或者国家重点保护的其他植物的,应予立案追诉。
本条和本规定第71条规定的"珍贵树木或者国家重点保护的其他植物",包括由省级以上林业主管部门或者其他部门确定的具有重大历史纪念意义、科学研究价值或者年代久远的古树名木,国家禁止、限制出口的珍贵树木以及列入《国家重点保护野生植物名录》的树木或者其他植物。
第71条 非法收购、运输、加工、出售国家重点保护植物、国家重点保护植物制品案(刑法第344条)
违反国家规定,非法收购、运输、加工、出售珍贵树木或者国家重点保护的其他植物及其制品的,应予立案追诉。

③ 值得讨论的是,下列对象是否也应列入"国家重点保护的其他植物"的保护范围。一是由省级以上林业主管部门或者其他部门确定的具有重大历史纪念意义、科学研究价值或者年代久远的古树名木以外的其他植物;二是国家禁止、限制出口的珍贵树木以外的其他植物;三是《濒危野生动植物种国际贸易公约》附录一、附录二所列的树木以外的其他植物。

究价值或者年代久远的古树名木"时,则应当依据相关法律规范,如《城市绿化条例》第27条①,或有关古树名木的地方法律②等,而不应当适用《野生植物保护条例》第23条,对该违法行为进行立案查处。当采集的对象是"原生地天然生长的珍贵植物"或"原生地天然生长并具有重要经济、科学研究、文化价值的濒危、稀有植物"时,则应当依据《野生植物保护条例》第23条予以立案查处,等等。

(三) 非法采集国家重点保护野生植物案的处理

根据《野生植物保护条例》第23条,非法采集国家重点保护野生植物行为人应当承担的法律责任包括:(1) 由野生植物行政主管部门没收所采集的野生植物和违法所得,可以并处违法所得10倍以下的罚款;(2) 有采集证的,并可以吊销采集证。

根据《野生植物保护条例》第30条的规定,依法没收的野生植物实物,由作出没收决定的机关按照国家有关规定处理。目前,我国既没有处理野生植物的死体或者标本的规定,也没有处理活体野生植物的专门规定。现阶段,对没收的活体野生植物,作出没收决定的林业主管部门,可以暂时按照《关于加强活体野生动植物进出口管理的通知》③(简称"濒办字〔1996〕40号")的规定,作出相应的处理。

(四) 相关问题研讨

问题:行为人构成非法采集国家重点保护野生植物行为,是否以明知其所采集的野生植物属于国家重点保护野生植物为前提?

非法采伐、毁坏国家重点保护植物罪属于行为犯。只有非法采伐、毁坏国家重点保护植物行为不构成犯罪时,才应当以非法采集国家重点保护野生植物行为论处。两种行为的构成要件具有同构性。因此,本问题可转化为:行为人构成非法采伐、毁坏国家重点保护野生植物罪,是否以明知其所采集的野生植物属于国家重点保护野生植物为前提?

非法采伐、毁坏国家重点保护野生植物罪在主观方面以故意为必备要件,表现为行为人无采集证或者虽持有采集证但违背其内容,故意非法采伐、毁坏国家重点保护野生植物。行为人只需概括地明知行为对象为国家重点保护野生植物——珍贵树木或者国家重点保护的其他植物,即可构成本罪。行为人是否了解有关野生植物保护的法律规范,是否了解行为对象的保护级别,采伐、毁坏的国家重点保护野生植物是否确实属于古树、名木或者国家重点保护的其他植物等都不影响本罪的成立。行为人如果不明知行为对象为国家重点保护野生

---

① 《城市绿化条例》第27条

违反本条例规定,有下列行为之一的,由城市人民政府城市绿化行政主管部门或者其授权的单位责令停止侵害,可以并处罚款;造成损失的,应当负赔偿责任;应当给予治安管理处罚的,依照《中华人民共和国治安管理处罚法》的有关规定处罚;构成犯罪的,依法追究刑事责任:

(一) 损坏城市树木花草的;

(二) 擅自修剪或者砍伐城市树木的;

(三) 砍伐、擅自迁移古树名木或者因养护不善致使古树名木受到损伤或者死亡的;

(四) 损坏城市绿化设施的。

② 《湖北省古树名木保护管理办法》(2010年5月17日省人民政府常务会议审议通过 2010年5月31日公布 自2010年8月1日起施行)。

③ 《关于加强活体野生动植物进出口管理的通知》(1996年2月28日濒办字〔1996〕40号)。

植物,不可能构成非法采伐、毁坏国家重点保护植物罪,也不可能构成非法采集国家重点保护野生植物的行为。应当注意区分以下两种情形:(1) 行为人误将普通树木或者其他植物当作珍贵树木或者国家重点保护的其他植物进行采伐、毁坏的,属于刑法上的对象不能犯,构成非法采伐、毁坏国家重点保护植物罪的未遂形态,可以比照既遂犯从轻或者减轻处罚;符合《刑法》第13条规定情形的,则可以非法采集国家重点保护野生植物定性,给予相应的行政处罚。(2) 行为人盗伐或者滥伐林木时误将珍贵树木当作普通树木采伐的,则不构成非法采伐、毁坏国家重点保护野生植物罪,也不构成非法采集国家重点保护野生植物的行为。根据采伐数量的多少和地点的不同,依法认定为犯罪——盗伐林木罪、滥伐林木罪或者盗窃罪,或者认定为林业行政违法行为——盗伐或者滥伐林木,或者认定为公安行政违法行为——盗窃。

根据故意的意志因素的不同,非法采伐、毁坏国家重点保护野生植物罪的故意包括直接故意和间接故意两种类型。直接故意是指行为人明知自己的行为必然或者可能发生危害社会的结果,并且希望这种结果发生的心理态度。例如,行为人为了获得珍贵树木,连续几周偷偷把农药倒在树根下,等树被慢慢毒死后再获取。间接故意是指行为人明知自己的行为可能发生危害社会的结果,并且放任这种结果发生的心理态度。如行为人在自然保护区滥伐林木时,明知自然保护区分布有大片珍贵树木,但不确知其具体的分布范围以及树种的保护级别,却仍然实施采伐行为,放任珍贵树木被采伐的结果发生。此类情形下的行为人对非法采伐珍贵树木具有间接故意,应当构成本罪。

过失不构成非法采伐、毁坏国家重点保护野生植物罪,如被雇佣人员在不明真相的情形下采集了国家重点保护植物,即属于过失采伐行为,不构成犯罪,也不构成非法采集国家重点保护野生植物。此外,行为人的动机和目的并不是非法采伐、毁坏国家重点保护野生植物罪的必备要件,但量刑时可予以适当考量。

二、非法出售、收购国家重点保护野生植物案的查处

(一)非法出售、收购国家重点保护野生植物的概念与构成要件

非法出售、收购国家重点保护野生植物,是指违反野生植物保护法律规范,未经批准擅自出售、收购国家重点保护野生植物,尚未达到刑事立案标准的行为。其构成要件为:

1. 主体

本行为的主体,既可以是具有行政责任能力的自然人,也可以是单位。

2. 主观方面

本行为主观方面出自故意。行为人只需概括地明知行为对象为国家重点保护野生植物——珍贵树木或者国家重点保护的其他植物,即可构成本行为。行为人是否了解有关野生植物保护的法律规范,是否了解行为对象的保护级别,收购、出售的国家重点保护野生植物是否确实属于古树、名木或者国家重点保护的其他植物等都不影响本行为的成立。

3. 客观方面

本行为客观方面表现为违反野生植物保护法律规范,未经批准擅自出售、收购国家重点保护野生植物的行为。

(1) 行为人负有法定义务

行为人必须履行的法定义务来自《野生植物保护条例》第 18 条,即① 禁止出售、收购国家一级保护野生植物。② 出售、收购国家二级保护野生植物的,必须经省、自治区、直辖市人民政府野生植物行政主管部门或者其授权的机构批准。

(2) 行为人具有不履行法定义务的行为

行为人不履行法定义务表现为四种情形:① 出售国家一级保护野生植物;② 收购国家一级保护野生植物;③ 未经批准出售国家二级保护野生植物;④ 未经批准收购国家二级保护野生植物。收购,是指以营利、自用等为目的的购买行为;出售,是指出卖的行为。

(3) 尚未达到刑事立案标准

《中华人民共和国刑法修正案(四)》规定,"违反国家规定……非法收购、运输、加工、出售珍贵树木或者国家重点保护的其他植物及其制品的,处 3 年以下有期徒刑、拘役或者管制,并处罚金;情节严重的,处 3 年以上 7 年以下有期徒刑,并处罚金"。据此,非法出售、收购国家重点保护野生植物案件应当首先作为刑事案件立案侦查。只有情节显著轻微危害不大,不构成犯罪时,方可作为行政案件处理。

4. 客体

本行为侵害的客体为国家有关野生植物资源经营的行政管理制度。

(二) 非法出售、收购国家重点保护野生植物案的处理

根据《野生植物保护条例》第 24 条,非法出售、收购国家重点保护野生植物行为人应当承担的法律责任为:由工商行政管理部门或者野生植物行政主管部门按照职责分工没收野生植物和违法所得,可以并处违法所得 10 倍以下的罚款。

没收的国家重点保护野生植物实物,由作出没收决定的机关按照"濒办字〔1996〕40 号"的有关规定,作出相应的处理。

(三) 相关问题研讨

1. 运输国家重点保护野生植物或者其制品如何处理

运输,是指采用携带、邮寄、利用他人、使用交通工具等各种方法,将物品在不同地点间进行运送的行为。运输行为是否违法,取决于法律的明确规定。我们认为,运输国家重点保护野生植物或者其制品是否违法,可以从以下几个方面考虑:

(1) 就国家重点保护野生植物或者其制品的运输而言,我国目前既无相关法律,也无其他行政法规作出明确规制。专门保护野生植物资源的行政法规——《野生植物保护条例》,虽就国家重点保护野生植物的采集、出售、收购、进出口作出明确规范,但仍没有对野生植物或者其制品的运输作出规定。因此,运输国家重点保护野生植物或者其制品,不属于也不构成违反野生植物保护法律规范的违法行为,不应当受到野生植物行政主管部门的行政处罚。

(2) 就木材的运输而言,《森林法》则有明确规定。《森林法实施条例》第 34 条第 3 款规定,"木材,是指原木、锯材、竹材、木片和省、自治区、直辖市规定的其他木材"。《森林法》第 37 条规定,"从林区运出木材,必须持有林业主管部门发给的运输证件,国家统一调拨的木材除外"。因此,行为人运输国家重点保护野生植物或者其制品的行为是否构成违法,有以下两种可能:第一,运输国家重点保护野生植物中的珍贵树木或者其制品。如果将珍贵树木

或者其制品视为木材,那么,行为人也只有在运输珍贵树木或者其制品出林区但未办理木材运输许可证时,才有可能构成违反森林法的行为——无木材运输证运输木材,才应当受到林业主管部门依据《森林法实施条例》第44条第1款所作出的林业行政处罚;如果行为人办理了木材运输证或者没有运输珍贵树木或者其制品出林区,该运输行为则不可能构成违法行为。第二,运输珍贵树木以外的国家重点保护的其他植物或者其制品的行为。根据前文分析,相关法律、行政法规对运输国家重点保护野生植物或者其制品并无规定,因此,依据"法不禁止即自由"的基本法理,运输珍贵树木以外的国家重点保护的其他植物或者其制品的行为,不可能构成违法行为。

(3) 如果地方性法规或者地方政府规章明确规定运输国家重点保护野生植物或者其制品的行为属于违法行为,那么该行为应当按照该地方的法律规范的规定定性处罚。但必须指出,根据《刑法》第96条有关"本法所称违反国家规定,是指违反全国人民代表大会及其常务委员会制定的法律和决定,国务院制定的行政法规、规定的行政措施、发布的决定和命令"的规定,即使运输国家重点保护植物或者其制品的行为违反了地方性法规或者地方政府规章的规定,构成非法运输国家重点保护植物或者其制品的行政违法行为,也不可能构成非法运输国家重点保护野生植物罪,或者非法运输国家重点保护野生植物制品罪。

2. 加工国家重点保护野生植物或者其制品如何处理

加工,是指利用原材料制造产品的行为。加工行为是否违法,取决于法律的明确规定。我们认为,加工国家重点保护野生植物或者其制品是否违法,可以从以下几个方面考虑:

(1) 就国家重点保护野生植物或者其制品的加工而言,作为专门保护野生植物资源的行政法规,《野生植物保护条例》没有对野生植物的加工作出规定,目前也没有其他法律和行政法规对国家重点保护野生植物或者其制品的加工作出明确规制。因此,加工国家重点保护野生植物或者其制品,不属于也不构成违反野生植物保护法律规范的违法行为,不应当受到野生植物行政主管部门的行政处罚。

(2) 就木材的加工而言,《森林法》则有明确规定。《森林法》第36条规定,"林区木材的经营和监督管理办法,由国务院另行规定"。《森林法实施条例》第34条第1款规定,"在林区经营(含加工)木材,必须经县级以上人民政府林业主管部门批准"。因此,行为人加工国家重点保护野生植物或者其制品的行为是否构成违法,有以下两种可能:第一,加工国家重点保护野生植物中的珍贵树木或者其制品。如果将珍贵树木或者其制品视为木材,那么,行为人也只有在林区加工珍贵树木或者其制品但未办理木材经营许可证时,才有可能构成违反森林法的行为——非法经营(含加工)木材,才应当受到林业主管部门依据《森林法实施条例》第40条所作出的林业行政处罚;如果行为人办理了木材经营许可证或者其加工珍贵树木或者其制品的行为并未发生在林区,该加工行为则不可能构成违法行为。第二,加工珍贵树木以外国家重点保护的其他植物或者其制品的行为。根据前文分析,相关法律、行政法规对加工国家重点保护野生植物或者其制品并无规定,因此,依据"法不禁止即自由"的基本法理,加工珍贵树木以外国家重点保护的其他植物或者其制品的行为,不可能构成违法行为。

(3) 如果地方性法规或者地方政府规章明确规定加工国家重点保护野生植物或者其制品的行为属于违法行为,那么该行为应当按照该地方的法律规范的规定定性处罚。但必须指出,根据《刑法》第96条有关"本法所称违反国家规定,是指违反全国人民代表大会及其常务委员会制定的法律和决定,国务院制定的行政法规、规定的行政措施、发布的决定和命令"的规定,即使加工国家重点保护植物或者其制品的行为违反了地方性法规或者地方政府规章的规定,构成非法加工国家重点保护植物或者其制品的行政违法行为,也不可能构成非法加工国家重点保护野生植物罪或者非法加工国家重点保护野生植物制品罪。

三、伪造、倒卖、转让国家重点保护野生植物证件案的查处

(一)伪造、倒卖、转让国家重点保护野生植物证件的概念与构成要件

伪造、倒卖、转让国家重点保护野生植物证件,是指违反野生植物保护法律规范,伪造、倒卖、转让国家重点保护野生植物采集证、允许进出口证明书或者有关批准文件、标签,尚未达到刑事立案标准的行为。其构成要件为:

1. 主体

本行为的主体,既可以是具有行政责任能力的自然人,也可以是单位。

2. 主观方面

本行为主观方面出自故意。

3. 客观方面

本行为客观方面表现为违反野生植物保护法律规范,伪造、倒卖、转让国家重点保护野生植物证件(包括采集证、允许进出口证明书或者有关批准文件、标签),尚未达到刑事立案标准的行为。

(1)行为人负有法定义务

行为人必须履行的法定义务来自《野生植物保护条例》第 26 条:法律禁止对采集证、允许进出口证明书或者有关批准文件、标签实施伪造、倒卖或者转让。

(2)行为人具有不履行法定义务的行为

不履行法定义务的行为表现为:伪造、倒卖、转让国家重点保护野生植物采集证、允许进出口证明书或者有关批准文件、标签。

采集证,是指国务院野生植物行政主管部门或者其授权的机构核发的允许采集国家一级保护野生植物和省、自治区、直辖市人民政府野生植物行政主管部门或者其授权的机构核发的允许采集国家二级保护野生植物的法律文件。

允许进出口证明书或者标签,是指经进出口者所在地的省、自治区、直辖市人民政府野生植物行政主管部门审核,报国务院野生植物行政主管部门批准,并取得国家濒危物种进出口管理机构核发的出口国家重点保护野生植物或者进出口中国参加的国际公约所限制进出口的野生植物的法律文件。

有关批准文件,是指省、自治区、直辖市人民政府野生植物行政主管部门或者其授权的机构批准的出售、收购国家二级保护野生植物的法律文件,以及国务院野生植物行政主管部门或者其授权的机构批准外国人在中国境内对国家重点保护野生植物进行野外考察的法律文书等。

4. 客体

本行为侵害的客体为国家有关国家机关公文、证件、印章管理的法律制度。

(二) 伪造、倒卖、转让国家重点保护野生植物证件案的处理

根据《野生植物保护条例》第 26 条,伪造、倒卖、转让国家重点保护野生植物证件行为人应当承担的法律责任为:由野生植物行政主管部门或者工商行政管理部门按照职责分工收缴,没收违法所得,可以并处 5 万元以下的罚款。

四、外国人非法采集、收购国家重点保护野生植物案的查处

(一) 外国人非法采集、收购国家重点保护野生植物的概念与构成要件

外国人非法采集、收购国家重点保护野生植物,是指违反野生植物保护法律规范,在中国境内采集、收购国家重点保护野生植物的行为。其构成要件为:

1. 主体

本行为主体只能由外国人构成。

2. 主观方面

本行为主观方面出自故意。

3. 客观方面

本行为在客观方面表现为违反野生植物保护法律规范,在中国境内实施采集、收购国家重点保护野生植物的行为。

(1) 行为人负有法定义务

行为人的法定义务来自《野生植物保护条例》第 21 条,即外国人不得在中国境内采集或者收购国家重点保护野生植物。

(2) 行为人具有不履行法定义务的行为

不履行法定义务的行为表现为:未经法定主体同意或者批准,在中国境内实施采集、收购国家重点保护野生植物。

4. 客体

本行为侵害的客体为国家有关外国人采集、收购野生植物的行政管理制度。

(二) 外国人非法采集、收购国家重点保护野生植物的处理

根据《野生植物保护条例》第 27 条,外国人在中国境内采集、收购国家重点保护野生植物,由野生植物行政主管部门没收所采集、收购的野生植物,可以并处 5 万元以下的罚款。

没收的国家重点保护野生植物实物,由野生植物行政主管部门按照"濒办字〔1996〕40号"的有关规定,作出相应的处理。

五、外国人非法考察国家重点保护野生植物案的查处

(一) 外国人非法考察国家重点保护野生植物的概念与构成要件

外国人非法考察国家重点保护野生植物,是指违反野生植物保护法律规范,未经批准在中国境内对国家重点保护野生植物进行野外考察的行为。其构成要件为:

1. 主体

本行为主体只能由外国人构成。

2. 主观方面

本行为主观方面出自故意。

3. 客观方面

本行为客观方面表现为违反野生植物保护法律规范,未经批准在中国境内对国家重点保护野生植物进行野外考察的行为。

(1) 行为人负有法定义务

行为人必须履行的法定义务来自《野生植物保护条例》第21条第2款,即外国人在中国境内对国家重点保护野生植物进行野外考察的,必须向国家重点保护野生植物所在地的省、自治区、直辖市人民政府野生植物行政主管部门提出申请,经其审核后,报国务院野生植物行政主管部门或者其授权的机构批准;直接向国务院野生植物行政主管部门提出申请的,国务院野生植物行政主管部门在批准前,应当征求有关省、自治区、直辖市人民政府野生植物行政主管部门的意见。

(2) 行为人具有不履行法定义务的行为

不履行法定义务的行为表现为,未经批准在中国境内对国家重点保护野生植物实施野外考察。

4. 客体

本行为侵害的客体为国家有关外国人考察野生植物的行政管理制度。

(二) 外国人非法考察国家重点保护野生植物案的处理

根据《野生植物保护条例》第27条规定,外国人非法考察国家重点保护野生植物的,由野生植物行政主管部门没收其考察资料,可以并处5万元以下的罚款。

第三节 违反野生药材资源保护管理条例案件的查处

根据《野生药材资源保护管理条例》第18条至第21条的相关条款,违反野生药材资源保护管理法行为包括以下8类:(1) 非法采猎一级保护野生药材物种;(2) 违反计划采猎、收购二、三级保护野生药材物种;(3) 非法采猎二、三级保护野生药材物种;(4) 无证采猎二、三级保护野生药材物种;(5) 非法进入野生药材资源保护区;(6) 非法出口一级保护野生药材物种;(7) 非法经营野生药材物种;(8) 非法出口二、三级保护野生药材物种药用部分。根据《野生药材资源保护管理条例》第5条及第19条、第20条规定,有权查处野生药材资源行政案件的法定主体,主要有以下行政机关:(1) 医药管理部门;(2) 野生植物管理部门;(3) 野生动物管理部门;(4) 工商行政管理部门;(5) 自然保护区主管部门。这里仅介绍林业主管部门(即野生动物、野生植物管理部门)有权查处的第(1)项至第(5)项案件。第(6)项至第(8)项案件,因林业主管部门无权管辖不作介绍。另外,依据《行政处罚法》第18条,只有受到县级以上地方人民政府林业主管部门的行政委托,森林公安机关才能以且应当以林业主管部门的名义,依法查处上述案件。没有林业主管部门的行政委托,森林公安机关不得查处上述案件。

一、非法采猎一级保护野生药材物种案的查处

（一）非法采猎一级保护野生药材物种的概念与构成要件

非法采猎一级保护野生药材物种，是指违反野生药材资源保护法律规范，采猎一级保护野生药材物种，尚未达到刑事立案标准的行为。其构成要件为：

1. 主体

本行为的主体，既可以是具有行政责任能力的自然人，也可以是单位。

2. 主观方面

本行为主观方面出自故意。

3. 客观方面

本行为客观方面表现为违反野生药材资源保护法律规范，采猎一级保护野生药材物种，尚未达到刑事立案标准的行为。

（1）行为人负有法定义务

行为人必须履行的法定义务来自《野生药材资源保护管理条例》第6条，即禁止采猎一级保护野生药材物种。根据《野生药材资源保护管理条例》第4条的规定，国家重点保护的野生药材物种分为三级。其中，一级是指濒临灭绝状态的稀有珍贵野生药材物种（以下简称一级保护野生药材物种）。

（2）行为人具有不履行法定义务的行为

行为人不履行法定义务的行为表现为，对一级保护野生药材物种实施采猎。

（3）尚未达到刑事立案标准。

4. 客体

本行为侵害的客体为野生药材资源保护管理制度。

（二）非法采猎一级保护野生药材物种案的处理

根据《野生药材资源保护管理条例》第18条和第6条，非法采猎一级保护野生药材物种行为人应当承担的法律责任为：由当地县级以上医药管理部门会同同级有关部门没收其非法采猎的野生药材及使用工具，并处以罚款。

二、违反计划采猎、收购二、三级保护野生药材物种案的查处

（一）违反计划采猎、收购二、三级保护野生药材物种的概念与构成要件

违反计划采猎、收购二、三级保护野生药材物种，是指违反野生药材资源保护法律规范，不按照野生药材资源保护管理部门批准的计划采猎、收购二、三级保护野生药材物种的行为。其构成要件为：

1. 主体

本行为的主体，既可以是具有行政责任能力的自然人，也可以是单位。

2. 主观方面

本行为主观方面出自故意。

3. 客观方面

本行为客观方面表现为违反野生药材资源保护法律规范,不按照野生药材资源保护管理部门批准的计划采猎、收购二、三级保护野生药材物种的行为。

(1) 行为人负有法定义务

行为人必须履行的法定义务来自《野生药材资源保护管理条例》第 7 条,即采猎、收购二、三级保护野生药材物种的,必须按照批准的计划执行。该计划由县以上(含县,下同)医药管理部门(含当地人民政府授权管理该项工作的有关部门,下同)会同同级野生动物、植物管理部门制订;报上一级医药管理部门批准。根据《野生药材资源保护管理条例》第 4 条的规定,国家重点保护的野生药材物种分为三级。其中:二级是指分布区域缩小、资源处于衰竭状态的重要野生药材物种(以下简称"二级保护野生药材物种");三级是指资源严重减少的主要常用野生药材物种(以下简称"三级保护野生药材物种")。

(2) 行为人具有不履行法定义务的行为

行为人不履行法定义务的行为表现为,不按照野生药材资源保护管理部门批准的计划对二、三级保护野生药材物种实施采猎、收购。

4. 客体

本行为侵害的客体为野生药材资源保护管理制度。

(二) 违反计划采猎、收购二、三级保护野生药材物种案的处理

根据《野生药材资源保护管理条例》第 18 条和第 7 条,违反计划采猎、收购二、三级保护野生药材物种行为人应当承担的法律责任为:由当地县级以上医药管理部门会同同级有关部门没收其非法采猎的野生药材及使用工具,并处以罚款。

三、非法采猎二、三级保护野生药材物种案的查处

(一) 非法采猎二、三级保护野生药材物种的概念与构成要件

非法采猎二、三级保护野生药材物种,是指违反野生药材资源保护法律规范,在禁止采猎区、禁止采猎期或者使用禁用工具,实施采猎二、三级保护野生药材物种的行为。其构成要件为:

1. 主体

本行为的主体,既可以是具有行政责任能力的自然人,也可以是单位。

2. 主观方面

本行为主观方面出自故意。

3. 客观方面

本行为客观方面的表现为违反野生药材资源保护法律规范,在禁止采猎区、禁止采猎期或者使用禁用工具,实施采猎二、三级保护野生药材物种的行为。

(1) 行为法具有法定义务

行为人必须履行的法定义务来自《野生药材资源保护管理条例》第 8 条,即采猎二、三级保护野生药材物种的,不得在禁止采猎区、禁止采猎期进行采猎,不得使用禁用工具进行采猎。禁止采猎区、禁止采猎期和禁止使用的工具,由县级以上医药管理部门会同同级野生动

物、植物管理部门确定。

(2) 行为人具有不履行法定义务的行为

行为人不履行法定义务的行为表现为,在禁止采猎区、禁止采猎期或者使用禁用工具,对二、三级保护野生药材物种实施采猎。

4. 客体

本行为侵害的客体为野生药材资源保护管理制度。

(二) 非法采猎二、三级保护野生药材物种案的处理

根据《野生药材资源保护管理条例》第18条和第8条,非法采猎二、三级保护野生药材物种行为人应当承担的法律责任为:由当地县级以上医药管理部门会同同级有关部门没收其非法采猎的野生药材及使用工具,并处以罚款。

四、无证采猎二、三级保护野生药材物种案的查处

(一) 无证采猎二、三级保护野生药材物种的概念与构成要件

无证采猎二、三级保护野生药材物种,是指违反野生药材资源保护法律规范,未取得采药证、采伐证或狩猎证,采伐、狩猎国家规定实行二、三级保护的野生药材物种的行为。其构成要件为:

1. 主体

本行为的主体,既可以是具有行政责任能力的自然人,也可以是单位。

2. 主观方面

本行为主观方面出自故意。

3. 客观方面

本行为客观方面的表现为违反野生药材资源保护法律规范,未取得采药证、采伐证或狩猎证,采伐、狩猎国家规定实行二、三级保护的野生药材物种的行为。

(1) 行为人具有法定义务

行为人必须履行的法定义务来自《野生药材资源保护管理条例》第9条,即采猎二、三级保护野生药材物种的,必须持有采药证。取得采药证后,需要进行采伐或狩猎的,必须分别向有关部门申请采伐证或狩猎证。

(2) 行为人具有不履行法定义务的行为

行为人不履行法定义务的行为表现为,未取得采药证、采伐证或狩猎证,对国家规定实行二、三级保护的野生药材物种实施采伐、狩猎。

4. 客体

本行为侵害的客体为野生药材资源保护管理制度。

(二) 无证采猎二、三级保护野生药材物种案的处理

根据《野生药材资源保护管理条例》第18条和第9条,无证采猎二、三级保护野生药材物种行为人应当承担的法律责任为:由当地县级以上医药管理部门会同同级有关部门没收其非法采猎的野生药材及使用工具,并处以罚款。

五、非法进入野生药材资源保护区案的查处

(一)非法进入野生药材资源保护区的概念与构成要件

非法进入野生药材资源保护区,是指违反野生药材资源保护法律规范,未经野生药材资源保护区管理部门批准进入该野生药材资源保护区,或者虽经野生药材资源保护区管理部门批准,但未经国家或地方自然保护区主管部门的同意进入设在该自然保护区范围内的野生药材资源保护区,从事科研、教学、旅游等活动的行为。其构成要件为:

1. 主体

本行为的主体,既可以是具有行政责任能力的自然人,也可以是单位。

2. 主观方面

本行为主观方面出自故意。

3. 客观方面

本行为客观方面的表现为违反野生药材资源保护法律规范,未经野生药材资源保护区管理部门批准进入该野生药材资源保护区,或者虽经野生药材资源保护区管理部门批准,但未经国家或地方自然保护区主管部门的同意进入设在该自然保护区范围内的野生药材资源保护区,从事科研、教学、旅游等活动的行为。

(1)行为人具有法定义务

行为人必须履行的法定义务来自于《野生药材资源保护管理条例》第12条,即入野生药材资源保护区从事科研、教学、旅游等活动的,必须经该保护区管理部门批准。进入设在国家或地方自然保护区范围内野生药材资源保护区的,还须征得该自然保护区主管部门的同意。

(2)行为人具有不履行法定义务的行为

行为人不履行法定义务的行为表现为,未经野生药材资源保护区管理部门批准进入该野生药材资源保护区,或者虽经野生药材资源保护区管理部门批准,但未经国家或地方自然保护区主管部门的同意进入设在该自然保护区范围内的野生药材资源保护区,实施科研、教学、旅游等活动的行为。

4. 客体

本行为侵害的客体为野生药材资源保护管理制度。

(二)非法进入野生药材资源保护区案的处理

根据《野生药材资源保护管理条例》第19条和第12条,非法进入野生药材资源保护区从事教学、科研、旅游等活动,当地县级以上医药管理部门和自然保护区主管部门有权制止;造成损失的,必须承担赔偿责任。

第四节 违反种子法案件的查处

《种子法》所称种子包括农作物种子和林木种子。根据法律规定,县级以上地方人民政府农业、林业行政主管部门分别主管本行政区域内农作物种子和林木种子工作。这里仅介绍林业行政主管部门主管的11类违法行为:(1)生产、经营假劣林木种子;(2)非法生产、经营林木种子;(3)非法销售为境外制种的林木种子;(4)私自采集或者采伐国家重点保护天然种质资源;(5)违反林木种子包装、标签、数据、档案管理;(6)种子经营者异地设立分支机构未经备案;(7)非法进出口林木种质资源;(8)非法经营、推广未经审定通过的林木种子;(9)非法采集林木种子;(10)非法收购法定的林木种子;(11)非法进行病虫害接种实验。依据《行政处罚法》第18条,只有受到县级以上地方人民政府林业主管部门的行政委托,森林公安机关才能以且应当以林业主管部门的名义,依法查处上述案件。没有林业主管部门的行政委托,森林公安机关不得查处上述案件。

一、违法生产、经营假劣林木种子案的查处

(一)违法生产、经营假劣林木种子的概念与构成要件

违法生产、经营假劣林木种子,是指违反种子法律规范,生产假劣林木种子或者经营假、劣林木种子,尚未构成犯罪的行为。其构成要件为:

1. 主体

本行为的主体,既可以是具有行政责任能力的自然人,也可以是单位。

2. 主观方面

本行为主观方面出自故意。

3. 客观方面

本行为客观上表现为违反种子法律规范,生产假劣林木种子或者经营假劣林木种子,尚未构成犯罪的行为。

(1)行为人具有法定义务

行为人的法定义务来自《种子法》第46条,即禁止生产、经营假、劣种子。

(2)行为人具有不履行法定义务的行为

行为人不履行法定义务表现为违反种子法律规范,生产假劣林木种子或者经营假劣林木种子。(1)假林木种子包括下列种子:a. 以非种子冒充种子或者以此种品种种子冒充他种品种种子的;b. 种子种类、品种、产地与标签标注的内容不相符的。②劣林木种子包括下列种子:a. 质量低于国家规定的种用标准的;b. 质量低于标签标注指标的;c. 因变质不能作种子使用的;d. 杂草种子的比率超过规定的;e. 带有国家规定检疫对象的有害生物的。

4. 客体

本行为侵害的客体是林木种子生产、经营管理制度和广大林农或者其他使用者的合法权益。

(二) 违法生产、经营假劣林木种子的行政认定

违法生产、经营假劣林木种子的行政认定,是指对违法生产、经营假劣林木种子行为的行政违法性质的确认。其本质是违法生产、经营假劣林木种子的罪与非罪。

违法生产、经营假劣林木种子行为的罪与非罪的界限,在于违法生产、经营假劣林木种子是否达到《刑法》第147条所要求的"使生产遭受较大损失"。《刑法》第147条规定,"生产假农药、假兽药、假化肥,销售明知是假的或者失去使用效能的农药、兽药、化肥、种子,或者生产者、销售者以不合格的农药、兽药、化肥、种子冒充合格的农药、兽药、化肥、种子,使生产遭受较大损失的,处3年以下有期徒刑或者拘役,并处或者单处销售金额50%以上2倍以下罚金;使生产遭受重大损失的,处3年以上7年以下有期徒刑,并处销售金额50%以上2倍以下罚金;使生产遭受特别重大损失的,处7年以上有期徒刑或者无期徒刑,并处销售金额50%以上2倍以下罚金或者没收财产"。《最高人民法院、最高人民检察院关于办理生产、销售伪劣商品刑事案件应用法律若干问题的解释》(2001年4月5日最高人民法院审判委员会第1168次会议、2001年3月30日最高人民检察院第九届检察委员会第84次会议通过 自2001年4月4日起施行 以下简称"法释〔2001〕10号")规定,"刑法第147条规定的生产、销售伪劣农药、兽药、化肥、种子罪中'使生产遭受较大损失',一般以2万元为起点;'重大损失',一般以10万元为起点;'特别重大损失',一般以50万元为起点"。因此,生产、经营假劣林木种子,使生产遭受的损失不足2万元,应当认定为行政违法行为。

(三) 违法生产、经营假劣林木种子案的处理

根据《种子法》第41条、第42条和第59条,违法生产、经营假劣林木种子行为人应当承担的法律责任包括:

1. 行政责任

由县级以上人民政府林业行政主管部门责令停止生产、经营,没收种子和违法所得,吊销种子生产许可证、种子经营许可证,并处以罚款;有违法所得的,处以违法所得5倍以上10倍以下罚款;没有违法所得的,处以2 000元以上5万元以下罚款。

2. 民事责任

种子使用者因种子质量问题遭受损失的,出售种子的经营者应当予以赔偿,赔偿额包括购种价款、有关费用和可得利益损失。经营者赔偿后,属于种子生产者或者其他经营者责任的,经营者有权向生产者或者其他经营者追偿。

另外,因使用种子发生民事纠纷的,林业行政执法人员应当告知当事人可以通过协商或者调解解决。当事人不愿通过协商、调解解决或者协商、调解不成的,可以根据当事人之间的协议向仲裁机构申请仲裁。当事人也可以直接向人民法院起诉。

二、非法生产、经营林木种子案的查处

(一) 非法生产、经营林木种子的概念与构成要件

非法生产、经营林木种子,是指违反种子法律规范,非法生产、经营、林木种子的行为。其构成要件为:

1. 主体

本行为的主体既可以是具有行政责任能力的自然人,也可以是单位。

2. 主观方面

本行为主观方面出自故意。

3. 客观方面

本行为客观上表现为违反种子法律规范,非法生产、经营、林木种子的行为。

(1) 行为人具有法定义务

行为人的法定义务来自《种子法》第20条、第26条。具体包括:① 主要林木的商品种子生产实行许可制度。主要林木良种的种子生产许可证,由生产所在地县级人民政府林业行政主管部门审核,省、自治区、直辖市人民政府林业行政主管部门核发;其他林木种子的生产许可证,由生产所在地县级以上地方人民政府林业行政主管部门核发。② 种子经营实行许可制度。种子经营者必须先取得种子经营许可证后,方可凭种子经营许可证向工商行政管理机关申请办理或者变更营业执照。③ 种子经营许可证实行分级审批发放制度。种子经营许可证由种子经营者所在地县级以上地方人民政府农业、林业行政主管部门核发。主要林木良种的种子经营许可证,由种子经营者所在地县级人民政府林业行政主管部门审核,省、自治区、直辖市人民政府林业行政主管部门核发。实行选育、生产、经营相结合并达到国务院林业行政主管部门规定的注册资本金额的种子公司和从事种子进出口业务的公司的种子经营许可证,由省、自治区、直辖市人民政府林业行政主管部门审核,国务院林业行政主管部门核发。

(2) 行为人具有不履行法定义务的行为

行为人不履行法定义务表现为非法生产、经营林木种子。种子法所称的"种子",是指农作物和林木的种植材料或者繁殖材料,包括籽粒、果实和根、茎、苗、芽、叶等。"非法生产、经营"包括:① 未取得种子生产许可证生产种子;② 或者伪造、变造、买卖、租借种子生产许可证生产种子;③ 或者未按照种子生产许可证的规定生产种子;④ 未取得种子经营许可证经营种子;⑤ 或者伪造、变造、买卖、租借种子经营许可证经营种子;⑥ 或者未按照种子经营许可证的规定经营种子。

4. 客体

本行为侵害的客体是种子生产、经营管理制度。

(二) 非法生产、经营林木种子案的处理

根据《种子法》第60条,非法生产、经营林木种子行为人应当承担的法律责任为:由县级以上人民政府林业行政主管部门责令改正,没收种子和违法所得,并处以违法所得1倍以上3倍以下罚款;没有违法所得的,处以1 000元以上3万元以下罚款;可以吊销违法行为人的种子生产许可证或者种子经营许可证。

三、非法销售为境外制种的林木种子案的查处

(一) 非法销售为境外制种的林木种子的概念与构成要件

非法销售为境外制种的林木种子,是指违反种子法律规范,非法销售为境外制种的林木种子的行为。其构成要件为:

1. 主体

本行为的主体既可以是具有行政责任能力的自然人,也可以是单位。

2. 主观方面

本行为主观方面出自故意。

3. 客观方面

本行为客观上表现为违反种子法律规范,非法销售为境外制种的林木种子的行为。

(1) 行为人具有法定义务

行为人的法定义务来自《种子法》第52条。具体包括:① 从事商品种子进出口业务的法人和其他组织,除具备种子经营许可证外,还应当依照有关对外贸易法律、行政法规的规定取得从事种子进出口贸易的许可。② 为境外制种进口种子的,可以不受第①项的限制,但应当具有对外制种合同,进口的种子只能用于制种,其产品不得在国内销售。

(2) 行为人具有不履行法定义务行为

行为人不履行法定义务表现为非法销售为境外制种的林木种子。

4. 客体

本行为侵害的客体是种子生产、经营管理制度。

(二) 非法销售为境外制种的林木种子案的处理

根据《种子法》第61条第1项,非法销售为境外制种的林木种子行为人应当承担的法律责任为:由县级以上人民政府林业行政主管部门责令改正,没收种子和违法所得,并处以违法所得1倍以上3倍以下罚款;没有违法所得的,处以1 000元以上2万元以下罚款。

四、私自采集或者采伐国家重点保护天然林木种质资源案的查处

(一) 私自采集或者采伐国家重点保护天然林木种质资源的概念与构成要件

私自采集或者采伐国家重点保护天然林木种质资源,是指违反种子法律规范,未经批准私自采集或者采伐国家重点保护天然林木种质资源,尚未构成犯罪的行为。其构成要件为:

1. 主体

本行为的主体既可以是具有行政责任能力的自然人,也可以是单位。

2. 主观方面

本行为主观方面出自故意。

3. 客观方面

本行为客观上表现为违反种子法律规范,未经批准私自采集或者采伐国家重点保护天然林木种质资源,尚未构成犯罪的行为。

(1) 行为人具有法定义务

行为人的法定义务来自于《种子法》第8条。具体包括:① 国家依法保护种质资源,任何单位和个人不得侵占和破坏种质资源。② 禁止采集或者采伐国家重点保护的天然种质资源。因科研等特殊情况需要采集或者采伐的,应当经国务院或者省、自治区、直辖市人民政府的林业行政主管部门批准。

(2) 行为人具有不履行法定义务的行为

行为人不履行法定义务表现为未经批准，私自采集或者采伐国家重点保护天然林木种质资源。这里的"种质资源"，是指选育新品种的基础材料，包括各种植物的栽培种、野生种的繁殖材料以及利用上述繁殖材料人工创造的各种植物的遗传材料。

4. 客体

本行为侵害的客体是天然林木种质资源采集许可管理制度。

（二）私自采集或者采伐国家重点保护天然林木种质资源的行政认定

私自采集或者采伐国家重点保护天然林木种质资源行为的性质认定的关键在于，非法采集或者采伐的对象是否属于珍贵树木。如果属于珍贵树木，则可能构成刑事违法行为——非法采伐、毁坏国家重点保护植物罪。反之，则应当认定为行政违法行为。

（三）私自采集或者采伐国家重点保护天然林木种质资源案的处理

根据《种子法》第61条第3项，私自采集或者采伐国家重点保护天然种质资源行为人应当承担的法律责任为：由县级以上人民政府林业行政主管部门责令改正，没收种子和违法所得，并处以违法所得1倍以上3倍以下罚款；没有违法所得的，处以1000元以上2万元以下罚款。

五、违反林木种子包装、标签、数据、档案管理案的查处

（一）违反林木种子包装、标签、数据、档案管理的概念与构成要件

违反林木种子包装、标签、数据、档案管理，是指违反种子法律规范，经营的种子应当包装而没有包装，经营的种子没有标签或者标签内容不符合法律规定，伪造、涂改标签或者试验、检验数据，未按规定制作、保存种子生产、经营档案的行为。其构成要件为：

1. 主体

本行为的主体既可以是具有行政责任能力的自然人，也可以是单位。

2. 主观方面

本行为主观方面出自故意。

3. 客观方面

本行为客观上表现为违反种子法律规范，经营的种子应当包装而没有包装，经营的种子没有标签或者标签内容不符合法律规定，伪造、涂改标签或者试验、检验数据，未按规定制作、保存种子生产、经营档案的行为。

（1）行为人具有法定义务

行为人的法定义务来自于《种子法》第34条、第35条和第36条。具体包括：① 销售的种子应当加工、分级、包装。但是，不能加工、包装的除外。大包装或者进口种子可以分装；实行分装的，应当注明分装单位，并对种子质量负责。② 销售的种子应当附有标签。标签应当标注种子类别、品种名称、产地、质量指标、检疫证明编号、种子生产及经营许可证编号或者进口审批文号等事项。标签标注的内容应当与销售的种子相符。销售进口种子的，应当附有中文标签。销售转基因植物品种种子的，必须用明显的文字标注，并应当提示使用时的安全控制措施。③ 种子经营者应当建立种子经营档案，载明种子来源、加工、贮藏、运输和质量检测各环节的简要说明及责任人、销售去向等内容。一年生农作物种子的经营档案

应当保存至种子销售后 2 年,多年生农作物和林木种子经营档案的保存期限由国务院农业、林业行政主管部门规定。

(2) 行为人具有不履行法定义务的行为

行为人不履行法定义务的表现有以下类型:① 经营的种子应当包装而没有包装。② 经营的种子没有标签或者标签内容不符合法律规定。这里的"标签",是指固定在种子包装物表面及内外的特定图案及文字说明。③ 伪造、涂改标签或者试验、检验数据的。④ 未按规定制作、保存种子生产、经营档案。

4. 客体

本行为侵害的客体是林木种子经营管理制度。

(二) 违反林木种子包装、标签、数据、档案管理案的处理

根据《种子法》第 62 条第 4 项,违反林木种子包装、标签、数据、档案管理行为人应当承担的法律责任为:由县级以上人民政府林业行政主管部门责令改正,处以 1 000 元以上 1 万元以下罚款。

六、种子经营者异地设立分支机构未经备案案的查处

(一) 种子经营者异地设立分支机构未经备案的概念与构成要件

种子经营者异地设立分支机构未经备案,是指种子经营者违反种子法律规范,在异地设立分支机构未按规定向法定主体备案的行为。其构成要件为:

1. 主体

本行为的主体由依法已经取得林木种子经营许可证的林木种子经营者构成。

2. 主观方面

本行为主观方面出自故意。

3. 客观方面

本行为客观上表现为种子经营者违反种子法律规范,在异地设立分支机构未按规定向法定主体备案的行为。

(1) 行为人具有法定义务

行为人的法定义务来自于《种子法》第 30 条,即林木种子经营许可证的有效区域由发证机关在其管辖范围内确定。林木种子经营者按照经营许可证规定的有效区域设立分支机构的,可以不再办理种子经营许可证,但应当在办理或者变更营业执照后 15 日内,向当地林业行政主管部门和原发证机关备案。

(2) 行为人具有不履行法定义务的行为

行为人不履行法定义务表现为在异地设立分支机构未按规定向法定主体备案。

4. 客体

本行为侵害的客体是林木种子经营管理制度。

(二) 种子经营者异地设立分支机构未经备案案的处理

根据《种子法》第 62 条第 5 项,种子经营者在异地设立分支机构未按规定备案行为人应

当承担的法律责任为:由县级以上人民政府林业行政主管部门或者工商行政管理机关责令改正,处以1 000元以上1万元以下罚款。

七、非法进出口林木种质资源案的查处

(一)非法进出口林木种质资源的概念与构成要件

非法进出口林木种质资源,是指违反种子法律规范,未经国务院林业行政主管部门批准向境外提供林木种质资源,或者未依照国务院林业行政主管部门有关规定从境外引进林木种质资源的行为。其构成要件为:

1. 主体

本行为的主体既可以是具有行政责任能力的自然人,也可以是单位。

2. 主观方面

本行为主观方面出自故意。

3. 客观方面

本行为客观上表现为违反种子法律规范,未经国务院林业行政主管部门批准向境外提供林木种质资源,或者未依照国务院林业行政主管部门有关规定从境外引进林木种质资源的行为。

(1) 行为人具有法定义务

行为人的法定义务来自于《种子法》第10条,即国家对种质资源享有主权,任何单位和个人向境外提供林木种质资源的,应当经国务院林业行政主管部门批准;从境外引进种质资源的,依照国务院林业行政主管部门的有关规定办理。

(2) 行为人具有不履行法定义务的行为

行为人不履行法定义务表现为未经国务院林业行政主管部门批准向境外提供林木种质资源,或者未依照国务院林业行政主管部门有关规定从境外引进林木种质资源。具体包括两种行为:① 向境外提供林木种质资源;② 从境外引进林木种质资源。

4. 客体

本行为侵害的客体是林木种质资源进出口贸易许可管理制度。

(二)非法进出口林木种质资源案的处理

根据《种子法》第63条,非法向境外提供或者从境外引进种质资源行为人应当承担的法律责任为:由国务院或者省、自治区、直辖市人民政府的林业行政主管部门没收种质资源和违法所得,并处以1万元以上5万元以下罚款。

八、非法经营、推广未经审定通过的林木种子案的查处

(一)非法经营、推广未经审定通过的林木种子的概念与构成要件

非法经营、推广未经审定通过的林木种子,是指违反种子法律规范,经营、推广应当审定而未经审定通过的林木种子的行为。其构成要件为:

1. 主体

本行为的主体既可以是具有行政责任能力的自然人,也可以是单位。

2. 主观方面

本行为主观方面出自故意。

3. 客观方面

本行为客观上表现为违反种子法律规范,经营、推广应当审定而未经审定通过的林木种子的行为。

(1) 行为人具有法定义务

行为人的法定义务来自于《种子法》第15条第1款、第16条、第17条。具体包括:① 主要林木品种在推广应用前应当通过国家级或者省级审定,申请者可以直接申请省级审定或者国家级审定。由省、自治区、直辖市人民政府林业行政主管部门确定的主要林木品种实行省级审定。② 应当审定的林木品种未经审定通过的,不得作为良种经营、推广,但生产确需使用的,应当经林木品种审定委员会认定。③ 通过国家级审定的主要林木良种由国务院林业行政主管部门公告,可以在全国适宜的生态区域推广。通过省级审定的主要林木良种由省、自治区、直辖市人民政府林业行政主管部门公告,可以在本行政区域内适宜的生态区域推广;相邻省、自治区、直辖市属于同一适宜生态区的地域,经所在省、自治区、直辖市人民政府林业行政主管部门同意后可以引种。

(2) 行为人具有不履行法定义务的行为

行为人不履行法定义务表现为经营、推广应当审定而未经审定通过的林木种子。"应当审定而未经审定通过的林木种子",是指应当通过国家级审定或者通过省级审定而未通过相应审定却作为良种经营、推广的主要林木品种。根据《种子法》第15条、第74条和第75条的相关规定,主要林木品种在推广应用前应当通过国家级或者省级审定,申请者可以直接申请省级审定或者国家级审定。这里所称"主要林木"由国务院林业行政主管部门确定并公布;省、自治区、直辖市人民政府林业行政主管部门可以在国务院林业行政主管部门确定的主要林木之外确定其他8种以下的主要林木。由省、自治区、直辖市人民政府林业行政主管部门确定的主要林木品种实行省级审定。"品种",是指经过人工选育或者发现并经过改良,形态特征和生物学特性一致,遗传性状相对稳定的植物群体。"林木良种",是指通过审定的林木种子,在一定的区域内,其产量、适应性、抗性等方面明显优于当前主栽材料的繁殖材料和种植材料。

4. 客体

本行为侵害的客体是林木品种选育与审定管理制度。

(二) 非法经营、推广未经审定通过的林木种子案的处理

根据《种子法》第64条,经营、推广应当审定而未经审定通过的种子行为人应当承担的法律责任为:由县级以上人民政府林业行政主管部门责令停止种子的经营、推广,没收种子和违法所得,并处以1万元以上5万元以下罚款。

九、非法采集林木种子案的查处

(一) 非法采集林木种子的概念与构成要件

违法采集林木种子,是指违反种子法律规范,实施抢采掠青、损坏母树,或者在劣质林内、劣质母树上采集种子,尚未构成犯罪的行为。其构成要件为:

1. 主体

本行为的主体由林木种子生产基地的经营者或者具备林木种子生产资格的单位或者个人构成。

2. 主观方面

本行为主观方面出自故意。

3. 客观方面

本行为客观上表现为违反种子法律规范,实施抢采掠青、损坏母树,或者在劣质林内、劣质母树上采集种子,尚未构成犯罪的行为。

(1) 行为人具有法定义务

行为人的法定义务来自于《种子法》第24条,即在林木种子生产基地内采集种子的,由种子生产基地的经营者组织进行,采集种子应当按照国家有关标准进行。禁止抢采掠青、损坏母树,禁止在劣质林内、劣质母树上采集种子。

(2) 行为人具有不履行法定义务的行为

行为人不履行法定义务表现为抢采掠青、损坏母树,或者在劣质林内、劣质母树上采集种子。"抢采掠青",是指未到种子成熟期、采收期或者母树未到采种年龄即实施林木种子采集。"母树",是指以生产林木种子为目的的树木。"劣质母树",是指遭受自然侵害(如火灾、病虫害等)或者人为破坏等能够影响林木种子生产质量的母树。"劣质林",是指低劣天然次生林和低劣人工林,主要是指过度樵采或者遭受自然侵害,立木大量死亡,林木质量差,出材率低的残次林。[①]

4. 客体

本行为侵害的客体是林木种子生产管理制度。

(二) 非法采集林木种子案的处理

根据《种子法》第65条,非法采集林木种子行为人应当承担的法律责任为:由县级以上人民政府林业行政主管部门责令停止采种行为,没收所采种子,并处以所采林木种子价值1倍以上3倍以下的罚款。

十、非法收购法定的林木种子案的查处

(一) 非法收购法定的林木种子的概念与构成要件

非法收购法定的林木种子,是指违反种子法律规范,未经批准擅自收购珍贵树木种子和本级人民政府规定限制收购的林木种子的行为。"法定的林木种子",特指必须经过省、自治区、直辖市人民政府林业行政主管部门批准后方可收购的珍贵树木种子和本级人民政府规定限制收购的林木种子。其构成要件为:

1. 主体

本行为的主体既可以是具有行政责任能力的自然人,也可以是单位。

2. 主观方面

本行为主观方面出自故意。

---

① 参见黄柏桢、宋元喜:《林业行政处罚通解》,江西人民出版社2003年8月,第292页。

3. 客观方面

本行为客观上表现为违反种子法律规范,未经批准擅自收购珍贵树木种子和本级人民政府规定限制收购的林木种子的行为。

(1) 行为人具有法定义务

行为人的法定义务来自于《种子法》第 33 条,即未经省、自治区、直辖市人民政府林业行政主管部门批准,不得收购珍贵树木种子和本级人民政府规定限制收购的林木种子。

(2) 行为人具有不履行法定义务的行为

行为人不履行法定义务表现为未经批准而实施收购珍贵树木种子和本级人民政府规定限制收购的林木种子。

4. 客体

本行为侵害的客体是林木种子经营管理制度。

(二) 非法收购法定的林木种子案的处理

根据《种子法》第 66 条,非法收购法定的林木种子行为人应当承担的法律责任为:由县级以上人民政府林业行政主管部门没收所收购的种子,并处以收购林木种子价款 2 倍以下的罚款。

十一、非法进行病虫害接种实验案的查处

(一) 非法进行病虫接种实验的概念与构成要件

非法进行病虫害接种实验,是指违反种子法律规范,在林木种子生产基地从事病虫害接种试验的行为。其构成要件为:

1. 主体

本行为的主体由林木种子生产基地的经营者构成。

2. 主观方面

本行为主观方面出自故意。

3. 客观方面

本行为客观上表现为违反种子法律规范,在林木种子生产基地从事病虫害接种试验的行为。

(1) 行为人具有法定义务

行为人的法定义务来自于《种子法》第 48 条。具体包括:① 从事品种选育和种子生产、经营以及管理的单位和个人应当遵守有关植物检疫法律、行政法规的规定,防止植物危险性病、虫、杂草及其他有害生物的传播和蔓延。② 禁止任何单位和个人在种子生产基地从事病虫害接种试验。

(2) 行为人具有不履行法定义务的行为

行为人不履行法定义务表现为在林木种子生产基地实施病虫害接种试验。"林木种子生产基地",是指种子园、苗圃、母树林、采穗圃等繁殖、培育林木种子的场所。

4. 客体

本行为侵害的客体是林木种子生产管理制度。

(二)非法进行病虫害接种实验案的处理

根据《种子法》第 67 条,非法进行病虫害接种实验行为人应当承担的法律责任为:由县级以上人民政府林业行政主管部门责令停止试验,处以 5 万元以下罚款。

第五节 违反防沙治沙法案件的查处

根据《防沙治沙法》的相关规定,违反防沙治沙法行为包括以下 6 类:(1)非法从事植被破坏活动;(2)未采取防沙治沙措施;(3)营利性治沙致使土地沙化严重;(4)不按治沙方案治理沙化土地;(5)治沙验收不合格不按要求继续治理;(6)擅自在他人治理范围从事沙化土地治理或者开发利用活动。依据《行政处罚法》第 18 条,只有受到县级以上地方人民政府林业主管部门的行政委托,森林公安机关才能以且应当以林业主管部门的名义,依法查处上述案件。没有林业主管部门的行政委托,森林公安机关不得查处上述案件。

一、非法从事植被破坏活动案的查处

(一)非法从事植被破坏活动的概念与构成要件

非法从事植被破坏活动,是指违反防沙治沙法律规范,在沙化土地封禁保护区范围内从事破坏植被活动,尚未构成犯罪的行为。其构成要件为:

1. 主体

本行为的主体,既可以是具有行政责任能力的自然人,也可以是单位。

2. 主观方面

本行为的主观方面出自故意。

3. 客观方面

本行为的客观方面表现为违反防沙治沙法律规范,在沙化土地封禁保护区范围内从事破坏植被活动,尚未构成犯罪的行为。

(1)行为人具有法定义务

行为人必须履行的法定义务来自于《防沙治沙法》第 22 条第 1 款,即在沙化土地封禁保护区范围内,禁止一切破坏植被的活动。

(2)行为人具有不履行法定义务行为

行为人不履行法定义务表现为在沙化土地封禁保护区范围内对植被实施破坏。

(3)本行为尚未构成犯罪

4. 客体

本行为侵害的客体为防沙治沙行政管理制度。

(二)非法从事植被破坏活动的行政认定

非法从事植被破坏活动,可能触及盗伐、滥伐林木等违法行为,构成犯罪的,应当依法追究刑事责任。

(三) 非法从事植被破坏活动案的处理

根据《防沙治沙法》第 38 条，非法从事植被破坏活动行为人应当承担的法律责任为：由县级以上地方人民政府林业行政主管部门按照自身职责，责令停止违法行为；有违法所得的，没收其违法所得。

二、未采取防沙治沙措施案的查处

(一) 未采取防沙治沙措施的概念与构成要件

未采取防沙治沙措施，是指使用已经沙化的国有土地的使用权人和农民集体所有土地的承包经营权人，违反防沙治沙法律规范，未采取防沙治沙措施，造成土地严重沙化，依法应当予以行政处罚的行为。其构成要件为：

1. 主体

本行为的主体由使用已经沙化的国有土地的使用权人和农民集体所有土地的承包经营权人构成。

2. 主观方面

本行为的主观方面无论故意或者过失均可构成。

3. 客观方面

本行为的客观方面表现为违反防沙治沙法律规范，未采取防沙治沙措施，造成土地严重沙化的行为。

(1) 行为人负有法定义务

行为人必须履行的法定义务来自于《防沙治沙法》第 25 条第 1 款，即使用已经沙化的国有土地的使用权人和农民集体所有土地的承包经营权人，必须采取治理措施，改善土地质量；确实无能力完成治理任务的，可以委托他人治理或者与他人合作治理。委托或者合作治理的，应当签订协议，明确各方的权利和义务。

(2) 行为人具有不履行法定义务行为

行为人不履行法定义务表现为使用已经沙化的国有土地的使用权人和农民集体所有土地的承包经营权人，不采取防沙治沙措施，造成土地严重沙化的。

4. 客体

本行为侵害的客体为防沙治沙行政管理制度。

(二) 未采取防沙治沙措施案的处理

根据《防沙治沙法》第 39 条，未采取防沙治沙措施行为人应当承担的法律责任为：由县级以上地方人民政府林业行政主管部门按照自身职责，责令限期治理；造成国有土地严重沙化的，县级以上人民政府可以收回国有土地使用权。

三、违法营利性治沙致使土地沙化严重案的查处

(一) 违法营利性治沙致使土地沙化严重的概念与构成要件

违法营利性治沙致使土地沙化严重，是指从事营利性治沙活动的单位和个人，违反防沙

治沙法律规范,进行营利性治沙活动,造成土地沙化加重,依法应当予以行政处罚的行为。其构成要件为:

1. 主体

本行为的主体由从事营利性治沙活动的单位和个人构成。

2. 主观方面

本行为的主观方面出自故意。

3. 客观方面

本行为的客观方面表现为违反防沙治沙法律规范,进行营利性治沙活动,造成土地沙化加重的行为。

(1) 行为人负有法定义务

行为人必须履行的法定义务来自于《防沙治沙法》第26条的规定。具体包括:① 不具有土地所有权或者使用权的单位和个人从事营利性治沙活动的,应当先与土地所有权人或者使用权人签订协议,依法取得土地使用权。② 在治理活动开始之前,从事营利性治沙活动的单位和个人应当向治理项目所在地的县级以上地方人民政府林业行政主管部门或者县级以上地方人民政府指定的其他行政主管部门提出治理申请,并附具下列文件:a. 被治理土地权属的合法证明文件和治理协议;b. 符合防沙治沙规划的治理方案;c. 治理所需的资金证明。

(2) 行为人具有不履行法定义务行为

行为人不履行法定义务表现为以下两种行为:① 不具有土地所有权或者使用权的单位和个人从事营利性治沙活动,没有先与土地所有权人或者使用权人签订协议,并依法取得土地使用权,即开始违法实施营利性治沙活动,造成土地沙化加重。② 在治理活动开始之前,从事营利性治沙活动的单位和个人没有向治理项目所在地的县级以上地方人民政府林业行政主管部门或者县级以上地方人民政府指定的其他行政主管部门提出治理申请,或者提出申请但没有附具需要提交的上述三项文件,就违法实施营利性治沙活动,造成土地沙化加重。

4. 客体

本行为侵害的客体为防沙治沙行政管理制度。

(二) 违法营利性治沙致使土地沙化严重案的处理

根据《防沙治沙法》第40条,违法营利性治沙致使土地沙化严重行为人应当承担的法律责任为:由县级以上地方人民政府负责受理营利性治沙申请的林业行政主管部门责令停止违法行为,可以并处每公顷5 000元以上5万元以下的罚款。

四、不按治沙方案治理沙化土地案的查处

(一) 不按治沙方案治理沙化土地的概念与构成要件

不按治沙方案治理沙化土地,是指从事营利性治沙活动的单位或者个人,不按照符合防沙治沙规划的治理方案进行治理,依法应当予以行政处罚的行为。其构成要件为:

1. 主体

本行为的主体由从事营利性治沙活动的单位和个人构成。

2. 主观方面

本行为的主观方面出自故意。

3. 客观方面

本行为的客观方面表现为违反防沙治沙法律规范,从事营利性治沙活动的单位或者个人,不按照符合防沙治沙规划的治理方案进行治理的行为。

(1) 行为人具有法定义务

行为人必须履行的法定义务来自于《防沙治沙法》第 28 条第 1 款,即从事营利性治沙活动的单位和个人,必须按照治理方案进行治理。根据《防沙治沙法》第 27 条,治理方案应当包括以下内容:① 治理范围界限;② 分阶段治理目标和治理期限;③ 主要治理措施;④ 经当地行政主管部门同意的用水来源和用水量指标;⑤ 治理后的土地用途和植被管护措施;⑥ 其他需要载明的事项。

(2) 行为人具有不履行法定义务行为

行为人不履行法定义务表现为实施了不按照符合防沙治沙规划的治理方案进行治理的行为。

4. 客体

本行为侵害的客体为防沙治沙行政管理制度。

(二) 不按治沙方案治理沙化土地案的处理

根据《防沙治沙法》第 41 条,不按治沙方案治理沙化土地行为人应当承担的法律责任为:由县级以上地方人民政府负责受理营利性治沙申请的林业行政主管部门责令停止违法行为,限期改正,可以并处相当于治理费用 1 倍以上 3 倍以下的罚款。

五、治沙验收不合格不按要求继续治理案的查处

(一) 治沙验收不合格不按要求继续治理的概念与构成要件

治沙验收不合格不按要求继续治理,是指违反防沙治沙法律规范,从事营利性治沙活动的单位或者个人,完成治理任务后,经验收不合格又不按要求继续治理,依法应当予以行政处罚的行为。其构成要件为:

1. 主体

本行为的主体由从事营利性治沙活动的单位和个人构成。

2. 主观方面

本行为的主观方面出自故意。

3. 客观方面

本行为的客观方面表现为违反防沙治沙法律规范,从事营利性治沙活动的单位或者个人,完成治理任务后,经验收不合格又不按要求继续治理的行为。

(1) 行为人具有法定义务。行为人必须履行的法定义务来自于《防沙治沙法》第 29 条,① 治理者完成治理任务后,应当向县级以上地方人民政府受理治理申请的行政主管部门提出验收申请。② 经验收合格的,受理治理申请的行政主管部门应当发给治理合格证明文件;经验收不合格的,治理者应当继续治理。

(2) 行为人具有不履行法定义务行为

行为人在完成治理任务后,经验收不合格又不按要求继续治理的行为。

4. 客体

本行为侵害的客体为防沙治沙行政管理制度。

(二) 治沙验收不合格不按要求继续治理案的处理

根据《防沙治沙法》第41条,治沙验收不合格不按要求继续治理行为人应当承担的法律责任为:由县级以上地方人民政府负责受理营利性治沙申请的林业行政主管部门责令停止违法行为,限期改正,可以并处相当于治理费用1倍以上3倍以下的罚款。

六、擅自在他人治理范围从事沙化土地治理或者开发利用活动案的查处

(一) 擅自在他人治理范围从事沙化土地治理或者开发利用活动的概念与构成要件

擅自在他人治理范围从事沙化土地治理或者开发利用活动,是指违反防沙治沙法律规范,未经治理者同意,擅自在他人治理范围从事沙化土地治理或者开发利用活动,依法应当予以行政处罚的行为。其构成要件为:

1. 主体

本行为的主体,既可以是具有行政责任能力的自然人,也可以是单位。

2. 主观方面

本行为的主观方面出自故意。

3. 客观方面

本行为的客观方面表现为违反防沙治沙法律规范,未经治理者同意,擅自在他人治理范围从事沙化土地治理或者开发利用活动的行为。

(1) 行为人具有法定义务

行为人必须履行的法定义务来自于《防沙治沙法》第28条第2款,即国家保护沙化土地治理者的合法权益。在治理者取得合法土地权属的治理范围内,未经治理者同意,其他任何单位和个人不得从事治理或者开发利用活动。

(2) 行为人具有不履行法定义务行为

行为人不履行法定义务表现为未经治理者同意,擅自在他人治理范围内实施沙化土地治理或者从事开发利用活动。

4. 客体

本行为侵害的客体为防沙治沙行政管理制度。

(二) 擅自在他人治理范围内从事沙化土地治理或者开发利用活动案的处理

根据《防沙治沙法》第42条,擅自在他人治理范围内从事沙化土地治理或者开发利用活动行为人,应当承担的法律责任包括:

1. 行政责任

由县级以上地方人民政府负责受理营利性治沙申请的林业行政主管部门责令停止违法行为。

2. 民事责任

给治理者造成损失的,行为人应当赔偿损失。

第十章　林业行政违法与行政犯罪的区别

自1981年4月8日《濒危野生动植物种国际贸易公约》(CITES)正式对我国生效30年来,中国政府认真履约,多管齐下,在保护野生动植物资源方面,取得了令人瞩目的成就。[①]在为履约而采取的诸多措施中,严厉打击林业行政违法与犯罪可谓功不可没。但相较于森林公安机关屡屡发动"专项行动"(即专项打击破坏森林及其野生动植物资源违法与犯罪)的高度热情,[②]理论界对此类违法与犯罪的研究却显得相当冷淡。而随着国内林业行政违法与犯罪的持续高涨,国际公约履约义务的日趋沉重,以及政府打击此类违法与犯罪力度的增强,森林公安行政和刑事执法实践中出现的问题也越来越多。例如,在执法活动中如何区分罪与非罪,如何认定单位实施的林业行政违法与犯罪,如何计算林业行政违法与犯罪的涉案数额、数量,如何认定共同林业行政违法与犯罪以及林业行政违法与犯罪的罪数等,都亟须理论界给出合理的解答。本章集中探讨林业行政违法与林业行政犯罪的界限(即罪与非罪)。

所谓林业行政犯罪,是指违反林业法律规范并触犯刑法且应当承担刑事责任的行为。具体包括两类:(1) 与林业行政违法行为(即林业行政相对人实施的违反林业行政法律规范并应当受到行政处罚的行为)相对应的犯罪;(2) 与林业违法行政行为(即林业行政主体及其公务人员实施的违反林业行政法律规范的行政行为)相对应的犯罪。这里仅对第(1)类案件进行讨论。笔者认为,尽管林业行政违法和林业行政犯罪在行为类型上基本重合,但两者之间既存在"量"的差异,又存有"质"的区别。林业行政刑法规范上,对林业行政犯罪与林业行政违法之间的界限,主要有以下5种规定方式:

一、以主观方面的某些要素作为区分两者的界限

"犯罪主观要件,是指刑法规定成立犯罪必须具备的,行为人对其实施的危害行为及其

[①] 参见侯富儒:《世界濒危野生动物——虎国际保护的个案分析——纪念中国加入〈濒危野生动植物种国际贸易公约〉20周年》,《浙江省政法管理干部学院学报》2001年第6期。

[②] 参见杨焕宁:《在全国森林公安和森林防火工作会议上的讲话(摘要)》,《森林公安》2001年第1期。国家林业局森林公安局、防火办:《2004年森林公安10件大事》,2005年《森林公安》第1期。张萍:《求真务实开拓创新努力开创森林公安刑侦工作新局面——在全国森林公安机关刑侦工作座谈会上的讲话(摘要)》,《森林公安》2006年第2期。国家林业局森林公安局:《2006年森林公安工作10件大事》,《森林公安》2007年第1期。国家林业局森林公安局:《2007年森林公安工作10件大事》,《森林公安》2008年第1期。国家林业局森林公安局:《2008年森林公安工作10件大事》,《森林公安》2009年第1期。国家林业局森林公安局:《2009年森林公安工作10件大事》,《森林公安》2010年第1期。从1999—2010年,全国森林公安机关先后开展了"可可西里一号行动"、"南方二号行动"、"天保行动"、"猎鹰行动"、"候鸟行动"、"春雷行动"、"绿剑行动"、"候鸟二号行动"、"高原二号行动"、"天保二号行动"、"冬季严打"、"绿盾行动"、"绿盾二号行动"、"飞鹰行动"、"候鸟三号行动"、"绿盾三号行动"。各次专项行动都取得了丰硕的战果。

危害结果所持的心理态度。犯罪心理态度的基本内容是故意与过失(刑法理论一般将两者合称为罪过),此外还有犯罪的目的与动机"。① 其中,故意或过失是必备要件,目的是选择要件。因为主观要件是成立犯罪所必须具备的要件,因而成为区分罪与非罪的标准之一。

(一) 以主观上是否具有犯罪故意作为罪与非罪的界限

绝大多数林业行政犯罪都是故意犯罪,行为人主观上有无某种犯罪的故意,是区分罪与非罪的重要界限。例如,《刑法》第341条第1款规定的"非法猎捕、杀害珍贵、濒危野生动物罪",以行为人故意猎捕、杀害珍贵、濒危野生动物为前提,如果是过失猎捕或杀害珍贵、濒危野生动物,则不构成犯罪。又如,《刑法》第344条规定的"非法采伐、毁坏国家重点保护植物罪",行为人必须具有采伐、毁坏珍贵树木或者国家重点保护的其他植物的故意,如果没有这种故意,即使客观上导致了珍贵树木或者国家重点保护的其他植物被采伐或被毁坏,如在实施林木采伐的过程中,采伐工人因疏忽大意没有发现近旁的国家一级保护野生植物珙桐(蓝果树科②),或者虽已发现但轻信能够避免,以致其采伐的树木在倒伏时毁坏了红豆杉,其行为也不构成犯罪。

(二) 以有无特定的目的作为罪与非罪的界限

"犯罪目的,是指犯罪人主观上通过犯罪行为所希望达到的结果(广义,包括犯罪行为所形成的状态等),即是以观念形态预先存在于犯罪人大脑中的犯罪行为所预期达到的结果。犯罪目的的内容是结果,但目的不等于结果。犯罪目的实际上分为两类:一是指直接故意中的意志因素,即行为人对自己的行为直接造成危害结果的希望(第一种意义的目的)"。"二是指在故意犯罪中,行为人通过实现行为的直接危害结果后,所进一步追求的某种非法利益或结果(第二种意义的目的)"。"刑法理论上所说的目的犯,就是指以第二种意义的目的作为主观构成要件要素的犯罪"。③ 例如,在《刑法修正案(四)》生效之前,《刑法》第345条第3款规定的"非法收购盗伐、滥伐的林木罪",行为人主观上必须"以牟利为目的",如不是以牟利为目的,则不构成该项犯罪,而构成林业行政违法——非法收购盗伐、滥伐的林木。当然,《刑法修正案(四)》生效之后,《刑法》第345条第3款规定的"非法收购、运输盗伐、滥伐的林木罪"取消了该目的要件。即"以牟利为目的"不再是"非法收购、运输盗伐、滥伐的林木罪"之罪与非罪的界限。又如,《刑法》第345条第1款规定的"盗伐林木罪",行为人主观上必须具有"以非法占有为目的",如果没有这种目的,也不构成盗伐林木罪。

(三) 以主观上是否对某种特定对象的"明知"作为罪与非罪的界限

刑法总则规定犯罪故意的认识因素是"明知"自己的行为会发生危害社会的结果,刑法分则某些条文对犯罪规定了"明知"的特定内容。这两种"明知"既有联系又有区别。刑法总则上的"明知"是故意的一般构成因素,刑法分则上的"明知"是故意的特定构成要素;只有具备分则中的"明知",才能产生总则中的"明知";但分则中的"明知"不等于总则中的"明知",

---

① 张明楷:《刑法学》,法律出版社2003年7月第二版,第210页。
② 张蕾、王宏祥:《中国林业普法教育读本——中国林业法律实用手册》,中国林业出版社2000年9月第二版,第429页。
③ 张明楷:《刑法学》,法律出版社2003年7月第二版,第249-250页。

只是总则中的"明知"的前提。① 在林业行政刑法中,以"明知"某种特定对象作为罪与非罪界限的情形,主要有两种:(1)对相关林业行政犯罪"明知"的特定内容作出明确规定。如"非法收购、运输盗伐、滥伐的林木罪",即以行为人明知其收购、运输的林木是"盗伐、滥伐的林木"为必须,如果不明知,则肯定不构成犯罪。同时,该行为也不构成林业行政违法。因为根据《森林法》第43条有关"在林区非法收购明知是盗伐、滥伐的林木的,由林业主管部门责令停止违法行为,没收违法收购的盗伐、滥伐的林木或者变卖所得,可以并处违法收购林木的价款1倍以上3倍以下的罚款"的规定,作为林业行政违法行为的非法收购盗伐、滥伐的林木,同样需要"明知"作为构成要件。(2)对相关林业行政犯罪"明知"的特定内容没有作出规定,但根据总则关于故意的规定,仍然可以确定"明知"的特定内容。例如,《刑法》第341条第1款规定,"非法猎捕、杀害国家重点保护的珍贵、濒危野生动物的,或者非法收购、运输、出售国家重点保护的珍贵、濒危野生动物及其制品的,处5年以下有期徒刑或者拘役,并处罚金;情节严重的,处5年以上10年以下有期徒刑,并处罚金;情节特别严重的,处10年以上有期徒刑,并处罚金或者没收财产",在这里,刑法并未要求行为人猎捕、杀害野生动物时必须"明知"其属于珍贵、濒危野生动物,也有地方性司法解释认为该条款并"不要求当事人主观上明知对象属于国家重点保护的野生动物,只要他出于主观故意即可"。② 但是根据总则关于"故意"的规定,仍然需要行为人明知其猎捕、杀害的动物是珍贵、濒危野生动物,否则不构成犯罪。当然,这里的"明知"既不要求其明知该动物属于国家重点保护的具体级别(一级或二级),也不要求其明知该动物是野生物种还是人工驯养繁殖的物种,也不论其是否了解相关法律,只要求其明知该动物属于珍贵、濒危野生动物或国家重点保护动物即可。基于同样的理由,如果行为人不明知其收购、运输、出售的动物或制品,属于珍贵、濒危野生动物或珍贵、濒危野生动物制品,也不构成"非法收购、运输、出售珍贵、濒危野生动物、珍贵、濒危野生动物制品罪"。同理,根据《刑法》第344条的规定,如果行为人不明知其行为对象属于国家重点保护植物或国家重点保护植物制品,则不构成非法采伐、毁坏国家重点保护植物罪,也不构成非法收购、运输、加工、出售国家重点保护植物、国家重点保护植物制品罪。

二、以主体要件作为区分两者的界限

犯罪主体要件,是刑法规定的、实施犯罪行为的主体本身必须具备的条件。行为人是否满足犯罪主体要件,既是区分林业行政犯罪的罪与非罪的界限之一,也是划分林业行政犯罪与林业行政违法行为的标准之一。根据《刑法》第346条的规定,第341条、第342条、第344条和第345条所涉及的林业行政犯罪,既可以由自然人构成,也可以由单位构成。就自然人而言,根据《刑法》第17条有关"已满16周岁的人犯罪,应当负刑事责任"、"已满14周岁不满16周岁的人,犯故意杀人、故意伤害致人重伤或者死亡、强奸、抢劫、贩卖毒品、放火、爆炸、投毒罪的,应当负刑事责任"的规定,自然人作为林业行政犯罪主体必须具备两个条件:一是达到刑事法定年龄即已满16周岁;二是具有辨认和控制自己行为的能力。而根据《行

---

① 参见郑健才:《刑法总则》,台湾三民书局1982年修订再版,第96页。
② 福建省高级人民法院林业审判庭、福建省高级人民检察院林业检察处、福建省森林公安局:《全省法院林业审判工作会议综述》(闽高法林〔2001〕3号)第2条第2款。

政处罚法》第 25 条有关"不满 14 周岁的人有违法行为的,不予行政处罚,责令监护人加以管教;已满 14 周岁不满 18 周岁的人有违法行为的,从轻或者减轻行政处罚"的规定,自然人作为林业行政违法主体必须具备两个条件:一是达到行政法定年龄即已满 14 周岁;二是具有辨认和控制自己行为的能力。因此,即便年满 15 周岁的李某非法猎杀了 3 只国家一级保护野生动物中华秋沙鸭(鸭科①),李某的行为仍然不构成非法猎捕、杀害珍贵、濒危野生动物罪,因为李某尚未达到刑事法定年龄所要求的最低年龄。但是,李某非法捕杀中华秋沙鸭的行为已经构成林业行政违法行为——非法捕杀国家重点保护陆生野生动物,根据《陆生野生动物保护实施条例》第 33 条有关"非法捕杀国家重点保护野生动物的,依照刑法有关规定追究刑事责任;情节显著轻微危害不大的,或者犯罪情节轻微不需要判处刑罚的,由野生动物行政主管部门没收猎获物、猎捕工具和违法所得,吊销特许猎捕证,并处以相当于猎获物价值 10 倍以下的罚款,没有猎获物的处 1 万元以下罚款"的规定,应当受到行政处罚,尽管对其科处的行政处罚,依法应当予以从轻或者减轻。

三、以客观方面的某些要素作为区分两者的界限

"犯罪客观要件,是刑法规定的,说明行为对刑法所保护的法益的侵犯性,而为成立犯罪所必须具备的客观事实特征"。② "其内容包括:危害行为、犯罪对象、危害结果以及犯罪的时间、地点、方法等。其中,危害行为是一切犯罪构成都不可缺少的要件,属于犯罪构成的必要要件。其余内容如犯罪对象,危害结果,犯罪的时间、地点等虽然也是犯罪活动的客观外在表现,但不是一切犯罪构成所必须具备的要件,而只是一部分犯罪构成所必须考虑的要件,因此,他们称之为犯罪构成客观方面的选择要件"。③ 这些客观方面的特征是社会危害程度的反映,因而往往成为罪与非罪的重要界限。

(一)以犯罪对象作为罪与非罪的界限

犯罪对象是指危害行为所直接作用、施加某种影响的法益的主体(人,动物)或物质表现(物)。作为犯罪客观方面的选择要件,对以其作为构成要件的林业行政犯罪而言,犯罪对象也是区分罪与非罪的一个重要标准。

(1)以犯罪对象本身作为区分标准。如"非法收购、运输盗伐、滥伐的林木罪",行为的对象必须是盗伐、滥伐的林木,如果不是此类林木,则不构成犯罪。又如,《刑法》第 341 条第 2 款规定的"非法狩猎罪",行为的对象必须是非国家重点保护动物——地方重点保护动物和"三有动物"(即"有益的或者有重要经济、科学研究价值的陆生野生动物")。即便赵某(20 周岁)在广东省非禁猎期内,在某县山林(非禁猎区)中,使用非禁用的工具或方法猎捕了 240 只野生鸟类(经华南昆虫研究所鉴定,为白腰文鸟,既非珍贵、濒危野生动物,也非地方重点保护动物,亦非"三有动物"),其猎捕行为仍然不构成犯罪,也不构成非法狩猎或乱捕滥猎等

---

① 张蕾、王宏祥:《中国林业普法教育读本——中国林业法律实用手册》,中国林业出版社 2000 年 9 月第二版,第 411 页。
② 张明楷:《刑法学》,法律出版社 2003 年 7 月第二版,第 146 页。
③ 孙国祥:《刑法学》,科学出版社 2002 年 5 月第二版,第 62 页。

任何林业行政违法行为。但如果赵某在禁猎期内,在非禁猎区内使用非禁用的工具或方法,猎捕了19只"三有动物"黄雀(雀科①),根据《野生动物保护法》第32条关于"违反本法规定,在禁猎区、禁猎期或者使用禁用的工具、方法猎捕野生动物的,由野生动物行政主管部门没收猎获物、猎捕工具和违法所得,处以罚款;情节严重、构成犯罪的,依照刑法有关规定追究刑事责任"的规定,其行为即构成林业行政违法行为——非法狩猎,理应受到相应的行政处罚;如果猎捕了20只以上的黄雀,则构成非法狩猎罪。再如,《刑法》第342条规定的"非法占用农用地罪",其犯罪对象必须是耕地、林地等农用地,如果不是此类土地,则不构成犯罪。

(2)以犯罪对象性质的改变作为区分标准。如"非法占用农用地罪",即使其犯罪对象属于耕地、林地等农用地,但如果行为人没有"改变被占用土地用途"(使农用地的土地性质发生改变)并"毁坏",仍然不构成犯罪。就林地而言,根据《最高人民法院关于审理破坏林地资源刑事案件具体应用法律若干问题的解释》(简称"法释〔2005〕15号")第1条的规定,"在非法占用的林地上实施建窑、建坟、建房、挖沙、采石、采矿、取土、种植农作物、堆放或排泄废弃物等行为或者进行其他非林业生产、建设,造成林地的原有植被或林业种植条件严重毁坏或者严重污染",就属于"改变被占用土地用途"并"毁坏"。换言之,即使行为人非法占用的林地达到"数量较大"的程度,如果被占林地的性质没有发生改变并被毁坏,仍然不构成犯罪。

(二)以犯罪的方法、工具作为罪与非罪的界限

不同的犯罪方法、工具除了可以直接反映侵害行为的危险程度,也可以间接反映行为人的主观恶性程度。作为犯罪客观方面的选择要件,对以其作为构成要件的林业行政犯罪而言,犯罪方法、工具也是区分罪与非罪的一个重要标准。如"非法狩猎罪",在某些情形下,狩猎的工具或方法必须是禁用的工具或方法,如果使用非禁用工具或方法实施猎捕,则不构成犯罪。关于禁用的工具或方法,《陆生野生动物保护实施条例》第18条规定:"禁止使用军用武器、气枪、毒药、炸药、地枪、排铳、非人为直接操作并危害人畜安全的狩猎装置、夜间照明行猎、歼灭性围猎、火攻、烟熏以及县级以上各级人民政府或者其野生动物行政主管部门规定禁止使用的其他狩猎工具和方法狩猎"。在此基础上,《浙江省陆生野生动物保护条例》第22条进一步规定:"禁止使用军用武器、气枪、毒药、炸药、排铳、铁夹、吊杠、电捕、地枪(地弓)及其他危害人畜安全的猎捕工具和装置猎捕。禁止夜间照明行猎、歼灭性围猎或者使用火攻、烟熏、挖洞、陷阱、捡蛋、捣巢等方法猎捕"。现假定村民王某(35周岁),在非禁猎期和非禁猎区,在浙江省某县的山林中猎捕了30只属于"三有动物"的"三宝鸟"(佛法僧科②),如果并未使用上述法律禁用的工具或方法,那么该行为仍然不构成犯罪。但是,根据《野生动物保护法》第18条第1款关于"猎捕非国家重点保护野生动物的,必须取得狩猎证,并且服从猎捕量限额管理"的规定,以及第33条第1款关于"违反本法规定,未取得狩猎证或者未按狩猎证规定猎捕野生动物的,由野生动物行政主管部门没收猎获物和违法所得,处以罚

---

① 张蕾、王宏祥:《中国林业普法教育读本——中国林业法律实用手册》,中国林业出版社2000年9月第二版,第456页。

② 张蕾、王宏祥:《中国林业普法教育读本——中国林业法律实用手册》,中国林业出版社2000年9月第二版,第445页。

款,并可以没收猎捕工具,吊销狩猎证"的规定,王某的行为已经构成林业行政违法行为——乱捕滥猎,依法应当给予相应的行政处罚。

(三) 以犯罪的时间作为罪与非罪的界限

犯罪的时间不是绝大多数犯罪的构成要件,但却是一些林业行政犯罪的构成要件。如"非法狩猎罪",在某些情形下,狩猎的时间必须是"禁猎期",如果在"禁猎期"以外实施猎捕,则不构成犯罪。《野生动物保护法》第20条第2款规定,"禁猎区和禁猎期以及禁止使用的猎捕工具和方法,由县级以上政府或者其野生动物行政主管部门规定"。据此,《贵阳市野生动物保护管理办法》第6条第2款规定,"每年的3月至10月为禁猎期,禁止猎捕野生动物"。如果行为人在贵阳市的禁猎区外使用非禁用的工具或方法,在2001年11月至2002年2月的时间里,猎捕了40只属于"三有动物"的华南兔(兔科①),那么该行为仍然不构成犯罪,但该行为已经构成乱捕滥猎的林业行政违法行为,理应受到相应的行政处罚。

(四) 以犯罪的空间(场所、地点)作为罪与非罪的界限

与犯罪的时间一样,犯罪的空间(场所、地点)也不是绝大多数犯罪的构成要件,但却是一些林业行政犯罪的构成要件。如"非法狩猎罪",在某些情形下,狩猎的地点必须是"禁猎区",如果在"禁猎区"以外实施猎捕,则不构成犯罪。根据《贵阳市野生动物保护管理办法》第6条第1款的规定,"禁止在本市市区和城镇的环城林带、林场、公园、风景旅游区、水库周围(以山脊为界)和自然保护区猎捕野生动物、捣毁鸟巢",如果行为人在该市的非禁猎期使用非禁用的工具或方法,在上述地点以外猎捕了35只华南兔,那么该行为不构成犯罪,但可以构成乱捕滥猎的林业行政违法行为。又如,《刑法修正案(四)》生效之前,《刑法》第345条第3款规定的"非法收购盗伐、滥伐的林木罪",要求收购林木的场所必须位于"林区"之内,如果不在林区,则该行为不构成犯罪。当然,《刑法修正案(四)》生效之后,林区已不再作为"非法收购、运输盗伐、滥伐的林木罪"的构成要件,但依然是林业行政违法行为——非法收购盗伐、滥伐的林木的构成要件。应当指出,根据《刑法》第345条第4款的规定,"盗伐、滥伐国家级自然保护区内的森林或者其他林木的,从重处罚",有些林业行政犯罪的空间要素,如国家级自然保护区,只是法定的量刑因素,而非犯罪的构成要件。

四、以是否"情节严重"作为区分两者的界限

学者认为,刑法中的情节,是影响犯罪和刑罚存在、发展和变化诸方面的情状和环节。一般可分为两种情况:一是定罪情节,即将情节是否严重作为罪与非罪的界限;二是量刑情节,即将情节作为罪轻罪重的界限。定罪情节实际上是某种犯罪构成要件的内容。包括以下两种情形:(1) 明确该罪只有在"情节严重"时才能构成,可称之为纯正的情节犯;(2) 将"情节严重"与其他情况相并列,或者将"其他严重情节"作为并列选项之一,作为罪与非罪的界限,可称之为不纯正的情节犯。② 从林业行政刑法的规定来看,纯正的情节犯在林业行政

---

① 张蕾、王宏祥:《中国林业普法教育读本——中国林业法律实用手册》,中国林业出版社2000年9月第二版,第435页。
② 参见孙国祥、魏昌东:《经济刑法研究》,法律出版社2005年9月,第82-83页。

犯罪中较为多见,如"非法狩猎罪"、"非法收购、运输盗伐、滥伐的林木罪"以及"非法经营罪"等。根据《最高人民法院关于审理破坏森林资源刑事案件具体应用法律若干问题的解释》(简称"法释〔2000〕36号")第11条,具有下列情形之一的,属于在林区非法收购盗伐、滥伐的林木"情节严重":(1)非法收购盗伐、滥伐的林木20立方米以上或者幼树1 000株以上的;(2)非法收购盗伐、滥伐的珍贵树木2立方米以上或者幼树5株以上的;(3)其他情节严重的情形。根据《最高人民法院关于审理破坏野生动物资源刑事案件具体应用法律若干问题的解释》(法释〔2000〕37号)第6条,具有下列情形之一的,属于非法狩猎"情节严重":(1)非法狩猎野生动物20只以上的;(2)违反狩猎法规,在禁猎区或者禁猎期使用禁用的工具、方法狩猎的;(3)具有其他严重情节的。

五、以涉案数量、数额作为区分两者的界限

涉案数量、数额往往反映行为人的犯罪规模、获利的实现程度,进而反映了行为的社会危害程度。有些林业行政犯罪将涉案数额、数量作为构成犯罪客观方面的必要条件。(1)明确该罪只有在"数量较大"、"数额较大"时才能构成,可称之为纯正的数量犯,如盗伐林木罪和滥伐林木罪。根据"法释〔2000〕36号"第4条、第6条,盗伐林木"数量较大",以2立方米至5立方米或者幼树100株至200株为起点;滥伐林木"数量较大",以10立方米至20立方米或者幼树500株至1 000株为起点;(2)将"数量较大"、"数额较大"与其他情况并列,或者作为并列选项之一,作为罪与非罪的界限,可称之为不纯正的数量犯。包括两种情形:(1)将"数量较大"与其他情况并列的,如"非法占用农用地罪"。该罪将"数量较大"与"改变被占用土地用途"、"造成耕地、林地等农用地大量毁坏"并列在一起作为罪与非罪的界限。根据"法释〔2005〕15号"第1条的规定,具有下列情形之一的,属于"数量较大,造成林地大量毁坏":① 非法占用并毁坏防护林地、特种用途林地数量分别或者合计达到5亩以上;② 非法占用并毁坏其他林地数量达到10亩以上;③ 非法占用并毁坏第① 项、第② 项规定的林地,数量分别达到相应规定的数量标准的50%以上;非法占用并毁坏第① 项、第② 项规定的林地,其中一项数量达到相应规定的数量标准的50%以上,且两项数量合计达到该项规定的数量标准。(2)将"数额较大"作为并列选项之一的,如《刑法》第268条规定的"聚众哄抢罪"(如哄抢林木),因为该条有"聚众哄抢公私财物,数额较大或者有其他严重情节"这样的选择性表述。又如第264条规定的"盗窃罪",因为该条有"盗窃公私财物,数额较大或者多次盗窃"这样的选择性规定。根据《最高人民法院关于审理盗窃案件具体应用法律若干问题的解释》(简称"法释〔1998〕4号")第4条的规定,"对于一年内入户盗窃或者在公共场所扒窃3次以上的,应当认定为'多次盗窃',以盗窃罪定罪处罚"。举例来说,即使张某入户盗窃木材的价值没有达到"数额较大"("法释〔1998〕4号"规定,个人盗窃公私财物价值人民币500元至2 000元以上的,为"数额较大"),但只要张某在一年内入户盗窃木材3次以上,即应当认定为"多次盗窃",以盗窃罪定罪处罚。

总而言之,尽管林业行政违法与林业行政犯罪之间的界限并非不可逾越,但两者之间的界限仍然是罪与非罪的原则界限,在林业行政执法和刑事执法活动中必须严加恪守。

参 考 文 献

[1] 姜明安. 行政法与行政诉讼法(第二版). 北京:北京大学出版社,高等教育出版社,2005
[2] 姜明安. 行政执法研究. 北京:北京大学出版社,2004
[3] 陈新民. 中国行政法学原理. 北京:中国政法大学出版社,2002
[4] 应松年,刘莘. 行政处罚法理论与实务. 北京:中国社会出版社,1996
[5] 胡锦光. 行政处罚研究. 北京:法律出版社,1998
[6] 叶必丰. 行政法与行政诉讼法(第二版). 北京:中国人民大学出版社,2007
[7] 罗豪才,湛中乐. 行政法学(第二版). 北京:北京大学出版社,2006
[8] 张正钊. 行政法与行政诉讼法(第二版). 北京:中国人民大学出版社,2004
[9] 杨小君. 行政处罚研究. 北京:法律出版社,2002
[10] 徐继敏. 行政处罚法的理论与实践. 北京:法律出版社,1997
[11] 王杰. 保护森林资源行政执法通论. 北京:中国经济出版社,2000
[12] 农业部草原监理中心. 中国草原执法概论. 北京:人民出版社,2007
[13] 黄柏祯,宋元喜. 林业行政处罚通解. 南昌:江西人民出版社,2003
[14] 詹福满. 中国行政法问题研究. 北京:中国方正出版社,2001
[15] 邬福肇,曹康泰. 中华人民共和国森林法释义. 北京:法律出版社,1998
[16] 冯军. 行政处罚法新论. 北京:中国检察出版社,2003
[17] 何建贵. 行政处罚通论. 北京:法律出版社,1991
[18] 皮纯协. 行政处罚法释义. 北京:中国书籍出版社,1996
[19] 皮纯协. 行政处罚法原理与运作. 北京:科学普及出版社,1996
[20] 何建贵. 行政处罚法律问题研究. 北京:中国法制出版社,1996
[21] 杨琼鹏,周晓. 行政处罚法新释与例解. 北京:同心出版社,2000
[22] 宋功德. 税务行政处罚. 武汉:武汉大学出版社,2002
[23] 关保英. 行政处罚法新论. 北京:中国政法大学出版社,2007
[24] 杨解君. 秩序·权力与法律控制:行政处罚法研究. 成都:四川大学出版社,1995
[25] 李岳德. 中华人民共和国行政处罚法释义. 北京:中国法制出版社,1996
[26] 李国光. 行政处罚法及配套规定新释新解. 北京:人民法院出版社,2006
[27] [德]哈特穆特·毛雷尔. 行政法学总论. 高家伟,译. 北京:法律出版社,2000
[28] 胡建淼. 行政法学. 北京:法律出版社,1998
[29] 陈卫东,谢佑平. 证据法学. 上海:复旦大学出版社,2006
[30] 张树义. 行政诉讼证据判例与理论分析. 北京:法律出版社,2002
[31] 何家弘. 证据法学研究. 北京:中国人民大学出版社,2007

[32] 刘金友.证据法学(新编).北京:中国政法大学出版社,2003
[33] 宋世杰,廖永安.证据法学.长沙:湖南人民出版社,2008
[34] 孔祥俊.行政诉讼证据规则与法律适用.北京:人民法院出版社,2005
[35] 王良钧,张继荣,苟吉芝.行政证据原理及实用.郑州:河南人民出版社,2005
[36] [英]戴维·M.沃克.牛津法律大辞典.北京社会与科技发展研究所组织翻译.北京:光明日报出版社,1988
[37] 许静村.刑事诉讼法学(上).北京:法律出版社,1997
[38] 宋冰.程序、正义与现代化.北京:中国政法大学出版社,1998
[39] 吴宏耀,魏晓娜.诉讼证明原理.北京:法律出版社,2002
[40] 樊崇义.证据法学(第二版).北京:中国政法大学出版社,2003
[41] 张文显.法哲学范畴研究(修订版).北京:中国政法大学出版社,2001
[42] 马国贤,樊玉成.行政诉讼证据规则精解.北京:中国法制出版社,2005
[43] 章剑生.行政程序法基本理论.北京:法律出版社,2003
[44] 陈浩然.证据学原理.上海:华东理工大学出版社,2002
[45] 张明楷.刑法学(第二版).北京:法律出版社,2003
[46] 孙国祥.刑法学(第二版).北京:科学出版社,2002